이것이 易學通變術이다 ㊤

이영례 편

동양서적

머 리 말

세월은 유수(流水)라고 하던가 역학에 몰두한지도 어언간 20년간이란 세월이 흘렀다. 존경하는 엄윤문 선생님의 문하생으로서 정열적인 강의를 들으면서 역학의 오묘한 진리를 터득하고자 나의 온 정열을 쏟으면서 주경야독으로 정신없이 형광등을 벗삼아 밤을 새우다시피 세월을 보냈다.

역학을 배우고자 각 문화센타학원에 온 학원생을 상대로 강의를 시작한지도 벌써 십오년이란 세월에 이른다. 무궁무진한 오묘한 역학은 평생을 다하여도 끝이 없는가보다.

각 문화센타에 관상과 역학을 강의하면서 또 연구하면서 이렇게 귀중한 학문을 배우게된 기회를 주신 천지신명에게 다시한번 감사를 드리면서 나도 후학을 위하여 이 어려운 공부를 좀더 쉽게 빨리 터득할 수 있는 책을 저술하여서 보람있는 일을 하였으면 하던차에 사주의 통변학을 쓰고자 결심하고 일년여 간에 걸쳐서 자료수집을 마치고 이 책을 쓰게 되었다.

사주공부를 할 때 강의를 들쳐가면서 통변의 어려움을 항상 느끼면서 그간의 공부한 자료를 틈쳐가면서 누에가 뽕잎을 갈아먹듯이 한자 한자를 정성껏 써 모은 것이 한 권의 책을 탄생시켰다.

대개의 역술인들이 사주를 본다든가 신수를 보면서 고객들이 그 내용을 적어달라면 당혹하게 생각하는 사람들을 보았다.

이 책은 이러한 점을 해결하고자 문장구성 요령을 자세히 예를 들었다는 사실이다.

특정인들의 사주를 뽑아서 한사람 한사람씩 감정하는 요령과 대운과 세운 그리고 각종의 길흉신등을 참작하여 추리하는 문장을 작성하였다.

이 한권의 책을 소화시킬 수 있는 역량을 기른다면 이러한 두려움은 자연스럽게 해소될 것으로 본다.

이 원고를 햇빛을 보이기 위하여 최선의 노력은 다하였으나 워낙 재주가 없어서 미숙한 점이 많을 것으로 본다. 돌이켜보면 황소가 뚜벅뚜벅 천리 길을 강을 넘고 산을 넘어서 지루하게 집념을 가지고 걸어온 것과 같다.

이 책이 후학들 여러분에게 많은 도움이 되었으면 하는 마음 간절하다.

이 책을 펴내는데 많은 도움을 주신 엄윤문선생님과 안영동사장님께 다시 한번 감사드립니다.

辛巳年 春三月

은실(恩實) 이영례(李英禮)

추 천 사

옛 글을 보면 자도자불혹 지명자불우(知道者不惑 知命者不憂)란 말이 있다. 즉 바른길을 가면 헤매는 일이 없고 운명을 알면 걱정하는 일들이 없다고 하였다.

역학은 바로 사람들의 운명을 알고자 연구하는 학문이다. 역학은 우리인생의 이정표로 또는 인생의 항로를 목적지까지 도달하는데 나침반으로 비유할 수가 있다. 여기서 몇 리가면 행복이 또 몇 리를 더가면 불행이 있음을 예고하는 학문이다.

천유불측지풍우하고, 인유조석지화복(天有不測之風雨 人有朝夕之禍福)이라고 하였다. 하늘에서는 언제 비바람이 불지 예측하지 못하고 사람들에게는 아침저녁으로 화와 복이 있을 수 있다는 말이다. 바로 이것을 해결하고자 하는 학문이다.

이 학문을 터득하기에 얼마나 많은 사람들이 미로를 헤매이고 있었든가

역학이란 학문이 어려워서 중도에서 포기하는 사람들은 얼마나 많은가. 나는 반평생을 후학지도에 전념하고 있으나 항상 만족할 만한 해답을 얻지 못하고 있다. 아직도 얼마나 많은 산과 강을 건너야만 학문의 종점이 보일지 아득하기만 하다.

그러나 유지자사경성(有志者事竟成)이라고 하였다. 뜻만 있으면 언젠가는 그 일을 해내게 된다는 뜻이다.

지성이면 감천(至誠感天)이라고 하였던가

최선을 다하면 목적지에 도달할 수 있다는 자신감을 가지고 나는 그 길을 쉬지 않고 가고 있다.

우리학원의 이영례선생은 여류역학계에서 독보적인 존재로 역학과 관상학의 학문은 경지를 넘어 선지가 벌써 오래이다. 이번에 역학통변학을 썼다고 하기에 그 내용을 검토하여 보고 연꽃이 어찌하여 진흙 속에 묻혀 있었던가 하는 생각이 주마등처럼 스친다.

나의 문하생으로서 이십년 가까워 오도록 이와같은 높은 실력이 축적되었다는 사실을 오늘에서야 비로소 알게 되었다. 각 문화센타에서 강의를 하고 학원에서 관상강의를 하면서 그간에 쓴 원고의 내용을 보니 만시지탄(晩時之歎)이지만 이러한 귀중한 책이 나왔다는 사실이 여간 기쁘지 않다.

보다 날카로운 추리력과 풍부한 학식 매끄러운 문장구성력 등 그저 감탄할 뿐이다.

후학들을 위하여 참으로 다행스럽게 생각하면서 이 책이 역학계 장래 발전을 위하여 크게 기여할 것으로 믿고 추천하는 바이다.

이 책을 집필한 이영례선생에게 깊은 찬사를 보낸다.

辛巳年 春季

嚴 允 文

추 천 사 ………………………………………………… 7

머 리 말 ………………………………………………… 9

제一편 역학통변술(易學通變術)의 원리(原理)

1. 육갑(六甲)을 통한 육친작용(六親作用) ………………… 11

2. 오행(五行)의 왕상휴수사법(旺相休囚死法)

3. 길흉신살(吉凶神殺)

제二편 신수고문비전(身數古文秘傳)

1. 출생년도(出生年度) 월・일・시운(月・日・時運) ……… 53

2. 육십육문답(六十六問答) ……………………………………… 55

제三편 통변술(通變術)의 응용해설(應用解說) …………… 91

1. 재벌사주(財閥四柱) …………………………………………… 115

(1) 이희준(李希俊) …………………………………………… 117
(2) 정주영(鄭周永) …………………………………………… 118
(3) 이병철(李秉喆) …………………………………………… 120
(4) 강병호(康炳浩) …………………………………………… 122
(5) 강진구(姜晉求) …………………………………………… 124
                                                  126
(6) 구인회(具仁會) …………………………………………… 128
(7) 김두식(金斗植) …………………………………………… 130
(8) 김성곤(金成坤) …………………………………………… 132
(9) 김수근(金壽根) …………………………………………… 134
(10) 김영철(金永喆) ………………………………………… 136

(11) 김우중(金宇中) …… 138
(12) 김웅세(金雄世) …… 140
(13) 김재철(金在哲) …… 142
(14) 김정수(金廷洙) …… 144
(15) 김종희(金鍾喜) …… 146
(16) 김준기(金俊起) …… 148
(17) 김창희(金昌熙) …… 150
(18) 남승우(南承佑) …… 152
(19) 유일한(柳一韓) …… 154
(20) 박두병(朴斗秉) …… 156
(21) 박성수(朴聖秀) …… 158
(22) 박용학(朴龍學) …… 160
(23) 박인천(朴仁天) …… 162
(24) 박흥식(朴興植) …… 164
(25) 손경식(孫京植) …… 166

(26) 신격호(辛格浩) …… 168
(27) 안병균(安秉鈞) …… 170
(28) 안종원(安宗原) …… 172
(29) 양재렬(梁在烈) …… 174
(30) 양재봉(梁在奉) …… 176
(31) 이선규(李善珪) …… 178
(32) 이양구(李洋求) …… 180
(33) 이웅렬(李雄烈) …… 182
(34) 이종연(李鍾衍) …… 184
(35) 이헌조(李憲祖) …… 186
(36) 임대홍(林大洪) …… 188
(37) 임창욱(林昌郁) …… 190
(38) 장영신(張英信) …… 192
(39) 장학엽(張學燁) …… 194
(40) 정인영(鄭仁永) …… 196

(41) 조석래(趙錫來) …… 198
(42) 조병호(曹秉昊) …… 200
(43) 조중훈(趙重勳) …… 202
(44) 최종건(崔鍾建) …… 204
(45) 최준문(崔俊文) …… 206
(46) 김향수(金向洙) …… 208
(47) 이인표(李仁杓) …… 210
(48) 김지태(金智泰) …… 212
(49) 설동경(薛東卿) …… 214
(50) 문선명(文鮮明) …… 216
(51) 일제때(乙未生) …… 218
(52) 일제때(辛卯生) …… 220
(53) 중국인(丁卯生) …… 222
(54) 중국인(丙辰生) …… 224
(55) 중국인(丙寅生) …… 226
(56) 중국인(戊子生) …… 228
(57) 중국인(乙巳生) …… 230
(58) 중국인(戊午生) …… 232
(59) 중국인(己未生) …… 234
(60) 중국인(辛丑生) …… 236

2. 군주사주(君主四柱) …… 239
(61) 이성계(李成桂) …… 240
(62) 세종대왕(世宗大王) …… 242
(63) 문종대왕(文宗大王) …… 244
(64) 단조대왕(端祖大王) …… 246
(65) 세조대왕(世祖大王) …… 248
(66) 연산군(燕山君) …… 250
(67) 고종황제(高宗皇帝) …… 252
(68) 대원군(大院君) …… 254
(69) 영조대왕(英祖大王) …… 256

3. 정치인사주(政治人四柱)

(70) 사도세자(思悼世子) … 258
(71) 이승만(李承晩) … 261
(72) 김구(金九) … 262
(73) 이기붕(李起鵬) … 264
(74) 박정희(朴正熙) … 266
(75) 최규하(崔圭夏) … 268
(76) 장면(張勉) … 270
(77) 김종필(金鍾泌) … 272
(78) 김영삼(金泳三) … 274
(79) 김대중(金大中) … 276
(80) 전두환(全斗煥) … 278
(81) 노태우(盧泰愚) … 280
(82) 김일성(金日成) … 282
(83) 김정일(金正日) … 284
… 286

(84) 장개석(中國蔣介石) … 288
(85) 모택동(中國毛澤東) … 290
(86) 등소평(中國鄧小平) … 292
(87) 명치천황(日本明治天皇) … 294
(88) 이등박문(日本伊藤博文) … 296
(89) 소화천황(日本昭和天皇) … 298
(90) 나까소네수상(日本中會根康弘) … 300
(91) 닉슨(미국대통령) … 302
(92) 지미카터(미국대통령) … 304
(93) 간디(인도수상) … 306
(94) 히틀러(독일수상) … 308
(95) 헨리키신저(미국무장관) … 310
(96) 이광요(李光耀싱가폴수상) … 312
(97) 카스트로(쿠바수상) … 314
(98) 빌리브란트(서독수상) … 316

- 8 -

(99) 미테랑(불란서수상) …… 318
(100) 케야로(UN사무총장) …… 320
(101) 로널드레이건(미국대통령) …… 322
(102) 포루투갈대통령 …… 324
(103) 무라바크(이집트대통령) …… 326
(104) 아라파트(팔레스타인의장) …… 328
(105) 미하일고르바초프(소련서기장) …… 330
(106) 페레스(페루수상) …… 332
(107) 낫세르(이집트대통령) …… 334
(108) 네 루(인도수상) …… 336
(109) 아브라함 링컨(미국대통령) …… 338
(110) 김병로(金炳魯) …… 340
(111) 이완용(李完用) …… 342
(112) 최시형(崔時亨) …… 346
(113) 양일동(梁一東) …… 348

(114) 윤치영(尹致暎) …… 348
(115) 손병희(孫秉熙) …… 350
(116) 신익희(申翼熙) …… 352
(117) 김좌진(金佐鎭) …… 354
(118) 여운형(呂運亨) …… 356
(119) 민영환(閔泳煥) …… 358
(120) 조만식(曺晩植) …… 360
(121) 이갑성(李甲成) …… 362
(122) 조소앙(趙素昂) …… 364
(123) 이범석(李範奭) …… 366
(124) 안중근(安重根) …… 368
(125) 윤봉길(尹奉吉) …… 370
(126) 장태상(張澤相) …… 372
(127) 안창호(安昌浩) …… 374

- 9 -

4. 주부사주(主婦四柱)

- 조병화(趙丙花) ······ 378
- 이경애(李慶愛) ······ 380
- 류아진(柳娥珍) ······ 382
- 김희순(金希順) ······ 384
- 김미순(金美順) ······ 386
- 김연자(金蓮子) ······ 388
- 김현자(金賢子) ······ 390
- 김영자(金英子) ······ 392
- 이미광(李美光) ······ 394
- 김혜경(金惠京) ······ 396

제1편 역학통변술(易學通變術)의 원리(原理)

1. 육갑(六甲)을 통한 육친작용(六親作用)

1、甲子일주는 子중의 癸水가 인수가 되니 사주에서 亥子丑申辰 중에서 한자를 만나면 두 어머니를 모시게 되며 만약 여자사주일 때는 일찍 난 자식을 기르기가 어렵게 되고(특히 亥子시생) 시부모와 남편을 공경하지 못하게 된다.

2、乙丑일주는 丑중 己土로 재성을 삼고 辛金으로 관성으로 삼으며 癸水로 인수가 되는데 사주 중에서 丑辰중에서 한자이상을 만나고(丑辰을 많이 만나면 확률이 높다. 이하 六十甲子同) 천간에 다시 戊己土를 만나면 다른 부모(수양아버지. 숙부. 새아버지)밑에서 자라게 되거나 배다른 숙부나 고모가 있게 되며 남자의 사주일 때는 재취 혹은 주색을 지나치게 탐하게 되며 己자를 만나면 장모를 모시게 되고 여자인즉 두 시어머니를 모시며 만약 사주에 관살이 있으면(재가 많을 때는 관이나 칠살이 하나가 있어도 작용됨) 그 시어머니가 아들에게 고자질하여 나를 학대하게(구박)되고. 남자인즉 한자 이상에서 庚辛을 놓으면 동서에 아들을 얻게 되며(소실이나 애인이 남음) 여자사주가 이러하면 두세번 시집을 가게 되고 사주에서 亥子丑중에서 한자 이상을 만나고 천간에 壬癸수를 놓으면 한 아버지에 두 어머니를 모시게 되고 여자인즉 자녀로 인하여 근심이 있고 시모와 불화 하게 된다.

3、丙寅은 寅중의 甲木으로 인수를 삼고 丙火로 비견이 되는 관계로 사주 중에서 寅卯辰亥子 중에서 한자 이상을 만나고 천간에 다시 甲乙중에서 한자 이상을 만나면 편친(片親) 슬하에서 자라게 되고 그렇지 않으면 두 어머니를 모시게 된다. 남자인즉 어머니와 처사이에(姑婦間)뜻이 맞지 않아 불화하고. 여자사주가 寅卯시에 나면 자손으로 고심이 많으며 사주에서 寅午戌중에서 한자 이상을 만나고 천간에서 丙丁 한자를 만나면 배다른 동기가 있게 된다.

남자 사주는 처궁이 불미하여 여색을 탐하여 극처하고 여명은 비견 비겁이 많으니 二女同夫이거나 홀로 한많은 세상을 살게 된다.

4、丁卯일생은 卯중 乙木으로 인수를 삼고 사주중에 寅卯辰亥未중 한자를 만나고 천간에서 甲乙한자를 놓은즉 남명(男命) 즉 모처간에 불화하게 되고. 여명 즉(女命則) 시부모와 남편을 공경하지 않으며 만약 寅卯辰시 생이면 자녀로 인하여 근심이 많다.

5、戊辰일생은 辰중의 戊土로 비견을 삼고 乙木이 관살이 되며 癸水로 재성을 삼으며 丙丁화로 인수가 되니 사주 중에서 丑辰未중에서 한자 이상을 만나고 천간에 戊己자를 만나면 비겁이 태왕하며 이복형제이고 남명은 극부 극처하고 辛酉자 중에서 한자를 만나면 장모를 봉양하게 되며 여명은 남편이 풍유로 주색을 일삼으니 근심과 한숨으로 세상을 보내게 되고 사주에서

寅卯자중에서 한자이상을 만나고 천간에서 甲乙자를 하나 놓으면 남명은 작첩하거나 재취하여 동서에서 아들을 얻게 되며 여명은 일부종사를 감당하기가 어려워 재가하게 된다. 만약 申子를 놓은즉 장모를 봉양하며 여명은 두 시어머니를 모시게 된다.

6, 己巳일생은 巳중의 丙火로 인수를 삼고 戊土로 비겁이 庚金으로 상관이 되므로 인하여 주중에서 巳午未자 한자 이상을 만나고 천간에서 丙丁자중 한자를 만나면 반드시 홀어머니를 모시게되고 남명은 극부 극처에 아름다운 여자가 따르며. 여명은 시모와 불화하고 부궁(夫宮)이 불미하여 극부(剋夫) 재가하며 재조가 비범하다. 그러나 주중에서 辰未丑자중에서 한자 이상을 만나고 천간에서 戊己자 한자를 놓으면 이복형제가 있으며 남명은 극부 극처하게 되고. 여명은 남의 소실이나 재가하여 수심이 많다. 그리고 辛酉丑중 한자 이상을 만나고 천간에서 庚辛자를 놓으면 두장모를 모시게되고 남명에 관살이 미약하면 자식이 없어 양자를 하거나 남의 자식을 리르게 되며. 여명은 상부(喪夫)하거나 재가하여 남의자식을 기르거나 재가하여 자식을 낳게 된다.

7, 庚午이생은 午중의 丁火가 관성이 되고 己土로 인수가 되며 사주에 寅午戌巳未자중 한자 이상을 만나고 다시 천간에 丙丁 한자를 만나면 남명은 재취 또는 작첩하여 동서에서 아들을 얻게 되며 여명은 남이 모르게 이성교재가 많거나 재가 하게 되고 그리고 주중에 未戌자중 한자 이상을 만나고 천간에 다시 戊己자를 만나면 두어머니를 모시게 되며. 남명은 양처득자(兩處得子)하고 여명은 재가 하게 된다.

8, 辛未일생은 未중의 丁火로 관살이 되고 乙木으로 재를 삼고 乙土로 인수가 되며 사주에 巳午未자중의 한자 이상을 만나고 다시 천간에 丙丁자 하나를 만나면 남명은 본처와 소실에서 자식을 얻게 되고. 여명은 일부종사하기가 어려우니 재가하게 되며 친정어머니를 봉양하게 된다.

그리고 주중에 亥卯자중 한자이상을 만나고 다시 천간에 甲乙자중 한자를 놓으면 남명은 반드시 재취하게 되며 亥자가 있으면 장모를 봉양하는 일이 있고. 여명은 두시어머니를 모시게 되거나 시어머니가 아들을 시켜서 나를 확대하게 되니 의지할곳이 없게 된다.

또한 사주에 未辰자중 한자 이상을 만나고 천간에 戊己자 한자를 만나면 반드시 외부모(片親)밑에서 자라게 되며 남명은 자기의 어머니와 아들간에 불화하고. 여명은 사위(내남편)와 장모간(내어머니)화합하니 친정어머니를 모시게 된다.

9, 壬申일생은 申중의 庚金으로 인수로 하고 壬水로 비견이 되므로 사주에 申酉戌巳子중 한자이상을 만나고 천간에 庚辛자중 다시 한자를 만나면 두어머니를 모시며. 남명은 처와 어머니가 불화하고 여명은 시어머니와 남편을 가볍게 여기며 申酉시에 출생하면 말년에 자식을 두게된다.

그리고 사주에 申子辰亥자 중에서 한자 이상을 만나고 천간에 壬癸수중에 한자를 만나면 부모가 불화하고 외쪽부모밑에서 자라게 되며 남명은 극부 극처하고 여명은 고집이 있어 부부궁이 불미하게 되고 그리고 주중에 未戌자중 한자 이상을 만나고 천간에 다시

- 14 -

10、癸酉일생이 酉중의 辛金이 인수가 되고 사주에 巳酉丑申戌 자중 한자 이상을 만나고 천간에 庚辛자중에 한자를 만나면 두어 머니를 모시게 되고 남명은 극부하고 여명은 시모와 불화하게 되며 酉시생이면 자손으로 인하여 근심이 많다.

11、甲戌일생은 戊土의 丁火가 상관이 되고 辛金으로 관성을 삼으며 戊土로 재성을 삼게 되는데 사주에 辰戌丑未한자 이상을 만나고 천간에서 다시 戊己자중 한자를 놓으면 만약 배다른 숙부와 고모가 아니면 남의 집에서(外家. 二父. 養父. 叔父宅) 자라게 되고 남명은 처가 많고 만약 寅午戌자중 한자를 놓으면 장모를 모시게 되며. 여명은 시어머니가 두분이요 또한 午자를 놓고 丙丁자에 한자를 만나면 남의 자식을 기르게 되며 남명은 장모 조모 각각 두분이요 여명은 시집간 후 생가는 패망하고 시가는 흥하게 되는데 단지 흠이 되는 것은 부부궁이 아름답지 못하여 상부할까 두렵고 사주에 申酉戌자중 한자 이상을 만나고 시 천간에 庚辛金자중 한자를 놓으면 남명은 동서에서 두세번 장가를 들게 되고 배다른 자식을 키우게 되거나 서출자손이고. 여명은 관살이 혼잡하니 부부궁이 불미하여 만약 寅午를 놓으면 아름답다.

12、乙亥일생이 亥중의 壬水로 인수가 되며 甲木으로 비견이 되는 관계로 사주에 亥子丑자중 한자이상을 놓고 천간에 壬癸자중 한자를 만나면 한아버지에 두어머니요 남명은 극처하고 여명은 시모와 불화하며 만약 亥子시에 나면 아들을 얻기가 어렵고 수국을 놓게되면 음독할 수가 있다. 그리고 사주에 寅卯未중 한자 이상을 만나고 천간에 甲乙자중에 한자 이상을 만나면 형제가 많으면 배다른 형제요 남명즉 부모와

13、丙子일생은 子중의 癸水로 관성을 삼고 亥子丑申辰중 한 자이상을 만나고 천간에 다시 壬癸를 놓으면 남명은 많은 처와 인연이 없거나 처첩을 극하게 되며. 여명은 두여자가 한 남편을 모시게되거나 풍류요 시부가 홀아비니 불편하기가 한두가지가 아니다. 여명은 평생에 걸쳐서 부부궁이 불미하여 고생을 하게되며 영화는 뜬구름과 같게 된다.

14、丁丑일생은 丑중의 己土로 식신을 삼고 辛金이 재가 되며 癸水로 관살이 되는데 사주에 辰丑자중 한자 이상을 만나고 천간에서 戊己자중 한자를 만나면 남명은 두할머니를 모시거나 장모를 두분 모시고 만약 巳자나 酉자를 만나면 남의 자식을 기르고 관살이 미약하여 여명은 상관식신을 거듭 보면 남편을 봉양하고. 만약 주중에 巳酉丑중 한자이상을 만나고 천간에 庚辛金중 한자를 놓으면 남명은 반드시 재취하거나 다른 아버지밑에서 자라게 되며 상부를 면하기 어렵다.

여명은 두시어머니를 모시게 되고 관성을 보지 못한즉 도리어 부부궁이 아름답지 못하고 관살이 투출하면 시어머니가 남편에게 고자질하여 나를 학대하게 되며. 주중에 亥子丑중 한자 이상을 만나고 천간에서 다시 壬癸水자중 한자 이상을 만나고 만약 巳나 酉자를 보게 되면 장모를 봉양하게되고 여명은 재가를 면치 못하고 戌未자를 만난즉 나팔관임신이나 혹은 소파수술이 두렵다.

15、戊寅일생은 寅중의 甲木으로 관살을 삼고 丙火로 인수가 되

니 사주에서 寅卯辰亥자중 한자 이상을 만나고 천간에서 다시 甲乙자 하나를 만나면.

남명즉 작첩하거나 풍류로 세월을 보내게 되며 배다른 자식을 얻게 되고 여명 즉 초혼을 성공하기가 어려우며 巳자나 申자를 놓으면 나태를 자주 하거나 수술을 하게 된다. 사주에 寅午戌자중 하나 이상을 만나고 천간에 다시 丙丁화 한자 이상을 놓으면 머니를 모시게 되거나 그 생모가 재취하지 않으면 아버지가 작첩하며.

남명은 극부 극처하며 많은 여인이 따르고 주색에서 빠져 나가기 어렵다.

여명은 남편과 시어머니와 불화하고 해로하기가 어려워 긴긴밤을 홀로 지새우게 되며 만약 巳시에 출생하면 남의 자식을 기르게 되거나 여승의 팔자이다.

16, 己卯일생은 卯중의 乙목으로 관살이 되므로 사주에 寅卯辰亥未자중 한자 이상을 만나고 천간에 甲乙자 하나를 놓으면 남명은 동서에서 아들을 얻게 되고 여명은 재가를 면하기 어렵다.

17, 庚辰일생은 辰중戊토로 인수를 삼고 乙목으로 재성이 되며 癸수로 상관이 되므로 인하여 사주에 戊己중 한자를 놓으면 인수가 거듭 있어 한아버지에 두어머니요

남명은 토금이 상왕하여 목인 재성을 극제하므로서 극처 극부하게 되고

여명은 신왕하여 남편과 시어머니의 말을 듣지않아 불화하고 남편이 납치당하는 일이 있고 만약 술시

에 출생한즉 재가를 면키가 어려우며 사주에 寅卯자중 한자 이상을 만나고 천간에 다시 甲乙자를 놓으면 남명즉 재다신약인즉 서로 재취하여 동가숙 서가식하게 되며 여명즉 두 시어머니를 모시게 된다. 그리고 子申중 한자 이상을 만나고 천간에 壬癸수자 중 한자를 놓으면 상관국을 이루어 남명은 두 할머니를 모시거나 장모 두 분을 봉양하고

여명은 남의 자식을 기르거나 재가하여 성다른 자식을 낳게 된다.

18, 辛巳일생은 巳중의 丙화로 관성을 삼고 戊토로 인수가 되며 庚금이 비견이 되므로 인하여 사주에 巳午未자중 한자를 만나고 천간에 丙丁화 한자를 놓으면 남명즉 양방득자하고 여명은 재가할까 두렵고 자식을 생각치 않고 다른 남자를 따라 집을 나가게 될 것이다.

그리고 사주에 辰丑자중 한자를 놓으면 다른 부모를 모시게 되고 사주에 편재가 없으면 조실부모하고 남명은 처궁이 불미하고 또한 사주에 申酉丑중 한자 이상을 놓고 천간에 다시 庚辛을 만나면 배다른 형제가 있으며.

남명은 극처하고 만약 申시에 출생하면 자손궁에 흉함이 있게 되며.

19, 壬午는 午중 丁화로 재성을 삼고 己토로 관성을 삼으므로 인하여 사주에 寅午戌巳未자중 한자 이상을 만나고 천간에 다시 丙丁을 만나면 다른 부모밑에서 자라게 되고.

남명은 토금이 상왕하여 목인 재성을 극제하므로서 극처 극부하게 되고

여명즉 남의 소실이거나 申시에 만난즉 부군이 흉사할까 두렵다.

남명은 극처하고 만약 申시에 출생하면 자손궁에 흉함이 있게 되며.

남명은 토금이 상왕하여 남편이 집을 나가게 되거나 남편과 시어머니의 말을 듣지않아 불화하고 남편이 납치당하는 일이 있고 만약 술시

남명은 양처에 득자하고

여명은 두시어머니를 모시게 되며 결혼하면 친정은 패하고 시가

는 흥하게 되며 만약 관살혼잡에 투출하면 내 돈을 남편에게 주고(我財生扶反成其辱) 뺨맞는 일이 생기게 된다.
또한 사주중에 未戌자중 한자 이상을 만나고 다시 戊己자를 만나면
남명은 동서득자하고 丑시에 출생하면 처·첩간에 음독하는 일이 있게되고.
여명은 본부와 해로하기가 어려워 재가를 면치 못하나 나이많은 남자와 만나서 살게되며 丑시에 만나게되면 화상이나 음독하는 일이 있게 된다.

20、癸未일생은 未중의 丁화로 재성을 삼고 乙목으로 식신이 되며 己토로 관살이 되므로 사주에 辰丑未자중 한자 이상을 만나고 천간에 戊己자중 한자를 만나게 된다.
남명은 본실 재취 소실 애인으로부터 아들을 얻게되며 亥자나 卯자를 놓으면 장모를 모시게 되고 여명즉 노랑이나 재취로 출가하게되며 亥卯자중 한자를 놓거나 甲午 甲辰 乙巳 乙未중 하나를 만나면 처녀나 과부가 임신을 할 수가 있으며
또한 사주에 巳午未자중 한자 이상을 만나고 천간에 다시 甲乙자를 놓으면
남명은 조모나 장모 두 분을 맞이하거나 장모를 봉양하는 일이 있게 된다.

21、甲申 乙卯 乙亥 乙未 甲辰중 하나를 만나면 부정포태(不正胞胎)하는 일이 있게 된다.

여명은 남의 자식을 키우거나 반드시 다른 자식을 기르게 되며 甲午 乙卯 乙亥 乙未 甲辰중 하나를 만나면 부정포태(不正胞胎)하는 일이 있게 된다.

21、甲申일생은 申중의 庚금으로 관살로 삼고 壬수로 인수가 피는데 사주에 申酉戌巳자중 하나 이상을 만나고 다시 천간에 庚辛

금자중 하나 이상을 놓게 되면.
남명은 내실이나 밖에서 아들을 얻게되고 寅午戌생인즉 混血兒를 얻게되며
여명은 관살이 거듭 있으며 子자나 辰자를 만나면 친정어머니를 봉양하게 된다.
사주 중에 申子辰자중 한자이상을 만나고 다시 壬癸자중 하나 이상을 만나 인수국을 놓고 인수를 많이 만나면 두어머니를 모시게 되며 巳자나 丁酉 丙申 丙戌 丙子 丙辰중 하나를 만나면 부정포태하게 된다.
남명은 극부 극처하게 되고 만약 戊辰시에 나면 그 확률이 더욱 높게 된다.

22、乙酉일생은 酉중의 辛금으로 관살이 되니 사주중에 巳酉丑 申戌중 한자 이상을 만나고 천간에 다시 庚辛금을 놓으면 관살이 합국되고 투출하면.
남명은 동서득자 하고 丁酉 丙申 丙戌 辛巳 丁丑 丁酉중 하나를 만나면 부정포태를 하게되는 수가 있다.
여명은 부궁이 불미하여 두세번 재가하거나 혹은 소실살이를 하게 되며 丙申 丙戌 辛巳 丁丑 丁酉중 하나를 만나면 부정포태하게 되는 수가 있다.

23、丙戌일생은 戊중 丁화로 비겁이 되고 辛금으로 재성을 삼으며 戊토로 식신이 되므로 인하여 사주에 寅午戌자중 한자 이상을 만나고 천간에 丙丁자중 한자 이상을 놓으면 비견 비겁이 국을 이루니 배다른 형제가 있게 된다.
남명은 비겁이 왕하여 재성을 극제하기 때문에 극부 극처하여 처

- 17 -

첩궁이 불미하고
여명은 소실살이를 하게 된다. 그리고 사주 중에 辛酉戌중 한자・이상을 만나면 재국을 이루게되니 두 아버지 밥을 먹거나 삼촌 고모 밑에서 자라게 되며
남명은 동가식 서가숙으로 분주하고
여명은 재성이 시모가 되니 재국을 이루면 두시어머니를 모시게 되고
사주에 戊午중 한자 이상을 만나면 조모님이 두분이요
남명은 장모가 두분이요 申酉자중 하나를 만나면 반드시 장모를 모시게 되며
여명은 다른 자식을 기르고 만약 丑시에 출생하면 자궁수술이나 나팔관 임신을 하거나 무자되기가 쉬우며. 辰시에 나면 부부이별에 한 많은 세월을 보내게 되며 壬戌을 놓거나 관살백호가 많은 수로부터 극제 당하면 그 남편이 횡사할까 두려우며 丙申 壬午 壬申 戌申자중 한자 이상을 만나면 부정포태 하게됨이 있게 된다.

24、 丁亥일생은 亥중 壬수로 官이 되고 甲목으로 인수가 되므로 인하여 사주에 亥子丑중 한자 이상을 만나고 천간에 다시 한자의 壬癸수가 있으면.
남명은 배다른 자녀를 두게 되며 여명은 亥중의 암장인 壬수와 丁壬으로 합이 되니(暗合) 다른 사람과 정을 통하고 있는 형상인데 다시 癸수와 壬수가 있으면 明暗夫集지상이 되어서 자식을 낳고 살다가 외간 남자와 정을 통하여 집을 나가게 되는 일이 있으며.

만약 己酉丑亥卯未생은 외국으로 출가하게 되며 다시 사주에 亥未자중 한자 이상을 만나고 천간에 다시 甲乙자중 한자를 만나 인수국을 놓게 되면 두 어머니를 모시게 되고
남명은 극부 극처하기 쉬우며
여명은 시모와 불화하고 부부간에 금실이 원만하지 못하며 항상 남편을 그리워 하게 되고
사주에 己未 戊子 己卯 己亥중 하나를 놓으면 부정한 임신을 하게된다.

25、 戊子일생은 子중의 癸수로 재를 삼게되니 亥子申辰자중 한자이상을 만나고 천간에 다시 壬癸수를 만나면 片親膝下이고. 남명은 처가 많은 형상이 되어서 동가숙 서가숙으로 항상 분주하며 여명은 고집이 세어 남편의 말을 잘 듣지 않고 老郞을까 두려우며
남명은 극부 극처하게 되고 甲戌시에 출생하면 자식의 흉사가 있을까 두려우며
여명은 비겁이 많으니 남편을 빼앗기거나 소실살이를 하게 되고 인하여 음독하는 일이 있으며 사주에 己酉중 한자 이상을 만나고 천간에 庚辛금자중 한자를 놓으면 상관이나 식신이 국을 이루워 그 조모가 재취로 왔거나 조부님의 소실이 있게 되며 고 살다가 외간 남자와 정을 통하여 집을 나가게 되는 일이 있으며.

26、 己丑은 丑중의 己토로 비견이 되며 辛금으로 식신을 삼고 癸수로 재성을 삼으니 丑辰已자중에 한자이상을 놓고 천간에 戊己토자중 하나를 놓으면 비견이 태왕하여 배다른 형제가 있게 되며.
남명은 극부 극처하게 되고 甲戌시에 출생하면 자식의 흉사가 있을까 두려우며
여명은 극부 극처하게 되고 그로 인하여 음독하는 일이 있으며 사주에 己酉중 한자 이상을 만나고 천간에 庚辛금자중 한자를 놓으면 상관이나 식신이 국을 이루워 그 조모가 재취로 왔거나 조부님의 소실이 있게 되며
남명은 두 장모를 모시거나 장모를 모시는 수가 있다.

여명은 상관 식신이 자손이 되니 남의 자식을 기르게 되며 그 부군이(夫君) 풍류로서 주색으로 세월을 보내니 항상 근심이 사라질 날이 없으며 또한 자식으로 인하여 자신을 희생하는 일이 있다.

사주에 亥子 丑중 한자 이상을 만나고 천간에 癸수자중 하나면 일주가 약하고 수가 왕하면 형제간에 익사할까 두려우며 남명은 처첩으로 집안의 풍파가 많아 재산을 파하게 되며 여명은 시어머니를 모시게 되고 시집간 후 친정은 패가하나 시가는 흥하게 되는데 이는 재가 관살을 생하여 주는 이치이다.

27、庚寅일생은 寅중의 甲목이 재가 되고 丙화로 관살이 되니 사주에 亥卯寅辰자중에 한자 이상을 만나고 천간에 甲乙목중 한자가 있으면 외숙이 고독하고 만약 일찍 아버지를 여의고 어머니가 재가 하게되니 다른 아버지 밑에서 자라게 되며 남명은 재취할 수가 있고 寅卯巳午戌시생이면 그 처가 악독하니 공처가 되기 쉬우며 亥자를 만나면 장모를 모시게 된다.

여명은 두집 시어머니를 모시게 되고 재가 관살을 생하고 丙화로 관살이 되니 시가가 흥하게 된다.

28、辛卯일생은 卯중의 乙목으로 재가 되니 사주에 寅辰亥未자중 하나 이상을 만나고 천간에 甲乙자중 하나를 만나면 外家집이 몰락하거나 외숙이 쇠몰하고 일찍 부친을 여의고 남의 아버지 밑에서 자라게 되며

남명은 재취하니 처가 많으며 또한 亥자나 壬辰 壬寅 癸亥 癸未자중에서 하나를 만나면 시가가 쇠몰하고 부군이 종종 가출하니 상심됨이 많으며

여명은 두 시어머니를 모시게 되며 시가가 쇠몰하고 남편에게 주고 그리고 관살이 투출하면 시집쪽이 나돈 내돈 빰맞는 일이 생기게 되고 시어머니나 시집쪽이 나를 학대하여 주고 의지할 곳이 없게된다.

29、壬辰일생은 辰중의 戊토로 나를 극하고 癸수로 비겁이 되므로 인하여 사주에 辰丑未巳자중 한자 이상을 만나고 천간에 戊己토를 놓으면 관살이 태중하니 형제자매가 상하게 되며

남명은 동서득자하고 본실(本室) 편실(偏室)로 동가숙 서가식하게 된다.

여명은 관살이 혼합이니 재가하거나 노랑을 만나게 되어 부궁이 불미하고 만약 戌자를 놓으면 이혼을 면하기가 어렵다. 그리고 사주에 寅卯중 한자 이상을 만나고 천간에 甲乙목자중 하나를 놓으면 상관이 국을 이루니 두 조모를 모시게 되며 남명은 두 장모를 봉양하게 되고 수목이 태왕한데 토 관살이 심약하면 그 자녀 중에 벙어리나 불구자가 있을까 두려우며 여명은 남의 자식을 양자하거나 기르게 된다. 만약 관살이 미약하면 아들을 낳으면 상부하거나 혹은 부군이 납치 또는 이별하게 되며

백년해로하기가 어려우니 재가할 수 있으며 시가에 이복형제가 있을 것이고 또한 사주에 壬寅 壬辰 癸卯 壬午 壬戌중 하나를 만나게 되면 부정포태(不正胞胎)하게 된다.

만약 그렇지 않으면 양가에 출가하여 각각 자식을 낳게 되며 평생 수심으로 세상을 보내게 될 것이다.

30、癸巳일생은 巳中의 丙火로 재성을 삼고 戊土가 관성이 되며. 금으로 인수가 되니 재관이이 갖추어져 三奇를 놓게되니 재관인이 아름다워서 귀한 일주이다.

사주에 巳午未자중 한자 이상을 놓고 천간에 丙丁자중 한자를 나게 되면 일찍 모친을 잃게되거나 남의 집에서 자라게 되며 외숙이 쇠몰하게 되며

관성이 투출하면 더욱 확실하다)만약 申시에 출생하면 두방에 관을 걸게 되고 또한 腹上死가 있게되며 亥卯未巳酉丑생은 외국여성에게 결혼하거나 애인을 갖게되고 혼혈아를 얻게 된다.

여명은 두시어머니를 모시는 일이 있으며 재국이 관을 생하니 남편이 나의 덕을 보게 되나 남편 덕이 없다.

그리고 辰丑未巳자중 한자 이상을 만나고 시가가 흥하게 된다.

사주에 출가하면 친정이 패하고 巳酉丑亥卯未생은 외국여성과 애정을 맞이어 혼혈아를 얻게 된다.

여명은 明暗夫集이니 남편과 자식을 버리고 정부를 따라서 집을 나가게 된다.

그리고 사주에 申酉丑자중 하나 이상을 만나고 천간에 庚辛금자 중 하나 이상을 만나면 인수국을 이루니 두어머니를 모시게 되며

남명은 처궁이 심약하니 질병이 거듭 생기고

명은 동식서숙으로 別家東西로 각처에서 자식을 얻게되며(천간에

31、甲午일생은 牛中의 丁火로 상관을 삼고 己土가 재성이 되므로 인하여

사주에 寅午戌巳未中 한자 이상을 만나고 천간에 다시 丙丁火를 만나면 조모님이 두 분이요

남명은 두 장모를 모시게 되며 사주에 丙戌 丙寅 丁巳 丁未 戊戌午 己巳 己未 戊戌자중 하나이상을 만나도 장모를 봉양하는 일게 된다.

여명즉 상관이 태왕하여 상부할까 두려우며 남의 자식을 기르게 되거나 두 집에서 자식을 낳게된다. 그리고 庚午 庚戌 庚寅 辛未중 하나를 놓으면 부정포태하는 수가 있다.

또한 巳未戌자중 한자이상을 만나고 천간에 戊己자중 한자를 만나고 사주에 재가 완하면 모친을 극하게 되고

남명은 두 집의 사위며 사주에 戌자혹은 己巳 己未 戊午 戊戌 丁未 丙戌중 하나를 만나면 장모를 봉양하는 형상이 되어서 내가 돈벌어 남편을 먹여 살리는 이치로 출가 후 친정은 쇠몰하고 시가가 흥하게 된다.

32、乙未일생은 未중의 丁火로 식신을 삼고 乙목이 비견이 되며. 己土로 재를 삼으므로 인하여

사주에 巳午未자중 한자이상을 만나고 천간에 丙丁자중 하나를 만나면 두 조모에게 절을 하게되며 부친 혹은 숙부 고모간에 흥사함이 있으며

남명은 애인이나 처첩간에 음독하는 일이 있으며 여자의 풍파가 많으니 특별히 조심하여야 한다.

여명은 남의 자식을 기르거나 양성득자(兩性得子) 팔자이며 남편 덕이 없다.

그리고 사주에 亥卯자중 한자 이상을 만나고 천간에 甲乙자를 놓으면 조별부친(早別父親)하며 남의 집에서 자라며 숙부 백부 고모 부친이 흥사함이 있고

남명은 처첩이나 애인간에 흥사함이 있고

여명은 재가하거나 소실살이 하게된다. 그리고 辰未중 한자를 놓고 다시 천간에 戊己토한자를 만나면 편친슬하(片親膝下)이며

남명은 丙戌시나 丙戌월이면 재취하게 되거나 자식하나가 흥사함이 있게된다.

여명은 두집 시어머니를 모시게 되고 출가 후 친정은 쇠몰하고 시집가 돈벌어 남편 주고 뺨맞는 일이 있게 된다.

33、 丙申일생은 申중의 庚금으로 재성을 삼고 壬수가 관살이 되니 사주에 申酉戌자중 한자 이상을 만나고 천간에 庚辛금자중 한자를 놓으면 남에 집에서 자라게 되고 남명은 재취혹은 작첩하게 되며

여명은 두 시어머니를 모시게되고 출가후 친정은 쇠몰하고 시집은 흥하게 되는데 천간에 관살이 투출하면 내가 돈을 벌어야하며 남편 덕이 없다.

그리고 사주에 申子辰자중 한자 이상을 만나고 천간에 壬癸수를 놓으면 형제가 빈곤하고 지지에 재국을 놓으면 어릴때 조실부모 하거나 남의 집에서 자라게 되며

남명은 두집의 사위이거나 동서득자하게 되거나 寅午戌생 申子辰생은 외국여성과 애정을 맺어 자식을 얻게되거나 해외에서 결혼을 하게된다.

또한 여명은 재가함이 있고 寅午戌 申子辰생은 해외로 출가하는 수가 있다.

34、 丁酉일생은 酉중의 辛금으로 재성을 삼고 己酉丑申戌자중 한자이상을 만나고 천간에 庚辛금이 있으면 어릴때 부모를 여이거나 남의 집에서 자라게 되며(재국을 놓으면 더욱 심하다)

남명은 재취하거나 작첩하게 되거나 공처가이며

여명은 재국이 왕상하여 시집이 흥하고 친정이 쇠몰하게 되며 두 시어머니를 모시거나 전후 시모가 있게된다.

35、 戊戌일생은 戌자중 丁화로 인수가 되며 辛금이 상관이 되고 戊토 비견이 되므로 인하여 사주에 寅午戌자중 한자 이상을 만나고 천간에 丙丁자중 한자 이상을 만나게 되면 두 어머니를 모시게되거나 어머니가 재취하게 되며 그 부친은 작첩함에 있게 되고 (혹은 양부모 수영부모) 또한 화가 생왕하면 재를 극하게 되니 어릴때 아버지를 여이거나 질병으로 그 부친이 고생하게 된다.

남명은 극처하게 되며 여자가 많이 따르니 주색으로 풍류이고 여명은 신왕하니 고집이 세여 시부모와 남편의 말을 듣지 않아 가정 불화가 많으며. 사주에 申酉戌자중 한자이상을 만나고 천간에 庚辛금 한자를 만나면 조모가 두 분이요 손자 손녀가 크게 번성하게되고

남명은 두 장모를 모시게 되며 관살이 극히 미약하면 서출자손이 있게 된다.

여명은 상부하거나 이혼이 두려우며 남의 자식을 기르거나 두 성의 자식을 얻게 된다.

사주에 戊午자중 한자를 만나고 천간에 다시 戊己土를 한자 놓으면 비견비겁이 태왕하여 어릴때 부친을 여의고 남명은 극처하거나 소실이 있고 배다른 형제자매가 있게 되고 여명은 자색이 강강(姉妹剛强)하여 부부간에 풍파가 있거나 남편이 풍류로 주색에 탐혹하여 근심이 많거나 남편을 빼앗겨 수심이 많으며 만약 辰시에 출생하면 부부간에 이별한다.

36, 己亥일생은 亥子丑자중 한자이상을 만나고 천간에 壬癸자를 하나 만나면 남의 집에서 자라거나 부모 궁이 아름답지 못하여 어릴 때 부모를 여의게 되고

남명은 처궁이 불미하여 재취하기 쉽고 재국을 이루면 처덕이 없고 월시에 庚子 辛丑 辛未 庚辰중 하나를 놓고 장모를 봉양함이 있게되고 己酉丑 亥卯未생은 외국여성과 애정을 나누어 혼혈아를 얻게 된다.

여명은 두 시어머니를 모시고 친가는 패망하고 시가는 흥하게 된다.

그리고 천간에 관살이 투출하면 시어머니가 남편에게 고자질하여 나를 괴롭히니 가정에 풍파가 많으며 내가 벌어서 남편을 먹여 살리게 된다.

사주에 亥未辰자중 한자이상을 만나고 천간에 甲乙목중 한자를 놓으면 관살이 태왕하여 형제간에 곤고함이 있게되고 남명은 별가동서(別家東西)로 양방에서 자식을 얻게 되고 만약 甲子 癸酉 乙亥새로 출생하면 그 처가 악독하고 己酉丑 亥卯未생은 외국여성과 교접하여 혼혈아를 얻게되며 여명은 관살이 혼잡하니 재가할 운명으로 외간남자와 사통하여 따라가는 수가 있고 己酉丑 亥卯未생은 해외에 출가하거나 또는

결혼 후 해외에 왕래하게 될 것이다.

37, 庚子일생은 子중의 癸수가 상관이 되니 사주에 亥子丑申자중 하나이상을 놓고 천간에 다시 壬癸자중 하나를 놓으면 상관식신을 거듭 보게되니 두조모님을 모시게 되는 수가 있으며 월에서 (식신상관월) 만나면 형제가 많으며

남명은 초년에 낳은 자식으로 인하여 근심이 많고 상관이나 식신을 많이 만나서 관성이 미약하면 소실에서 아들을 얻게 되며 여명은 남의 자식을 기르거나 양자를 하는수가 있으며 남편궁이 불미하니 생별 사별을 거듭 할것이다(秋冬月생이면 더욱 심하다)

38, 辛丑일생은 丑중의 己土로 인수를 삼고 辛금이 비견이 되며 癸수가 식신이 되므로 인하여 사주에 丑辰巳자중 한자이상을 만나고 천간에 戊己자중 하나를 거듭 만나면 인수가 많으니 두어머니를 모시게 될 팔자이고

남명은 극처하며 전재나 편재가 없는 즉 어려서 부친을 잃게 되고 여명은 인수가 상관이나 식신을 극하니 자식을 두기가 어려우며

사주에 己酉丑자중 한자 이상을 만나고 천간에 庚辛금을 만나면 형제가 많게되며 남명은 배다른 형제가 있게되고 여명은 친구나 동기간에 남편을 빼앗기게 되고 또한 부군이 풍류 지객이 되어 주색으로 세월을 보내게 된다.

그리고 사주에 亥子丑자중 한자 이상을 만나고 천간에 다시 壬癸수를 만나면 亥子丑자중 한자 이상을 만나고 천간에 다시 壬癸수를 만나면 조모님이 두 분이며 남명은 초년에 일찍 얻은 자손으로 수심이 많으며 壬辰시에 나고 丙丁자중 하나를 놓으면 서출자손을 얻게되며 여명은 남의 자식을 키우거나 두 집에 가서 성다른 자식을 얻게 된다.

39、壬寅일생은 寅중의 甲목이 식신이 되고 丙화로 편재를 삼으므로 인하여 사주에 寅卯辰亥子중 한자 이상을 만나고 천간에 甲乙자중 한자를 만나면 조모님이 두 분이요 월에서 이것을 놓으면 형제간에 대발하고

남명은 장모님이 두 분이며 천간에 관살이 있으면 본처로부터 자식을 얻기가 힘들며 월이나 시에서 丙午 丙戌 甲寅 甲戌 丁亥중 하나를 놓으면 장모를 모시게 되며

여명은 상관이 태왕하여 상부(傷夫)할까 두렵고 동서에서 성씨가 다른 자식을 낳거나 다른 자식 길러보며

사주에 戊午 戊戌 戊寅 己亥 己卯 甲午 甲戌중 하나 이상을 만나고 천간에 丙丁자중 한자를 놓으면 편친슬하(片親膝下)에서 자라게 되거나 남의 집에서 자라게 될 것이며.

남명은 재취하게 되는 일이 있고 월이나 시에 丙午 丙戌 甲午 甲寅 甲戌중 하나를 만나게 되면 부정포태(姙娠)하는 수가 있다.

40、癸卯일생은 卯중의 식신이 되니 사주에 亥卯未寅辰자중 한자 이상을 놓고 천간에 甲乙자중 한자를 놓으면 식상(傷食)이 국을 이루니 조모님이 두 분이고

남명은 두 장모님을 모시게 되며 천간에 관살이 투출하면 소실득 자하고 사주에 丁未 丁亥 丙戌 丙寅 甲寅 甲戌중 한자를 만나면 장모를 봉양하게 되며

여명은 상관이 태왕하여 상부할까 두렵고 남의 자식을 기르거나 두세번 재가하여 동서에서 자식을 얻게 될 것이다.

41、甲辰일생은 辰중의 戊토가 재성이 되며 乙목으로 비겁을 삼

으며 癸수가 비겁이 되니 사주에 丑辰未자중 한자 이상을 만나고 천간에 戊己자중 한자이상을 만나면 재성이 태왕하니 부모를 극하거나 편친슬하에서 자라게 되며.

남명은 그 부친이 흉사함이 있거나(숙부 고모 백부) 처첩이 애인이 흉사하게 되며 재취할 운명이요 사주에 己卯 丁卯 丙子 丙辰 丙寅 丁未 丁酉자중 하나 이상을 만나면 장모를 모시게 되며

여명은 두 시어머니를 모시게 되며 만약 戊시에 난즉 부군과 생별이나 사별을 하게된다.

또한 寅卯辰자중 한자 이상을 만나고 천간에 甲乙목 한자를 놓으면 배다른 형제가 있으면 비견 비겁이 태왕하여 일찍 부친을 여의게 되며

남명은 극처하고 부친이 흉사하게 되며 처첩이나 애인 중에 흉사함이 있게되고

여명은 소실을 보거나 소실 살이를 하게 되며 사주에 申子자중 한자이상을 만나고 천간에 壬癸수중 한자를 놓으면 인수가 태왕하니 두 어머니를 모시게되며

남명은 인수가 많으니 처궁이 심약하여 그 처가 질병으로 고생하거나 헤어지게 된다.

여명은 고집이 있어 시어머니와 남편의 말을 잘 듣지 않아 가정이 불화하고 식신이 미약하면 자식을 극하게되니 수심이 많다.

42、乙巳일생은 巳중의 丙화가 상관이 되며 戊토로 인수를 삼고 庚금이 관성이 되니 사주에 巳午未자중 한자 이상을 만나면 천간에서 丙丁자중 한자 이상을 만나고 상관 식신이 태왕하여 관살을 방어하므로 인하여 월건에 이것이 있으면 형제가 많고 조모님이

두분이다.

남명은 상관 식신이 장모가 되니 두 장모를 모시는 팔자이고 또한 관성을 극제하니 자손 궁이 부실하며 만약 천간에 관살이 미약하면 소실득자 하는 일이 있으며

여명은 상광 식신이 자녀가 되는 고로 남의 자식을 기르거나 혹은 양방득자하게 되며 관살이 미약하면 이혼하거나 상부할 팔자로다.

남명은 辰丑未子중에 환자 이상을 만나고 戊己土를 만나면 편친슬하에서 자라거나 남의 집에서 기식(寄食)하게 되고.

남명은 재취 소실 애인 등 자녀의 접촉이 심하고 또 己酉丑 亥卯 未생이면 외국여성과 애정을 맺게되며

여명은 재성이 시어머니가 되므로 재다신약 사주니 두시 어머니를 모시게 되고 또한 사주에 酉丑申子중 한자 이상을 만나고 천간에 庚辛金자 한자가 있으면 관살이 태왕하고 이것이 월건에 있으면 형제 극제 당하는 형상으로 질병으로 고생이 많으며.

남명은 관살이 자식이 되는 고로 양처에서 득자하게 되고 여명은 乙巳일주가 巳중의 庚금관성으로 암합(暗合)하고 庚辛금 관성이 투출하면 이것이 明暗夫集 이치로 남편과 자식을 버리고 남을 따라가는 부정한 여자로 본부와 해로치 못하게 되며 만약 사주에 庚申 辛酉 辛巳 庚午 辛未 丙申 丁酉 丁丑중 하나를 만나면 이는 상관과 식신이 일주와 합하게되는 관계로 부정포태하게 된다.

43. 丙午일생은 午중의 丁화가 비겁이 되고 己土로 상관이 되므로 인하여 사주에 巳午未寅戌자중에 한자 이상을 만나고 천간에 丙丁자중 한자를 놓으면 배다른 형제가 있거나 부친을 일찍 여의

게되며 남명은 비견. 비겁이 태왕하니 극처 하게되고 외숙이 고독하다.

여명은 한 남편으로 두 여자가 살게 되거나 부부간에 空房살이를 하게 되며 또한 남편이 책임이 없이 동가숙 서가식 하게 되니 남편으로 수심이라

그리고 사주에 未戌巳자중에 한자 이상을 만나고 천간에 戊己자중 한자를 놓으면 형제가 많으며 조모님이 두 분이며.

남명은 두 장모에게 절을 하게되고 사주에 관성이 투출되어 있으며 소실에서 득자하고

여명은 二女同夫의 팔자이니 만약 재취 아니면 독수공방으로 세월을 보내며 동서에서 성 다른 자식을 두게된다.

44. 丁未일생은 未중의 丁화가 비견이 되며 乙목으로 편인이 되고 己土로 식신을 삼으므로 인하여 사주에 巳午未중 한자를 만나고 천간에 丙丁중 한자를 놓으면 早年剋父하고 외숙이 쇠몰하며.

남명은 극처하고 사주에 辛亥 辛未 辛卯 辛巳 辛午 庚辰중에서 하나를 만나면 장모를 봉양하게 되며

여명은 부군이 풍류로 두 여자가 한 남편을 섬기거나 두 세번 재혼을 하지않으면 독수공방하게 되고

사주에 亥卯未자중 한자 이상을 만나고 천간에 다시 甲乙목 한자를 놓으면 두 어머니 모셔보고 외숙은 고독하다.

남명은 극처할까 두렵고 여인이 많이 따르니 소실을 두거나 애인과 연정을 맺게 되며

여명은 부부궁이 아름답지 못하여 평생에 부부간에 해로하기가

어려우며 시모와 불화하게 되고 사주에 辰巳未자중 한자이상을 놓고 천간에 戊己자중 하나를 놓으면 상관이 태왕하니 두조모님께 절하고 또한 외숙이 고독하다.
남명은 여자관계가 복잡하고 辛亥 辛未 辛卯 辛巳 辛丑 庚辰중 하나를 만나면 장모를 봉양하게 되고 여명은 부군이 가끔 집을 나가고 집안일에 무관심하여 소실을 거느리거나 남의 자손을 기르지 않으면 두 집의 자손을 낳게된다.

45、남명은 申중의 庚金이 식신이 되고 壬子 壬辰 癸巳 癸酉 庚子 壬申중 하나를 만나면 장모를 봉양하게 되고 또한 외숙이 고독하다.
여명은 상관이 태왕하니 상부할까 두렵고 또한 남의 집에서 자라게되고 남명은 재취하거나 소실을 얻게 되며 외숙이 고독하다.
여명은 두 시어머니를 모시거나 부부 궁이 불미하니 백년해로하기가 어렵고 만약 천간에 관살이 투출하면 내가 돈벌어 남편 먹여 살리고 도리어 뺨맞게 된다.

46、己酉는 酉중의 辛金이 식신이 되므로 인하여 사주에 辛酉戌 己표중에 한자이상을 만나고 천간에 庚辛金 한자를 놓으면 상관

이 많으니 조모님이 두 분이요 관살을 극제하니 형제가 많고.
남명은 두 장모를 보게되며 사주에 관살이 쇠약하면 소실에서 득자하거나 서출 자손이요
여명은 상부하거나 두 세번 재혼하여 남의 자식을 기르거나 양성득자 하게된다.

47、庚戌일생은 戌중의 丁화가 관성이 되고 辛金이 배금이 되며 戊土가 인수로 되므로 인하여 사주에 寅午戌자중에 한자 이상을 놓고 천간에 丙丁자중 하나를 만나면 애인으로부터 자식을 얻게 되고
여명은 두 세번 재가하거나 그 남편이 남치 또는 흉사하게 되지 않으면 남편이 무책임하여 가정에 무관심하니 내 손으로 돈을 벌어야 하니 평생이 수심이라
사주에 申酉戌자중 한자 이상을 만나고 천간에 庚辛자중 하나를 만나면 형제가 대발하고 비견겁이 재성을 극하니 부친을 일찍 여의게 되며
남명은 극제하거나 배다른 형제가 있게 되며
여명은 二女同夫가 아니면 남의 소실이거나 두세번 재혼하거나 그 남편이 실종되어 평생에 수심으로 세월을 보내게 된다.
그리고 戊午자중 하나를 만나고 천간에 戊己자중 하나를 놓으면 인수가 태왕하니 두 어머니를 모시게 되거나 그 남명은 극처할까 두려우며 동서득자 하게되며 사주에 丑未자중 하나를 놓으면 자식이 흉사 하게되며
여명은 두 세번 재가하게 되며 시가에 배다른 형제가 있고 부군이 횡액을 당하게 된다.

48. 辛亥일생은 亥중 壬수가 상관이 되고 甲목이 정재가 되므로 인하여 사주에 亥子丑申자중 한자 이상을 만나고 천가에 다시 壬癸자를 놓으면 조모가 두 분이며.
남명은 상관이 태왕한데 천간에 丙丁화 한자를 만나면 소실 자하게 되며
여명은 금수가 한냉하니 부부 궁이 불미하고 남의 자식을 기르거나 두 세번 재가하여 양성득자 하게된다. 그리고 사주에 寅卯辰亥未자중 한자를 만나고 천간에 甲乙목을 놓으면 재성이 국을 이루게 되어 남의 집에서 자라게 되며
남명은 여자문제가 많아 신경을 쓰게 되고 사주에 丑未 자나 甲子. 乙丑중에 하나를 만나면 장모를 봉양하게 되며
여명은 수목이 재를 생하게 되거나 남의 자식을 기르게 될 팔자이다.
49. 壬子일생은 子중의 癸수가 비겁이 되니 사주에 亥子丑申辰자중 하나를 놓고 천간에 壬癸자중 하나를 만나면 비겁이 태왕하니 형제가 대발하기 어려우며 재성을 극제하게 되니 부친의 덕이 없으며 남명은 극처하거나 이별하게 되고 만약 癸卯 乙巳시생은 그 확률이 더욱 높으며
여명은 부궁이 불미하여 일부종사 하기가 어려워 두세번 재가하거나 그 남편을 빼앗길까 염려된다.
50. 癸丑일생은 丑중 己토로 인하여 사주에 丑辰己자중 하나 이상을 만나고 천간에 戊己자 하나를 만나면 형제가 고독하고
남명은 재취 혹은 소실득자 하게 되며 시가 형제자매에 배다른 동기가 있고 老여명은 재가할 팔자이며

郞이나 幼郞에게 결혼을 하게 되며 사주에 巳酉丑자중 한자 이상을 만나고 천간에 庚辛금자중 하나를 만나면 두어머니 모셔 보며 남명은 극처하고 甲寅시에 나면 세 번 이상 재혼하며 교통사고나 화상 총상 음독 낙상의 액이 있게 되며
여명은 白頭老郞으로 남편에 불만이 있어 남편과 자식을 버리고 남자를 따라 야반도주 하게된다. 그리고 亥子丑자중 한자 이상을 만나고 천간에 壬癸자를 놓으면 형제는 많으나 일찍 부친을 여의 게되며 남명은 지지에 수국을 놓으면 그 자식중에 물에 빠져 죽는 일이 있으며 壬戌을 만나면 형제 혹은 자녀에 흉사함이 있다
여명은 부군이 풍류로 소실을 얻거나 그 남편이 흉사하는 일이 있으며 만약 그렇지 않으면 재가를 면하기 어렵다.
51. 甲寅일생이 寅중의 甲목으로 비견을 삼고 丙화로 식신을 삼으므로 인하여 사주에 寅卯辰亥자중 한자 이상을 만나고 천간에 甲乙자중 한자가 있으면 비견이 태왕하니 부친을 일찍 여의거나 남의 집에서 자라게 되며 형제는 모두 잘 되고 남명은 일찍 처와 헤어지게 되며 辰시나 巳시에 나면 본처와 해로하기가 어려우며
여명은 부부 궁이 불미하니 남편과 생별 사별을 거듭하거나 소실을 보게되고 사주에 寅午戌자중 한자 이상을 만나고 천간에 丙丁자 하나를 보면 상관이 태왕하여 조모님이 두 분이요 형제가 많으며 남명은 두 장모를 모시게 되며 만약 천간에 관살이 투출하면 소실득자 하고
여명은 남의 자식을 키우거나 동서에서 이성 득자 하게 된다.
52. 乙卯일생은 乙목이 비견이 되므로 인하여 사주에 寅卯辰亥

未子중 한자이상을 만나고 甲乙목자중 천간에 한자가 있으면 비견이 태왕하여 극복하게 되나 형제는 많으며 남명은 극극함이 있으며 만약 丙子시 己卯시 乙酉시에 출생하면 두 세번 재취하고
여명은 간여지등의 사주니 소실을 보거나 부부와 별거 혹은 이별할 팔자이다.

53. 丙辰일생은 辰중의 戊土로 식신을 삼고 乙목이 인수가 癸수로 관성이 되므로 인하여
사주에 辰丑未자중 한자 이상을 만나고 천간에 戊己土자중 한자를 놓으면 상관 식신이 태왕하니 조모님이 두 분이며 관살을 극제하게 되어 형제가 많으며
남명은 사주 천간에 관살이 미약하면 타자 양육을 하거나 이혼이 상부로 여명은 상관 식신이 혼잡하니 천간에 甲乙목 한자를 놓으면 인수가 태왕하니 어머님이 두 분이며
남명은 寅卯辰자중 한자 이상을 만나고 천간에 甲乙목 한자를 놓으면 인수가 태왕하니 어머님이 두 분이며
남명은 목화가 상왕 극제하게 되는 관계로 일주가 고강하니 세여 남편과 시모간에 불화하여
여명은 일주가 고강하니 세여 남편과 시모간에 불화하여
사주에 申子辰중 한자 이상을 만나고 천간에 壬癸수 한자를 만나면 형제가 고독하며
남명은 본처 소실에서 양방 득자하며
54. 丁己일생은 己중의 丙화로 비겁이 되고 戊土가 상관이 되며 庚금이 정재가 되므로 인하여 사주에 己午未자중 한자 이상을

나고 천간에 丙丁중 한자를 놓으면 일찍 부친과 여이고 형제중에서 배다른 동기가 있으며
남명은 비견 비겁이 태왕하니 극처 손재할 수가 있으며 乙巳시 丙午시 戊申시면 생별이나 사별을 면하기가 어려우며
여명은 부부불화로 별거하거나 사별 혹은 재가하게 된다.
사주에 丑辰巳未중 한자 이상을 만나고 천간에 戊己土자중 한자를 만나면 조모님이 두 분이고 형제가 많으며
남명은 천간에 관살이 쇠약하면 소실득자 하게 된다. 그리고 사주에 申酉巳丑에서 자식을 얻거나 타자를 양육하게 된다. 그리고 사주에 申酉巳丑에 자중 한자 이상을 만나고 천간에 戊己자 한자를 놓으면 편친슬하에서 자라게 되거나 남의 집의 밥 먹어 본다.
남명은 소실을 두게되거나 庚辛亥시생은 처와 생별 사별을 하게됨이 있고
여명은 두 시어머니를 모시게 되며 재가 관을 생하는 고로 출가 후 친정이 쇠몰하고 시가는 흥하게 되며 만약 관살이 투출하면 내 돈을 남편에게 주고 일이 생기게 된다.

55. 戊午일생은 午중의 丁화로 인수를 삼고 己土가 비겁이 되므로 인하여 사주에 寅午戌巳未자중 한자 이상을 만나고 천간에 丁자 하나를 놓으면 비견비겁이 태왕하여 형제가 많으나 이복형제가 있으며 두 어머니를 모시게 된다.
남명은 성욕이 강하고 처궁이 심히 약하니 생별 사별할 수가 있으며 癸丑시는 처첩이나 애인이 음독하는 일이 있으며 만약 壬子시 丙辰시 壬戌시생은 처첩이 처궁이 극히 불미하고 여자가 많이 따르니 스스로 조심하여야 한다.
여명은 부부 해로하기가 어려워 두세번 재가 하기가 어렵다. 그

리고 사주에 巳未戌자중 한자이상을 만나고 천간에 戊己가 중한 자를 놓으면 비견겁이 태왕하니 형제가 많으며 이복형제가 있게 되고 남명은 상처나 생별 할 수가 있다

여명은 부궁이 미약하니 두 세번 재가하며 만약 癸丑시생이면 음독 화상 파편으로 몸에 흉터가 있다

56、 己未일생은 未중의 丁火가 인수로 작용되며 巳午未자중 한자이 되고 己土로 비견을 삼으로 인하여 사주에 巳午未자중 한자 이상 을 만나고 천간에 丙丁자중 하나를 만나면 정편 인수가 혼잡하니 두 어머니를 보게 되며 또한 화토가 태왕하여 재를 극제하니 부 성(父星)을 극제하는 관계로 편모슬하가 되기 쉬우며

남명은 상처할까 두려우며 여자가 많이 따라 신경을 많이 쓰게 되며 만약 甲戌시에 출생하면 그 자식이 흉사함이 있고

여명은 시모와 불화하고 남편이 항상 불만스러우며 부부 궁이 불 미하니 생별 사별을 거듭하니 천간에 甲乙목 한자가 있으면 관살이 태왕하여 형제간에 고독하고

남명은 소실 재취 또는 애인으로부터 자식을 얻게 되며 만약 甲 子시이면 그 아들이 여자와 돈 관계로 음독자살 하는 일이 있 으며 甲子시 乙丑시 癸酉시 乙亥시생은 악처를 만나게 된다.

여명은 백년해로 하기가 어려워 여러 번 개가할 운명이다.

사주에 辰巳午未자중 하나 이상을 만나고 천간에 戊己자중 하나 를 만나면 비견 비겁이 태왕하여 극부하거나 이복형제가 있게되 며

57、 庚申일생은 申중의 庚금이 비견이 되고 壬수가 식신이 되므로 남명은 극처하니 처궁이 불미하고 女亂이 항상 뒤따르게 된다.

로 인하여 사주에 申酉戌자중 한자이상을 보고 천간에 다시 庚辛 금을 만나게 되며 비견비겁이 태왕하여 극부하고 이복형제가 있 고

남명은 극처하고 丙子시생은 어진 처를 만나게 되며 만약 戊寅시 나 甲申새에 출생하면 그 처와 해로하기가 어려우며

여명은 탈부지상(奪夫之象)으로 소실을 보거나 두 세번 재가하 나 천간에 많은 세월을 보내게 되며 사주에 申子辰중 한자이상을 만나고 천간에 壬癸수를 만나면 상관과 식신이 거듭있어 조모님이 두 분 이요 관살을 막아주니 형제가 많으며

남명은 장모님이 두 분이요 천간에 丙丁자중 한자를 만나게 되면 소실득자하게 되고 또한 그 자녀가 시력이 약하거나 실명하게 되 며 그렇지 않으면 안경을 써야 함이 있고

여명은 상관이 태왕하여 상부할까 두려우며 남편이 풍류로 속을 썩이거나 타자를 양육하거나 동서할까 하게 된다.

58、 辛酉일생은 酉중 申금으로 비견이 됨으로 인하여 사주에 巳 酉丑申戌자중 한자 이상을 만나고 천간에 庚辛금 한자 이상을 만 나면 비견이 태왕하니 극부하고 남명은 비견 비겁이 혼잡되면 이복형제 가 있게 되고 부부인연이 박하니 소실을 보거나 극처하게 되며

여명은 부부인연이 박하니 소실을 보거나 남편과 생별 사별을 거 듭하게 된다.

59、 壬戌일생은 戌중의 丁火가 재성이 되며 辛금이 인수가 되고 戊土로 관살을 삼으로 인하여 사주에 寅午戌자중 한자 이상을 만 나고 천간에 丙丁자 하나를 놓으면 재성이 태왕하니 부친을 만 나고 천간에 丙丁자 하나를 놓으면 재성이 태왕하니 부친을 일찍 여의고 아버지 밑에서 자라게 되며 남명은 재성이 거듭있어 본처 재취 또는 소실에서 득자하고 만약 甲辰시 丙午시 丁未시 戊申시

- 28 -

庚戌시중에 하나를 만나게 되면 악처를 만나게 되며 여명은 재성이 중첩하여 두 시어머니를 모시게 되며 또한 老郎 또는 재취로 출가하게 됨이 많고 그 부군이 납치 또는 흉사하니 부부 궁이 극히 불미하여 평생 수심이 가득하다.

사주에 辛酉자중 한자 이상을 만나고 천간에 庚辛金중 한자 이상을 만나면 인수가 중중하니 두 어머니를 모실 팔자이요

남명은 극처하고 甲辰시 丙午시생은 부부간에 이별함이 있고 여명은 신왕하여 시어머니와 불화고 부부간에 해로하기가 어려우며 만약 丑, 辰, 未자중 한자를 놓으면 부군이 횡사할 수가 있게 된다.

사주에 午戌자중 한자이상을 만나고 천간에 戊己관살 중 한자 이상을 만나면 관살이 중중하니 형제간에 잘 되기가 어렵고 남명은 배다른 자식이 있고 간혹 자손에 흉사함이 있다.

여명은 노랑에 출가하거나 재취로 출가하거나 부군이 별거 또는 납치 당하거나 사고로 흉사하는 일이 있다.

60. 癸亥일생은 亥중의 壬수로 비견이 되고 甲목으로 상관이 되므로 인하여 사주에 亥子丑자중 한자이상을 만나고 천간에 壬癸수자중 한자이상을 만나면 비견겁이 태왕하여 형제가 많거나 배다른 형제가 있으며 또한 극부함이 있게 되는 것이며

남명은 극처하고 壬子시 丁巳시에 출생하면 부부간에 해로하기가 어려우며

여명은 비견 비겁이 태왕하여 남편을 빼앗기게 되거나 부군이 풍류로 여성관계가 복잡하니 평생 수심이 많으며 초혼은 성공하기가 어려우며 노랑에 출가하기 쉽다.

사주에 亥卯未寅자중 한자 이상을 만나고 천간에 甲乙자중 한자

이상을 만나면 상관식신이 태왕하여 조모가 두 분이요 또한 외숙이 고독하게 되며.

남명은 조모님이 두 분이요 사주천간에 戊己자 관살이 있으면 소실득자 하게 되거나 壬子시 丁巳시생은 평생해로 하기가 어려우며

여명은 상관 식신이 태왕하므로 인하여 상부가 될까 두려우며 초혼은 성공하기가 어려우며 노랑에 출가하기 쉽다.

사주에 亥卯未寅자중 한자 이상을 만나고 천간에 甲乙자중 하나를 놓으면 상관 식신이 태왕하니 조모가 두 분이며 또한 외숙이 쇠퇴하게 된다.

남명은 사주천간에 戊己자중 한자 한자를 놓으면 소실득자 하게 되고 壬子시 丁巳시생은 해로하기가 어려우며 노랑에 출가하게 된다. 앞에서 六十甲子를 암장된 오행으로 육친 비해를 설명한바 있어 육친을 추리하는데 도움이 될 것으로 믿는다.

유친을 다시 구체적으로 분석 정리하여 속견표를 예시하다

예 해(例解)

1. 암장인수취집표(暗葬印綬聚集表)

六甲		
甲申	己巳	
甲子	己未	
甲辰	庚辰	
乙亥	庚戌	
乙丑	庚午	
丙寅	辛丑	
丙辰	辛未	
丁亥	辛巳	
丁卯	壬申	
丁未	壬戌	
戊寅	癸巳	
戊午	癸酉	
戊戌	癸丑	

二. 암장 비견 비겁취집표(暗葬·比肩·比劫聚集表)

三. 暗葬 傷官 食神 聚集表

六甲	
甲寅	己丑
甲辰	己未
乙亥	己巳
乙卯	庚申
乙丑	庚戌
乙未	辛酉
丙午	辛丑
丙寅	壬申
丁巳	壬子
丁未	壬辰
戊辰	癸亥
戊丑	癸丑

四. 暗葬 官殺 聚集表

六甲	
甲寅	己丑
甲午	己未
甲戌	己巳
乙卯	庚寅
乙巳	庚戌
乙未	辛巳
丙寅	辛丑
丙午	壬申
丙戌	壬子
丁巳	壬辰
丁未	癸亥
戊辰	癸丑

五. 暗葬 財星 聚集表

六甲	
甲寅	乙卯
甲午	己未
甲戌	己寅
乙巳	庚午
乙卯	庚戌
乙未	辛亥
丙寅	辛卯
丙午	辛未
丙戌	壬辰
丁巳	壬戌
丁未	癸亥
戊辰	癸未

六甲	
甲寅	戊辰
甲午	己亥
甲戌	己丑
乙巳	庚寅
乙卯	庚辰
乙未	辛亥
丙寅	辛卯
丙午	辛未
丙戌	壬寅
丁巳	壬午
丁未	壬戌
戊辰	癸巳
	癸未

甲일은 목이며 寅辰 亥卯未 또한 목이 된다 고로 甲寅 甲辰 乙卯 乙亥 乙未가 되는 것이며

三表의 경우

상관 식신의 경우 四表 관살의 경우 五表 재성의 경우가 모두 이 상 六十甲子의 지지 十二중 子卯酉만은 각각지지 한자가 암장에 단 하나만을 간직하고 있고 辰戌丑未는 각각 지지자 한자가 암장에 세가지의 천간자를 간직하고 寅申巳亥는 각각 두 가지의 천간자를 암장하고 있기 때문에 이 子卯酉는 하나 밖에는 해당되지 않고 辰戌丑未는 세개의 암장이 있으며 각각 작용을 하게 된다.

甲寅이라면 寅中의 甲木이 있어 甲이 비견이 되고 또한 寅中의 丙火로 식신의 작용도 되는 것으로 지지에 卯辰이 連坐하고 甲이나 乙木이 투출하면 비견 작용이 되고 또한 지지의 寅이 戌로 하고 천간에 丙火나 丁火가 투출하면 그는 식신으로 각각 작용되는 것이며 또 甲辰이라면 辰中에는 戊乙癸가 간직되여 있는데 지지에 寅卯이 있고 천간에 甲자나 乙자의 목이 투출되면 암장에 乙木으로 연관하여 비겁으로 작용하게 되며 또 辰戌丑未하고 천간에 戊자나 己자가 투출되면 암장의 戊통과 관련하여 甲對 재성으로 작용하며 또 지지에 申子辰하고 천간에 壬수나 癸수가 투출되어 있으면 암장 癸수로 연관되어 인수로 각각 작용하게 되는 것이다.

고로 사주를 감정할 때에 우선 일진을 살피고 일진 지지가 무엇으로 結局되고 合作用하고 있느냐를 알아내야 하는데 이 비법이 제일 중요 한 것이다.

예를 들면 辛亥일에 출생한 사람이 사주에 卯를 만났다 하자 亥수는 卯와 合하여 목으로 化하게 되는데 亥는 壬申을 암장하고

앞에서 例示한 바와 같이 한가지 취집표가 二十六種씩 다섯가지 취집표에 三○종으로 구성되어 있는 데 이것이 어떻게 이루어지는가를 설명하고자 한다.

이것은 지지의 암장으로 뽑아 내는 것인데 표의 인수 취집의 경우 甲은 목이며 목의 인수는 수가 되고 수는 甲子辰 亥子丑이다. 고로 甲申 甲子 甲辰이 되고 다음은 乙亥 乙丑이 된다.

二表의 경우

있는데 壬은 辛일對 상관인 장모요 甲목은 辛일과에 관계를 볼 때 처가 되는 것인 즉 내 몸(日干인辛)과 장모와 합하여 같이 살아가는 형상으로서 장모님 모시고 살게 된다고 하는 것이며 또 乙酉일생인은 사주에 지지에 申을 만나고 또다시 천간에 庚 혹은 辛이 있으면 내 몸에 酉금이 있고(乙酉일주인고로) 또 地柱에서 申금이 와서 일주인 내 몸과 申酉로 합하고 또 다시 천간에 혹은 辛금관이 합하면 이곳 저곳 합하여 내 몸과 합하는 형상 이 되어서 본처 소실 또는 재취 애인 몸에서 자손이 출생한다 고 다시 천간에 丙이나 丁을 만났다하면 일주 내 몸에 午를 놓 고 말하게 되는 것이며 여자의 경우 癸巳일 생인이 지지에 巳火 재와 또 지지의 午火재 천간의 재가 합하게 되는 것인데 재는 여 명의 시모가 되는것고로 이곳 저곳에 정재 편재가 혼합하여 여 러 시모님을 모셔봄이 있다고 하게 되는 것이다. 또 癸卯일생여 자가 辰을 만났다고 하면 卯와 辰은 卯로 합하게 되는 것인 데(寅卯辰은 六合) 卯은 癸일對 식신 딸이요 辰은 辰중의 戊土가 있어 癸일對 관으로 남편이 되는 것인즉 내 몸(日天癸) 자손(卯) 남편(辰중戊土)이 합하여 들어오는 것인즉 딸이 되는 처녀 또는 과부 가 애기 배는 일이 있어 부정포태 한다고 하게 되는 것이다.

참고

거듭 밝혀 둘 것은 三命通會에서 말하기를 甲子辰 寅卯辰 巳酉丑 亥未의 각각 합이 그 중의 한자만 빠져도 합이 안 된다고 하였으며. 일본인의 저서 阿部山전집에서 寅卯辰(東方) 巳午未(南方) 申 酉戌(四方) 亥子丑(北方)은 각 方位的으로 결합하였다고 하여 방 합이라고 하는데 그 중의 한자만 빠져도 안 된다고 하였다. 그러나 이것은 너무 단편적인 판단이다. 혹자는 삼합중의 중간자 가 빠지면 안된다고 하였으나 이것은 오류이다 準三合으로 한자 가 빠져도 삼합의 작용이 잘 된다는 점을 명심하고 합의 작용으 로 추리하여야 한다는 점을 명기한다.

결론을 말씀 드리면 六甲秘藏의 六親 관계의 변화하는 과정을 통 달하는 것이 사주추리에 기본이 된다는 점을 명심하여야 한다.

살짝 저 속으로 돌려 붙는 例가 이런 경우의 사주에서 나타남과 같다) 이 六十甲子의 성분만(암장) 잘 이해하여 그 변화하는 작용을 종횡(從橫)으로 입체적으로 시대 감각에 맞게 살펴본다면 무한한 고도의 인간비밀을 속속들이 알게될 수 있는 경지에 이르게 된다는 것을 말 해둔다.

辛이 있으면 내 몸에 酉금이 있고(乙酉일주인고로) 또 地柱에서 申금이 와서 일주인 내 몸과 申酉로 합하고 또 다시 천간에 혹은 辛금관이 합하면 이곳 저곳 합하여 내 몸과 합하는 형상 이 되어서 본처 소실 또는 재취 애인 몸에서 자손이 출생한다

앞에서 넓혀서 亥子丑이 합할 때는 물론 수가 된다고만 볼 것 이 아니라 시야를 넓혀서 亥가 亥卯未로 합할 때는 목을 생하여 는 것이지만 시야를 亥중에 壬수 성분도 있고 甲목 성분도 있기 때문인 것이다. (사회에서 그 사람은 내 남편이라고만 믿고 있다가 그렇게 가는 것은 亥중에 壬수 성분도 있고 甲목 성분도 있기 편으로 간다는 것을 잊어서는 아니 된다.

2. 오행(五行)의 왕상휴수사법(旺相休囚死法)

日主\季節	春	夏	秋	冬	四季	摘 要
甲乙(木)	旺	休	死	相	囚	旺-節과 同
丙丁(火)	相	旺	囚	死	休	相-節이 生함
戊己(土)	死	相	休	死	旺	休-내가 節을 生함
庚辛(金)	囚	死	旺	休	相	囚-내가 節을 剋함
壬癸(水)	休	囚	相	旺	死	死-節이 나를 剋함

이 법은 日主강약을 測度하는 법인데 앞의 조견표와 같이 生日 天干對 生月支와 比較하여 보는 것이다.

가령 生月과 日主가 같은자 즉 比劫 比肩을 (甲乙木日이 寅卯木月例) 旺이라하고 日干이 生月支가 日干을 生하는 자 즉 印授를 相이라하고 日干이 生月支를 生하는자 즉 傷官食神을 休라하고 日干이 生月支를 剋하는자 즉 財星을 囚라 하며 日干이 生月支의 극을 받은자 즉 官鬼를 死라고 한다. 이 중의 旺相을 身旺 또는 身强 日主를 高强이라 하고 休를 日主泄氣 라 하며 囚를 日主가 衰弱 또는 身弱이라고 칭하는 것이다.

3. 길흉신살(吉凶神殺)

(1) 십이신살(十二神殺)

年支\神殺	申子辰	亥卯未	寅午戌	巳酉丑
劫殺	巳	申	亥	寅
災殺	午	酉	子	卯
天殺	未	戌	丑	辰
地殺	申	亥	寅	巳
年殺	酉	子	卯	午
月殺	戌	丑	辰	未
亡身	亥	寅	巳	申
將星	子	卯	午	酉
攀鞍	丑	辰	未	戌
驛馬	寅	巳	申	亥
六害	卯	午	酉	子
華蓋	辰	未	戌	丑

① 겁살(劫殺) (寅申巳亥)

殺名\生年	劫殺
申子辰	巳
亥卯未	申
寅午戌	亥
巳酉丑	寅

劫殺은 寅午戌日生人이 柱中에서 亥를 보는 것인데 (以下同法) 月時에 있는 것이 중요하다. 劫殺은 자기의사에 반하여 연히 劫奪당하는 것을 말한다.

㋐ 이 劫殺은 五行의 絶處地가 되는데 寅午戌火局은 亥가 劫殺이 되니 이는 亥中壬水에 극을 당하기 때문이다. 劫은 寅 申巳亥로서 亥中壬水의 絶宮에 임하는 곳이기도 하다. 따라서 이 殺이 있으면 속패하거나 도난을 많이 당하여 불의의 奪財

가 많게 되는 것이다.

㉯ 巳酉丑은 寅이 絶地가 되는데 寅中丙火에 金이 劫奪되니 寅이 劫殺이 되고 이 殺이 있으면 當主가 시비를 많이 하거나 破財됨이 있다.

㉰ 또한 申子辰水局은 巳中戊土에 剋을 당하여 劫이 되고 亥卯未木局은 申中庚金에 剋을 당하여 각각 劫이 되는 이치이다.

㉱ 劫殺과 天乙貴人이 同柱하면 자연 사람이 위엄이 있고 교묘하게 모사를 잘한다.

㉲ 劫殺과 正偏官이 同柱하면 불시에 재화가 있거나 불시에 사상 하는 액이 있다.

㉳ 劫殺이 있는 자는 小腸疾病으로 辛苦하거나 귀먹은 병어 리(耳聲)가 되기 쉽고 咽喉病으로 고생하는 수가 있다.

㉴ 劫殺에 建祿이 있으면 호주가이다.

㉵ 劫殺이 時에 있어 吉星이 될 때에는 總名敏捷하고 재지 가 넘치는 사람이다.

㉶ 이 劫殺을 속히 알 수 있는 법은 三合의 끝자의 다음자 로서 예를 들면 寅午戌 끝字는 戌字가 되는데 戌字 다음字인 亥字가 劫殺이 된다. (이하동법)

② 재살(災殺) (子午卯酉)

殺名＼生年	申子辰	亥卯未	寅午戌	巳酉丑
災殺	午	酉	子	卯

이 災殺은 일명 囚獄殺이라고도 하는데 訟事拉致 監禁等으

로 신상의 구속이 있어 재난을 많이 겪어 본다는 殺神이다. 이 災殺을 빨리 알 수 있는 방법은 三合의 가운데자를 沖하는 자로서 예를 들면 申子辰日에 출생한 사람은 中間字 子를 沖하는 午字가 災殺이 된다. (이하동법)

③ 천살(天殺) (辰戌丑未)

殺名＼生支	申子辰	亥卯未	寅午戌	巳酉丑
天殺	未	戌	丑	辰

天殺은 불의의 天災(旱災 水災)를 당하게 되는 것을 말한다. 우연히 불의의 사고로 피해를 당하는 것은 즉 육상의 自動車 汽車 해상의 선박 영공의 항공기사고등도 準天災로 보아서 조심하여야 한다.

이 天殺은 三合의 첫 자 앞자로서 申子辰日生은 三合의 첫 자인 申字 앞字는 未가 되는데 바로 이 未字가 天殺이 된다.

④ 지살(地殺) (寅申巳亥)

殺名＼生年	申子辰	亥卯未	寅午戌	巳酉丑
地殺	申	亥	寅	巳

地殺은 地變또는 踏地로서 타도타국에 원행하게 되는 殺이다. 이 殺을 놓은 사람은 외교 무역 해외이민 기술분야에 진출 등으로 해외에 나가는 것을 볼 수 있고 특히 국내에서도

운전기사 항공 항해사 등에 종사하는 사람의 四柱에 地殺을 놓은 것을 많이 볼 수 있다.

地殺을 속히 알 수 있는 방법은 三合의 첫 자와 같은 자가 地殺이 된다. 예를 들면 申子辰日에 출생자는 三合의 첫 자인 申字가 地殺이 된다. (이하 동법)

⑤ 년살(年殺) (子午卯酉)

殺名\生年	申子辰	亥卯未	寅午戌	巳酉丑
年殺	酉	子	卯	午

年殺은 일명 咸池또는 敗神이라고도 하는데 年殺은 그 年度 (年運)에 여색으로 인한 재난이 있게된다는 것이며 이 殺을 桃花殺이라고도 부른다.

이 殺을 속히 알 수 있는 법은 三合의 첫 자 다음 자이다. 예를 들면 申子辰三合의 첫 자인 申字 다음의 酉字가 年殺이 된다. (이하 동법)

一. 남녀가 年殺을 범하면 當主가 음란한데 幽徵賦에 이르되 주색이 창왕함은 다만 桃花에 殺을 놓은 연고이라고 하였으며 造徵賦에 曰 桃花가 만약 帝旺을 만나면 여색으로 인하여 망신한다고 하였다.

㉮ 이 殺은 男命에 있으면 慷慨心이 많고 風月을 좋아하며

㉯ 女命에 이 殺이 있으면 이성과 애정으로 요문이 많으며

男命이 咸池殺을 놓고 日支에서 다시 殺을 보면 當主가 妻妾으로 인해서 致富한다.

㉰ 咸池坐下가 生旺하는 자는 용모가 아름답고 여자와 주색에 빠져서 깨닫지 못하고 歡樂에 몰두하여서 가업을 돌보지 않고 結局에는 敗財 破家로 망신한다.

㉱ 咸池坐下가 死刑이 되면 言行이 교활하고 방탕에 휩쓸리고 또 忘恩寡信하며 음란을 좋아하고 가업에 소홀 한다.

㉲ 女命에 咸池驛馬가 同柱하면 음란하여 결국은 色에 미쳐서 남자에게 정을 주는 애정행각에 분주하고 불구염치하고 뭇 情夫와 더불어 멀리 도주한다.

㉳ 咸池와 羊刃이 日時에 同柱하면 學藝에 재능이 뛰어나서 여러 사람에 羨望의 대상이 되나 신체가 해약하거나 疾病으로 辛苦한다.

㉴ 咸池와 沐浴에 進神이 同柱한자는 容姿가 심히 아름다워서 傾國之色의 미인이 되나 호색하는 사람이다.

㉵ 日支에 咸池가 놓이면 호색으로 음란을 면치 못하고 正財 正官 貴人과 天月二德이 同柱한자는 도리어 富貴多福한다.

㉶ 咸池가 제일忌함은 刑合인데 冲과 空亡이 있으면 무방하다.

㉷ 咸池에 七殺이 있는 女命은 반드시 娼婦나 女優이고 男命역시 배우나 혹은 藝道로 세상을 지나는 사람이다.

㉸ 咸池에 正財가 同柱한자는 사치로 호색하는 사람이다.

㉹ 男女를 불문하고 咸池와 羊刃이 同柱하고 旺官을 놓은 자는 酒色에 몰두하여 손명하는 사람이다.

⑥ 월살(月殺) (辰戌丑未)

殺名 \ 生年	申子辰	亥卯未	寅午戌	巳酉丑
月殺	戌	丑	辰	未

月殺은 一名 枯蕉殺로서 枯渴된다는 殺인데 擇日法에 있어서는 이날만은 피하고 있다. 즉 이날은 종자를 심으면 씨가 나오지 않고 계란을 안기면 병아리가 깨이지 않는다는 것이다. 月殺을 속히 알 수 있는 방법은 三合의 끝자인 辰字를 沖하는 자로서 예를들면 申子辰生은 三合의 끝자인 辰字를 冲하는 戌字가 바로 月殺이 된다. (이하동법)

⑦ 망신살(亡身殺) (寅申巳亥)

殺名 \ 生年	申子辰	亥卯未	寅午戌	巳酉丑
亡身	亥	寅	巳	申

이 殺은 一名 破軍殺로서 모든 計劃이 수포로 돌아가고 마침내 패가망신하게 된다는 무서운 殺로서 申子辰水局은 亥가 亡身인데 亥中甲木에 水가 泄氣되어 망한다. 이렇게 泄氣되면 사람의 氣質이 허약하여 사망에 이르는 원리와 같아서 이른바 망신이라고 한다.
망신을 속히 알수 있는 법은 三合의 中間字 앞의 亥字가 있는 법은 三合의 中間字 앞자로서 예를들면 申子辰年生은 中間字 앞의 亥字가 바로 亡身殺이 된다.

⑧ 장성(將星) (子午卯酉)

殺名 \ 生年	申子辰	亥卯未	寅午戌	巳酉丑
將星	子	卯	午	酉

將星을 놓은 사람은 충심이 있어 邪에 유혹됨이 없는 吉星이다. 이 將星을 속히 암기할 수 있는 방법은 三合의 中間字가 되니 예를 들면 申子辰年生은 이 三合의 中間字인 子字가 바로 將星이다. (이하 동법)
將星은 文武직업이 다 좋아서 四柱에 이 將星이 있으면 官界에 진출하면 祿重權高로 大權을 장악하고 坐地가 官星이 되면 더욱 아름답다.
坐地에 煞或은 羊刃이 있으면 當主가 生殺之大權을 坐地가 財星이면 財政權을 (財務部 長官等) 장악한다.

⑨ 반안(攀鞍) (辰戌丑未)

殺名 \ 生年	申子辰	亥卯未	寅午戌	巳酉丑
攀鞍	丑	辰	未	戌

攀鞍은 말(馬) 안장을 말등에 얹어 놓고 사람이 앉는 기구를 말함인데 출세를 의미하여 표현한 말인데 將星 攀鞍 驛馬가 구비된 자는 말 위에 안장을 끼고 將軍이 行軍하는 형편으로 크게 출세한다는 뜻이다. 攀鞍을 빨리 알 수 있는 방법은 三合의 中間字 다음자가 되는데 예를 들면 申子辰年生은 三合의 中間字인 子字의 다음자인 丑이 攀鞍이 된다. (이하동법)

⑩ 역마(驛馬)(寅申巳亥)

殺名＼生年	驛馬
申子辰	寅
亥卯未	巳
寅午戌	申
巳酉丑	亥

驛馬는 말을 타고 멀리 달리는 것을 의미함이니 他鄕살이 또는 海外出入을 자주 한다고 추리한다. 이 驛馬를 속히 알 수 있는 방법은 三合의 첫 자를 沖하는 글자가 되는데 申子辰年生의 첫字申을 沖하는 寅字가 驛馬로 된다. (이하동법)

㉮ 이 殺이 柱中에 있으면 활동이 대단하여 大利를 구하고 名利가 따른다.

常人은 이 殺을 만나면 奔走하니 주거가 부정하며 客地로 유이하는 경향이 있으며 貴人이 이 殺을 만나면 多升飛擢으로 大吉하다. 常人 貴人은 四柱原局의 高下를 말한다.

㉯ 驛馬가 沖剋되면 浪人이 命으로 항상 노고가 뒤따른다. 만약 四柱原局이 불량하면 노동자의 명이다.

㉰ 驛馬와 더불어 正財가 同柱하면 其 처가 현명하여 능히 治家治産한다.

㉱ 驛馬가 咸池에 同柱하면 여색을 탐하여 먼 곳으로(他鄕) 유이하다가 객지에서 요사한다.

㉲ 命官에 驛馬가 있으면 반드시 객지로 돌아다닌다.

㉳ 驛馬가 孤辰 寡宿이 同柱한자는 주색으로 방탕하여 타향에 유이한다.

㉴ 驛馬가 또 正財와 正官이 同柱한자는 상업하는 사람이다.

㉵ 驛馬가 空亡을 만나면 주거가 많이 변천할 뿐만 아니라 살고있는 곳이 항상 불안하다.

㉶ 驛馬가 刑沖破害를 만나면 객사의 厄이 있다.

⑪ 육해(六害)(子年卯酉)

殺名＼生年	六害
申子辰	卯
亥卯未	午
寅午戌	酉
巳酉丑	子

六害는 馬房에 매여둔 말과 같이 원행을 못한다는 殺이고 또 오랫동안 앓지 않는 凶殺이기도 하다. (名病)라고도 해석하여 긴 병을 많이 앓아본다는 凶殺이기도 하다.

이 六害를 속히 알 수 있는 방법은 三合의 끝字인 辰字 앞字인 卯가 六害로 된다. 예를 들면 申子辰三合의 끝字인 辰字 앞字인 卯가 六害로 된다. (이하동법)

⑫ 화개(華蓋)(辰戌丑未)

殺名＼生年	華蓋
申子辰	辰
亥卯未	未
寅午戌	戌
巳酉丑	丑

이 華蓋를 속히 알 수 있는 방법은 三合의 끝자와 같은 자로서 申子辰年生의 華蓋는 끝자와 같은 辰字가 된다.

華蓋는 三合의 庫藏되는 곳인데 貴客의 앉은 자리라하여 「방석」이다. 「화려」하다. 「寶玉之象」이라고 해석하여 華麗하여 安定되며 빛난다는 吉星이다.

㉮ 柱中에 華蓋를 놓으면 文章 藝術 智識과 思慮가 깊어서 聰明한 사람이다.

㉯ 華蓋가 만약 印綬를 놓으면 翰苑之才로 관록이 두터워 大任을 맡게되며 華蓋가 空亡을 만나면 堂主는 총명하나 定爲房外之人으로서 수도하는 道人이거나 僧侶의 八字이다.

女命에 이 殺이 있으면 剋夫하거나 奪夫된다는 凶殺인데 자세히 설명하면 다음과 같다.

(2) 고신살(孤神殺)(孤盜)

殺＼生年	孤神	寡宿
子	寅	戌
丑	寅	戌
寅	巳	丑
卯	巳	丑
辰	巳	丑
巳	申	辰
午	申	辰
未	申	辰
申	亥	未
酉	亥	未
戌	亥	未
亥	寅	戌

㉮ 寡(孤神과 寡宿을 말함) 殺에 雙辰定이나 官印이 있으면 作叢林領袖(수도하면서 남의 윗사람)으로 지휘통솔 함을 말함)로 男命은 和尙命이고 女命은 尼姑의 命이다.

㉯ 孤辰寡宿과 驛馬同柱者는 주색에 방탕하여 遊離他鄕한다.

㉰ 孤辰寡宿이 時에서 空亡을 만나면 少年에 노고가 많은 사람이다.

㉱ 時上에 孤辰이나 孤神寡殺을 놓은자는 그 처자가 불조하다.

㉲ 孤辰과 華蓋가 同柱한자는 남녀가 모두 僧道의 命造이다.

㉳ 男女가 孤辰 寡宿이 있는 자는 六親이 박록하다.

㉴ 孤寡殺을 중히 외우는 방법은

寅卯辰에 巳丑
巳午未에 申辰
申酉戌에 亥未

(3) 과숙살(寡宿殺)

殺＼生支	寡宿
子	戌
丑	戌
寅	丑
卯	丑
辰	丑
巳	辰
午	辰
未	辰
申	未
酉	未
戌	未
亥	戌

이 殺은 剋父剋財로 고독하며 또한 剋妻한다. 驚神賦에 이르되 孤神과(孤辰이라고도 함)華蓋가 日時에 있으면 行(광대로 유리함)으로 객지로 유리하고 불연이면 堂主가 林下의 僧尼라고 하였으니 僧道의 八字이다.

(4) 삼기귀인(三奇貴人)

亥子丑에 寅戌이라고 하여 예를 들면 寅卯辰年에 출생한 사람은 巳가 孤神殺 丑이 寡宿殺로 되는 것이다. (이하동법)

- 37 -

天上三奇 : 甲戊庚
人中三奇 : 壬癸辛
地下三奇 : 乙丙丁

㉮ 이 三奇貴人은 日主를 기준으로 하여 보는데 三命通會에 이르되 이 三奇가 있으면 堂主가 성품이 정화하고 襟懷卓越하여 好奇尙大로 박학다 능하다.

㉯ 三奇에 天乙貴人을 놓은 자는 勳業超群하며 天月二德이 있는 자는 凶災가 消散하고 三合에 局을 이룬 자는 국가에 良臣으로 振名하며 空亡이 生時에 있는 자는 산림에 은거하여 수도하는 선비로 부귀를 누리고 음란하지 않으며 그리고 사람의 품위가 당당하여 不撓不屈하는 성격이 있으며 성품이 또한 上格이다.

㉰ 三奇에 咸池 天羅 地綱(辰戌) 及 沖破者는 三奇의 효력이 다.

㉱ 三奇가 生年에 없고 月日時에 있으면 고독한 命造이다.

㉲ 金神時生이 四柱中 三合火局이 있거나 丙丁巳午가 있어 적당히 金神을 制伏하면 因火鍛煉之理致로 大器를 형성하여서 眞金의 광채를 발휘하게 한다.

㉳ 金神生人이 大歲運에서 丙丁火를 만나면 자연이 발달하여 開運(火가 필요할 때)하고 만약 水를 만나면(水가 忌神일 때) 災厄을 부른다. 그러나 이것은 四柱의 格局과 用神을 살펴서 판단할 것이다.

용이(쉽게) 屈服하지 않으며 猛虎咆哮(범의 성낸소리)之象으로서 群獸慴伏(맹호에게 여러 짐승이 굴복하는 것)하는 위엄성이 있는 사람이다.
그러나 너무 독선적인 성품의 기질이 있으니 中庸之道로 매사를 처리하는 습관을 길러야한다.

(5) 금신시(金神時)

發酉時 己巳時 乙丑時

㉮ 이 三時에 출생한 時間을 이른바 金神이라고 하는데 金神時에 출생한 사람은 성질이 剛毅하고 敏捷明丁하여 남한테

(6) 격각살(隔角殺)

日支와 時支에 一字가 떨어져 있는 것을 隔角殺이라고 하는데 가령 子日 寅時면 丑字가 격각살이 되고 辰日 午時면 巳字가 격각살이 되는데 이 살이 있으면 當主가 形獄之厄이 있고 妻子運도 역시 불길하며 日月에 격각살이 있으면 父祖間에 불화하였다고 추리하게 된다.

(7) 천간록(天干祿)(十干祿) 神表

祿\日干		備考
十干祿	甲	寅
	乙	卯
	丙	巳
	丁	午
	戊	巳
	己	午
	庚	申
	辛	酉
	壬	亥
	癸	子

이 祿이 柱中에 있으면 爵祿과 부귀가 집중하여 임한다는 吉星이다. 이 祿이 가장 기뻐하는 것은 坐地가 生旺함이고 休囚되거나 辰戌丑未와 魁罡等의 惡煞로 因하여 祿神이 無氣함을 忌한다.

이 祿이 羊刃을 얻으면 福祿이 加臨한다.

(8) 천덕귀인(天德貴人)

月支\貴人	天德(日主)
寅 卯	丁
辰	申
巳	壬
午	辛
未	亥
申	甲
酉	癸
戌	寅
亥	丙
子	乙
丑	巳
	庚

㉮ 天德貴人을 놓은 자는 선조의 유덕이 있고 天佑神助의 혜택이 많아 일절 災殃이 소멸한다는 吉星이다.

㉯ 天德貴人이 落空亡되면 귀함이 減福하여지고 幽微賦에 이르되 仁慈敏惠함은 天月二德呈祥이 있음이라고 하여 사람의 性品이 어질다.

(9) 월덕귀인(月德貴人)

月支\貴人	月德
寅午戌	丙
亥卯未	甲
申子辰	壬
巳酉丑	庚

이 天月德貴人을 속히 암기하는 방법은 正丁丙 二申甲 三壬 四辛庚 五亥丙 六甲甲 七癸壬 八寅庚 九丙丙 十乙甲 十一巳壬 十二庚庚 이라고 외우는데 前者는 天德貴人 後者는 月德貴人이니 가령 正丁丙하면 正月에는 丁이 天德貴人이되고 丙은 月德貴人이라는 뜻이니 외우기 바람.

㉮ 陣表菴云하되 人命에 天月二德은 多多益善이라 하였고 吉者는 더욱 吉하고 凶者는 減凶하며 財官印食이 임하면 福力이 倍降하고 梟神·七殺·劫財·傷食이 있으면 (連連相生之理) 橫暴이 이익으로 화하여 凶禍爲吉한다고 하였으며 만약 二德이 月德貴人이라 하여 日干에 天月二德은 財官印食

㉯ 天月二德者는 선조의 유덕과 吉神이 가호하니 亨其福德하고 四柱가 中和를 이루면 福祉更厚하여 一生에 橫禍를 만나지 않으며 凶運도 역시 解救된다.

㉰ 日主나 時上에 二德이 있으면서 刑冲剋破를 범하지 않으면 더욱 吉命이 되고 일생에 刑獄을 범하지 않으며 盜難과 諸厄을 당하지 않음이며 逢凶化吉의 吉神이다.

㉱ 天月二德이 있고 正財·正官·印綬·食神이 同柱한 者는 (五行具促故) 福祿이 更厚하고 福壽兩全之命造이다.

㉲ 女命에 二德이 있는 자는 일생에 産厄之患이 없음은 물론 성정이 온순하여서 정조를 생명으로 여겨 不更二夫로서 貞敬夫人의 기질이 있다.

(10) 천을귀인(天乙貴人)(一名 天干貴人)

貴人＼日干	甲戊庚(日辰)	乙己	丙丁	壬癸	辛
天乙貴人	丑未	子申	亥酉	巳卯	午寅

㉠ 天乙貴人이 命中에 있으면 지혜가 있고 사람이 총명하여 朝廷에 출입하며 逢凶化吉한다.

㉡ 이 貴人에 忌함은 刑沖破害와 空亡인데 福祿이 박약하고 不生多困하니 心勞가 많다.

㉢ 天乙貴人의 坐地가 生旺하면 福祿이 풍부하고 생애에 무병하나 만약 坐地가 死絕病衰敗者는 福力이 必減한다.

㉣ 天乙貴人이 午合 支合 三合者는 最善하니 福祿이 풍후하고 사회적으로 신용이 있으며 富益富로 財祿이 裕足하고 不當人도 發達이 迅速하여 생애에 걸쳐서 不犯罪過로 安平樂道한다.

㉤ 天乙貴人에 劫殺同柱者는 자연위엄성이 있고 교묘하게 모사를 잘한다.

㉥ 天乙貴人坐地에 建祿이 있는 자는 문장에 능하여 명성이 천하에 떨친다.

㉦ 天乙貴人이 魁罡同柱者는 氣質이 軒昂하고 義理分明하여 반드시 衆人에 존경을 받는다.

(11) 태극귀인(太極貴人)

貴星＼日主	甲	乙	丙	丁	戊	己	庚	辛	壬	癸
太極	子午	子午	子午	卯酉	辰戌丑未	辰戌丑未	寅卯	寅卯	巳卯	巳卯

① 日主를 기준하여 보는데 이 太極貴人이 柱中에 있으면 福祿이 집중하며

② 이 貴人에 다시 貴格이 加臨하면 封候萬戶한다 하였으니 現代官職에 비하면 道知事級 以上의 위치에서 活動한다는 것이다.

(12) 천주귀인(天廚貴人)

貴人＼日主	天廚	備考
甲	巳	
乙	午	
丙	巳	
丁	午	
戊	申	
己	酉	
庚	亥	
辛	子	
壬	寅	
癸	卯	

이 天主貴人을 柱中에 놓은 者는 衣祿이 豊厚하여 잘살게 된다는 것인데 이에 貴星이 扶助하면 더욱 錦上添花의 命造이다.

(13) 관귀학관(官貴學館)

㉮ 이 貴星이 柱中에 있으면 官職에 진출하면 승진이 빨라 衆人으로부터 선망의 대상이 된다는 吉神이다.

㉯ 이 貴星의 원리는 各日主 官星의 長生官이 되는 것인데 예를 들면 甲乙木의 官星은 金이요 金의 長生官은 巳가 되는 것이다. (이하동법)

貴人\日主	官貴
甲	巳
乙	巳
丙	申
丁	申
戊	亥
己	亥
庚	寅
辛	寅
壬	申
癸	申
備考	

(14) 문창귀인(文昌貴人)

㉮ 이 文昌貴人을 柱中에 놓은 자는 文藝에 재질이 우월하여 수재가 된다는 吉星이다.

㉯ 이 貴人의 構成原理는 祿前四位가 되는데 예를 들면 甲日主의 祿은 寅이 되는데 寅卯辰巳로 寅에서부터 四番의 巳字가 바로 이 貴人이 된다. (이하동법)

貴星\日主	文昌
甲	乙
乙	午
丙	申
丁	酉
戊	申
己	酉
庚	亥
辛	子
壬	寅
癸	卯
備考	

(15) 문곡귀인(文曲貴人)

㉮ 이 貴人을 柱中에 놓으면 死後에 명성이 더욱 높이 평가된다는 것인데 詩人 金素月 故 梁柱東博士 같은 분들이다.

㉯ 이 貴人의 構成原理는 祿後四位로서 예를 들면 甲日主의 祿은 寅인데 寅丑子亥로 逆行해 四次位의 亥가 이 貴人이 된다.

貴人\日主	文曲
甲	亥
乙	子
丙	寅
丁	卯
戊	寅
己	卯
庚	巳
辛	午
壬	申
癸	酉
備考	

(16) 학당귀인(學堂貴人)

㉮ 이 學堂貴人을 柱中에 놓으면 학문에 능하고 총명하여 師儒文章이 된다는 뜻이니 博士 大學敎授等을 말한다.

㉯ 이 祿의 구성은 日主의 長生地가 된다.

貴星\日主	學堂
甲	亥
乙	午
丙	寅
丁	酉
戊	寅
己	酉
庚	巳
辛	子
壬	申
癸	卯
備考	

(17) 금여록(金與祿) (祿前三位)

貴人＼日主	甲	乙	丙	丁	戊	己	庚	辛	壬	癸	備考
金與	辰	巳	未	申	未	申	戌	亥	丑	寅	

㉮ 金與祿을 놓으면 처의 조력이 많고 또 처가의 재물혜택이 많거나 미모의 처를 얻게된다는 것이다.

㉯ 이 祿의 구성은 祿前三位에 닿는 곳이 된다. 예를 들면 甲日의 祿은 寅이 되고 寅卯辰順行으로 辰字가 金與祿이 된다.

(18) 암록(暗祿) (正祿合)

祿＼日主	甲	乙	丙	丁	戊	己	庚	辛	壬	癸	備考
暗祿	亥	戌	申	未	申	未	巳	辰	寅	丑	

㉮ 暗祿을 놓은 사람은 평생 금전에 궁함이 없고 또 역경에 처하였다가도 뜻하지 않은 暗助가 생긴다는 吉星이다.

㉯ 暗祿의 구성은 正祿과 合한자가 되는 것인데 예를 들면 甲日主의 祿은 寅인데 寅字와 合하는 亥가 暗祿으로 된다.

(19) 협록(夾祿) (正祿包凝者)

祿＼日主	甲	乙	丙	丁	戊	己	庚	辛	壬	癸	備考
夾祿	丑卯	寅辰	辰午	巳未	辰午	巳未	未酉	申戌	戌子	亥丑	

㉮ 夾祿을 놓은 자는 親戚 親友 또는 他人으로부터 재물의 혜택을 많이 받는다는 吉星이다.

㉯ 이 祿의 구성은 正祿包凝者가 되는데 예를 들면 甲日主의 祿은 寅인데 丑卯 丙字가 中間에 寅字를 놓고 包凝하는 것이다. (이하동법)

(20) 교록(交祿)

祿＼日主	甲申	乙酉	丙戌 丁亥	戊子	己亥	庚寅	辛卯	壬午	癸巳	備考
交祿	庚寅	辛卯	癸巳 壬午	癸巳 壬午	甲申 乙酉	己丁 丙戌				

㉮ 交祿을 柱中에 놓은 자는 상거래에 있어 큰 이익을 얻는 貴星으로서 貿易이나 商業系 系統에 進出하면 크게 성공한다는 것이다.

㉯ 이 祿의 구성은 正祿의 互煥(서로 바꾸는 것)인데 예를 들면 甲申日生人이 庚寅을 보게되면 甲에 祿寅은 庚이 차지하였고 庚의 祿인 申은 甲이 차지하고 있음으로 이 양자가 四柱에 구합하여 있으면 서로 자기가 필요한 祿을 교환하여 가기 때문에 交祿이라고 칭하게 되는 것이다.

(21) 진신(進神)

貴星＼生月	寅卯辰	巳午未	申酉戌	亥子丑
進神	甲子	甲午	己卯	己酉

㉮ 柱中에 進神이 있으면 매사계획에 장해됨이 없이 순순히 잘 성사되는 吉星이다.

㉯ 進神이 있으면 堂主가 성질이 강강하여 만사 進之有功으로 諸厄이 물러간다.

㉰ 進神과 咸池가 同柱한자는 容姿가 비록 미려하나 여색으로 음란한 사람이다.

(22) 천사성(天赦星)

貴星＼生月	寅卯辰	巳午未	申酉戌	亥子丑	備考
天赦	戊寅	甲午	戊申	甲子	

天赦星을 柱中에 놓은 자는 큰 병이나 큰 재난(受刑等)에 봉착하였다가도 곧 치유되거나 사면되어 큰 고심이 소멸되어 福祿을 얻게된다는 吉星이다.

(23) 황은대사(皇恩大赦)

貴星＼生月	寅	卯	辰	巳	午	未	申	酉	戌	亥	子	丑
皇恩大赦	戌	丑	寅	巳	酉	卯	子	午	亥	辰	申	未

日時中에 皇恩大赦를 놓은 자는 중죄에 처하였다가도 곧 특사를 받아 방면된다는 吉星이다.

(24) 천희신(天喜神)

貴星＼生月	寅	卯	辰	巳	午	未	申	酉	戌	亥	子	丑
天喜神	未	午	巳	辰	卯	寅	丑	子	亥	戌	酉	申

天喜神을 柱中에 놓으면 목전의 흉사도 자연히 變하여서 환희에 넘친다는 吉星이다.

(25) 홍연황(紅鸞星)

貴星＼生月	寅	卯	辰	巳	午	未	申	酉	戌	亥	子	丑
紅鸞	丑	子	亥	戌	酉	申	未	午	巳	辰	卯	寅

紅鸞星을 柱中에 놓으면 濃血之厄(곪아있는 병)이 면하여지고 吉祥 事가 연출한다는 吉星이다.

(26) 천의성(天醫星) (一名 活人星)

貴星＼生月	天醫
寅	丑
卯	寅
辰	卯
巳	辰
午	巳
未	午
申	未
酉	申
戌	酉
亥	戌
子	亥
丑	子

주중에 天醫星을 놓은 자는 사람의 인명을 구하여주는 의사 종교가 간호원 약사 등의 직업에 종사한다.

(27) 연희신(戀喜神)

貴星＼生月	戀喜
寅	丑
卯	子
辰	亥
巳	戌
午	酉
未	申
申	未
酉	午
戌	巳
亥	辰
子	卯
丑	寅

戀喜神이 柱中에 있으면 喜中加喜로 매사가 일익번창 영달하여 凶災가 없어진다는 吉星이다.

吉星早見 제 一 표

貴星＼日主	甲	乙	丙	丁	戊	己	庚	辛	壬	癸
十干祿	寅	卯	巳	午	巳	午	申	酉	亥	子
天乙貴人	丑未	子申	亥酉	亥酉	丑未	子申	丑未	午寅	巳卯	巳卯
太極貴人	子午	子午	卯酉	卯酉	辰戌丑未	辰戌丑未	寅卯	寅卯	巳卯	巳卯
天廚貴人	巳	午	巳	午	申	酉	亥	子	寅	卯
官貴貴人	巳	巳	申	申	亥	酉	亥	子	寅	卯
文昌貴人	巳	午	申	酉	申	酉	亥	子	寅	卯
文曲貴人	亥	子	寅	卯	寅	卯	巳	午	申	酉
學堂貴人	亥	午	寅	酉	寅	酉	巳	子	申	卯
金奧祿	辰	巳	未	申	未	申	戌	亥	丑	寅
暗祿	丑卯	寅辰	辰午	巳未	辰午	巳未	未酉	申戌	戌子	亥丑
夾祿	甲申	乙酉	丙戌子亥	丁己亥	戊丙子	己丁亥	庚寅	辛卯	壬午	癸巳
交祿	庚寅	辛卯	癸巳	壬午			甲申	乙酉	丁己亥子	丙戌子

吉神早見 제 二 표

貴星 (生月)	寅	卯	辰	巳	午	未	申	酉	戌	亥	子	丑
天德貴人	丁	申	壬	辛	亥	甲	癸	寅	丙	乙	巳	庚
月德貴人	丙	甲	壬	庚	丙	甲	壬	庚	丙	甲	壬	庚
進神	甲子	甲子	甲子	甲午	甲午	甲午	戊申	戊申	戊申	甲子	甲子	甲子
天喜神	戊寅	戊寅	戊寅	甲午	甲午	甲午	戊申	戊申	戊申	甲子	甲子	甲子
紅鸞星	未	午	巳	辰	卯	寅	丑	子	亥	戌	酉	申
皇恩大赦	戌	丑	寅	亥	戌	酉	申	午	子	辰	申	未
天醫星	丑	寅	卯	辰	巳	午	未	申	酉	戌	亥	子

살별하여 현대직업으로 대별하면 군인 경찰 판검사 정보기관 등의 별정직에 해당하여 총기를 휴대하거나 권세를 쥐는 사람에서 魁罡四柱가 많이 있음을 볼 수가 있고 특히 格局이 不格에 속하면 猪屠者(백정)로 볼 수 있다.

㉔ 魁罡殺에 刑沖剋이 있으면 극빈하거나 구병으로 신고하며 이 殺의 특성은 길하거나 흉하거나 극단의 兩星이다.

㉕ 女命에 魁罡이 있으면 용모가 미려하나 심성이 강강하며 극부 과부로 항상 고생이 뒤따르고 病災가 많다.

㉖ 男命은 기개가 늠름하고 성질이 결벽하여 과단성이 있어 용맹하며 말재주가 있어 대중을 설득하는 힘이 있다.

㉗ 四柱中에 2개 이상 魁罡이 있으면 부귀발달할 命造이다.

㉘ 庚辰 庚戌 日生은 四柱中 正偏官을 忌하고 戊戌 壬辰 日生者는 正偏財를 忌한다.

㉙ 日主의 魁罡이 刑沖되면 빈한하다.

㉚ 魁罡이 財官에 得地하면 衣祿이 풍후하다.

㉛ 魁罡에 七殺이 있으면 평생에 성질이 오만강강하다.

㉜ 魁罡四日이 최우선인데 疊疊相逢하면 대권을 장악한다.

㉝ 魁罡이 있는 地支가 祿神이 되면 惡殺이 범하지 않는다.

(28) 괴강(魁罡)

壬辰 壬戌 庚辰 庚戌 戊戌

㉮ 魁罡의 성질과 命造에 미치는 영향을 예거하면 다음과 같다.

㉯ 대중을 제압하며 지휘통솔하는 힘이 있고 그 성질이 강열하다.

㉰ 魁罡을 놓고 격이 잘 짜여져 있으면 대부대귀하고 지혜가 있으며 충명하여 매사에 결단력이 있다.

㉱ 괴강이 있으면 성질이 강강하고 포악하여 살생을 잘하고

(29) 양인살(羊刃殺)

殺名\日干	羊刃
甲	卯
乙	辰
丙	午
丁	未
戊	午
己	未
庚	酉
辛	戌
壬	子
癸	丑
備考	

羊刃殺이 男命에 중첩하면 剋夫剋妻하고 女命은 剋夫 奪夫된다는 凶殺이다.

특히 羊刃은 刑權을 쥔다는 特殊性이 있으나 이 殺이 있으면 성질이 강렬하며 폭거 급조한 점으로 일생행로에 장애가 많으며 괴걸 열사 군인 등에서 많이 볼 수 있으며 이들은 勳功으로 必得成名한다.

㉮ 經에 이르되 煞刃이 兩停하면 位가 王侯에 이른다 하였고 또한 身强한데 羊刃을 만나면 재화가 勃然한다고 하였다는 暗示가 있다.

㉯ 年柱에 羊刃이 있으면 破祖先業하고 은혜를 배반한다.

㉰ 月羊刃者는 성정이 한편으로 편중하고 怪脾之氣로 속을 잘못쓰는 경향이 있다.

㉱ 時柱가 羊刃이 되면 剋害妻子하고 但月柱日主의 羊刃은 그 힘이 미약하다. 그리고 만년에 재화를 부르고 柱中에 偏官이 있으면 殺刃相停으로 凶禍爲吉을 이룬다.

㉲ 日柱에 羊刃이 있고 時에 偏印이 있으면 그 妻 難産之厄의 염려가 있다.

㉳ 劫財와 羊刃이 同柱한 자는 조부모와 동거할 수 없고 표면으로는 겸양하고 유화한 것 같으나 자비심이 없으며 성정이 梏烈하고 그 가정 역시 심히 적막한 사람이다.

㉴ 正財와 羊刃이 同柱한 자는 破滅財物之兆로 가정이 몰락하고 사회생활에 있어서 명예상 오욕을 받을 염려가 있다.

㉵ 羊刃과 劫財傷官이 同柱한 자는 만년에 반드시 큰 재화를 부르고 실직후 곤궁하여 辛苦하다가 패가망신한다.

㉶ 羊刃과 印綬가 同柱한 자는 비록 功名을 성취하나 身陷病弱하다.

㉷ 羊刃에 十二運星死絶이 同柱한 자는 성질이 급하고 暴戾하니 사물에 대하여 破壤性이 있으며 만약 沐浴이 同柱한 자는 지병으로 항상 辛苦한다.

㉸ 羊刃이 3·4개가 있으면 盲目者(소경) 혹은 聲啞者(벙어리)가 있음을 본다.

㉹ 羊刃이 三合會局者는 恒常 離鄕하여 각지원방으로 돌아다닌다.

㉺ 男命에 羊刃이 많으면 損妾傷妻로 妻官이 불미하다.

㉻ 女命에 羊刃이 있고 또한 四柱中에 傷官 印綬 羊刃三者가 俱全된 女命은 그 子息官이 不美할뿐만 아니라 女命에 羊刃이 2개가 있으면 不恐不遜하고 만약 3개가 있는 자는 荒淫之弊로 不知謙恥하고 대개가 娼婦 娼妓로 흐르거나 혹은 그 남편이나 이 惡死하는 것을 볼 수 있다.

(30) 단교관살(斷橋關殺)

殺\月支	寅	卯	辰	巳	午	未	申	酉	戌	亥	子	丑
斷橋	寅	卯	申	丑	戌	酉	辰	巳	午	未	亥	子

斷橋關殺이 柱中에 있으면 落傷 手足折骨等이 있어 보는데 刑殺이 加重하면 이것으로 인하여 小兒麻痺 또는 팔다리에 異常이 있어 보는데 生月을 기준하여 日時를 본다.

(31) 급각살(急脚殺)

殺＼月支	寅卯辰	巳午未	申酉戌	亥子丑
急脚	亥子	卯未	寅戌	丑辰
備考				

急脚殺이 있으면 小兒痲痺 또는 落傷 折骨 傷齒 風齒 神經痛等의 疾厄이 있다.

(32) 탕화살(湯火殺)

㉮ 湯火殺은 寅午丑日生人이 柱中에서 또 寅午丑字中 어느 한字를 놓은자

㉯ 丑日生人이 柱中에서 또다시 午나 戌未字中 어느 한字를 놓은 자

㉰ 寅日生人이 柱中에서 巳나 申을 各各보면은 湯火殺로서 어릴 때 불이나 인두에 또는 끓는 물에 데여서 凶터가 몸에 있어야 되는데 그렇치 않으면 火災 탄환(彈丸) 파편부상이나 음독하여 본다.

㉱ 이 殺에 刑殺이 가중하면 더욱 그 도가 심하고 그 湯火殺에 해당하는 그자가 六親法上 혹은 그 위치상으로 어디에 놓여 있는지를 보아서 추리할 것이다. 예컨대 年에 있으면 조부모께서 湯火殺로 몸에 흉터가 있었을 것이라고 추리한다.

(33) 낙정관살(落井關殺)

凶殺＼生日	甲	乙	丙	丁	戊	己	庚	辛	壬	癸
落井關殺	巳	子	申	戌	卯	巳	子	申	戌	卯
備考										

落井關殺 놓으면 우물(井) 인분통 맨홀 강물에 빠져본다는 凶殺인데 凶星이 가세하면 익사한다.

(34) 백호대살(白虎大殺)

戊辰 丁丑 丙戌 乙未 甲辰 癸丑 壬戌

柱中에 이殺을 놓으면 見血事故가 있다는 大凶殺인데 六親法上 이 殺이 누구에 해당하느냐 이 殺의 위치가 어데냐에 따라서 판단을 하는데 凶殺이 가세하면 더욱 심하다.

(35) 음양차착살(陰陽差錯殺)

凶星＼日主	丙	丁	戊	辛	壬	癸
天赦	子午	丑未	寅申	卯酉	辰戌	巳亥

㉮ 이 殺은 陽에 속하는 것을 陽差 陰에 속하는자를 陰錯이

㉯ 女命에 이 殺이 있으면 夫家兄弟가 零落하거나 夫官이 불미하여 수심이 끊이지 않는다.

라고 하는데 이 殺이 日에 있으면 外三寸이 고독하고 時에 있으면 妻男이 고독하다.

(36) 고란살(孤鸞殺)

甲寅 乙巳 丁巳 戊申 辛亥日에 出生한 者

女命에 놓이면 男便이 蓄妾하거나 奪夫를 당하여 이별 혹은 독수공방 하다는 殺인데 남편으로 인해서 항상 신음한다고 一名 呻吟殺이라고도 한다.

(37) 절로공망(截路空亡)

凶星\日干	甲己	乙庚	丙辛	丁壬	戊癸
截路空亡	申酉	午未	辰巳	寅卯	子丑

이 空亡은 日主를 기준하여 時를 보는데 每事難關에 봉착하여 중단하기 쉽다는 凶殺이다.

(38) 천전살(天轉殺)

殺\月支	寅卯辰	巳午未	申酉戌	亥子丑
天轉殺	乙卯	丙午	辛酉	壬子

天轉殺을 놓은 자는 일정한 직업에 종사하기가 어렵고 아무리 노력을 하여도 모든 일에 中折狀態가 와서 朝成暮破한다는 뜻이다.

(39) 지전살(地轉殺)

\月支	寅卯辰	巳午未	申酉戌	亥子丑	備考
地轉殺	辛卯	戊午	癸酉	丙子	

每事多滯로 朝成暮破하여 노력을 허비하니 발달성이 결합하여 일무성사하고 불의의 지변으로 피해를 입어 실패전업 되는 일이 많다는 凶殺이다.

(40) 부벽살(斧劈殺)

殺\月支	子午卯酉	寅申巳亥	辰戌丑未
日時	巳日 또는 巳時生	酉日 또는 酉時生	丑日 또는 丑時生

이 斧劈殺은 모든 일이 도끼로(斧) 쪼개다(劈) 시피 破敗하고 財物分散이 많게 된다는 凶殺이다.

(41) 효신살(梟神殺)

殺名＼日主	甲	乙	丙	丁	戊	己	庚	辛	壬	癸	備考
梟神殺	子	亥	寅	卯	午	巳	戌	丑未	申	酉	

이 梟神殺은 偏印으로 구성되는데 어릴 때 일찍 모친을 이별하거나 前母 庶母 養母가 있게 된다는 殺이다.

(42) 홍염살(紅艶殺)

殺＼日主	甲	乙	丙	丁	戊	己	庚	辛	壬	癸
紅艶殺	午	申	寅	未	辰	辰	戌	酉	子	申

紅艷殺이란 사람이 다정다감하여 사람에게 추파를 던지며 회희낙락하여 外情을 즐기는 사람이며 특히 中人의 妻가 되고 富豪의 집에서 출생한 女子라도 꽃밭 달밤에서 탈선하여 기생이 된다고 하였다.

(43) 사폐일(四廢日)

殺＼月支	寅卯辰	巳午未	申酉戌	亥子丑
四廢日	庚申	壬子	甲寅	庚午

春節에 庚申이면 金이 囚囚되고 死絶된 것이니 無用치금이므로 廢日이요 夏月에는 火가 極盛하는 節氣이니 壬子가 廢棄되는 것이요.
秋節은 金旺이니 甲寅 木柱는 廢死되고. 冬節水汪節에 丙午가 또한 그러하니 命造가 이러하면 모든 일이 시작은 있으나 結果가 없으니 成功하기가 어렵다는 것이다.

(44) 천라지강(天羅地網)

戊亥가 天羅로 되고 辰巳가 地網이 되니 火(天)命人이 戊亥를 보면 墓絶이 되기 때문이며 水(地)命人이 辰巳를 보아도 또한 墓絶이 되는 때문이다.
이 天羅地網은 暗旺하고 不快한 殺星이다. 金目生人은 天羅地網이 없다는 說이 있다.
또 男命은 天羅를 꺼리고 女命은 地網을 꺼리는데 惡殺이 加勢하면 堂主가 必死한다. 韓信(漢高祖 劉邦으로 하여금 項羽를 물리치고 統一天下를 成就하게 도와준 名將)이 天羅殺과 天轉地轉殺을 犯한 關係로 誅殺되였다고 한다.

(45) 사대공망(四大空亡)

甲子兼甲午는 旬中水絶流요
甲寅與甲申은 金氣香難求하니라

이 殺이 命中에 있으면 요절하게 된다. 納音五行으로 볼 때 甲辰 甲戌旬中에는 納音의 金木水火土五行이 구비해 있는데 甲子甲午旬中에는 水氣가 없고 甲寅甲申旬中에는 金이 없다.

따라서 前甲子 甲午二旬에는 水氣가 空亡이요 甲寅 甲申은 金이 空亡인바 이 四旬에는 五行이 不在하므로 四大空亡 이라고 한다.

甲午旬中에 生한 者가 命中에 물이 있으면 正犯한 것이요. 命中에는 不犯하였으나 大運에서 범하면 또한 이 殺에 해당한다.

甲寅旬中에 境過 金을 만나도 또한 같다.

흉살 제 一 표

凶殺 / 生月	急脚	天轉	地轉	四廢	斷橋	斧劈
寅卯辰	亥子	乙卯	辛卯	庚申	寅	酉
巳午未	卯未	丙午	戊午	壬子	卯 申	巳 丑
申酉戌	寅戌	辛酉	癸酉	甲寅	丑 酉 辰 巳	酉 巳 丑
亥子丑	丑辰	壬子	丙子	丙午	午 亥 子	酉 巳 丑

흉살 제 二 표

凶殺 / 生年	孤神	寡宿	桃花	囚獄	鬼門
子	寅	戌	酉	午	酉
丑	寅	戌	午	卯	午
寅	巳	丑	卯	子	未
卯	巳	丑	子	酉	申
辰	巳	丑	酉	午	亥
巳	申	辰	午	卯	戌
午	申	辰	卯	子	丑
未	申	辰	子	酉	寅
申	亥	未	酉	午	卯
酉	亥	未	午	卯	子
戌	亥	未	卯	子	巳
亥	寅	戌	子	酉	辰

탕화살 제 三 표

寅午丑日生人이 逢丑戌未 寅巳申의 三刑殺

흉살 제 四 표

殺＼生日	落井	白虎	魁罡	陰錯	陽差	孤鸞	羊刃	截路	梟神	紅艶
甲	巳	辰				寅	卯	申酉	子	午
乙	子	未				巳	辰	午未	亥	申
丙	申	戌			午子	午	巳辰	寅	寅
丁	戌	丑		未丑	巳	未	寅卯	卯	未
戊	卯	辰	戌	申寅	申	午	子丑	午	辰
己	巳					未	申酉	巳	辰
庚	子		戌辰			酉	午未	辰戌	戌
辛	申		酉卯	亥	戌	巳辰	丑未	酉
壬	戌	戌	戌辰	戌辰	子	子	寅卯	申	子
癸	丑	卯	亥巳			丑	子丑	酉	申
備考	日時	柱中	日主	日時	日時	日	柱中	時間	日主	柱中

십이절후표（十二節候表）

節＼月	十二節
寅月	立春
卯月	驚蟄
辰月	淸明
巳月	立夏
午月	芒種
未月	小暑
申月	立秋
酉月	白露
戌月	寒露
亥月	立冬
子月	大雪
丑月	小寒

이밖에 雨水 春分 穀雨 小滿 夏至 大暑 處暑 秋分 霜降 小雪 冬至 大寒은 節이 아니고 氣가 되는 것이니 이 節과 氣를 합하여 節氣라고 말하는 것이나 氣는 쓰지 아니하고 節로 四柱기둥을 세움을 특별히 염두에 두어야한다.

일주（日柱） 세우는 법

日主는 萬歲曆을 보고 그 出生年月을 찾아서 출생한 日辰을 그대로 기재한다.

시주（時柱） 세우는 법

甲己夜半生甲子 乙庚夜半生丙子
丙辛夜半生戊子 丁壬夜半生庚子
戊癸夜半生壬子

甲己夜半生甲子라 함은 甲日이나 己日에 출생한 사람은 子

時를 甲子時로부터 시작하여 丑時를 乙丑時 寅時를 丙寅時로 順行하여 定하는 것이다. (이하동법)

말하는 것이고 正子時는 밤十二시에서(零時) 새벽 一시까지를 말한다.

定時速見表

新時 生時	生日	甲己	乙庚	丙辛	丁壬	戊癸
寅月	子時	甲子	丙子	戊子	庚子	壬子
卯月	丑時	乙丑	丁丑	己丑	辛丑	癸丑
辰月	寅時	丙寅	戊寅	庚寅	壬寅	甲寅
巳月	卯時	丁卯	己卯	辛卯	癸卯	乙卯
午月	辰時	戊辰	庚辰	壬辰	甲辰	丙辰
未月	巳時	己巳	辛巳	癸巳	乙巳	丁巳
申月	午時	庚午	壬午	甲午	丙午	戊午
酉月	未時	辛未	癸未	乙未	丁未	己未
戌月	申時	壬申	甲申	丙申	戊申	庚申
亥月	酉時	癸酉	乙酉	丁酉	己酉	辛酉
子月	戌時	甲戌	丙戌	戊戌	庚戌	壬戌
丑月	亥時	乙亥	丁亥	己亥	辛亥	癸亥

야자시법(夜子時法)

夜子時라 함은 밤十一시에서 밤십二시 사이의 시간을 말하는데 正子時와 구별하는 것이다.

그러면 이 夜子時와 正子時는 어떻게 구별되는 것인가를 보면 正子時라 함은 그날밤 十一時에서 그 이튿날 오전 一時까지 사이를 말하는바 夜子時는 밤 十一시에서 그날밤 十二시(子正) 사이까지를

제2편 신수(身數)의 고문비전(古文秘傳)

1. 출생년별(出生年別) 월·일·시운(月·日·時運)

(一) 자년생(子年生)의 성격과 운명

子년생은 부성애와 모성애가 강하고 영리해서 눈치가 빠른 한편강단이 있으며 매사에 세심해서 조그만 일에는 잘 놀라나 큰 일에는 대범한데가 있어 재물을 모으고 복록이 쌓일 운명이다. 그러나 이기심과 욕심이 많으며 집념이 강한 것이 특징이기도 하다. 항상 두려움에 빠지기가 쉽고 인색하여 적은 것을 탐내다가 큰 일을 그르치는 수가 있으며 사람과 더불어 화목하지 못하여 상대를 적으로 만들어 불이익을 당하게 될 수가 있다.

고묘한 꾀는 많으나 용기가 없는 것이 흠이 되어 잘못하면 일생에 걸쳐 고생과 노고가 많으니 이러한 결점을 고치고 사람과 더불어 원만한 사교를 한다면 중년운에 이르러 순시간(舜時間) 행운이 순조로워 잘 발전할 것이며 소망하던 계획을 진행하면 목적을 달성하게 되니 크게 성공하여 이름을 떨칠 것이다.

○ 결혼 : 소띠 용띠 원숭이띠가 길하고 말띠 양띠 닭띠는 불길.
○ 직업 : 상업 농업 회사원 공무원 문예(文藝) 금속 목재 건설 등은 좋으나 정치가는 불길하다.
○ 병증 : 중풍 각기병 신경통 마비계통 자궁질환 비뇨기계통 남녀 모두가 물조심하여야 한다.

일생에 걸쳐서 중요한 운세

四세 七세 큰병을 조심하고 수족골절 상액이 있으며 十三세 十七·八세가 소망여의하고 정신이 쾌락하여 공부성적이 향상된다.

十九세 신병수와 신상의 큰 변동수로 많은 번민과 근심이 있는수다.

二三세부터 행운이 오나 주색을 조심하라 이로 인하여 실패할 수가 있다.

二六세 二七세에 재물복이 있으나 매사를 신중하게 고려하고 행동하지 않으면 후회할 일이 생긴다.

二八세 운세가 막힘이 많으니 옳지 않은 재물을 탐하지 말아야 하며 매사를 총명하고 지혜롭게 행동하지 않으면 실패할까 두렵구나

二九세 三十세는 만사가 대길하여 좋은 기회가 생기니 이 시기를 놓치지 말라

三一세는 뜻밖의 손재수와 부모의 액이 있다.

三八·三九세 모든 일이 대길할 수니 기회를 잘 이용하라.

四十세부터 四三세까지 일생에 걸쳐 제일 큰 액운이다. 매사를 조심하여야 하며 큰 일을 경영하지 말라

四五세 이후부터 길운으로서 큰 재물을 모으고 말년까지 편안하게 즐거운 세월을 보내게 될 것이다.

자년생인명운표 (子年生人命運表)

생년과 년운	원서내용	해석	생월과 월운	원서내용	해석
子年運	財源廣進必有多端	재물복은 크게 좋으나 하는 일에 많은 애로가 있을 것이다	一月	人形光彩時有不利	비록 사람 모양에 광채가 나나 때가 불리하니 큰 일을 계획하지 말라
丑年運	雖有光明陰人暗害	비록 앞길에 광명이 비치나 시기하는 자와 음해하는 자가 있을 것이다	二月	風吹草動無事過關	바람이 부니 초목이 움직이나 (子卯刑) 별일없이 어려움을 지나갈 운세라
寅年運	離鄕求利事業變動	이향구리 사업 변동 하게 되나 · 변동수가 많다	三月	不利遠方守之則安	먼곳으로 출행하지 말라 불리하니 분수를 지키며 편히 때를 기다려라
卯年運	添丁發財口舌是非	첨정발재 구설시비 식구가 점점 많아지고 재물복도 있으나 구설과 시비수가 많다	四月	一枝二葉半天下雨	한가지에 두 잎이 하늘을 보고 반은 비를 만난 형상이니 반흉반길의 운세
辰年運	順水行舟小人之劫	순수행주 소인지겁 평생 재주가 있으니 순풍에 돛단배 같이 좋으나 손재수가 많다	五月	大有奇觀五中一急	대유기관 오중일급 큰일이 형통하니 기특함을 볼 좋은 운세 이나 적은 근심이 있을 수
巳年運	一火三烟一場困苦	일화삼연 일장곤고 불은 적은데 연기가 많이 나는 형상이니 겉은 화려하나 속은 곤고한 운세	六月	來小去多有事急水	래소거다 유사급수 적은 것이 가고 큰 것이 많이 오는 운세 이나 물이 급히 필요할 때가 있으리라
午年運	人財失色七古八怪	인재실색 칠고팔괴 사람과 재물 손재가 있으며 매사가 뜻대로 되지 않고 구설과 시비수라	七月	天官賜福不怕風浪	천관사복 불파풍랑 하늘이 관록과 복을 내려주니 어찌 바람을 두려워 하랴
未年運	無往不利心上心下	무왕불리 심상심하 동서남북 왕래가 없으니 마음의 안정을 이룰수가 없구나	八月	天淸氣明氣象迎人	천청기명 기상영인 하늘이 맑고 일기가 좋으니 사람을 맞이 할 운세로다
申年運	人情生煩無風生浪	인정생번 무풍생랑 사람이 살아가는데 번뢰와 고민이 많으니 바람은 불지않는데 물결이 이는 운세	九月	三分之情言多必損	삼분지정 언다필손 사람과의 정이 셋으로 갈리는 운세이니 말이 많으면 반드시 손재수가 있다
酉年運	十分美景須事小心	십분미경 수사소심 좋은 운세이나 신경쓰는 (귀문관살) 일 이 생길 것이며 일과 마음이 안찬다	十月	其樂洋洋事有機會	기락양양 사유기회 즐거움이 많은 운세로 좋은 기회가 생길 것이로다
戌年運	曲港推車蟲入木中	곡항추차 충입목중 꾸불꾸불한 항구에서 수레를 미는 격이 니 일의 두서가 없고 매사가 허실하다	十一月	彦談小心逍遙自在	언담소심 소요자재 말솜씨는 좋으나 마음은 작으니 (욕심이 없다) 조용하게 때를 기다려라
亥年運	無中生有花之逢雨	무중생유 화지봉우 곤한 가운데 일이 성사되고 꽃이 단비를 얻으니 더욱 아름다운 운세로다	十二月	安然康泰太陽可愛	안연강태 태양가애 몸도 건강하고 매사가 편안하여 태평한 운세이니 햇빛도 사랑스럽구나

자년생인명운표 (子年生人命運表)

생일과 일운	원서내용	해석	생시와 시운	원서내용	해석
子日	四海風光貴人得助	사해로 좋은 바람이 부니 반드시 귀인이 도와줄 것이다	子時	一帆順風婚姻早配	돛단 배가 순풍에 잘도 가고 결혼은 일찍 할 운세로다
丑日	만사여의사처화평	만사가 뜻과 같이 성취되며 사방이 화평하구나	丑時	郎才女貌女掃男家	랑재주있는 남자와 얼굴이 아름다운 여자이나 딸은 없고 들만 있을 수
寅日	奔走四方多勞精神	동서남북 사방으로 분주하고 노력은 많이 하나 결과는 적다	寅時	風流才子男掃女家	풍류와 재조를 겸비한 사람이나 아들은 없고 딸만 있을 수
卯日	聰明敏捷喜氣將來	사람이 총명하고 민첩하니 장차 기쁨이 올 것이다	卯時	志氣雄猛爲人干直	뜻과 기운이 용맹스러우나 사람됨이 너무 강직하구나
辰日	명리쌍수삼원가안	이름과 재물이 뜻과 같으니 모든 것이 편안할 운세라	辰時	一成一敗始終無一	일성일패시종무일 한번 이루고 한번 실패 남는 것이 없구나
巳日	병재첩지필요細慮	몸에 신병이 염려되니 평소 건강에 특별히 조심하라	巳時	부처성암남우여비	부부궁이 암담하니 남자는 근심이요 여자는 슬픔이로다
午日	凶厄頭림沖行不利	흉액이 닥칠 운세이니 원행하다 많은 액을 당할까 염려된다	午時	遭難遇災防止未然	우연히 재난과 조난을 당할 운세이니 미리 조심하고 방지하라
未日	自我心强不服人管	자존심이 너무 강하여 자함에 어려움이 있다	未時	波浪絶息三成三敗	파랑절식삼성삼패 사람이 살아가는데 풍파가 쉴 날이 없으며 세번 성공하고 세번 패한다
辛日	家有餘慶道德雙陰	집안에 경사수가 겹치니 이것은 조상의 덕을 쌓은 음덕이라	辛時	清榮安光時有小硬	청영안광시유소경 부귀영화를 누리기도 하지만 때에 따라 어려움도 있을 수라
酉日	風流才子桃臀之審	풍류재자도순지심 재주있는 아들이 풍류이나 여색을 조심하도록 잘 살펴라	酉時	福如東海子孫滿門	복여동해자손만문 복록이 동해바다와 같고 자손이 번창할 수니 이 아니 좋을소냐
戌日	不得不快人疲馬勞	부득불쾌인피마로 가진것도 없고 쾌활하지도 못하고 사람과 말이 피로할 뿐이다	戌時	安居守分不利風頭	안거수분불리풍두 키라 불리한 일이 생길 수 있다
亥日	外傷之災須事小心	외상지재수사소심 몸을 다칠 운세이니 모름지기 실물수를 조심하라	亥時	身上不利宜戒色難	신상불리의계색난 신상에 항상 주색을 조심하고 삼가하라 불리한 일이 생길까 염려된다

(2) 축년생(丑年生)의 성격과 운명

丑년생은 성실하고 인내심이 많으며 부지런하며 원만한 두령급의 소유자로 사기성이 없다. 매사에 평범하며 열심으로 자기 책임을 다하면서 일하는 체질로서 끝맺음에 절도가 있으며 한편으로는 느리나 명예욕이 강하다.

그러나 매사에 고집이 많고 애교와 사교성이 없는 것이 생활을 영위해 나가는데 흠이 되기도 한다. 매사에 신용이 있고 틀림이 없음이 장점이 되나 남의 감언이설에 잘 속아 넘어가서 실패하는 화를 당하여 후회막급하는 일이 있으니 항상 대인관계에 있어서 매사를 확인하고 상대의 심리를 잘 파악하여 행동하여야 한다.

그러나 형제간에 인연이 박하고 일찍 고향을 떠나 자수성가할 팔자이며 초년에는 행복하나 중년에 들면서 노고(勞苦)가 많으며 또한 정신적인 번뇌와 고민이 많으나 말년에 이르면 복록과 영화를 누리게 되나 부부궁이 부실함이 흠이 된다.

○ 결혼 : 뱀띠 닭띠 쥐띠가 좋으며 양띠 말띠 용띠는 불길하다
○ 직업 : 회사원 공직자 의약사 예술 농업 정치가와 불을 다루는 직업과 금속(金屬)을 다루는 직업이 좋다
○ 병증 : 흉부 각기병 귀·코의 병 안질 등을 항상 조심하면 장수할 수라

일생에 걸쳐서 중요한 운세

四세에 병으로 신음

六세 많은 사람으로부터 사랑받고 칭찬을 받으나 양자로 가면 좋다

七세에 신병이고 다칠 수라

十四세에 일취월장으로 길하고

十八세 뜻하지 않은 횡재수가 있으며 이성과 사랑에 빠질 수

十九세 二十세 신병수에 재난을 당하게 되며

二三세 二四에 결혼운이 피고 명예를 날리며 높은 지위에 오르게 된다

二八세 二九세 매사가 막힘이 많고 수심이 많으며 집을 떠나 객지로 나갈 수라

三一세 운세가 불길하며 매사를 신중하게 결정하여야 하며 도난 당하거나 남에게 사기를 당할 수라

三五세 三六세 길운이 돌아오니 재물과 관록이 따르고 경영하는 사업도 순조롭게 성취되니 크게 성공할 운세라

四一세 四二세는 길흉이 반반이며 큰 일을 계획하지 말라

四五세 四六세 행운이 계속되니 좋은 기회를 잃지 말고 매사를 적극적으로 진행하라

五十세 이후는 평생 순탄하여 노래에 행복을 누리고 상수할 수나 수색을 삼가하여야 한다 만약 여기에 몰두하면 씻을 수 없는 후회가 생길수라.

축년생인명운표 (丑年生人命運表)

생년과 년운	원서내용	해석	생월과 월운	원서내용	해석
자년	天官化吉喜氣臨門	천관이 화하여 길헤지니 기쁜 기운이 집 안으로 들어오는 운세	一月	愁腸百結守之卽安	수심과 창자가 끊어지는 듯한 가난을 넘 긴 백결선생을 생각하고 인내하라
축년	多用精神有虛無實	다용정신유허무실 허함만 있으며 실속이 없다	二月	水長百結愁之卽安	마음이 흔들리고 안정되지 못하니 즐거 움과 슬픔이 교차하는 운세
인년	内憂外利仇禍之禧	내우외리항려지희 집안에 걱정은 있으나 밖으로는 이익이 많으며 기쁜일이 거듭 생긴다	三月	心猿意馬樂極生悲	심원의 마락극 생비 마음이 흔들리고 안정되지 못하니 즐거 움과 슬픔이 교차하는 운세
묘년	刑厄難免災禍臨頭	형액난면재화임두 형액을 면하기 어려 우니 매사를 조심하라	四月	氣象迎人逍遙自在	기상영인소요자재 많은 사람을 맞이하는 길한 운세이매 사가 뜻대로 형통될 수
진년	刑背破害與人長短	지배파해여인장단 남으로부터 지탄받고 배신당할 운세이 니 사람들과 더불어 화합하라	五月	離亂不止變動無常	이란부지 변동무상 가족 출입의 변동이 많으니 세상만사가 무상함이 많구나
사년	勞而無功須事謹愼	노이무공수사근신 노력은 하나 공이 없는 운세이니 모름지 기 매사를 조심하고 근신하라	六月	災厄襲來多勞精神	재액습래다로정신 재액이 닥칠 운세이니 마음이 노고롭고 정신도 산만하다
오년	雲開月朗飮人暗害	운개월랑음인암해 구름은 걷히고 달은 밝으나 나를 음해하 고 비방하는 자가 많을 수	七月	吉凶參半天乙化下	길흉참반천을화하 길흉이 상반한 운세이나 천을 귀인이 도 와주니 염려할 것이 없다
미년	冲庫破財利半失一箭	충고파재반실일전 재물의 손재수가 있으나 길흉이 상반하 니 큰 손해는 없으리라	八月	利路亨通猿子排徊	이로형통원자배회 재물과 관록이 형통할 운세이나 구설수 가 비친다
신년	貴人化下萬事吉昌	귀인화하만사길창 대길한 운이라	九月	藝術人貧四海流通	예술인빈사해류통 예술인은 원래가 빈곤한 형상이나 동서 남북으로 매사가 형통될 수
유년	七古八怪人形似鬼	칠고팔괘인형사귀 여러가지 괴이한 일들이 많으니 사방에서 귀인이 나를 도와주니 사방에서 귀인이 나를 만나는 형상이 말이 아니라	十月	五風十兩長發其祥	오풍십양장발기상 길운이 돌아오니 매사가 형통될만 닥치 는구나
술년	馬出他鄉吉多凶少	마출타향길다흉소 말이 객지에 나간 형상이니 기쁨과 흥합 이 반반인 운세	十一月	旭日東昇光前裕後	욱일동승광전유후 해가 동쪽에서 솟아 올라오는 운세이 앞뒤가 풍요롭구나
해년	平地風波木之經霜	평지풍파목지경상 평지에 풍파이며 나무가 서리를 맞는 형 상이니 미리 조심하라	十二月	馬走險涯舟在淺水	마주험애주재천수 말이 험한 길을 달리며 배가 얕은 물을 지나가니 진퇴양난인 운세라
				自信滿滿却敗禍根	자신만만각패화근 매사가 자신만만하니 백가지 화가 다 없 어지는 길한 운세라

축년생인명운표 (丑年生人命運表)

생일과 일운	원서내용	해석
子日	土合比肩兩人相好	자축으로 합하여 두사람의 뜻이 잘 맞아 매사가 형통
丑日	意志投合萬里前程	의지투합만리전정 앞 날의 매사가 순조롭게 만리
寅日	木剋丑土爭長競短	목극축토쟁장경단 사람과 사람의 의지가 잘 화합하니
卯日	木之疏土五內不開	목지소토오내불개 나무로 아무리 땅을 파 보아야 끝이 없으니 경영하는 일이 순조롭지 못하다
辰日	木喜龍水長相助	목극축토쟁장경단 비수를 특별히 조심하라
巳日	牛喜龍水女人相助	우희용수여인상조 소가 물을 좋아하는 운세이니 여자의 도움으로 성공할 수라
午日	三合會局利路亨通	삼합회국이로형통 巳酉가 합을 이루는 운이니 길운이 돌아오매 과감하게 진행하면 성공할 운세
未日	無中之害酒色禁忌	무중지해주색금기 별로 해로움이 없으나 특별히 주색을 조심하지 않으면 낭패한다
辛日	牛羊相鬪必有一傷	우양상투필유일상 염소와 소가 서로 싸우는 형상이니 반드시 몸을 다칠수니 조심하라
酉日	相生一氣財利行通	상생일기재리행통 五申이 서로 상생하니 재물과 이익이 형통할 길한 운세라
戌日	合中有盜心情不合	합중유도심정불합 합하는 가운데 도난당할 수이니 심정이 심히 괴로울 수라
亥日	刑之不利口舌是非	형지불리구설시비 관재구설과 시비송사수니 미리 덕을 쌓아서 그 화를 막아라
	土疊制水奮闘精神	토첩제수분투정신 흙으로 물을 막아야 할 운세이니 쉬지말고 열심히 노력하라

생시와 시운	원서내용	해석
子時	花上有花萬象喜神	화상유화만상희신 꽃 가운데 또 꽃이 있으니 이 아니 기쁘랴 모든 길신이 도와주는 수
丑時	歲星入度心中憂悶	세성입도심중우민 흉한 신이 몸에 이르는 운세이니 마음속에 근심과 번민이 가득하구나
寅時	花燭迎人怨天難重	화촉영인원천난중 화촉을 밝히게 되는 운세로 재난이 거듭 세이니 하늘을 어찌 원망하랴
卯時	凶星投宮男女不宜	흉살점궁남녀불의 흉흉한 살이 뒤따르는 운세이니 남녀 막론하고 불길한 수라
辰時	陰殺占背作害	음살점궁지배작해 음흉한 살이 따르매 마음도 없는데 상대방이 나를 배신하고 해를 끼치는구나
巳時	交際遇喜不是光曜	교제소심지배작해 목욕살이 따르매 주색으로 인하여 손재수가 있으니 특히 여자를 조심하라
午時	沐浴遇合災星占害	목욕우회합재성점해 丑未가 상충살이 되매 합하기가 어렵고 재난이 닥칠수니 시비를 삼가하라
未時	沖開難合災星占害	충개난합성점해 천지사복월재동공 천지가 복록을 내려주니 대길한 운세이 나 동쪽을 조심하라
辛時	天地賜福月在東空	천지사복월재동공 경영하는 사업이 부실한 운세로 손재수가 있을 것이니 미리 방지하라
酉時	交易不利白虎破財	교역불리백호파재 복성이 몸에 따르니 좋은 운세로 그 이 이름
戌時	福星守庫一見鍾情	복성수고일견종정 이 천하를 떨칠 수
亥時	天狗作祟事無可成	천구작숭사무가성 흉신이 뒤따르니 계획하는 일들이 성취 될 가망성이 없을 수

(3) 인년생(寅年生)의 성격과 운명

寅년생은 겉으로 보기에는 너그럽게 보이나 속으로는 강직하고 용감하고 명예욕이 강한 반면에 고통이 크고 독선적이다. 고로 용감하고 명예욕이 강한 반면에 염세적이고 적을 많이 만들 염려가 있으며 공격적이고 방어형으로 필요한 일만 한다.

그리나 사람이 자비심이 많으니 자기 일보다는 남을 돌보아 주는 의리가 있고 남의 앞에 나서기를 좋아하고 의협심이 많아 서 남으로부터 미움을 받아 불리한 위치에 서게 될 수가 있으며 이기주의적인 성격과 의지가 약하니 부모 형제로부터 소외당할 수도 있다.

자기의 단점을 보완하기 위해서는 지나친 자존심과 독선을 버리고 사람들과 화목을 위주로 하여야 하며 자신을 낮추고 남에게 믿음과 신용과 존경을 받도록 노력하라.

특히 음자는 지혜가 있고 정숙함이 특징이기도 하다. 범띠는 초·중년에 부침(浮沈)과 변화수가 많으며 중년후 점점 좋은 기회가 생기며 말년에는 덕망과 명망이 높아지니 편안하게 지내리라.

○ 참고: 남녀 모두가 평생 큰 화재수를 한번 당하게 된다.
○ 결혼: 말띠 개띠는 좋으나 원숭이띠 양띠 돼지띠 닭띠는 불길하다
○ 직업: 공무원 제분업 유리상 연료상(燃料) 음식물업 여관교

○ 육자 정치가 불과 물을 다루는 직업이 좋다
○ 병증: 흉부계통 뇌 신경계통 폐 대장질환을 조심하라

일생에 걸쳐서 중요한 운세

七세 다치거나 병액
十四세부터 二년동안 길하고
二六세 큰 재물을 얻을 수 그러나 주색은 조심하라
三五세 대길운으로 그 이름이 천하에 떨친다
四三세 일생에 제일 불길한 운이니 큰 재물의 손실이 있다
四七세 길운이 돌아오니 많은 사람을 거느리고 매사가 뜻대로 성사될 수라. 큰 육영사업과 복지사업을 경영하면 크게 서공할 운세라
六十세 이후 너무 교만하고 독선적인 행동으로 처세하게 되면 오히려 화를 부르게 되기 쉽다
고로 대인관계를 원만하게 하고 덕을 많이 베풀면 오래 행복하게 지날 운세라

특히 평생에 걸쳐서 큰 화재로 인한 재난과 주색으로 인한 액을 당하게 될 수이니 평생 명심하여 이 액을 면하기 바란다.

인년생인명운표 (寅年生人命運表)

생년과 년운	원서내용	해석	생월과 월운	원서내용	해석
子年	費了精神天狗侵害	천구살이 따르니 정신만 소비하고 매사에 목적을 달성키 어렵구나	一月	虎出山谷精神快樂	범이 산골에 들어가니 용기가 생기고 매사가 뜻대로 성취되니 정신이 쾌락할 수
丑年	吉慶喜臨頭腦小病	길한 경사와 기쁜 일이 거듭 생기나 마음 속의 병이 생김은 어찌된 일인가	二月	勢如破竹勿貪橫財	세여파죽통탐횡재 운세가 크게 형통하여 매사가 이로우나 재물을 너무 탐하지 말라
寅年	浮沈未定煩惱苦悶	뜻은 있으나 매사에 진전이 없으니 한갓 번민과 고뇌스러운 일이 생긴다	三月	氣像迎人青雲有路	기상영인청운유로 매사에 이로움이 많으니 목단꽃과 계수나무에서 향기가 나는 운세라
卯年	天官化身太陽高調	천관성의 길신이 몸에 비치니 대길한 운세라	四月	利己利人丹桂生香	이기이인단계생향 나무에서 향기가 나는 길운이 돌아와 사람을 불러들이는 운세
辰年	龍爭虎門孟宗哭竹	용과 호랑이가 집대문에서 있는 형상이니 불길한 일이 생길 수이다	五月	順水行舟花開如意	순수행주화개여의 순풍에 돛을 다니 배가 잘도 나아가고 꽃이 활짝 핀 운세라
巳年	陰殺入宮秋草逢霜	음흉한 살이 집안에 들어오니 가을하는 서리를 맞은 풀이 무와 같이 아름답구나	六月	一場困難來小去多	일장곤난래소거다 매사에 입장 난처하고 남의 시비에 나가는 것은 적으나 나가는 것은 많은 운세
午年	財源秋水秋天之桂	재물 운세가 가을하늘 게수나무와 같이 아름답구나	七月	言淡小人心上心下	언담소인심상심하 구설시비수니 말조심하고 남의 시비에 참견하지 말라 송사수가 있다
未年	馬走遠境事有千難	말이 원행하니 그 피로하고 괴로워하는 운세로 어려움이 많을 수	八月	一路光昌萬里無雲	일로광창만리무운 앞길이 광채가 나고 빛이 나며 만리에 구름 한점 없는 것과 같이 크게 길한 수
申年	相冲不利利在南方	상충불리이재남방 寅申이 서로 상충되는 운세이니 남쪽으로 향하여 가면 크게 길할 수	九月	苦中難說愁眉不展	고중난설수미부전 고생하는 것을 말할수 없이 수심과 근심이 그치지 않을 수
酉年	貴人下化逢凶化吉	귀인이 와서 나를 도와주니 흉함이 화하여 길해지는구나	十月	半晴半雨木之經霜	반청반우목지경상 반은 개이고 반은 비가 오며 초목이 서리를 만난 형상이니 매사를 조심하라
戌年	謨事利機三進三成	모사이기삼진삼성 계획하는 일이 성취될 좋은 운세인즉 번 나가도 세번 다 성공할 수라	十一月	敵人攻城守之卽安	적인공성수지즉안 사방에 적이 쳐들어 오는 형상이니 미리 덕을 베풀고 분수를 지켜라
亥年	順中反逆水流顧倒	순중반역수류전도 매사에 막힘이 많고 뜻대로 성사되지 않으니 큰 계획을 세우지 말라	十二月	小人暗箭未雨彤謬	소인암전미우동류 나를 배신하고 음해하는 사람이 많은 운세이니 매사에 최선을 다하라

인년생인명운표 (寅年生人命運表)

생일과 일운	원서내용	해 석
子日	天狗凶星出入注意	천구흉성출입주의 어 교통사고를 주의할 것
丑日	紅鸞高照不利外出	홍란성이 비치나 객지에 여행하거나 원행하는 것은 다 불길하니 조심하라
寅日	兩虎相門交易小心	양호상문교역소심 호랑이 두 마리가 문 앞에 있는 형상이니 매사 경영하는 일에 어려움이 있다
卯日	太陽落山多迷多醉	태양락산다미다취 의 혼미함이 취한 사람과 같은 운세 태양이 서산을 넘어가는 형상이니 정신
辰日	龍虎排牙口舌是非	용호배아구설시비 호랑이와 용이 어금니를 내놓고 있는 형상이니 구설시비를 조심하라
巳日	龍頭蛇尾反目無情	용두사미반목무정 매사가 머리는 있으나 꼬리가 없으며 시기하고 질투할 운세
午日	三合將星出將入相	삼합장성출장입상 寅午로 합을 이루어 장수요 들면 재상운이라
未日	月德臨照萬事迫吉	월덕임조만사적길 월덕길신이 비치니 만사가 계획한 대로 성취되어 나갈 수라.
辛日	沖破不宜小耗破財	충파불의소모파재 寅申으로 상충살이 되는 운이니 들어오는 것은 적고 나가는 것이 많을 수라
酉日	紫微入宮貴人相扶	자미입궁귀인상부 자미성 길신이 몸을 따르고 귀인이 도와주니 어찌 성사되지 않으리
戌日	福德臨孟月有風光	복덕임맹월유풍광 복덕 길신이 도우니 만사가 형통할 수니 과감하게 전진하라
亥日	一馬千里回家困難	일마천리회가곤난 말이 천리타향으로 나간 운세이니 매사가 괴롭고 수심이라

생시와 시운	원서내용	해 석
子時	死喪破害房事禁忌	사상과 해방사 금기 상문조객수니 매사에 분수를 지키고 특히 子時에 합궁하지 말라
丑時	男女合歡樂不待人	남녀합환락불대인 남녀가 서로 사랑하고 기쁨을 즐기는 운세이니 매사가 형통할 수라
寅時	星光明朗事有迪吉	성광명량사유적길 별과 달이 명랑한 운세이니 경영하는 일을 과감하게 진행하라
卯時	春風多情精神和合	춘풍다정정신화합 봄바람이 불어 따사롭고 다정한 운세니 정신이 화합하매 길한 징조라
辰時	有虛無實假戲假鳳	유허무실가희가봉 허함만 있고 실속이 없으니 큰 일은 계획하지 말고 보류하라
巳時	陰霧不開凶來又凶	음무불개흉래우흉 구름이 끼여 음산한 운세이니 모두가 흉한 일만 거듭 닥치는구나
午時	福自天來進退如意	복자천래진퇴여의 하늘에서 복록을 내리니 매사가 뜻대로 진행될 운세라
未時	逢凶化吉百事可成	봉흉화길백사가성 흉함이 있어도 길하여지는 운세이니 매사가 일들이 성취될 수이다
辛時	驛馬離鄕風光好處	역마이향풍광호처 역마성이 타향에 나아가니 가는 곳마다 좋은 일만 생기는구나
酉時	月正東升四海光明	월정동승사해광명 해가 동쪽에서 솟는 운세로 사해가 광명이니 매사가 형통할 수라
戌時	忽然有事隨機應變	홀연유사수기응변 어떤 일이 있더라도 때에 따라 임기응변을 잘해야 액을 면하리라
亥時	草木逢霜枝落冷寒	초목봉상지락냉한 초목이 서리를 만나고 낙엽이 진후 한냉한 운세이니 매사를 조심하라

(4) 묘년생(卯年生)의 성격과 운명

卯년생은 성질이 온화하고 고요하게 있는 것을 좋아하는 한편 움직이는 것을 싫어하는 특징이 있다. 특히 눈이 맑고 천재적인 머리를 자랑하나 적은 일에도 잘 놀라고 부모덕이 없으나 부모를 위할 줄은 안다. 청빈한 선비형으로 매사에 인내력이 많다. 그러나 생각하는 일이 남달리 깊어서 임기응변의 결단력이 없으니 좋은 기회를 놓치기도 한다.

자선심이 많아서 불우한 사람을 도와주는데 돈을 많이 쓰고 친구와 주의사람들과 화목을 도모하나 너무 다정하고 인정이 많아서 누차에 걸쳐 실패하는 일이 있다. 특히 사람이 민첩하고 기억력이 강하며 자비(慈悲) 회의(懷疑) 질서(秩序) 견실(堅實) 겸양(謙讓) 침울(沈鬱) 고립(孤立)심이 있다. 그러나 색정(色情)으로 인하여 일생에 불행이 닥칠수가 있으니 근신하여야 한다.

초년운은 대길하고 중년운은 평길하며 노년에 이르면 신체가 쇠약해지고 질환이 생기니 특별히 건강에 유의해야 한다.

○ 결혼 : 돼지띠 양띠 개띠가 좋으며 닭띠 원숭이띠 잔나비(원숭이)띠가 불길하다.

○ 직업 : 법학가 군인 농업 의약사 잡화상 물과 불을 다루는 직업이 좋다

○ 병증 : 하복부 각기병 심장 중풍 황달 냉증 알레르기성을 조심

특히 남자는 흡연과 자화으로 인해서 기관지 폐가 약해지고 여자는 우울증에 빠지기 쉬우므로 심장 질환에 잘 걸린다. 뜻밖에 도전적이고 질서 정연한 이론을 전개하여 보통 사람들과 거리감을 조성하는 특기가 있다.

일생에 걸쳐서 중요한 운세

초년운은 대체적으로 좋으나

十三세부터 十三세까지 질병이 있고 몸을 다칠수가 있으며

十五세부터는 윗사람의 많은 사랑을 받는 운세라.

二十세는 뜻밖의 손재를 당하여 수심이 많으며

二三세는 주색으로 인하여 큰 손해를 당하여 신상의 액이 있고 병환이나 재난을 당하게 될 운세이니 매사에 근신하여야 한다.

三三세 三五세 최고의 길운이 되나 너무 자기 주장과 고집을 부리면 손재를 보게 된다.

四三세는 운세가 막히니 분수를 지키고 재물과 여자를 탐하면 오히려 낭패를 당한다.

四四세부터 四八세에 좋은 운이 돌아오니 기회를 실기(失機)하지 말고 과감하게 진행하면 말년에 안락한 생활을 보내게 된다.

여자는 고집이 강하여 부부불화가 많아 결국 이별을 염려가 있으니 항상 부부화합을 위주로 하고 주위사람들과 화목하며 매사를 참으면 이 액을 면할수가 있으니 특별히 명심하라.

- 64 -

묘년생인명운표 (卯年生人命運表)

생년과 년운	원서내용	해 석
자년 子年	天德福星喜氣臨門	천덕복성이 집을 비추니 집안의 경사로 기쁨이 가득할 운세이다
축년 丑年	半天半雨流浪四方	하늘이 반은 개이고 반은 비가 오는 운세이니 동서남북을 여행할 수라
인년 寅年	變幼百端身上缺允	어릴때 백가지로 변동수가 많으며 마음의 진실됨을 얻을 수 없음이 흠이라
묘년 卯年	名利雙收凡事精通	명예와 재물운이 돌아오니 무릇 하는 일마다 성사될 운세라
진년 辰年	其樂洋洋四處流浪	그 즐거움이 많으니 천지사방으로 여행하여 견문을 넓히는 운세라
사년 巳年	兎蛇相爭在家有殃	토끼와 뱀이 서로 싸우는 형상이니 집안의 재앙이 있을 수라
오년 午年	滿面笑容花逢雨露	얼굴에 웃음꽃이 활짝 피고 꽃이 비와 이슬을 먹는 길한 운세
미년 未年	合之成事木鬼作崇	잘되나 목귀가 침범한다
신년 申年	無故生煩半天投石	큰 일도 없는데 마음의 번뇌는 무슨 일이며 하늘을 향해 돌을 던지는 수
유년 酉年	天空害地混戰一場	천공흉살이 몸을 따르니 남과 시비를 자주 할 운세이니 덕을 쌓아라
술년 戌年	天殺責罰紫微化解	천살이 침범하나 자미성으로 화하여 길해지는 운세라
해년 亥年	凡事謹愼防止未然	범사를 조심하고 근신하며 항상 주위와 화합하여 화를 미리 방지하라

생월과 월운	원서내용	해 석
一月	終日不休勞碌碌	하루종일 쉬지 않고 일을 해도 항상 자갈밭을 헤매는 운세니 매사를 인내하라
二月	人形光彩高枕安眠	사람 얼굴에 광채가 나는 길한 운세인즉 은 벼개를 비고 편히 쉬는 수
三月	花如吐秀萬事吉昌	꽃의 아름다움과 향기를 토해내는 운세이니 만사가 형통하 수라
四月	一路順風平地而行	순풍에 돛단 배처럼 매사가 순조롭게 성사되니 이 아니 좋을소냐
五月	以禮待人天有三光	예의로서 사람을 대하니 하늘에서 세가지 복록을 내리는 운세
六月	利路亨通四海光明	매사가 잘 형통하는 운세인즉 사해에 그 이름을 떨치는구나
七月	光風自得凡事如意	밝은 빛을 스스로 얻으니 뜻과 같이 성취될 일이
八月	善求行德自有良機	착함을 구하고 덕을 베푸니 스스로 좋은 기회를 맞이하는 운세라
九月	聽天由命靜座自得	하늘의 뜻을 잘 살피고 분수를 지키면 스스로 편한 자리에 앉을 것이다
十月	交友和渴自得安位	친한 벗과 사귀기를 부지런히 하면 스스로 편안함을 얻으리라
十一月	物事停滯舟在灘焦	물사 정체주재탄초 매사 하는 일에 지체됨이 많고 배가 물에 좌초되는 운세니 매사를 조심하라
十二月	四方皆賊宜要謹新	사방개적의요근신 사방에 모두가 나의 적이 되니 매사를 신중히 하고 근신하여야 한다.

묘년생인명운표 (卯年生人命運表)

생일과	원서내용	해석
子日	子卯相刑口舌相爭	子卯가 서로 형이 되는 운세이니 구설과 시비를 삼가하고 액을 막아라
丑日	互相交剋必有一傷	호상교극 되는 형상이니 반드시 싸우거나 다칠수가 있으니 조심하라
寅日	虎入林內大小災殃	범이 숲속에 들어가니 크고 작은 재앙이 있을 운세라 매사에 조심하라
卯日	玉兎當天四方光明	달이 떠서 하늘의 생기가 돌고해서 밝은 빛을 내는 좋은 운세
辰日	龍氣出現到處皆通	용이 기운을 차리고 나타나는 형상이니 가는 곳마다 매사가 형통한다
巳日	毒蛇出龍事有奸計	독사와 용이 출현하니 반드시 간사한 계획에 휘말리는 수라
午日	驛馬逢財內助有賢	역마 봉재내 조유현 원행하여 득재할 운세에 집안 사람들의 도움이 있어 매사가 성사될 수
未日	少鬼作崇出外小心	소귀작숭출외소심 가하고 도적을 조심하라
酉日	猿逢火山身上有殃	원숭이가 화산을 만난 운세이니 신상에 재앙이 있을 수니 조심하라
戌日	冲即災害禍端口出	충즉재해화단구출 하라 화가 생길 수이다
亥日	吉多凶少福星高照	길한 중에 흉함이 적으니 이것은 복성이 비춰주는 운세라
亥日	白虎入交多少破財	백호입교다소파재 수니 매사를 미리 조심하라

생시와	원서내용	해석
子時	迎新去舊多情多慾	영신거구다정다욕 새것을 맞이하고 옛것은 놓아가는 운세이니 인정도 많고 욕심도 많을 수
丑時	不明不解無明無日	불명불해무명무일 밝지도 않고 풀리지도 않은 해와 달이 없는 운세이니 미리 근신하라
寅時	性爆心亂多情不利	성폭심란다정불리 성질이 횡폭하여지고 마음이 심란한 운 세로 매사에 어려움이 많을 수라
卯時	一聲名震天下無雙	일성명진천하무쌍 한 목소리가 천하를 진동하는 좋은 운이 돌아오니 천하에 무서울 것이 없다
辰時	雲霧不晴老馬難行	운무불청로마불전 구름과 안개가 걷히지 않으니 늙은 말이 싸울 수 없는 운세로 분수를 지키라
巳時	暫離得安無馬難行	잠리득안무마난행 잠시 쉬는 사이에 말이 없어져 있으니 먼 길을 어찌 갈까 때를 기다려라
午時	有難得救光天化日	유난득구광천화일 어려운 중에서 목적한 바를 구하였으니 하늘에서 복을 주는 원인이다
未時	合喜生悲防止未然	합희생비방지미연 합하니 기쁘기는 하나 슬픔이 또 생길수니 미리 이 액을 방지하라
酉時	貪者貧字邪心必敗	탐자빈자사심필패 매사를 너무 탐하면 오히려 빈하게 되며 간사한 마음은 반드시 패한다
酉時	冲之無盆一片虛空	충지무익일편허공 싸워보아야 이익이 없는 것은 세상이치이고 한조각 뜬구름이니 분수를 지키라
戌時	天災不幸貴人化下	천재불행귀인화하 천재를 당할 불행한 운세이나 귀인이 도와주니 큰 염려할 것은 없다
亥時	合之有○不測風雲	합지유후불측풍운 주색을 멀리하라 예측하지 못할 비바람이 불어 올 운세라 미리 액을 막아라

(5) 진년생(辰年生)의 성격과 운명

용띠해에 출생한 사람은 그 성격이 굳건하고 활발한 중에 만하고 자존심이 강하니 항상 윗사람과 의견차이로 불화가 많으나 사람이 대의적(大義的)이고 공상적인 마음이 있으니 신앙심이 두터우면서도 이율배반적인 면도 있다. 그러나 통이 크고 작은 일과 현실에 집착하지 않으며 주위 사람의 이목을 대수롭지 않게 여기는 행동을 서슴치 않는 점도 있으나 사람과 교제술이 원만함도 또한 특징이다. 사람이 급한 일이 없고 인내심과 과대한 마음이 있으나 어떤 일을 시작하면 너무 서두는 점이 오히려 실패하는 수도 있다. 고로 이러한 결점을 고치는데 최선을 다해야 된다. 특히 이론이 많고 사색(思索) 분투(奮鬪) 의지강(意志強) 권위(權威)심이 대단하고 남자는 남의 윗사람의 위치에 오르고 여자는 돈과 유혹에 약하고 사치를 좋아한다.

여자는 고독하고 자신감이 강하고 타인의 의견을 존중하지 않으며 독선적인 이면이 있어 앞길을 망치는 수가 있다. 고로 부부간에 화합을 위주로 매사에 인내력을 가져야 한다. 중년에 이성관계로 화를 일으킬 염려가 있다.

○ 결혼 : 쥐띠 용띠 닭띠가 좋으며 개띠 돼지띠 원숭띠가 불길하다.

○ 직업 : 공무원 은행 의약업 전기화학 불과 쇠를 다루는 직업이 좋다.

○ 병증 : 흉부 뇌신경계통 눈병 습진을 조심하여야 하고 남녀간에 화재 총이나 카로 몸을 다칠 수

일생에 걸쳐서 중요한 운세

一세부터 七세까지는 몸에 병이 들어 고생하고 다칠 운세

十五세부터 좋은 운세로 많은 사람들로부터 사랑을 받는다

十九세에 큰 병으로 고생하며 식중독으로 신음한다

二十세에 길운이 돌아오니 좋은 기회를 잘 잡으면 장래에 성공할 기초를 세운다

二五세에 큰 변동수가 있으니 은혜를 베풀고 덕을 쌓으면 크게 복록을 누리게 된다. 만약 분수를 지키지 않고 주색으로 경거망동하면 크게 실패할 수도 있다.

四八세부터 五十세 중간에 최고로 활동하는 좋은 시기이니 좋은 계획을 세워 준비하고 실천하면 말년에 큰 행복을 누리게 된다. 이 기회를 놓치게 되면 말년에 큰 고생을 하게 된다.

진년생인명운표 (辰年生人命運表)

생년과 년운	원서내용	해석
자년(子年)	有道生財經營得利	유도생재경영득리 하여 큰 재물을 얻는 운세라 재물의 길이 열리니 경영하는 일이 번창
축년(丑年)	福德扶持諸事迪吉	복덕부지제사적길 복덕길신이 도와주니 모든 일은 과감하게 밀고 나가면 성공한다.
인년(寅年)	龍虎爭鬪外鄕有利	용호생투외향유리 용과 호랑이가 싸우는 형상이니 객지에 나가서 활동함이 유리하다
묘년(卯年)	浮沈未定運氣遲滯	부침미정운기지체 매사가 될듯 말듯 되지 않으니 기가 막힌 원인이다
진년(辰年)	雙龍奪珠事多刺激	쌍용탈주사다자격 두마리 용이 구슬을 놓고 서로 싸우는 운세이니 일만 많고 성사가 안된다
사년(巳年)	太陽高照女人不吉	태양고조여인불길 태양은 높이 떠서 세상을 밝히니 좋은 운세이나 특히 여자를 조심하라
오년(午年)	災害襲來遠觀有傷	재해습래원관유상 뜻하지 않은 재해가 닥쳐오니 멀리 도피해를 당하는 운세라
미년(未年)	主有句交災滯傷身	주유구교재체상신 구교흉신이 닥치니 재난으로 인하여 돔을 다치수니 교통사고를 조심하라
신년(申年)	指背破害交友小心	지배파해교우소심 믿는 사람으로부터 배신을 당하여 피해를 입게 되고 친구로 인해 손재수라
유년(酉年)	合者風流悲喜交集	합자풍류비희교집 辰酉로 합이 되니 슬픔과 기쁨이 교차하는 수
술년(戌年)	冲見破財口舌是非	충견파재구설시비 辰戌로 상충이 되니 재물의 손재수가 있고 특히 구설시비수를 조심하라
해년(亥年)	川流不息凡事如意	천류불식범사여의 흘러가는 물이 쉬지 않은 형상이니 범사가 뜻대로 성공할 수라

생월과 월운	원서내용	해석
一月	五事不樂勞而無功	오내불라 노이무공 하나 공이 없는 운세라
二月	良而美景作事可成	양이미경작사가성 양이 착한 마음으로 임하니 매사가 아름답고 하는 일에 성공할 수라
三月	有志必成旭日東昇	유지필성욱일동승 뜻이 있으니 반드시 성공하는 운세로 해가 동쪽에 솟아오르니 길한 운이다
四月	名利雙受人傑地靈	명리쌍수인걸지령 명예와 이익이 내 몸을 따르니 이는 천지와 사람이 도와줌으로 인하여
五月	樂不待言人事利達	락불대언인사리달 매사에 즐거움이 많고 성공하여 목적을 달성할 수라
六月	困難疊疊浮沈未定	곤난첩첩부침미정 매사에 곤란함이 거듭 닥치니 이리갈까 저리갈까 안정되지 못할 수
七月	春風順調秋雨好時	춘풍순조추우호시 봄바람이 순조롭게 불고 가을비가 때를 맞춰 내리는 운세니 길하다
八月	雲浴凹海景氣興不	운유사해회기승평 구름따라 사해를 돌아다니니 매사에 이로욱이 있고 기쁜일이 거듭 생길수
九月	謀事如意安心行程	모사여의안심행정 꾀하고 계획하는 일이 뜻대로 성사되니 매사를 안심하고 행하라 성공할 수라
十月	前途有難凡事細慮	전도유난범사세려 앞길에 어려움이 많으니 범사에 세심한 주의와 생각으로 행하라
十一月	月暗難行守之平安	월암난행수지평안 밤중에 달빛이 어두워 앞길을 가기가 어려운 운세니 분수를 지켜라
十二月	水多卽漂迷空無形	수다즉표미공무형 물이 많아 모든 것이 떠내려가는 불길한 운세로 매사가 형태가 없구나

- 68 -

진년생인명운표 (辰年生人命運表)

생일과 일운	원서내용	해석
子日	順水行舟福星高照	배가 순풍에 돛단 것과 같이 잘도 흘러가는 운세로 복성이 몸에 임한다
丑日	天官賜福出外好景	하늘에서 관록과 복록을 내려주는 운세이니 밖에 나가면 더욱 좋은 운세
寅日	驛馬走路利在遠方	역마주로 이재원방이니 역마에 가 있지나 외국에 나가면 재물이 뜻과 같이 따를 수라
卯日	須事小心絕星閉巽	수사 소심절성폐손 모름지기 큰일을 계획하지 말고 분수를 지켜라 모든 일이 지체된다
辰日	太歲當頭事無可成	태세당두사무가성 용두마리가 임하는 운세이니 빈손으로 크게 성공할 수라
巳日	貴人保護吉凶難分	귀인보호길흉난분 귀인이 나를 항상 도와주니 매사를 과감하게 밀고 나가면 성공할 수라
午日	浮沈未定吉凶難分	부침미정길흉난분 뜻은 있으나 성공하기가 어려우니 길을 분간하기가 어려운 운세라
未日	織機斷絲麻煩惱	직기단사마번뇌 매사에 성사됨이 없고 막힘이 많으니 번뇌와 고민만 생기는구나
申日	三合水位通流萬里	삼합수위통류만리 신진으로 삼합을 이루는 운세로 매사를 근신하여라
酉日	六合歡喜謹愼必成	육합환희근신필성 辰酉로 육합되는 운세로 기쁜 일이 많으나 매사를 근신하여라
戌日	財庫沖破風波常在	재고충파풍파상재 재물창고가 충파되니 항상 풍파가 뒤따르는 운세로 조심하라
亥日	紫微入宮萬事順成	자미입궁만사순성 자미성의 길신이 몸에 따르니 만사가 순성할 수라

생시와 일운	원서내용	해석
子時	合之成之好好安排	子辰으로 삼합을 이루니 매사가 순조롭게 성취될 길한 운세라
丑時	滿面春風喜談河川	얼굴에 춘풍이 가득하니 기쁜 일이 거듭 생기고 매사 뜻대로 성취될 운세
寅時	驛馬天狗凡事小心	역마와 천구흉신이 따르니 특히 교통사고와 손재수를 주의하라
卯時	剋之不利內容過關	극지불리내용과관 서로 상극되는 운세니 매사를 참고 관용을 베풀고 화합하면 액을 면한다
辰時	和合順調謀事如意	화합순조모사여의 매사에 화합이 잘되고 순조로우니 계획하고 꾀하는 일이 뜻대로 된다
巳時	相生一氣萬事無大凶	상생일기사무대흉 서로 상생되니 아름다워 매사 하는 일에 크게 흥한이 없을 수라
午時	口中之禍守之卽安	구중지화수지즉안 말로서 화를 일으키니 특별히 말조심하고 분수를 지켜라
未時	陰殺交加口舌多端	음살교가구설다단 음살이 서로 다투어 따르는 불길한 운이니 구설과 시비가 많을 수라
申時	土金相生省意安寧	토금상생성의안녕 土金으로 서로 상생되니 안한 좋은 운세라
酉時	樂極生悲桃花注意	낙극생비도화주의 너무 즐거운 일이 생기면 슬픈 일이 또한 생기는 법 특히 주색을 조심하라
戌時	歲破不利事有麻煩	세파불리사유마번 辰戌로 서로 상충되니 매사에 불리하고 번민이 많은 불길한 운세라
亥時	龍得高照逢凶化吉	용득고조봉흉화길 용이 높은 빛을 얻은 운세이니 흉함이 화하여 길해지는구나

(6) 사년생(巳年生)의 성격과 운명

사년에 출생한 사람은 그 성질이 온화하고 재주와 지혜가 있으며 두뇌가 명석하여 좋은 시기를 찾아 나아가고 물러서는 교묘한 재치가 있을뿐만 아니라 대인관계에 제성이 많고 사람의 인품이 고상하니 좋은 친구가 많아 평판이 좋다. 특히 숨은 재주가 많으며 유혹은 천부적으로 타고 났으며 허영심이 많다. 이지적인 성품을 갖추지 못하면 음란성이 많아 주위사람들의 지탄을 받기도 하며 체위(體位) 변태성이 많아서 권태가 빠르고 중년 이후 사회적으로 적응을 못하여 고립당하고 은둔생활을 즐기게 된다. 그리고 내심으로 음흉하고 질투심이 강하여 어려운 일이 생기고 상대방을 적으로 만든다는 단점도 있다. 또한 색정으로 항상 좋은 기회를 잃어버리는 수가 있으니 특히 이런 단점을 고치는데 수양을 쌓아야 한다.

장접은 용감하고 사람의 인물이 좋고 친절한 점이다. 단 여자는 집안일을 좋아하고 특히 성질이 단기로 화를 잘내며 흥분하기도 하고 사치와 음란성이 흠이 되니 이것을 고쳐야 한다.

소년시절에는 여러가지 풍상과 애로가 많아 고생하게 되며 남자는 중년에 여난(女難)과 색정으로 재앙을 부르게 되고 말년은 행복을 누리게 된다.

○ 결혼:: 닭띠 소띠가 좋으며 돼지띠 원숭이띠 범띠가 불길하다.

○ 직업:: 외교관 관리 운송업 토목사업 목재상 건축 인쇄 양장접 서점 등이 좋다.

○ 병증:: 뇌계통 신경쇠약 위병 폐병 심장병 특히 남녀간에 화재와 색정을 경계하여야 한다.

일생에 걸쳐서 중요한 운세

초년부터 十四세까지 길운이 되어서 많은 사람으로부터 사랑을 받으며 학업성적도 좋다.

十六세 전후 신병이 침신하니 건강에 유의하여야 하고 심신불안과 번뇌가 많다.

二一세부터 二六세까지 윗사람에게 발탁되어 복록이 좋아서 재물도 많이 쥐게 된다. 그러나 이성관계와 색정으로 인하여 여러가지 고민을 많이하게 된다.

三二세 三八세 四五세에 최고의 길운이 돌아오니 좋은 기회를 십분 이용하여 사업계획을 세워서 과감하게 진행하면 반드시 적중하여 말년에 행복한 생활을 얻게 되는 튼튼한 기반을 닦게 될 것임을 명심하라.

만약 이 기회를 놓치게 되면 노래에 곤궁한 생활을 면하기가 어려울 것이다.

사년생인명운표 (巳年生人命運表)

생년과 년운	원서내용	해석
자년 子	喜氣臨門龍飛鳳舞	기쁜 기운이 집을 비추니 용이 날고 봉황이 춤추는 운세로 대길하다
축년 丑	飛天破財白虎傷害	비천파재백호상해 이니 금년 운세는 불길하여 재물이 날아가고 백호가 발동하니 몸을 다칠 수라
인년 寅	刑者多端驚險後吉	형자다단경험후길 이니 寅巳로 삼형이 되는 헤이니 놀랄 일과 험한 일이 있으나 다음은 길하다
묘년 卯	東奔西走未得安寧	동분서주로 분주하나 매사에 평안함이 없으니 미리 기도하라
진년 辰	龍遊淺水遭蝦戱欺	용유천수조하희기 니 용이 얕은 물에 있으니 곤고한 운세로 난을 당하거나 남에게 사기 당할 수
사년 巳	交友反睦太歲當頭	교우반목태세당두 니 친한 친구간에 서로 불화하고 복음되는 해니 매사가 부진하다
오년 午	心上心下事有難關	심상심하사유난관 아래 윗사람의 의사가 서로 맞지 않으니 어려운 일만 닥치는 운세라
미년 未	家庭風波凡事缺吉	가정풍파범사결길 금년 운세는 가정의 풍파가 일어날 수며 범사에 막힘이 많다
신년 申	陰殺侵害除一切	음살침해개제일체 음살이 몸에 따르는 흉한 운세이니 범사에 손을 대지 말라
유년 酉	合之三台財源豊富	합지삼대재원풍부 하여 매사가 뜻대로 성취된다 巳酉로 三合을 이루니 재물운세가 풍부
술년 戌	時機一變改換門間	시기일변개환문려 좋은 운세가 아니므로 수를 조심하고 분수를 지켜라
해년 亥	渚出平洋發如猛虎	저출평양발여맹호 나친 욕심을 삼가하라 巳亥로 상충되니 좌충우돌할 운세로

생월과 월운	원서내용	해석
一月	一事急水時機未到	일사급수시기미도 매사를 신중하게 생각하고 진행하라 형편로 아직 좋은 때가 오지 않는다
二月	花遇風雨損害心機	화우풍우손해심기 꽃이 바람을 만나는 운세이니 손해가 지않아 심기가 불편할 수라
三月	利在三江多勞多功	이재삼강다로다공 도 많이 하나 또한 공도 많을 수라 객지에 나가면 흥함을 면하게 되니 노력
四月	技藝精通一帆順風	기예정통일범순풍 모든 재주가 잘 통하는 헤이니 순풍에 돛 단배처럼 매사가 성사된다
五月	隨機應變一生平安	수기응변일생평안 좋은 기회를 잘 이용하면 일생에 걸쳐서 편안하게 지날 수라
六月	有道得財事曲不成	유도득재사곡불성 길이 있으나 재물은 얻게 되나 큰 일은 성사되기가 어려울 운세라
七月	知勇雙全福祿自來	지용쌍전복록자래 지혜와 용기가 있으니 복록이 스스로 따라오는 좋은 운세라
八月	幸福遁來富貴榮達	행복·돈래부귀영달 행복이 숨어 들어 오는 좋은 운세이니 부귀와 영화로 이름을 떨칠수라
九月	似私爲貴靜觀待得	사사위귀정관대득 내가 귀하게 될 것 같으나 아직은 때가 아니니 참고 기다리면 좋아질 수라
十月	出入不便凡事細慮	출입불편범사세려 나가고 들어 옴이 불편한 운세이니 범사를 깊이 생각하고 매사에 임하라
十一月	悶悶不樂求神保佑	민민불락구신보우 는 운세이나 길신이 도우니 해는 없다 마음의 번민이 거듭 생기니 즐거움이 없
十二月	雪夜難行犬哭月影	설야난행견곡월영 깊은 밤 눈길을 가기가 어려운 운세로 매사에 막힘이 많으니 때를 기다려라

사년생인명운표 (巳年生人命運表)

생일과 일운	원서내용	해석
子日	龍得拱照亦無大害	용이 좋은 빛을 얻을 운세로 큰 해는 없으니 매사를 소신껏 진행하라
丑日	守居安分以免破財	수거안분이면파재 않으면 큰 재난을 면하리라
寅日	交易不利謀事大吉	교역불리하나 매사에 분수를 지키고 큰 일을 계획하지 않으면 큰 재난을 면하리라
卯日	愁悶苦腦天狗爲害	수민고뇌천구위해 러나 시비와 관재를 조심하라
辰日	紅艷風波須事考慮	홍염풍파수사고려 범한 원인이다 매사를 조심하라
巳日	指背反睦血光並見	지배반목혈인병견 길수이니 매사를 심사숙고하라
午日	喜樂色情逢人得助	희락색정봉인재화상 남으로부터 배신당하고 불화하게 되고
未日	逆境不常家內缺安	역경불상가내결안 기쁨과 즐거운색정으로 봉변을 당할 수 나 재난이 화하여지니 큰해는 없다
辛日	口舌訴訟財利皆通	구설소송귀인득조 뜻밖에 불상사가 생겨 집안이 불안한 운이니 매사에 조심하라
酉日	三仙歸潤財利皆通	삼선귀윤재리개통 시비구설로 소송수가 있으나 뜻밖에 귀인이 도와주니 경영하는 일이 잘 형통 하여 재물을 얻을 운세라
戌日	死符破財家口平安	사부파재가구평안 길신이 도와주니 크게 염려할 것은 없다
亥日	一走千里茫茫苗苗	일주천리망망묘묘 사부살이 침입하니 재물손재와 더불어 집안식구의 우환이 염려된다 할뿐 아무 소득이 없는 운세라

생시와 시운	원서내용	해석
子時	水火無情不得安寧	水火는 본래 상극이니 무정한 운세로 일신이 편치 못하고 마음이 괴롭다
丑時	火土相生凡事安然	화토상생범사안연 火土가 서로 상생되는 운이니 범사가 통하고 매사가 편안할 수라
寅時	刑字有化前途光明	형자유화전도광명 寅巳가 비록 삼형살이 되나 흉화위길기 통하고 매사가 편안할 수라
卯時	天狗臨宮凡事小心	천구임궁범사소심 천구살이 침신하니 범사를 확인하고 삼한주의로 매사에 임하라
辰時	一帆順風快樂自在	일범순풍쾌락자재 매사가 뜻단배처럼 잘 진행되는 운세이 니 쾌락한 심정으로 소원성취된다
巳時	比肩同伴多有反睦	비견동반다유반목 친한 친구나 가까운 사람을 조심하라 서 로 반목질시하는 운세라
午時	雙火卽炎多情廣交	쌍화양염다정광교 두 불이 타올라 그 불빛이 찬란한 운세 이니 사람마다 다정하고 교제가 넓을 수 가 있으니 명산대찰에 기도하라
未時	火燒羊寮凡事缺利	화소양요범사결리 화산이 폭발하는 운세로 범사에 손재수 가 있으니 일에 마가 많아 번민만 생길 수
辛時	火山爆發終此麻煩	화산폭발종차마번 화산이 폭발하니 일에 마가 많아 번민만 생길 수
酉時	八仙釣棋財稱如山	팔선조기재칭여산 여덟사람의 신선이 낚시에 장기를 두는 운세이니 재물이 산과 같이 모일 수
戌時	狗走夾卷多少不利	구주협권다소불리 개가 좁은 곳을 뛰어 든 운세이니 매사에 불길하다 미리 덕을 쌓아라
亥時	水火相爭相方比力	수화상쟁상방비력 巳亥로 서로 상충되는 운세이니 좌충우 돌이라 시비와 구설을 삼가하라

(7) 오년생(午年生)의 성격과 운명

말띠해에 출생한 사람은 바삐 움직임을 좋아하고 조용하게 있는 것은 싫어하며 항상 멀리 나가는 묘한 기교가 있고 남의 일에 사교성이 있어 대인관계에 화합하는 것을 취미로 삼는다. 간섭을 많이 하고 남으로부터 사랑을 받으며 발탁되어 성공하기도 한다. 밖으로는 관대하나 집안일에는 관심이 없으며 투기사업을 좋아하고 사람의 성품이 강직하여 사람으로부터 미움을 사고적을 좋아하고 실질을 숭상하며 음식식성이 까다롭고 이가 드문드문 나는 것도 특징이다. 또한 적극적이고 실질을 숭상하며 음사고적을 만들기도 한다. 그리고 사람이 괴벽(怪癖)하여 자기 주장을 관철하려고 하며 영리하고 민첩하며 사람이 친절하고 여행을 좋아하며 남을 위하여 희생정신이 많으며 자기 과장성이 많고 항상 불안함과 그리고 비관성 초조함이 많다.

여자는 돈이 있으면 교만하고 사치를 좋아하며 돌아다니기를 좋아하고 불평불만이 많고 고집이 세여 부부금실에 금이 가기도 한다. 앉아서 놀지 못하고 바람기가 많으며 계돈으로 인하여 액을 당하고 물과 인연이 많고 또한 눈물이 많다. 이혼을 많이 하고 골반이 큰 것이 특징이며 신앙심이 많은 편이며 접도 많고 현실을 도피하려고 한다.

○ 결혼: 범띠 개띠 양띠가 좋으며 쥐띠 소띠가 불길하다
○ 직업: 군인 공무원 정치가 건축업 목재상 양품점 인쇄업 지물포 흙과 나무를 다루는 직업
○ 병증: 위장 두통 안병 열병 심장병을 조심하여야 하고 남녀 모두 화재를 조심하고 색정을 삼가하여야 한다.

일생에 걸쳐서 중요한 운세

초년부터 八세까지는 별탈없이 잘 성장하고 十三세 때 몸에 병으로 고생하거나 몸을 다칠 수이니 특히 교통사고를 주의하여야 하며 부모를 여의기도 한다. 十五세부터 二十세 전후에 사고력(思考力)과 계교(計巧)가 뛰어나서 학업 성적도 우수한 편이며 일찍 사회에 진출하여 하고자 하는 일을 성취하고 뜻밖에 귀인이 도와주어 성공하기도 한다. 二五세 전후도 좋은 운이 돌아오니 매사를 용감하고 성실하게 진행하면 소원을 성취하게 된다. 그러나 부부궁이 부실하여 여난(女難)이 많은 운세로 특별히 주색으로 인해 실패할 수니 조심하여야 한다.

三七세에 불길한 운세로 매사에 막힘이 많아 크게 실패하거나 부부이별과 재난을 불러 일으키게 되는 것을 유의하라.

四八세에 좋은 운이 돌아오니 이 기회를 놓치지 말고 포착하여 매사에 열심히 진행하면 큰 지위와 명예를 얻게 되어 말년에 행복을 누리게 된다.

오년생인명운표 (午年生人命運表)

생년과 년운	원서내용	해석
자년 子年	冲破災難萬事不吉	子午로 상충되는 해이니 만사가 불길하므로 큰 일을 계획하지 말라
축년 丑年	逢凶化吉家內安	흉함이 화하여 길해지나 집안 살림이 넉넉치 못하니 때를 기다려라
인년 寅年	浮沈未定白虎爲害	부침미정백호위해 뜻은 있으나 일에 성사가 될듯 말듯 한 운세이니 이는 백호가 든 원인이다
묘년 卯年	玉兎當千四方可行	옥토당천사방가행 달이 솟는 운세이니 동서남북 가는 곳마다 대사가 순조롭구나
진년 辰年	天狗占宮吉少逆多	천구점궁길소역다 천구성이 집안에 들어오니 길함은 적고 흉함이 많은 운세라
사년 巳年	毒蛇爲害事無可成	독사위해사무가성 독사로 인하여 해를 당하는 운이니 흉화 위길로 심한 것은 없다
오년 午年	馬頭縣花事有隆興	마두현화사유융흥 말머리에 꽃을 얹어 놓은 형상이니 매사 에 융성하고 흥하는 운이라
미년 未年	合而不合變走他鄕	합이불합변주타향 반은 흉하고 반은 길하니 타향으로 나가 면 성공할 운세이다
신년 申年	旭日昇天凡事安寧	욱일승천범사안녕 해가 동쪽에서 솟아오르는 운세이니 범 사가 뜻대로 성취되는구나
유년 酉年	喜氣重疊瑞雲盈門	희기중첩서운영문 기쁜 일이 거듭 생기고 상서로운 운기가 집에 가득차는 운세이다
술년 戌年	三仙歸洞近官見貴	삼선귀동근관견귀 세 신선이 동네로 오는 형상이니 관록이 따라 옴에 몸이 귀하게 될 수라
해년 亥年	雲開月出四海光明	운개월출사해광명 구름은 걷히고 밝은 달이 뜨고 사해에 밝은 햇빛이 비치니 좋은 운세라

생월과 월운	원서내용	해석
一月	花如吐秀歡樂太平	꽃이 향기로움을 토하는 형상이니 기쁜 일이 있어 태평세월이라
二月	光風暴雨過算宜安	광풍폭우과산의안 비바람이 몰아치는 운세이니 분수를 지키고 편안히 기다려라
三月	馬有千里人有沖天	마유천리인유충천 말은 천리 밖에 있고 사람은 하늘을 찌르는 형상이니 분수밖의 일은 삼가하라
四月	以流不息口夜忙忙	이류불식일야망망 물은 쉬지 않고 흐르나 해는 저서 어두운 형상이니 다른 일을 경영하지 말라
五月	一分勞力得來汗錢	일분노력득래한전 장성의 운세이니 크게 노력하지 않아도 겨우 목적을 달성할 수로구나
六月	行舟逆風焦心狂費	행주역풍초심광비 달리는 배가 태풍을 만났으니 두려운 운세이니 매사 조심하라
七月	利己利人安樂少愁	이기이인안락소수 매사에 이익은 상반되어 편하고 즐거움 이 있으나 근심이 있을 운세라
八月	紫氣東來吉星高照	자기동래길성고조 자기성의 길신이 돔에 비치고 모든 길신 이 도와주니 좋은 운세라
九月	缺勇乏謀攸閃之福	결용핍모유한지복 용기와 꾀가 부족하나 매사 진행에 복록 이 따르니 분수를 지켜라
十月	馬馬虎虎不三不四	마마호호불삼불사 말 두 마리와 호랑이 두 마리가 앞에 있 으니 길흉이 반반인 운세라
十一月	風前燈火凡事多難	풍전등화범사다난 바람 앞의 등불인 운세이니 매사에 어려 움이 많은 형상으로 미리 조심하라
十二月	水底撈月勞而無功	수저노월노이무공 물에서 달을 건져내는 형상이니 노력은 하여도 공이 없구나

-74-

오년생인명운표 (午年生人命運表)

생일과 일운	원서내용	해석
子日	歲破爲害口舌是非	세파상충이 해가 되니 구설시비 손재수
丑日	紫微拱照謀事必成	자미성의 길신이 몸을 비추니 계획하고 꾀하는 일이 반드시 성취될 수라
寅日	白虎臨日時有干難	백호임진이니 매사를 조심하고 명산대천을 찾아가서 기도하면 액을 면하리라
卯日	天喜占宮一帆順風	천희점궁일범순풍 사가 순조롭게 성사되는구나
辰日	天厄犯凶浮沈未定	천액범흉신이 침범하니 뜻은 있으나 성사되기가 어려운 운세이다
巳日	小耗害身座臥不安	소모해신이 좌와 불안 나 누우나 항상 마음이 불안하다
午日	將星帶權財利雙全	장성대권재리쌍전 장성이 권세를 쥐게 되니 재물과 이익이 생길 수니 이 아니 좋을소냐
未日	太陽高照利在遠方	태양고조이재원방 태양이 높이 떠서 세상을 밝히는 운세이니 객지로 나가면 큰 재물이 생긴다
辛日	驛馬帶鞍事有麻煩	역마대안일기충천 역마에 말안장을 얹혔으니 크게 길한 운세로 매사를 과감하게 진행하라
酉日	太陰殺星事有麻煩	태음살성사유마번 태음살성이 몸에 침범하니 매사에 많고 번거롭기만 하다
戌日	文昌學堂喜中不美	문창학당희중불미 문창학당 귀인이 몸에 임하니 기쁜 중에 아름답지 않으랴
亥日	病符入宮小小破財	병부입궁소소파재 병부살이 집안에 들어오는 운세이니 재물의 손재가 생길수라

생시와 시운	원서내용	해석
子時	月在東空人多相冲	달이 동쪽에 비어 있는 형상이니 사람은 많으나 서로 충돌되는 운세라
丑時	牛馬快樂不待其害	우마쾌락불대가해 소와 말이 쾌락을 누리는 운세이나 어찌 해로움이 있으랴
寅時	時有干難終有奏功	시유간난종유주공 때가 어려움이 많으나 원래 공덕을 많이 쌓았으니 길하다
卯時	春色迎入滿面春風	춘색영입만면춘풍 사람들이 봄을 맞이하니 얼굴에 봄바람이 가득한 운세라
辰時	浮沈暗寂寞莫寬無限	부침암담적막무한 성사되고 패하고 마음이 너무 변화가 많은 운세이니 앞길이 캄캄하구나
巳時	火熱心急宜要靜觀	화열심급의요정관 성질은 급하고 범사가 뜻대로 성취될 운이라
午時	比肩相座凡事安寧	비견상좌범사안녕 형제가 서로 모여 앉은 운세이니 범사가 뜻대로 성취될 운이라
未時	錦歸故鄕人人恭仰	금귀고향인인공앙 사람마다 우러러 보는구나
辛時	猿落火抗無死半命	원락화항무사반명 원숭이가 떨어져서 불속으로 들어가는 운세이니 생부여산인 운이라
酉時	燒鷄香味喜氣樂樂	소계향미희기락락 닭을 불에 구어서 안주로 드는 형상이니 희희낙락 좋은 운세라
戌時	合喜生悲事虛考應	합희생비사려고응 午戌로 합을 이루니 기쁜 중에도 또한 슬픔이 생기니 매사를 신중히 하라
亥時	水火相剋修養精神	수화상극수양정신 水火가 서로 상극이 되어서 싸우는 형상 이니 정신수양에 힘을 쓰라

(8) 미년생(未年生)의 성격과 운명

未年生은 그 성품이 온유하고 효성이 지극하며 또한 예의가 있으나 거만스럽고 자존심이 무척 강한 편이며 남에게 좋고 싫음을 내색하지 않고 큰 욕심을 내고 옳지 못한 재물은 탐하지 않는다. 사람이 영리하고 심성이 강하고 인내력과 지구력이 있고 학문에는 능하여 자신감과 우월감을 가지며 동서양을 막론하고 학자는 양띠가 제일 많고 학구적인 연구와 사색을 즐기며 남에게 간섭받는 것을 싫어하는 편이고 경제력에는 관심이 없는 편이나. 꾸준히 노력하고 빈틈이 없으며 청빈을 위주로 하고 남에게 궁한 내색을 하지 않으며 항상 아름다움을 좋아하고 자기를 희생하여 남을 위해서 노력을 아끼지 않으니 많은 노력과 곤고함과 어려움을 항상 느끼게 된다. 또한 앞뒤를 생각하는 점이 깊으며 미술과 공예에 취미가 있고 종교계통에 정열을 쏟는 신념이 강하며 항상 조용함과 한가하게 사는 것을 원하는 한편 사람으로부터 많은 배신을 당하기도 한다.

이 사람의 특징은 서예 진취(進取) 인의(仁義) 원만(圓滿) 도량(度量) 화합(和合)을 위주로 하는 성품이다.

여자는 재력이 있으면 사회사업하는 것을 원하며 이지적이나 때에 따라서는 조화를 이루지 못하고 내성적이어서 항상 불안하여 안정된 마음을 갖기가 어렵고 남으로부터 착하다는 말을 듣는다. 그러나 결혼에 실패하는 수가 많음이 특징이기도 하다.

○ 결혼 : 돼지띠 토끼띠 말띠가 좋으며 소띠 개띠 범띠가 불길하다.

○ 직업 : 의약사 교육계 공업 전기 은행계통이 좋으며 불이나 쇠를 다루는 직업이 좋다.

○ 병증 : 눈병 뇌신경계통 귀·코병 흉부 계통을 신경써서 건강에 유의하여야 장수하게 된다.

일생에 걸쳐서 중요한 운세

一세부터 七·八세까지 사람으로 인하여 놀랄일이 있으니 남으로부터 유괴당할 염려가 있으니 밖으로 혼자 내보내지 않는 방향으로 교육을 시켜야 한다.

十三세에 큰 병으로 고생을 하거나 피를 흘리는 액을 당하게 되고 조실부모로 통곡하는 일이 있게 된다.

十五세부터 二十세에 두뇌가 명석하니 학업이 우수하여 남의 칭찬을 많이 받기도 한다.

三一세에 큰 길운이 돌아오니 이 기회를 놓치지 말고 이용하면 크게 성공할 수 있으며 만약 이 기회를 잃으면 많은 고생을 하게 된다.

四一세에 또한 길운이니 장래를 생각하여 종신(終身) 사업으로 계획을 세워 열심히 노력하면 크게 성공하여 말년에 다복하게 된다.

미년생인명운표 (未年生人命運表)

생년과 년운	원서내용	해 석	생월과 월운	원서내용	해 석
자년 子年	花前月下時樂難言	꽃이 피는 달밤에 기쁘기는 하지만 어려움이 많음을 이루 말할 수가 없구나	一月	三陽開泰四海風光	삼양이 돌아와 양기가 점승하는 운으로 사해가 아름다운 바람이라
축년 丑年	月空歲破是非多端	세운과 丑未로 상충되어 세파를 이루 시비와 구설수가 생기니 미리 막아라	二月	平路走馬四路皆通	말이 평지 좋은 길을 달리니 만사가 대길한 운 하지 않은 곳이 없구나
인년 寅年	正官主命利路亨通	정관주령금슬화명 정관이 와서 합하고 부부 금실이 좋으니 재수가 대길한 운세라	三月	月到中天萬事叫吉	달이 중천에 떠있으니 만사가 대길한 운세라 과감하게 진행하라
묘년 卯年	財星當頭利路亨通	재성당두리로형통 재물운이 당두하고 여자와 재물이 사방에 있으니 재수가 좋은 운세라	四月	心內變遷事業未定	마음의 끝이 안정되지 못하고 변동이 많으니 일의 끝이 나지 않은 운세라
진년 辰年	劫殺一到洗掃一空	겁살일도세소일공 겁살해가 돌아오니 손재수가 한 두가지가 아니라 매사를 조심하라	五月	五虎山下意氣洋洋	오호산하의 기양양 다섯 호랑이가 산을 내려 오는 운세이니 의기가 양양하구나
사년 巳年	印綬相扶凡事必成	인수상부범사필성 귀인이 도와주는 운세이니 범사가 반드시 성공할 수라	六月	魚龍得水志意高强	어용득수지의고강 용이 물을 얻었으니 길한 운세로 의지가 고강하여 매사에 성공할 수라
오년 午年	六合喜事諸事皆通	육합회사제사개통 육합을 이루니 경영하고자 하는 일들이 다 형통할 수라	七月	資性英敏智勇雙全	자성영민지용쌍전 사람의 자성이 영민하고 지혜와 용기가 쌍전하니 어찌 안되는 일이 있으랴
미년 未年	太歲當頭必有其災	태세당두필유기재 복음을 이루어서 매사가 제자리 걸음이니 반드시 재앙이 있으리라	八月	一技二葉招災多端	일기이엽초재다단 한가지에 나무잎이 둘 뿐인 운세이니 재난이 한 두가지 아니로구나
신년 申年	正印逢身四處安寧	정인봉신사처안녕 정인을 만나는 형상이니 동서남북이 이로워서 뜻대로 성공할 수라	九月	平常而己不利貪慾	평상이기불리탐욕 물욕에 탐하면 오히려 손재할 것이니 분수를 지켜 안정하라
유년 酉年	食神一見座食山空	식신일견좌식산공 식신해서가 되니 금상첨화라 편안하게 앉아서 달을 쳐다본다	十月	官綠四海出外皆通	관록사해출외개통 관록이 사해에 있으니 밖을 나가면 크게 성공할 수라
술년 戌年	洗劫財空流年不佳	세겁재공유년불가 형제나 친구를 조심하라 반드시 재물의 손실수니 미리 액을 막아라	十一月	謀事未遂財力困難	모사미수재력곤난 모든 일의 결과가 없으니 자금의 회전이 잘 되지 않아 곤고한 운세
해년 亥年	官殺當見造成敵城	관살당견조성적성 관살이 문에 비치는 운세이니 상대방이 전부 적이다 덕을 쌓아라	十二月	一喜一悲隨機應變	일희일비수기응변 한번 기쁘고 한번 슬프니 때에 따라서임 기응변을 잘하라

미년생인명운표 (未年生人命運表)

생일과 일운	원서내용	해 석
子日	咸池酒色敗財多費	금년은 도화 해가 되니 주색을 탐하지 말라 소재가 한 두가지가 아니다
丑日	沖財破口宜要謹慎	충재파구의 요근신에 근신하고 세심한 주의를 하라
寅日	喜事進來半暗半吉	희사진래 반암반길 丑未로 상충되는 해가 돌아왔으니 매사에 근신하고 세심한 주의를 하라
卯日	白虎臨孟注意小人	백호임맹주의소인 쓸 일이 많이 생기는 운세라
辰日	福星高照出外有榮	복성고조출외유영 백호가 문에 들어오는 형상이니 도적과 실물수가 있구나
巳日	驛馬動走外有之利	역마동주외유지리 복성이 높이 떠서 비추니 객지에 나가면 성공하여 영화를 누리리라
午日	嘉喜迎門前途光白	가희영문전도광명 역마해가 되여서 객지로 나갈수나 나가면 소재하고 수심만 생긴다
未日	三陽開泰順逆分白	삼양개태순역분백 기쁜 경사수가 문전에 이르니 앞길에 광명이 비치는 길운이라
辛日	紅鸞占空萬事皆空	홍란점공만사개공 금년은 복음되는 해이니 큰 일을 계획하지 말라 반드시 손재 당한다
酉日	口舌多端多少有殃	구설다단다소유앙 홍란성 길신에 공망을 맞았으니 공망수로 진전됨이 없다
戌日	狗頭落地作事多端	구두락지작사다단 관재구설이 많을 운세로 재앙이 따른다
亥日	指背反睦災殃襲來	지배반목재앙습래 개의 머리가 땅에 떨어지는 형상이니 하는 일에 어려움이 많을 수라

생시와 시운	원서내용	해 석
子時	有樂有悲曲巷推車	유락유비곡항추차 즐거움도 슬픔도 같이 따라오니 꾸부리진 항구에 수레를 끄는 운세라
丑時	沖爲不和口角不讓	충위불화구각부양 丑未로 상충되고 삼형이 되는 운세이니 구설시비를 조심하라
寅時	天官賜福衆星明朗	천관사복중성명랑 천관이 복록을 내리니 경사수가 겹치는 집안이 명랑한 운세라
卯時	將軍守門無人敢來	장군수문무인감래 장군이 문 앞을 지키고 있는 형상이니 외화내곤인 운세라
辰時	桃色之爭言多必敗	도색지쟁언다필패 주색으로 구설시비수가 있어 손재할 것이니 미리 조심하라
巳時	驛馬生命動而不靜	역마생명동이부정 역마해로 객지를 나갈 운세이니 객지로 나가 보아야 아무 이익이 없다
午時	玉堂貴人喜氣揚揚	옥당귀인희기양양 옥당귀인을 귀인이 도와주는 운세이니 기쁨과 의기가 양양하구나
未時	華盖當見刺客怒氣	화개당견자객노기 화개가 비록 몸을 따르나 복음이 되어서 매사가 성사되지 않는다
辛時	太陽高照無憂樂樂	태양고조무우락락 태양이 높이 떠서 나를 비추어 주니 아무 근심이 없고 즐거움만 있구나
酉時	水塞不流事有停滯	수색불유사유정체 물이 막혀 흐르지 못하고 하는 일에 막힘이 많으니 때를 기다려라
戌時	貪花損精交加就來	탐화손정교가취래 未戌로 삼형되는 운세이니 주색을 탐하지 말라 명예가 손상된다
亥時	少鬼無理交友不利	소귀무리교우불리 소귀무리교우불리 겉은 화려하나 속으로는 곤고하고 친한 사람이나 친구가 불리하다

(9) 신년생(申年生)의 성격과 운명

申年생은 그 성질이 활발하고 부지런하게 움직이는 것을 좋아하고 영리하며 말을 잘하는 화술이 좋을 뿐만 아니라 교묘한 재주가 있고 자유롭게 반복되는 행위와 언어 지식에 남다른 조예가 깊으니 약삭 빠른 인격의 소유자이다. 가정적으로는 불우하나 풍류적인 환상과 낭만성의 멋이 있어 항상 유머를 잘하니 남을 웃기는 재치와 재주 또한 비상하다. 남에게 얽매이는 확고한 직업을 꺼리고 자유업을 즐기며 고독과 명상으로 혼자 있는 것을 싫어하고 단체성과 종족보존에 뛰어난 힘을 발휘하나 이기주의가 강한 성격을 가지고 있어 남으로부터 지탄을 받기도 한다.

특히 남과 경쟁하는데 민첩한 수완이 있으며 또한 의협심이 있어 다른 사람과 다정다감하게 대화를 잘하고 남을 돌보아주며 자기 사업에 정열을 기우리지 않고 시간을 허비하기도 한다. 자기와 뜻이 맞지 않으면 참을성을 가지지 않고 즉시 직선적으로 맞서는 성품이 있어 말의 실수가 많다.

이치에 맞지 않은 말과 행동으로 구설 시비 송사를 일으켜 고생하는 수도 있다. 그러니 이 단점을 반드시 고치면 좋은 기회를 얻어서 성공할 수도 있다.

이 사람의 특징은 사람이 관대하고 직성력강(直盛力强)하며 매력과 아량이 있다.

여자는 초혼에 실패하는 수가 있으니 자기 자신을 수양하고 인내력을 키워야 하며 순종하는 미덕을 위주로 평생을 살아가고 정조를 목숨처럼 생각하여야 한다.

○ 결혼: 쥐띠 용띠가 길하고 범띠 뱀띠 토끼띠가 불길하다.
○ 직업: 군인 공무원 정치 농업 토목사업 미곡상 음식점 흙이나 물을 다루는 직업이 좋다.
○ 병증: 눈병 고혈압 귀병 습진 흉부계통 다치는 것을 조심하여야 하고 남녀간에 항상 말조심하지 않으면 항상 구설수의 재난을 당하며 끓은 물이나 불조심을 하여야 한다.

일생에 걸쳐서 중요한 운세

十세 전후에 많은 사람으로부터 사랑을 독차지하고
十五세 전후에 큰 질병으로 고생하거나 몸을 다칠 수니 항상 건강에 유의하여야 하고
十八세부터 二三세 중에 좋은 길운이 돌아오니 결혼수가 있으며 특히 여자들에게 인기가 있으니 주색을 특별히 조심하라.
二八세때 사업에 실패하거나 질병과 재난으로 큰 액을 당하게 된다.
三五세부터 좋아지기 시작하여 四七세에 큰 벼슬과 재물을 얻어서 부귀영화를 누릴 좋은 기회이나 이 때를 놓치게 되면 말년에 고생을 면하기가 어렵게 됨을 명심하라.

신년생인명운표 (申年生人命運表)

생년과 년운	원서내용	해석
자년 子年	이재삼강제사적길 利在三江諸事迪吉	이익이 동서남북 사방에 있으니 부지런히 활동하면 득재한다
축년 丑年	첨정발재순수행주 添丁發財順水行舟	가족도 늘고 재물도 늘어나는 운세이니 배가 순풍을 만난 격이라
인년 寅年	부침미정필작필패 浮沈未定必作必敗	일의 두서가 없으니 뜻은 있으나 매사가 성사되기가 어렵구나
묘년 卯年	희기영문만복건곤 喜氣盈門福滿乾坤	기쁜 기운이 문에 가득찬 운세이니 복록이 천지에 가득차는 격이다
진년 辰年	백호파재불측풍우 白虎破財不測風雨	백호가 재물을 파하게 되는 운세이니 예측치 못한 비바람이 부는 격이라
사년 巳年	복성고조귀인득조 福星高照貴人得助	복성길신이 높이 떠서 비추니 귀인의 도움으로 매사가 형통할 수
오년 午年	천구재해수사불리 天狗災害事事不利	천구가 발동하여 재해가 생기는 운세이니 매사를 조심하라
미년 未年	소모당두행운결가 小耗當頭行運缺佳	소모살이 당두하매 불리한 운세이니 사사에 분수를 지켜라
신년 申年	지배반목일희일우 指背反目一喜一憂	남에게 배신당하고 주위와 화목하니 비가 쌍곡이라
유년 酉年	락극생비색정지난 樂極生非色情之難	즐거움이 너무 많으면 슬픔이 많은 것이니 주색을 조심하라
술년 戌年	상문상견불리채상 喪門常見不利採喪	상문수가 닥치니 상가에 가지 말라 그 해가 적지 않다
해년 亥年	음살당견교가상재 陰殺當見交加常在	음살이 닥치는 운이니 새로운 일을 계획하고 경영하지 말라

생월과 월운	원서내용	해석
一月	신춘기협소유불리 新春氣夾小有不利	정월 운세는 불길하니 매사에 분수를 지키고 구설시비를 삼가하라
二月	경직허공생재불기 驚直虛空生災不己	이월달은 뜻하지 않은 재난이 일어나고 신경쇠약 증세가 있다
三月	청명희입강호지재 淸明喜入江湖之財	삼월달은 기쁨이 들어오는 운이니 사방에 재물이 가득하구나
四月	입하수곡호상조 立夏收谷互相助	사월달은 평길하니 노력하는 대로 거두는 운세라
五月	망종파종불능휴식 芒種播種不能休息	오월달은 뜻은 있으나 성사되지 않을 수 니 매사를 조심하라
六月	입서래교낙락무우 小署來交樂樂無憂	유월달은 매사가 하게 진행하라
七月	입추풍등소요쾌락 立秋豊登逍遙快樂	칠월달은 명예와 이익이 가득한 운세로 기쁨 이 가득하구나
八月	백로초냉명리쌍수 白露初冷名利雙收	팔월달은 풍요로운 운세로 이름을 떨친다
九月	한로기강쟁취정신 寒露氣强爭取精神	구월달은 길한 운세이니 매사에 최선을 다하면 매사 형통할 수
十月	입동단원복록자연 立冬團圓福祿自然	시월달은 견고한 운세이니 복록 이 자연 뒤따른다
十一月	대설우민부침미정 大雪憂悶浮沈未定	십일월은 근심과 걱정이 태산 같으니 마음이 안정되지 않는다
十二月	소한침신고뇌우민 小寒侵身苦惱憂悶	십이월은 몸이 고달프고 근심과 번뇌가 많은 운세라

신년생인명운표 (申年生人命運表)

생일과 일운	원서내용	해석
子日	將星虎威內有奸臣	장군이 범과 같은 위세를 떨치나 군사중에 간신이 있는 운세다
丑日	月德拱照離鄕喜氣	월덕길성이 비취니 고향을 떠나면 기쁜 일이 생길수다
寅日	月德公弔移鄕喜氣	월덕공조이향희기
卯日	天殺先難暗害後益	천살이 비취니 먼저는 어렵고 곤난하나 유월이후는 길하다
辰日	大耗劫地浮沈不定	대모겁살이 비취니 매사가 뜻대로 성사되지 않는다
巳日	天殺先難暗害後益	천살선난암해후익
午日	비염유복소인암해	비염으로 복록이 있을 운세이나 남이 음해할까 두렵다
未日	飛廉有福小人暗害	귀인이 도와주니 흥함이 있을수니 매사에 분수를 지켜라
辛日	貴人臨孟逢凶化吉	천구살이 침범하여 재난이 있으니 매사 분수를 지켜라
酉日	天狗災難殺氣程程	병부살이 있어 불길하니 친한 친구와 형제로 인해 손재 당한다
戌日	病符不宜交友不利	지배파일일체개공 로부터 배신당하고 모든 일에 공망수가 있으니 조심하라
亥日	指背破害一切皆空	도화살이 있으니 주색을 조심하라. 기쁜 중에 근심이 생긴다
	咸池色難喜上生憂	상문재난수기안분에 분수를 지켜라
	喪門災難守己安分	상문수가 있어 재난을 당할 수이니 매사에 분수를 지켜라
	太陰句殺痲燔口舌	태음과 구교살이 따르니 매사에 번뇌와 구설수가 있다

생시와 시운	원서내용	해석
子時	高枕無憂安居樂樂	목침을 높이 베고 누웠으니 아무 근심이 없고 기쁨이 가득하다
丑時	驛馬沿途大有美京	역마연도대유미경 역마성이 비취니 밖에 나가면 좋은 일이 많을수다
寅時	虎落平洋有虛無實	호락평양유허무실 범이 바다에 빠져 아무 힘이 없으니 허한 만 있고 실속이 없구나
卯時	鳳落花吉凶變吉來	봉락화길흉변길래 흉함이 변하여 길해지는 운세이니 기쁨이 가득하구나
辰時	合者抽吉微少之利	합자추길미소지리 합이 드는 운세이니 과감하게 행하라
巳時	一好一敗有利無害	일호일패유리무해 길흉이 반반이나 성실하게 매사를 진행하면 길한 운세다
午時	有凶無咎三思而行	유흉무구삼사이행 흉함은 있으나 매사를 조심하고 세번생각해서 일에 임하면 길하다
未時	守基和平者得良馬	수기화평자득양마 현실에 만족하고 부지런하게 일하면 길하다
申時	有酒有肉酒硏朋友	유주유육주연붕우 술도 있고 고기도 있는데 좋은 친구를 만났으니 이 아니 좋을까!
酉時	花天喜地總是無益	화천희지총시무익 비록 꽃피고 좋은 땅이으로 길지가 되나 별로 이익이 없는 운세이다
戌時	有理難行逆情順意	유리난행역정순의 이로움은 있으나 어려움이 없으니 길한 운세로 매사가 순리대로 성사된다
亥時	協之和順可人圓滿	협지화순가인원만 주위와 서로 협조하고 화합하니 모든 일이 원만하게 성사될 운세다

(10) 유년생(酉年生)의 성격과 운명

유년생은 그 성질이 성실하고 지혜가 많으며 영리하고 많은 사람과 대화를 잘하고 교제성이 좋은 관계로 많은 신망을 얻으니 귀인을 만나서 큰 야망과 자기의 목표(目標)한 계획을 달성하여 일찍 출세길을 빠르게 달리여 남들로부터 두려움을 받기도 한다.

그러나 새벽닭이 홰를 길게 세번이상 치고 꼬리를 흔들면서 울면 귀신과 호랑이 늑대들도 동리 근처에 와있다가 물러간다고 하니 사람이 한편으로는 까다롭고 고집이 세어 불의(不義)를 쫓아내는 성격이 있으며 매사를 필요이상으로 생각하니 신경과민증으로 고생하는 일이 있으며 꿈을 잘꾸고 염감력이 강하여 앞일을 예언하는 초능력이 생기기 시작하며 까닭없이 몸이 아프고 부부생활을 싫어하는 등 신경질이 많아져서 특히 여자는 무당으로나가는 수도 있다.

한편으로는 성질이 급하기도하고 냉정한 점도 있어 자포자기하는 면도 있으며 특히 자기가 불리할때는 자기를 합리화시키려다가 오히려 손해를 보는 일도 있다.

이사람의 특징은 관대(寬大) 후정(厚情) 예민(銳敏) 강기(剛氣) 이식(利食) 모방(模倣) 여행을 좋아한다.

특히 여자는 비밀(秘密)이 많으면 남의 말을 잘하고 과식(過食)을 많이 하며 자존심이 많으니 싸움을 잘하게 되고 자립심이 약하여 남에게 의지할려고하는 마음이 많으니 이런점을 고치고 수양을 쌓으면 홍화위길로 복록을 누리기 된다.

○ 결혼 : 뱀띠 소띠 용띠가 좋으며 토끼띠 범띠 쥐띠가 불길하다
○ 직업 : 의약사 공무원 교직계통 농업 미곡상 청과 빙과류 흙이나 물을 다루는 직업이 길하다
○ 병증 : 눈병 종기 신경쇠약·패혈증 근육통 골통(骨痛) 등의 병을 조심하면 장수할 팔자다.

일생에 걸쳐서 중요한 운세

二, 三세에 사람들의 사랑을 독차지하며 건강하게 자라고 十三세에 병으로 고생하고 이밖에 몸을 다칠수가 있으며 十七세, 二一세에 좋은 운이 돌아오니 공부도 잘하고 만사가 형통하게되며 독립적인 생활로 사업전선에 나가서 돈을 벌게 될 운세다.

二五세에 여자관계로 많은 신경을 쓰게되고 사업에 많은 손재를 보게 된다.

三一세에 대길운으로 매사가 뜻대로 성취되니 이 기회를 잘 활용하면 대성할수다.

四五세에서부터 五三까지 고목이 봄을 만나 다시 꽃을 피우는 형상으로 크게 성공하여 만년에 복록을 누릴 운세이다. 그러나 평생 주색을 삼가하지 않으면 병을 얻어 몸을 망치고 재물까지 물거품이 될 것임을 명심하여야 한다.

유년생인명운표 (酉年生人命運表)

생년과 년운	원서내용	해석	생월과 월운	원서내용	해석
자년 子年	춘색영인희락애비 春色迎人喜樂哀悲	봄바람으로 사람을 맞이하니 기쁘고 즐거우나 슬픔과 애통함이 있다	一月	만상회춘자유자재 萬象回春自由自在	대지에 봄이 돌아오는 운세로 매사가 뜻대로 성취할수다
축년 丑年	금광찬란가동인심 金光燦爛可動人心	금빛이 찬란한 운세이라 인심을 따르고 도와주니 이 아니 기쁘랴	二月	월한불가취사공평 月限不佳取事公平	모유가 서로 상충하는 달이니 매사를 순리대로 행하라
인년 寅年	생재유도대유양기 生財有道大有良氣	도처에 재물의 길이 열였으니 좋은 기회다 과감하게 진행하라	三月	천관복록광명승진 天官福祿光明昇進	천관복록신이 따르니 승지라 영전하는 경사가 있을수다
묘년 卯年	충파불의수사세려 冲破不宜須事細慮	충파되는 해이니 모름지기 매사를 조심하라	四月	수유양기파재유시 雖有良機破財有時	비록 좋은 기회이나 더러 손재볼수 있으니 관재구설을 조심하라
진년 辰年	육합지년요무양위 六合之年燿武揚威	육합되는 좋은 운세로 매사에 성공하여 이름을 떨칠수	五月	파랑미식대유양기 波浪未息大有良機	모든 것이 좌불안석이나 앞으로 좋은 기회가 오니 놓치지 마라
사년 巳年	합의무심유명무리 合意無心有名無利	합함이 화려한 것같으나 이름만 있고 실속이 없구나	六月	수지즉안내심무우 守之卽安內心無憂	분수를 지키면 평안하고 집안에 근심 없을 것이니 이 아니 기쁘랴
오년 午年	일실일패일희견태 一失一敗喜見太陽	한번 잃고 한번 실패하는 운세이니 매사에 분수를 지켜라	七月	심원의마다유길경 心猿意馬多有吉慶	마음은 원숭이나 뜻이 되는 말이 많은 경사가 있을 수다
미년 未年	목양출고희견태양 木羊出苦喜見太陽	양이 쥐덧을 피해 나왔으니 앞길이 밝아 대성할 운세다	八月	제강쌍전소모여의 堤剛雙全所謀如意	비록 복음이라하나 꾀하는 바가 대로 취될 운세다
신년 申年	원계불화면도귀 猿鷄不和雙面刀鬼	원숭이와 닭사이가 서로 불화니 뚝은 있으나 막힘이 많다	九月	영창기상강리형통 永昌其祥利路亨通	앞길에 성서로움이 있는 해이니 형통할 운세다
유년 酉年	당년태세범지불의 當年太歲犯之不宜	당년태세범의 복음해가 되어 매사에 불길하니 다른 일을 경영하지 마라	十月	재해난면사응근신 災害難免事應謹愼	재난을 면하기 어려우니 매사에 근신하고 명산대찰에 가서 기도하라
술년 戌年	오풍십우풍취동서 五風十雨風吹東西	풍우가 몰아닥칠 운세이니 큰 계획을 세우지 말라	十一月	만사좌절역경불순 萬事挫折逆境不順	만사에 좌절되는 역경이 있으니 미리 분수를 지키고 조심하라
해년 亥年	반천반우범사결길 半天半雨凡事缺吉	흐리고 비가 오는 운세로 범사에 결점이 많으니 매사에 조심하라	十二月	소길보지이면재화 少吉保持以免災禍	소길보지이면 대체적으로 길운이 되어서 재난을 면할 수 있으니 기쁘다

유년생인명운표 (酉年生人命運表)

생일과 일운	원서내용	해석
子日	有財無庫難得平安	재물은 있으나 창고가 없는 운세이니 어찌 편안함이 있으랴
丑日	一起一倒三勝三敗	한번 일어나고 한번 자빠지는 운세이니 매사에 세심한 주의를 하라
寅日	三光二陰事無益利	삼광이 음사무익리 지 않아도 이익이 생길 수다
卯日	大海風浪宜戒船隻	대해풍랑의 계선척 큰 바다에 태풍이 부는 운세이니 음직이 지 않아도 이익이 생길 수다
辰日	一寸光明候時待運	일촌광명후시대운 할 것이니 때를 기다려라
巳日	當心行車防止未然	당심행차방지미연 금년은 교통사고의 위험성이 있으니 항상 세심한 주의를 하라
午日	一喜一憂天官淸明下	일희일우천관청화하 한번 기쁘고 한번 슬픈 일이 생기니 매사에 허욕을 탐하지 마라
未日	得仁和氣淸風明月	득인화기청풍명월 길운이 돌아오니 청풍명월에 희희락락 하는 운세로다
申日	三四不明五六難關	삼사불명오육난관 갈길이 분명치 않아서 앞길에 어려운 일들이 생길 운세니 조심하라
酉日	山明水秀招財進寶	산명수수초재진보 산수가 아름다운 운세로 재물과 보배가 가득한 형상인 길하다
戌日	假戱假鳳意志集中	가희가봉의지집중 토끼로 상생되는 해이니 뜻과 마음이 집중에 매사가 순탄하구나
亥日	輕走水面失意港浪	경주수면실의항랑 물위를 걸어가는 운세이니 매사가 뜻대로 되지 않을 수다

생시와 원서내용		해석
子時	樊態一時作無大事	변태일시작무대사 마음이 안정되지 못하는 형상이니 큰일을 계획하지 마라
丑時	大膽敢作事有多端	대담감작사유다단 마음은 대담하고 과감하게 매사를 진행 하고저 하나 일에 막힘이 많을 수다
寅時	溫柔態度人人敬愛	온유태도인인경애 사람이 온유하고 태도가 분명하니 사람마다 존경하고 사랑하는구나
卯時	置之不理反睦無常	치지불리반목무상 모든 것이 이치대로 순리로 풀리지 않고 사람과 불화할 운세다
辰時	可欣可人情相好	가흔가인정상호 기쁜 일이 거듭 일어나니 사람들이 축하 하여 주고 서로 정답고 좋아한다
巳時	遇火年金萬物成器	우화연금만물성기 불로 금을 녹여 만가지 물건을 만드는 길 한 운세이니 과감히 진행하라
午時	馬入泥土苦情難說	마입니토고정난설 말이 진흙에 빠져서 고생하니 그 어려움 을 일로 말할수 없는 운세다
未時	羊入采園凡事小心	양입채포간지파주 양이 채소밭에 들어가 뛰노니 농작물을 버리는 운세라 매사를 조심하라
申時	殺鷄敎猿凡事小心	살계교원범사소심 닭과 원숭이가 뜻이 맞지 않는 운세이니 범사를 깊이 생각하고 행하라
酉時	佳人指引財帛興旺	가인지인재백흥왕 훌륭한 사람이 나를 도와주는 운세이니 재록이 흥왕하는구나
戌時	九重天外不知世事	구중천외부지세사 酉戌로 육해살이 비쳐니 몸건강에 유의 하고 다른 일을 경영하지 마라
亥時	知一識二可苦强求	지일식이가고강구 하나를 알고 둘을 아니 어려운 중에도 능 히 헤쳐나가 목적을 달성한다

(11) 술년생(戌年生)의 성격과 운명

술년생은 그 성품이 강직하고 의리와 신의를 중하게 생각하고 사람이 착실하여 윗사람으로부터 신용을 얻으며 매사를 경영함에 있어서 부지런하고 성실한데가 있을 뿐만 아니라 담력과 분투(奮鬪)성이 투철하고 활동성이 강하며 총명하고 직감성(直感性)이 있으며 사람이 민첩하고 큰 야망을 가져 모든 일에 정열을 기울이나 주위사람들에게 충성심과 사랑을 많이 베풀어 윗사람이나 주위사람들에게 충성심과 사랑을 많이 베풀어 받기도 한다.

그러나 잔인하면서도 온순하고 순박함을 즐기는 양면성이 있으며 애정표시는 솔직 담백하고 남성은 궤변에 능통하고 여성은 학술적인 언어학에 조예가 깊다.

말싸움으로 따를자가 없이 음성이 풍부하고 소리를 필요로하는 것은 자신감이 있음으로 개띠가 가수와 개그맨 웅변가에서 활동함을 많이 볼 수 있으며 그리고 말조심을 하지 않아 화를 입는 수도 있으나 남과 다투고 나면 뒤끝이 없고 대의명분에 뚜렷한 개성파이기도 하며 남으로부터 중상모략과 배신을 당하기도 하고 특히 색욕이 강하다.

특히 여자는 사람을 끄는 매력이 있으며 자기 마음이 자주 변하기도하고 허영심 단기(短氣) 노고성(勞苦性)이 많으며 참을성이 없고 견실(堅實)성이 적으니 이것을 자기수양으로 고치면

자연 좋은 운이 오게 된다.

○ 결혼 : 범띠 말띠 토끼띠가 좋으며 용띠 소띠 양띠 뱀띠가 불길하다.

○ 직업 : 의약사 교육가 금방 전기 농업 다과점 철공계통과 불과 쇠를 다루는 직업이 길하다.

○ 병증 : 흉부 복부 눈병 신경질환 등에 조심하여야 하고 한 남녀를 막론하고 총칼에 다칠수가 있으며 특히 불과 물을 평생 조심하여야 한다.

일생에 걸쳐서 중요한 운세

십칠세부터 이십세에 만사형통운이 되어서 일찍 발탁되어 승진을 거듭하고 경영하는 사업도 순조로워서 대내외적으로 신용이 있으니 크게 성공할 운세다.

삼십세 전후 병으로 고생하거나 다칠수가 있으며 만약 그렇지 않으면 사업상 실패할까 염려되니 항강 건강에 세심한 주의를 하여야 하며 경영하는 일도 앞뒤를 살피어서 재액(災厄)을 면하여야 한다.

삼오세부터 사오세에 일생일대에 걸쳐서 최고로 좋은 길운이니 이 기회를 잘활용하여 성실하게 노력하면 큰 복록을 누리게 되며 만약 방종(放縱)하거나 주색에 몰두하면 패가망신하게 됨을 특별히 유의하여야 한다.

술년생인명운표 (戌年生人命運表)

생년과 년운	원서내용	해석
子年	吉凶滲半進退考慮	길흉이 반반이니 큰일을 계획하지 말고 현실에 만족하라
丑年	言多必失禮多必詐	언다필실예다필사 시비를 삼가하라 말이 많으면 잃는 것이 많을 것이니 구설 큰 액이 있겠다
寅年	交友逆賊官鬼作崇	교우역적관귀작숭 친한 사람이 오히려 손재를 치는 운세이니 금전거래를 조심하라
卯年	防止盜難萬事無憂	방지도난만사무우 금년은 실물수가 있으나 대체로 좋은 운세이니 만사에 근심이 없다
辰年	天羅地網三思而行	천라지망살이 비취니 세번 생각하고 매사에 임하라 관재가 두렵구나
巳年	龍得保身凡事安寧	용득보신범사안녕 용이 편안함을 얻은 운세로 매사에 편안할 수다
午年	一路隆昌喜氣昇平	일로융창희기승평 길운이 다가오니 매사가 번창하고 기쁜 일이 가득할 운세다
未年	事有停滯保持英材	사유정체보지영재 일에 막힘이 많으니 다른 일을 경영하지 말고 현실에 충실하라
申年	多勞精神後得財源	다로정신후득재원 정신을 쏟아서 일을 많이 하니 재록이 뜻과 같이 성사될 수다
酉年	一場困難不利負作	일장곤난불리탐작 불의의 재물과 이익을 탐하지마라 곤난 한 입장에 처하게 된다
戌年	太歲奉拜疵佑無災	태세봉배자우무재 힘이 없어 성공할 수다 금년운세는 대길하니 매사에 하자와 막
亥年	良而美景大有良기	양이미경대유양기 좋은 기회가 닥치니 매사에 좋은 경사만 생기는구나

생월과 월운	원서내용	해석
一月	合歡喜食防小人劫	합환희식방소인겁 모두 친한 사람들이 모여서 회식을 하는 좋은 운세이나 손재수가 있다
二月	剛情硬氣招惑災禍	강정경기초혹재화 사람이 너무 강하게 나가면 오히려 재앙 과 화를 부르니 화목하게 지내라
三月	喜風入度好景臨門	희풍입도호경임문 기쁜 바람에 좋은 운세가 돌아오니 경사 가 가문에 이르는 수다
四月	吉凶交集三敗三勝	길흉교집삼패삼승 길흉이 반반이니 분에 넘치는 일은 하지 말고 매사를 인내하라
五月	海運多塞座靜安然	해운다색좌정안연 운에 막힘이 많으니 다른 일을 시작하지 말고 편안히 때를 기다려라
六月	夏月炎染利劫功空	하월염염리겁공공 더운 여름에 매사가 뜻대로 되지 않고 노 력은 많으나 공이 없다
七月	煩番碌碌臨事考慮	번번록록임사고려 번번히 자갈밭을 헤매는 운세이니 매사 를 깊이 생각하라
八月	能事能通四海光茫	능사능통사해광망 모든일에 능통하고 재주는 많으나 매사 이 막막하구나
九月	隋機慶樊星光朗廊	수기경변성광랑랑 매사에 임기응변을 잘하면 앞길이 명랑 하고 기쁜 일이 있을 수다
十月	求之不得不能如고	구지부득불능여고 구하라야 구할수가 없는 운세이니 분수 를 지키고 때를 기다려라
十一月	少進有利大行損身	소진유리대행손신 비록 진전이 있고 적은 재물을 얻으나 손 해가 더 클 운세다
十二月	家門隆昌福壽綿長	가문융창복수면장 가문이 융창하고 경사수와 복록이 따르 니 과감하게 진행하라

- 86 -

술년생인명운표 (戌年生人命運表)

생일과 일운	원서내용	해 석
子日	불삼불사마마호호 不三不四馬馬虎虎	시작은 있으나 끝이 없고 말과 호랑이가 서로 대적하는 운세이니 조심하라
丑日	어아상조난득자유 魚兒上釣難得自由	어린 고기가 낚시에 걸리었으니 자유를 얻지 못하는 운세. 매사에 근신하라
寅日	폐사불관수기안분 閉事不管守己安分	일에 막힘이 많으니 지나친 물욕을 탐하지 말고 현실에 만족하라
卯日	삼각연애필유조해 三角戀愛必有阻害	삼각연애로 좌불안석인 운세이니 반드시 일에 막힘이 있을 수다
辰日	음처물림역무재해 陰處勿臨亦無災害	주색을 특별히 조심하면 재난은 없으니 명심하라
巳日	수류무정개환종신 水流無情改換從新	물은 흘러가니 인정이 없는것. 옛것을 버리고 새것을 취하는 운세
午日	합중필수출외소심 合中必守出外小心	오술이 합되는 운세이나 객지에 나가면 부리할 수다
未日	인일시귀불요원기 忍一時貴不要怨機	매사를 참으면 귀한 것을 얻게되고 흥함이 변해서 길해진다
辛日	다망다로자기무익 多忙多勞自己無益	항상 분주하게 노력은 하나 하는일에 이익이 없는 운세다
酉日	수미부전하용심기 愁眉不展何用心機	얼굴에 수심과 근심이 쌓일 운세이나 마음을 너그럽게 하라
戌日	토다적산후산유고 土多積山後山有故	흙을 쌓아서 산이 있는 운세로 매사에 막힘이 있다
亥日	만면춘풍인인준호 滿面春風人人遵好	얼굴에 봄바람이 가득한 길운을 만났으니 매사 형통할 수다

생시와 원서내용		해 석
子時	리이미리표동부정 利而未利漂動不定	매사에 이익 됨이 없고 변동하여도 가 없으니 현실에 만족하라
丑時	봉흉즉흉봉길즉길 逢凶即凶逢吉即吉	길흉이 상반에 축술로 삼형살되는 해이니 관재구설시비를 조심하라
寅時	신전신후사위주밀 身前身後四圍周密	앞뒤로 항상내 신상을 돌보지 못한 일은 하지 마라 손재수라
卯時	합자즉개자즉합 合者即開開者即合	묘술로 합이 되니 매사에 의욕이 없고 사에 성취될 수다
辰時	언담소심벽변유이 言談小心壁邊有耳	항상 말조심하라 관재구설수가 따른다
巳時	태을보장사무치패 太乙保障事無置敗	태을귀인이 도와주니 일에 막힘이 없이 잘 성사된다
午時	삼선귀동호경여래 三仙歸洞好景如來	세 신선이 돌아오는 길한 운세니 좋은 경기를 누릴 수라
未時	길상공명사종여순 吉上公名事從如順	길한중에 또 길하고 꽃위에 또 꽃이니 이 아니 기쁘랴
辛時	삼차공명사부치패 三且孔明事從如順	삼차공명의 하는 일이어찌 틀림이 있으랴 매사가 뜻대로 되는 해
酉時	견교계경불리야유 犬咬鷄驚不利夜遊	개가 짖으니 닭이 놀래는 운세로 특히 밤 길을 조심하라
戌時	쌍구동두자격재심 雙狗動頭刺激在心	두 마리 개가 다친 형상이니 매사에 어려움이 많다 때를 기다려라
亥時	사무호공수좌광명 事無好空守座光明	일에 어려움이 없고 앉아서 밝은 빛을 보는 길한 운세다

(12) 해년생(亥年生)의 성격과 운명

亥年生은 그 성질이 솔직담백하고 마음이 옳지 못한 사람은 상대하지 않고 마음이 결백한 사람을 좋아하고 항상 자기자신을 돌아보고 주의를 태만히 하지 않으며 많은 사람을 사랑하고 아량을 베푼다.

남이 보기는 부드럽고 순박한 것 같지만 속마음은 항상 각진 면이 있으며 특별히 욕심이 많고 모든 음식을 잘 먹고 소화도 잘하며 과식하는 것이 특색이나 부모의덕이 없다 독립심이 많고 독선적이며 하반신이 약하나 매사에 솔선수범하는 것이 장점이기도 하고 어떠한 일이 있어도 좌절하지 않고 밀고나가는 추진성이 강력하다 그러나 남의 옳고 그름을 평판하고 시비를 잘하고 인내성이 부족하고 남에게 의지하려는 속셈이 있으며 주위 사람과 융화하는 마음과 교제성이 부족함이 흠이 되니 이러한 점을 고치는데는 특별한 자기 수양이 필요하다.

여자는 게으름이 많고 남을 시기 질투하는 결점이 있으며 필요없는 공상을 많이 하고 성질이 단기가 되어서 적은 일에도 잘 흥분하고 잘 싸우며 폭발하는 성격이 있으니 이러한 단점을. 보강하면 현모양처 형이다.

○ 결혼: 토끼띠 양띠가 좋으며 돼지띠 뱀띠 용띠 범띠가 불길하다.

○ 직업: 공무원 은행원 금방 전기 목재 공업 운송업 농업과 쇠 나 나무를 다루는 직업이 길하다.

○ 병증: 하복부 각기병 풍병(중풍) 산증 화류병을 조심하여야 장수할 수 있으며 특별히 남녀를 막론하고 평생 물조심을 하여야 한다.

일생에 걸쳐서 중요한 운세

十세에 큰병으로 고생할 수 이며

十九, 二十, 二十一세에 삼년동안은 원행하거나 분수에 넘치는 일을 하면 큰해를 입게 된다

二十三세에 관재구설과 시비를 조심하여야 하고.

二十六세에 주색을 삼가하지 않으면 명예손상이 크다.

二十八세에 길운이 돌아오니 귀인의 도움을 받아 매사에 형통할 수로 이 기회를 잘 활용하면 출세길을 달리게 된다.

三十一세부터 삼년동안은 분수를 지키고 옳지 못한 재물과 여색을 탐하면 큰 손재를 보게 된다.

三十七세부터 대길운이니 큰 재물과 명예를 얻어 이름을 떨칠 운세이니 이 기회를 잘 활용하면 대부 대귀하여 말년에 복록을 누릴 것이나 이 기회를 실기하면 말년에 고생을 면치 못할 것이니 특별히 유의하여야 한다

해년생인명운표 (亥年生人命運表)

생년과 년운	원서내용	해석	생월과 월운	원서내용	해석
자년 子年	月移花影空思夢想	달은 흘러서 꽃그림자만 생기는 운세이니 공상과 헛된 꿈만 꾸는 운세	一月	生長殿裏春秋長富	장생과 인해가 합이 되는 운세로 재록이 뜻과 같이 잘 성사될 수
축년 丑年	左作右中察時行事	좌작우중 매사를 살피고 심사숙고한 후에 일을 진행하라	二月	人傑地靈五福其昌	인걸지영 오복기창 사람이 창성하는 길운이라
인년 寅年	半夜西風浮雲暗月	반야서풍 부운암월 육해살이 비춰니 밤중에 서풍이 불어 구름이 달을 덮는 운세	三月	五福臨門千祥集福	오복이 집안에 들어오는 운세이니 천가지상서로운 일과 복록이 가득하다
묘년 卯年	先難後易如魚得水	선난후이 여득수 처음에는 어려움이 있으나 다음에는 매사가 잘 풀리니 고기가 물을 얻은 격이다	四月	急流雄猛勇進爲佳	급류웅맹용진위가 영웅과 맹호가 급류에 떠나려가는 형상이니 때를 기다려라
진년 辰年	美中不足良而美景	미중부족양이 미경 길운이 돌아오니 모든 일이 잘 형통할 운세이나 원진해가 되니 구설을 조심하라	五月	太平之月芝蘭斯香	태평지월인 길운이 돌아오니 난초의 향기 가득한 좋은 운이다
사년 巳年	如此如己不利遠方	여차여기불리원방 사해가 서로 충하는 해로 역마가 발동하니 객지에 나갈 것이나 불리하다	六月	文光射斗學富五車	문광사두학부오차 문필에 재주가 뛰어났으니 부귀를 누릴 운세이니 과감하게 진행하라
오년 午年	大有鑑慶光風自得	대유여 경광풍 자득 자신과 집안에 큰 경사가 있을뿐만 아니라 매사가 스스로 잘 풀릴수다	七月	和氣致祥迎福集祥	화기치상영복집상 화기가 집안에 가득하고 상서로운 일이 있으니 반드시 복록을 질 운세
미년 未年	心猿意馬事事關心	심원의 마사관심 마음은 원숭이 뜻은 말이 되니 마음의 안정을 찾기어려운 해니 매사에 근신하라	八月	秋雨春風事亨風光	추우춘풍사해풍광 비바람이 봄 가을에 고르게 오니 사해가 풍요로운 운세로 길하다
신년 申年	無故生煩水流花放	무고 생번수류화방 하는 일도 없이 마음만 번거롭고 꽃이 물에 흘러가는 형상이니 건강조심	九月	長髮基祥福祿無疆	장발기상복록무강 수라 매사를 성실하게 행하라
유년 酉年	人財不安來少去多	인재불안래소거다 재물과 사람으로 인하여 항상 불안하고 들어오는 것은 적고 나가는 것이 많다	十月	天貴物華三陽甚昌	천귀물화삼양기창 천귀길신이 나를 도와주니 매사가 번창하고 형통할수다
술년 戌年	順中反逆雲中之月	순중반역 운중지월 하는 일이 잘 되다가 막힘이 많은 운세니 분수밖의 일을 계획하지마라	十一月	淸風明月山明水秀	청풍명월에 산이 아름답고 수세가 아름다운 운세 이밖에 무엇을 바랄꼬
해년 亥年	人刑以鬼曲巷行車	인형이귀곡항행차 사람의 형태가 귀신과 같고 자갈밭에 수레를 밀고가는 운세니 때를 기다려라	十二月	寒梅呈秀靜觀自得	한매정수정관자득 겨울에 매화나무 꽃이 활짝 핀 형상이니 앉아 있어도 재물을 얻을 수다

해년생인명운표 (亥年生人命運表)

생일과 일운	원서내용	해석	시와 시운	원서내용	해석
子日	太陽高照逢凶化吉	태양이 높이 떠서 밝은 빛을 비치는 운세이니 흉한이 화하여 길해질수	子時	招蜂引蝶終有事端	꽃이 나와 벌을 부르는 도화 운세이니 종내는 일에 어려움이 많을수
丑日	太陰高照陰人之害	태음흉살이 따르니 믿는 사람으로부터 모략을 받을 수니 조심하라	丑時	思無遠慮必有近憂	사무원려필유근우 민흉낭인을 생각하게 말고 목전에 근심을 생각하고 매사에 조심하라
寅日	虎落平洋被犬欺弱	호락평양살이 따르니 호랑이가 바다에 빠져있으니 약한 개로부터 놀리움을 받는 운세라	寅時	步步堅固寸寸安然	보보견고촌촌안연 매사를 든든하게 성실히 행하니 반드시 다리면 성사된다
卯日	有財有益小人不夾	유재유익소인불협 재물도 있고 이익도 있으니 내 앞에 무슨 근심이 있으랴	卯時	短氣失敗忍氣求財	단기실패인기구재 성질을 급하게 가지면 실패하니 참고 편안함이 있을수라
辰日	희사중중소파재리	기쁜 일이 거듭 생기나 진해로 원지되는 해인 손재가 있으리라	辰時	爲人慷慨損益自己	위인강계손익자기 사람이 너무 자존심이 많고 강하니 결국 손해보는 일이 많다
巳日	強求不理陷落泥池	모든 것을 강제로 구하려 하여도 구할 수 가 없고 진흙에 빠진 운세라	巳時	一成一敗善惡難分	일성일패선악난분 한번 성공하고 한번 실패하니 길흉을 구
午日	喜事重重小破財利	강구불리한락니지 모든 것을 강제로 구하려 하여도 구할수 가없고 진흙에 빠진 운세라	午時	良而美景大有奇觀	양이미경대유기관 재록운이니 매사가 뜻대로 계획한 일들 이 잘 성취되는 해라
未日	龍得貴人諸事抽吉	용득귀인제사추길 용과 귀인을 얻었으니 매사를 쉬지 말고 진행하라 이익이 있으리라	未時	足一失恨悔告又遲	족일실한회고우지 한번 실수로 발목이 빠진 것을 이제 후회 한들 무엇하랴
申日	白虎破害好景不常	백호파해호경불상 백호살이 따르니 재물의 손재가 있고 경 기는 좋으나 실속은 없다	申時	三寸具色信失去大財	삼촌구색신이위귀 언행을 조심하여 남으로부터 믿음을 받 으면 귀함을 얻을수라
酉日	天德福星大事化少	천덕복성대사화소 천덕복성이 도와주니 매사가 순리대로 진행될 수라	酉時	貪一時利失云大財	탐일시리실거대재 히려 큰 재물이 나갈것이다 재물과 이익을 지나치게 탐하지 마라 오
戌日	不利遠方事有干難	불리원방사유간난 원행하면 매사에 어려움이 따른다 분수 를 지키고 있으라	戌時	春風滿堂喜氣洋洋	춘풍만당희기양양 춘풍이 집안에 가득찼으니 기쁜 기운과 의기가 양양한 운세
亥日	移花接木心無實意	이화접목심무실의 꽃을 옮겨 접목을 시키는 좋은 운세이니 매사를 정성껏 행하라	亥時	夜雨尋人黃連入口	야우심인황연입구 밤중에 사람을 찾는 운세로 모든 일에 막 힘이 많을수라
亥日	太歲凶星交易細慮	태세흉성교역세려 태세가 복음되는 해이니 매사에 진전이 없다 모든 일에 신중하라			

- 90 -

2. 육십육 문답(六十六 問答)

저자가 가장 존경하는 엄윤문 선생님의 은사로 상통천문(上通天門) 하달지리(下達地理)하여 역학계(易學界)의 대가였던 고 이석영 선생님의 육십육 문답법(六十六 問答法) 비결을 소개하기로 한다.

제 一 문 = 이날것 복서책(卜筮冊)에서 보지 못한 「연탄가스」스며든다는 문제는 어떻게 아는 것인가?

답 = 그것은 다름이 아니라 二爻나 三爻에 현무(玄武) 화관귀(火官鬼)가 임하여 있는 까닭이다. 왜냐하면 불의(不意)의 재앙(災殃)이요 三爻는 방이요, 화관귀(火官鬼) 巳午官)는 불의 부엌, 三爻는 방이요, 화관귀(火官鬼) 巳午官)는 불의 재앙은 연탄가스 스며드는 형상이 아니겠는가. 현무(玄武) 화관귀(火官鬼) 이밖에 백호(白虎)(火官鬼)도 이에 많이 해당하는 것을 왕왕(往往) 경험하고 있다.

제 二 문 = 침수소동(浸水騷動)이라고 한 것은 무슨 원리인가?

답 = 二爻나 三爻에 주작수(朱雀水)(騰蛇水)가 임하여 있는 까닭이다. 왜냐하면 二爻는 부엌, 三爻는 방 안뜰인데 주작수(朱雀水)는 말썽 많은 水이니 집안뜰 부엌에 물로서 말썽 많은 것인즉 침수소동이 아니겠는가?
첨가하여 백호수관(白虎水官)이나 주작수관(朱雀水官)이 있으면 수도료(水道料) 징수원과 언쟁이 있다고 보는 것이다.
이것은 지세(持世)와 충극(沖剋)이 되면 더욱 확율이 높은 것이다.

제 三 문 = 인근화재(隣近火災)가 있다고 한 것은 무슨 원리인가?

답 = 四爻에 등사 백호 주작 화관귀(白虎 朱雀 火官鬼)가 임하여 있는 탓이다. 왜냐하면 四爻는 인근(隣近)이요, 등사는 허경(虛驚), 백호는 흉폭(凶暴) 휘발유 전기 누전 예(揮發油 電氣 漏電 例) 주작(朱雀)은 불이야! 불이야!의 함성으로서 화관귀(火官鬼) 즉 화재(官鬼)가 되는 까닭이다. (千金賦. 官鬼는 斷作禍殃이라)

제 四 문 = 그런데 남방 몇째집이라는 식까지 아는 방법은 무엇인가?

답 = 그것은 간단하다. 가령 四爻에 午火가 붙어 있으면 午는 남방 丙午 七로서 七에 해당(該當)되고 또 午는 甲己子午 九로서 九에 해당되는데 九를 六爻에서 제(除)하면 三이 남는다. 고로 남방으로 세째 집이나 일곱째 집에서 불이 난다고 하게 된다.

첨언(添言)하면 그 午火를 충함이 괘내에 있으면 寅午戌 三合 또는 六合으로 午未合되어 寅方(세째나 여덟번째)집 이나 또는 未方은 四八째(丑未 十-六=四) (네째나 여덟번째 집) 집이다. 또는 그, 午火가 괘내에 합이 있으면 子午 충으로서 子方은 첫째집이나 아홉번째 집에서(子午九)불이 난다고 하게 되는 것이다.

제 五 문 = 부엌 바람벽이 무너진다고 한 것은 무슨 원리인가?

답 = 二爻에 丑戌未辰土 공(空)이 된 까닭이다.
왜냐하면 三爻는 부엌 辰戌丑未 土空은 파괴(破壞)인즉 부엌 흙이 파괴되는 형상이니 부엌 바람벽 파괴가 아니겠는가? 따라서 위와 같이 해석 판정한다. 그런데 백호문서(白虎文書)가 가 (加)하여지면 너욱 확실한 것이다. 이는 하지인가 옥우괴요 부입백호 체수괴라고한 하지장에 기인한다. (何知人家 屋又壞요 交入白虎 體囚壞라고 한다)

제 六 문 = 외가귀로(外家歸路)에 노상손액(路上孫厄)이라고 하는 것은 어떠한 원리인가?

답 = 사효(四爻)에 공망을 놓은 까닭이다.
사효(四爻)는 처가 또는 외가인즉 자손공망은 자손의 외가가 되는데 자손이 파상되는 형상으로 이와같이 판단하게 된다. 고로 나의 처가 또는 외가인즉 자손공망은 자손의 피상(被傷)을 뜻한다.

제 七 문 = 가두손액(街頭孫厄)이라고 하는 것은 무슨 원리인가?

답 = 오효(五爻)에 자손효가 공망이 된 까닭이다.
오효(五爻)는 도로효요 가두(街頭)요. 자손공효는 자손피상 인즉 五효손공은 가두손효이라고 한다. 특히 백호등사가 오효손공(五爻孫空)이면 유혈액(流血厄)이 있다.

제 八 문 = 철로선상(鐵路線上)에 속우혈상(贖牛血傷)이라고 한 것은 무슨 원리인가?

답 = 五爻 申酉에 白虎 子孫空이 되는 탓이다.
왜냐하면 오효(五爻)는 도료효 신유(申酉)는 금인즉 금도로 (金道路)는 철도노선이 아니겠는가? 그리고 五爻는 소요 자손 (子孫)은 즉 새끼인즉 송아지가 아니겠는가? 그런데 그에 공

(空)을 맞아 피상(被傷) 되었은즉 이상과 같은 논법이다. 따라서 위와 같이 판단하게 된다.

제九문 = 식모(食母)가 상(傷)한다 또는 식모가 도주한다고 한것은 어떠한 원리인가?

답 = 육효(六爻)는 노복(奴僕) 즉 직공, 식모의 효요 공방(空傍)이라고 해석되므로 인하여 위와 같이 판단하게 된 것이다. 다시 말하여 육효(六爻)에 父가 붙으면 식모나 부모벌 되는 격이니 노식모다.

주작(朱雀)이 붙으면 그 식모가 말이 많고 등사가 붙으면 몸맵시는, 갈비씨고 후라이 기가 많다. 구진이면 그에 식모 뚱뚱한 체격이고 청룡이면 인격이 훌륭하다. 백호면 그에 성격이 좀 난폭하고 몸을 잘 다친다.

육효(六爻) 현무면 그 성격이 좀 음흉하다라는 식으로 해석할 수 있는 것이다.

제十문 = 파장축대(破墻築臺)라고 한 것은 어떤 원리인가?

답 = 육효(六爻)에 공망을 맞은 탓이다. 육효(六爻)는 축대 울타리에 속하고 공망은 파괴되는 까닭으로 어와같이 논(論)하게 된다. 고로 육효(六爻) 백호 문서 공망 이면 더욱 확율이 높다

제十一문 = 무덤을 옮긴다 또는 사초(沙草)를 하는 운이 있다고 하는 것은 어떤 원리인가?

답 = 육효(六爻)동 도는 육효(六爻)에 공망이 맞은 까닭이다. 즉 六爻는 조상 또는 분묘 효이다. 또한 동(動)은 발동이요 공망은 파괴로서 발굴을 뜻함이니 六爻동 六爻공망은 위와 같이 판단한다.

제十二문 = 상석 비석 또는 족보 문집(文集) 하는 것까지 어떻게 아는가?

답 = 육효(六爻)는 무덤 또는 조상이요 土는 土. 石. 세멘트요 동(動)은 발동이요 문서 또는 조상 문서가 동하는 글이다. 따라서 육효토(六爻土) 문서 등은 무덤에 돌을이나 조상 문서가 동하는 형상인즉 그것이 비석 상석 또는 문장 족보(조상글)가 아니겠는가 따라서 이와같이 판단한다.

제十三문 = 내환(內患)이 있는 것은 육효법상(六爻法上)으로 어떻게 아는가?

답 = 이효(二爻)에 土 문서가 동한 까닭이다. 이효(二爻)는 가모부(家母父) (家庭主婦)요 관은 화근(禍根)이면 관귀(官鬼)가 임한 까닭이다.

병(病)이다.. 그러니 이효(二爻) 관은 가정주부의 병이 아니겠는가? 따라서 이와같이 판단하게 된다.

제 十四 문 = 개가 나가거나 죽으면 내환(內患)이 면하게 된다는 것은 무슨 원리인가?

답 = 이효(二爻)는 주부 즉 처효가 되는 것인데 동시에 개의 병으로는 개효가 되는 것이즉 二효관은 처의 병인 동시에 개의 병으로도 해당되기 때문에 개가 죽거나 집을 나가면 주부의 액이 면하게 되는 것이다..

제 十五 문 = 五효는 아버지 즉 가장(家君, 父君) 효인즉 부친(家長, 戶生) 액이 있을때 육축(六畜)으로는 소(牛) 효인즉 소가 죽으면 그 가장의 액을 멸할 수 있다고 판단하게 되는가?

답 = 그렇다.. 당연한 이치다.

그리고 初爻는 소아 또는 닭인즉 어린 아이의 액이 있을때 닭도적을 맞거나 닭이 죽으면 어린 아이의액을 면할 수 있다고 판단하게 되는 것도 똑같은 이치이다.

제 十六 문 = 집에 괴성이 들린다는 것은 어떠한 원리인가?

답 = 이효 삼효(二爻 三爻)에 등사관(螣蛇官) 백호관(白虎官)이나 주작관(朱雀官)이 임하여 있는 까닭이다. 이효(二爻)는 부엌, 삼효(三爻)는 방이나 집터가 된다. 그런데 등사는 처한

것 백호는 흉한 것 주작은 지껄이는 것 관은 재앙이 되기 때문에 이효(二爻) 삼효(三爻)에 백호(白虎) 등사(螣蛇) 주작(朱雀)관이 임하면 집에는 공연한 인적기가 있다든가 또는 부엌에 솥이 쨍쨍하는 소리를 낸다든가 또는 어쩐지 무엇이 나오는 듯한 불쾌한 감상이 생기게 된다고 판단하게 된다..

제 十七 문 = 가정에 식구숫자를 아는 것은 무슨 원리인가?

답 = 五爻에 붙은 十二地支의 수(數)로서 안다. 즉 五爻는 인구수로서 식구숫爻가 되기 때문이다. 가령 五爻에 子는 三, 七, 九, 丑은 二四, 八, 十이요 寅은 三, 七, 九요 卯는 二, 四, 八이요 辰은 五, 十이요 巳는 二, 四, 八이요 戌은 五, 十이요 亥는 四, 六, 十이 된다. 만약 대가족 가정으로 그효의 극대수의 수를 초과할 경우는 그 극대수의 수에 소수 또는 중수를 합하여 보면 된다.

예를 들어 五효에 子사 붙었다면 그 수는 三, 七, 九인데 九는 극대수 七은 중수 三은 소수인 것인데 九가 초과하는 경우라면 九에 소수 三을 합하여 十二가 된다. 또 九에 중수 七을 합하여 十六이 된다. 또는 九에 대수 九를 합하여 一八이다라는 식으로 보게 되는 것이다..

제 十八 문 = 식구 출입이 빈번하게 있다는 것은 어떠한 원리

로서 아는가?

답 = 오효(五爻)가 발동한 탓이다. 즉 五爻는 식구효요 동은 발동인즉 五爻동은 식구발동이 있다고 판단한다.

제 十九 문 = 노봉도실(路逢盜失)이라고 한 것은 무슨 원리인가?

답 = 오효(五爻)에 현무관(玄武官)이나 현무형제(玄武兄弟) 또는 현무재공(玄武財空)이 있는 원인이다. 오효(五爻)는 도로효로서 가두(街頭)요 현무관은 도적지재(盜賊之財)요 현무형은 도적 탈재(奪財)요 현무재공망은 도적 재물 피상(被傷)은 도재, 재손(盜財, 財損)이 되는 형상으로 이와같이 판단하게 된다.

제 二十 문 = 가두처액(街頭妻厄)이라고 하는 것은 무슨 원리인가?

답 = 오효(五爻) 재(財)에 공망 또는 재에 등사 혹은 오효(五爻) 재에 백호가 임한 탓이다.
오효(五爻)는 가두(街頭) 즉 길거리이고 재는 처요. 공망은 피상이니 오효(五爻) 재공망은 노상처액(路上妻厄)형상이다. 그리고 五효재 등사는 노상에서 처가 불안한 상대요 오효재 백

호는 처가 흉액을 당하게 되는 형상이라고 판단한다. 특히 백호재에 공망이 五爻에 임하면 五爻는 노상 재공망은 피상 백호는 혈광(血光)으로서 이와같이 놓이면 노상에서 교통사고로 인하여 유혈지액(流血之厄)으로서 이와같이 五爻에 백호문서가 공망을 맞이면 부모가 노상에서 유혈액(流血厄)이 있으며 또한 五爻에 형제 백호공망이면 노상에서 형제가 유혈액(流血厄)이 있다는 등으로 판단한다.

제 二十一 문 = 돼지가 많다고 하는 것은 무슨 원리인가?

답 = 삼효(三爻)에 백호 등사 또는 주작이 붙거나 아니면 삼효에 공망이 임한 까닭이다.
즉 삼효는 돼지효요 백호는 혈광(血光)이니 돼지가 죽는 형상이요 등사는 허한 놈 즉 돼지 살이 찌지 못하는 형상이요 주작은 구설 고함치는 놈이니 꿀꿀 소리를 지르고 살이 찌지 못한 형상이요 삼효 공망은 돼지에 피상이 되는 형상인 까닭이다.
그리고 삼효에 청룡 亥수 자손이 임하면 삼효는 돼지요 청룡은 희열(喜悅)(吉神)으로서 경사요 亥수는 四, 六, 十수요 자손은 새끼인즉 이러한 경우는 돼지가 새끼를 네마리나 여섯마리를 낳게 된다고 해석하게 된다.
또한 목양(牧養)과 양잠(養蠶)은 四爻로서 잘되고 안되는 것

- 95 -

을 가리키면 된다.

또 농사는 구진효로서 구별하는 것인데 구진丑土에 공망이 임하였다고 하면 동북간 밭에 곡식 종자가 잘 안나오게 되고 間田에 播種이 可能이라고 하게 되는 것이고 또 구진未土에 공망이 임하였으면 西南間方 밭에 곡식 종자가 잘 안나오게 된다고 해석을 한다.

제 二十二 문 = 외화획득(外貨獲得)을 어떻게 아는가?

답 = 외괘(外卦)에 (四爻 또는 五, 六爻) 청룡재이나 백호재가 임하여 있는 탓이다.

외재(外財)는 타국재(他國財)요(혹 지방재도 됨) 청룡은 기쁨, 백호는 급속이므로 위와같이 임하면 희열, 타국재(喜悅 他國財)의 형상으로 판단하게 된다.

제 二十三 문 = 사주재소(四柱財少)에 비견 비겁이 태왕한데 재운이 오면 부자가 되는 것이 아니겠는가?

답 = 그럴듯한 이론이다. 그러나 실지현상은 그와 반대로 패한다. 그리고 재소(財少)에 재년이 오면 그 비견 비겁(比肩 比劫)이 달려들어 쟁재(爭財)하기 때문에 큰 실패르 보는 것이다.

庚申 生月 午火財 하나에 年之申宮 壬水 月上 壬水 日

壬午 支子中癸水로서 재소비견 태왕(財少比肩 太旺)으
壬子 로 丙戌, 丁亥年에 토지몰수(土地没收) 당하였고
己酉 丙申 丁酉年에 모두 재물실패(財物失 敗)를 많이 보았던 사주이다.

이런 해에 자신보다도 그의 처가 손재를 보인다든가 타인에 의해서 탈재(奪財)되는 수가 많다. 이런 때에는 처재이재 손실중중(妻財理財 損失重重)이라고 하면 잘 맞는다.

제 二十四 문 = 그러면 비견 비겁(比肩 比劫)은 아주 나쁜 것이 아니겠는가?

답 = 그런 것이 아니다. 이의 질문은 나의 형제간은 나 혼자 만을 부모유산을 가르게 되니 형제는 나쁜 것이 아니겠는가 질문과 꼭 같다.

그러나 재산에는 비견 비겁(比肩 比劫)(兄弟)이 탈재(奪財)가 되지만 어려움에 처하였을 경우는 비견 비겁(比肩 比劫)이 오히려 협조가 된다는 것과 같이 신약(身弱)한 (日主弱) 때에는 크게 도움이 되는 것이다.

살인상정(殺刃相停)은 바로 이 비겁(比劫)을 말하는 것인데 (比劫은 刃 즉 羊刃인 것이다.) 크게 귀히 되는 것이다.

일명. 합살위귀(合殺爲貴)(合殺은 比劫이래야 된다)라고 한다. 계선편(繼善篇)에 庚得壬男이 制丙火인데 化長年甲이 을매(乙妹)로 처경(妻庚)하니 흉위길조(凶爲吉兆)라.

이 글을 해석하면 庚金이 자기 아들을 시켜 丙火를 제(制)하려고 하는데 甲木이 생각하니 자기아들 丙火가 壬水에 상(傷)하게 됨을 깨닫고 자기의 여동생 乙木으로 하여금 그 주동자인 庚金의 妻로 (乙木은 庚金의 正財이니 正妻이다) 안겨주니 그 사건은 원만하게 해결하여 흉화길조(凶化吉兆)가 되는 것이다.

이것 역시 합살위귀(合殺爲貴)인데 이런 경우를 병법(兵法)에서는 미인계라고 말한다. 따라서 간단히 말하여 비견 비접(比肩 比劫)이 신왕재소(身旺財少)에서는 탈재(奪財)신약사주(身弱四柱)에는 방조(幇助)가 되는 것이다.

제二十五문 = 재다신약(財多身弱)에 사주인약(四柱印弱)인 경우 인수년(印綬年)이 오면 크게 성공하는 것이 아닌가?

답 = 천만의 말씀이다. 수표부도(手票不渡)나고 패가(敗家)한다.

왜냐하면 미약한 인수(印綬)가 인수년(印綬年)을 만나서 인수(印綬)를 믿다가 그 재(財)를 감당못하고 마는 형상이되어서 인수(印綬)즉 문서(財物文書)는 手票證券例로서 부도나고 집문서 빌려주었다가는 집 날아가게 되는 것이다.

제二十六문 = 인수격국(印綬格局)으로 이루어진 사주가 재년(財年)을 만나면 탐재괴인(貪財壞印)이 되어 크게 재물을 탐내어 印이 파괴되어 수뢰죄(收賂罪)에 걸리게 되는것이 아니겠는가?

답 = 원칙적으로는 그러나 그렇지 않은 특례가 있다. 예를들면 다음과 같다.

甲子
乙亥
甲子
戊辰

이 경우는 지지에 亥子子 辰子子로 전부 水木이 태왕하여 무근(無根)이 된다. 분명 인수가 된다 분명 인수격국(印綬格局)이나 이러한 경우는 財가 되는 그 운 또는 그 연에 대성공하게 되는 것이다.

인수시결(印綬詩訣)에 이르되 목봉임계(木逢壬癸)가 수표류(水票流)인데 일주무의(日主無依)(根)에 망도추(罔度秋)라 세운(歲運)에 약봉재왕처(若逢財旺處)면 흥화위길우왕후(凶化爲吉遇王侯)라 탐재괴인(貪財壞印)이 막언흉(莫言凶)하소 참상(須要參詳)이면 묘리통(妙理通)이라.

이 글을 해석하면 木日主가 亥子가 많으면 亥中壬水 子中癸水로서 壬癸水가 汪하여 木은 무근지목(無根之木)으로서 뿌리를 못받고 등등 뜨게 되는데 이런 경우 세운(歲運)에 (年運, 大運) 재(財)가 되는 토(土)를 만나면 (戊己年) 왕수(汪水)를 제어(制

禦)하여 부목(浮木)을 방지하게 된다. 고로 인수(印綬)에 적(敵)이 되는 재(財)가 오히려 나에게 은인이 되어 흉화위길(凶化爲吉)로 높이 벼슬하게 되는 것이다. 그러니까 탐재괴인(貪財壞印)이라 무조건 흉하다고 단정을 내리지 말아야 한다.

제二十七문 = 사주 상관격국(四柱 傷官格局)이 되면 일주도기(日主盜氣)(傷官 食神)은 日主가 生하여설기(洩氣)되는 것이므로 그 기를 도적질 한다하여 (甲日丙火는 식신(食神)이 있는데 인수운(印綬運)이 오면 크게 성공하게 되는 것이 아닌가?

답 = 그 설기(洩氣)의 정도 또는 성질의 문제에 따라 생사문제가 달라진다.

이를 구체적으로 예를 들면 다음과 같다.

癸亥
癸亥
甲寅
丙寅

이 경우는 가상관격(假傷官格)으로 시상병화(時上丙火)를 용신(用神)하는데 (甲日丙火는 식신(食神)이지만 총총 상관(總忩 傷官)이라고 함) 이사주에 壬癸水 인수년(印綬年)을 만나면 도리어 대성공은 고사하고 대패하게 된다는 사실이다.

즉 인수(印綬)되는 年月 癸水의 정을 듬뿍 받고 점량지절(漸

涼之節)에 丙火가 조후(照侯)하는 한편 설기를 잘 하니 목화통명(木火通明)으로 대길한데 그만 壬癸水運을 만나면 그 설정하는 丙火 구멍을 꽉 막아치는 것이 되어 마치 배가 잔뜩 부르게 밥을 먹은 사람이 방귀구멍을 틀어막는 형상이 되어서 큰 고통을 받게 되는 형상이다. 이런 경우를 명리학상의 술어로서는 가상관(假傷官)에 봉인수운(逢印綬運)이면 파료상관:破了傷官)하여 손수원(損壽元)이라고 말하는 것이다.

이 경우는 가상관병정년(假傷官丙丁年)에 대성공(大成功)하게 된다. 이와같이 가상관 격국(假傷官 格局)에 대운(大運)이 인수(印綬)가 되고 또다시 연운(年運)이 인수(印綬)가 되면 그 때는 손수원(損壽元)(죽는것)하게 된다. 또다시 예를 들면,

丁未
丙午
甲子
壬申

甲日生人이 午月에 丙丁상관(傷官)이 투출(透出)하고 지지(地支)에 午未火局을 이루어 진상관(眞傷官)이 분명(分明)하고 시상(時上)의 壬水가 지지(地支) 申金에 장생궁(長生宮)을 얻고 申子長水局을 이루며 時上 壬水로 조후용신(照侯用神)하는데 이 사주는 인수(印水)되는 壬癸水 연운(年運)을 좋아하게 되므로 인수년(印綬年)에 크게 성공하게 된다. 이격에서 大運 丙丁 혹은 寅午戌 年運 丙丁火가 오면 필사(必死)한다고 기록되어 있다.

신봉서(神峯書) 명리정종(命理正宗) 상관(傷官) 식신격(傷官 食神格)에서 이르되 정위 가상관(正謂 假傷官)에 인운(印運)이 오면 필사(必死)하고 진상관(眞傷官)에 행상관(行傷官)이면 필멸(必滅)이라 여갑을목(如甲乙木)이 견사오미월(見巳午未月) 상관(傷官)은 설기태심(泄氣太甚)인데 재행(再行) 인오술(寅午戌) 화운(火運)이면 설목정영(泄木精英)이 태심(太甚)하여 안득불사호(安得不死乎)아!

서운(書云)하되 목작비회(木作飛灰)에 남아요수(男兒妖壽)라고 기록(記錄)되어 있다. 이 상관격(傷官格)에서는 진상관(眞傷官), 가상관(假傷官), 상관용인(傷官用印), 상관용겁(傷官用劫), 상관용재(傷官用財), 상관유제(傷官有制), 상관(傷官)이 불견관(不見官) 또는 목화상관(木火傷官), 금수상관(金水傷官), 수목상관(水木傷官), 화토상관(火土傷官), 토금상관(土金傷官) 등 복잡하게 분류(分類)하고 있는데 이것은 연해자평(淵海子平) 시결(詩訣)에 서 이르되 격국(格局)이라고 천변만화(千變萬化)하니 추진용심기(推盡用心機)하라고 하였으니 격국(格局)을 추리할 때는 정신을 바짝 차리고 보아야 한다고 하였다.

제二十八문 = 여명(女命)이 관약상관다(官弱傷官多)의 경우 관운(官運)이 오면 관왕(官旺)하여 부주증영부주증영(夫主增榮영)하게 될 것이 아니겠는가?

답 = 그렇지 않다. . 도리어 과부되는 것을 많이 경험하고 있

다. 상관(傷官)이 많으면 관(官)을 치는 병정(兵丁)들이 잔뜩 무장하고 임전태세를 갖추고 있는 형상인데 관운(官運)이 오면 번듯 나타나는 형상인데 그대기하고 있던 상관(官)(男便)이 일시에 집중공격하여 그 관(官)이 상하게 되므로 (傷官)들은 일시에 집중공격하여 그 관(官)이 상하게 되므로 (傷官=傷夫)인(因)하여 상부(傷夫) 다시 말하여 과부가 되는 것이다.

따라서 관소상관왕격(官少傷官旺格)에 상관년(傷官年)보다 도리어 관살(官殺)(遍官. 正官)년(年)에 상부(傷夫)하는 것을 많이 보고 있다. 물론 관(官)과 상관(傷官)이 대등될때에 관살년(官殺年)은 부주증영(夫主增榮)하는 것이 사실(事實)이다.

제二十九문 = 여명(女命)에 다관제약(多官制弱)인 경우 관년(官年)이 오면 어떻게 되는가?

답 = 이별하게 된다. .

관(官)은 남편인데 많은 남편을 제(制)함이 적은 중에 또다시 남편년운(男便年運)이 오게 되면 다관성(多官星)이 되어 다른 남편을 따라 집을 나가게 될 것이 아니겠는가? 따라서 신봉서(神峯書) 명리정종(命理正宗) 연경론(涓涇論)에서는 이렇게 말하고 있다. 관살(官殺)이 다시 관살운(官殺運)이나 관살년(官殺年)을 만나면 이별하는 법이라고 하였다. . 관성이 부행관운이면 경파재분이라. . (官星이 復行官運이면 鏡破釵分이라)

〈예〉

甲子
戊寅
庚午
乙亥

이 사주는 年干 甲木 日支寅中 甲木時上乙木 時支 亥中甲木으로서 다관성(多官星)인데 그 木을 제(制)하는 金星은, 庚金은 乙亥 단하나 밖에 없어 정위(正謂 多官制弱)이 되는데 甲乙年을 만나면 관성(官星)이 부행관운(復行官運)이 되어 거울을 깨고 비녀를 꺾어 이별의 눈물을 흘리게 되는 것이다.

제三十문 = 七殺은 나를 제(制)하는 놈으로서 나에 구적(仇敵)이 되는 것인즉 그 칠살(七殺)은 무조건 제거하여 없애는 것이 좋지 않겠는가?

답 = 그렇게 단순히 생각해서는 안된다.

계선편(繼善篇)에서 말하기를 칠살(七殺)은 희제복(喜制伏)이나 불의태과(不宜太過)라고 말하였다.

이 글을 해석하여 보면 칠살(七殺)은 나를 치는 놈이니 그놈을 제어하는 것은 마땅히 기쁜 일이나 그렇다 하여 너무 태과(太過)하게 제거하면 오히려 좋지 않다는 뜻이다. 이것을 비유하여 말하면 나를 치러 오는 놈은 제외하여 이용하는 것은 가능하나 아주 죽여버리면 나를 치러쓴다는 뜻이다. 예를 들면 다음과 같다.

丙申
辛丑
庚辰
庚辰

이 四柱는 고(故) 이기붕 선생(李起鵬 先生)의 四柱인데 丑月 십냉동지시(甚涼凍之時)에 신왕(身旺)으로서 연상(年上) 丙火를 용신(用神)하게 되는데 동월(亥子丑月) 水月이 되고 그 지지(地支)에 수장생(水長生)되는 申金이 되어 金生水로서 丙火가 심히 약(弱)하여 제과(制過)되고 있다.

亥子月에 이 사주는 금수상관(金水傷官)에 丙丁火가 약(弱)하여 혹수서생(皓首書生)으로 빈유(貧儒)의 격(格)인데 다행히 丑月로서 寅月로 향양(向陽)하여 나가고 丙火투출(透出)하여 쓰게 되는 것인데 병(病)이 든 丙火가 大運 丙午 丁未運에 火를 만나 일발여뢰(一發如雷)하여 당당히 일국에 第二人者가지 되었던 것인데 오언독보(五言獨步)에 이르되 四柱에 유병(有病)이래야 방위귀(方爲貴)라. 이 사주의 경우 丙火가 地支 수장생궁(水長生宮)의 임수제(壬水制)를 받아 심히 미약하다. 이런 경우 丙火를 유병지화(有病之火)라 한다. 戊申大運에 중운(中運)에 들어 丙火를 제(制)하게 되고 年運 庚子年이 되자 申子 水局이 되어 또다시 극병화(剋丙火)하게 되니 정위칠살(正謂七殺)(庚日에 丙火는 七殺)은 희제복(喜制伏)이나 불의태과(不宜太過)하여 불록(不祿)(世上을 下直)하는 것이다. 이와같이 칠살(七殺)이 제과(制過)하게 된 것이다.

-100-

過)되었을 때에 또다시 그 칠살(七殺)을 제(制)하는 대운(大運)이나 세운(歲運)이 오면 이것을 명리학상(命理學上) 진법무민(盡法無民)(法이 진하여 백성을 잃는다)이라고 하게 되는데 실권(失權)하고 부하(部下)(子孫도 部下와 같음)에 철퇴(鐵鎚)를 맞아 죽는다는 것이다.

이 사주는 너무나도 명리학상에서 논술한 글에 추호도 어김없는 격이다.

혹자(或者)는 이 사주가 庚辰日 괴강(魁罡)으로서 또 시간에 庚辰 괴강(魁罡)을 만나 대권을 잡았던 사람도 있으나 그것은 너무나 단면적인 격에만 격국(格局)을 종합해 보지 않는 것) 치우친 것이다.

괴강격시결(魁罡格詩訣)에는 이렇게 기록되어 있다. 괴강사일(魁罡四日)(庚辰 庚戌 壬辰 壬戌)이 최위선인데 첩첩상봉(疊疊相逢)이면 장악대권(掌握大權)이라고 하였다.

제三十一문 = 여자의 사주인 경우 진법무민년(盡法無民年)은 어떠한가?

답 = 흔히 비명(非命)으로 간다. 다시 말하여 음독 기타의 사고로 사망하거나 상부(傷夫)하기 쉽다.

제三十二문 = 남자의 경우 가상관격(假傷官格)을 제외한 상

관격국(傷官格局)이 세운(歲運)에 상관년(傷官年)을 만나면 어떠한가?

답 = 남자의 경우 官은 아들 딸로서 상관(傷官)은 상자녀(傷子女)가 되어 자녀에 대한 비운을 당하게 되는 동시에 또 상관(傷官)은 군관장(郡官長)을 극(剋)하는 형상이 되어 이하 범상(以下 犯上)으로 형벌을 받게 되는 관재나 송사가 많이 일어나게 되고 또는 도기(盜氣)가 되어 도난, 신병, 공포 등의 사고가 발생하는 것을 각별히 명심하여야 한다. 그러므로 상관년(傷官年)이 오면 가상관(假傷官)을 도리어 좋아하는 데도 불구하고 무조건 상관년은 나쁘다고 해도 아마 十에 九할(九割) 가까이 적중하게 된다는 사실이다. 우리나라 역술계에서 가장 유명하였던 고 이명학 선생님이 상관년(傷官年)이라면 게도 무서워하고 싫어하시다가 자신이 상관년에 작고(作故)하신 웃지못할 사실이 여기에도 있었다는 사실이다.

제三十三문 = 도대체 도식년(倒食年)이란 무엇이며 어떠한 작용을 하는가?

답 = 가령

甲子

壬申

甲子

甲子日이라면 甲日 식신은 시상 丙화인데 月上 壬上 壬水 편인이(甲一對 壬水는 편인임) 시상의 丙火를 극제한다. 즉 식신을 타도한다. 따라서 이런

丙寅 경우 壬水를 도식운(倒食運)이라고 하는데 글자 그대로 식록이 타도되어 밥그릇이 뒤집혀지는 형상으로 실직되고 파가한다. 사주에 식신이 있는 편인은 도식이라고 하고 식신이 없는 사주격국은 편인이 와도 그대로 편인이라고 호칭하며 도식작용(倒食作用)이 나타나지 않는다.

제三十四문 = 겁재왕재소격(劫財旺財少格)이 재년(財年)을 만나면 재물로는 군비쟁재(郡比爭財)로 대패가(大敗家)한다고 하였는데 손재가 없으면 인사상으로는 어떻게 되는가?

답 = 재물상으로는 시상편재(時上偏財)(꼭 時偏財가 아니고 正偏財도 해당된다)가 우겹성(遇劫星)이면 전원(田園)이 파진(破盡)에 고환빈(苦還貧)이라 손처상첩(損妻傷妾)에 다조욕(多遭辱)하니 식불상자(食不相資)가 곤재진(困在陳)이라고 하는 이 글을 해석하면 사주재소(四柱財少)에 비견비겁다(比肩比劫多)에 다시 비견비겁운(比肩比劫運)을 만나면 논, 밭다 팔아 먹고 고생과 빈곤으로 돌아간다.

그리고 처첩을 이별하거나 또는 처첩이 상하여 (죽는것) 욕(辱)을 봄이 많은데 그 식생활은 옛날 공자님이 진나라에서 七일동안 식량이 없어 끼니를 건너뛴것과 같이 생활에 어려움이 많다고 연해자평 시상편재격 시결에 기록되어 있다.

내가 경험한 결과 이 경우의 견겁(肩劫)연도(年度)를 만나면 처첩이 안살겠다고 도주함이 많아 처첩을 찾아 헤매는 일이 많고 붙들면 죽여버린다는 말을 꼭 하게되며 사랑의 복수를 하려고 하는 것을 경험하고 있다.

제三十五문 = 사주 재격국(財格局)에 재관년은 재관이 더욱 강하여 더 큰 부귀를 누리게 되는가?

답 = 사주 성질에 따라서 다르다. 신왕재관약(身旺財官弱)인 경우 재관년이 오면 물론 부귀를 누리게 되지만 신약(身弱)(日主弱)한데 재관이 왕한 경우에 또 재관년이 오면 재생살(財生殺)하여 신병 또는 기타의 재앙이 일어나게 되니 그 화(禍)가 일어남이 한두가지가 아니다.

제三十六문 = 인수격국(印綬格局) 사주에 관운이 오면 좋은가?

답 = 사주 성질에 따른다. 그러나 대체적으로 좋다. 인수시결(印綬詩訣)에 이르되「월봉인수(月逢印綬)가 희관성(喜官星)인데 운입관향도(運入官鄉道)에 복필청(福必清)」이라고 하였다.

제三十七문 = 寅卯巳午未月 庚寅日生 庚午日生 庚戌日生 辛卯日生 辛巳日生 辛未日生이 다시 甲乙寅卯 대운이거나 또

는 丙丁巳午 寅戌 대운을 만나고 또다시 甲乙年이나 丙丁年을 만나면 사주 재관왕격이 다시 재관운에 재관년을 만나게 되는 것인데 이때는 어떻게 되는가?

답 = 十이면 八. 九 죽는것을 보게 되는데 흔히 혈병(피를 토하거나 심장마비) 고혈압, 장병으로 급사하는 것을 많이 보고 있다.

제三十八문 = 여자 사주에 상관 식신이 미약한데 인수운을 만나면 어떠한가?

답 = 여자 사주에 상관 식신은 자식이 되는데 인수(印綬)는 상관 식신을 극제하는 것이므로 아들이나 딸이 상하게 되는 형상 인즉 그 자손의 액이 일어나게 된다.

그리고 상관이 미약하고 인수가 태왕한데 상관운을 만나도 역시 자녀액이 있다. 이것은 앞에서 설명한 바 있다. 여자 사주에 관살이 미약한데 상관태왕격(傷官太旺格)에 관년(官年)을 만나면 과부가 많이 되는 것을 볼 수 있는 것과 같다.

제三十九문 = 여자가 경조(經調) 피가 마르는 것은 어떠한 연도이며 무슨 원리인가?

답 = 庚辛日生人이 사주 지지에 화국을 놓고 다시 丙丁 화년에 일어나며 그 원리는 다음과 같다. 여자 사주에 庚辛日生이

지지에 화국이 왕한데 丙丁 화년을 만나도 또는 甲乙목운을 만나서 生火할때에 일어나는 현상인데 이것은 금약(金弱) 이 우화 재지지(遇火災之地)에 혈병이 무의(無疑)ㄴ하는 글에 기인하며 庚日生에 火官星은 피이며 또 건조하는 성격을 가지기 때문이다.

그리고 水不足(壬癸亥子)하고 화왕사주(火旺四柱)는 본래 침이 잘 마르는 것인데 특히 丙丁火年을 만나면 입안이 조(燥)하여 애태우게 된다. 이런 사주 주인공은 식이요법으로 물많은 과일이나 채소를 많이 섭취함이 좋다.

제四十문 = 여명(女命)에 혼인이 다 되었다가도 또 파혼이 잘되는 것은 어떠한 해를 만난 탓인가?

답 = 여자의 혼사문제는 주로 관살로 남편을 삼기 때문에 관살이 미약할때 그 관살을 극제하는 상관식신격 또는 관살이 앗는 비견 비겁년이나 상관 태왕에 관살이 심히 부족한 사주가 관살년을 만나면 파혼이 잘 된다는 것이다.

제四十一문 = 남자사주에 인수나 비견 비겁이 많고 재성이 미약한 사주가 견겁(肩劫)이 태왕한데 인수년을 만나면 어떠한가?

답 = 처의 질환이나 또는 이별함이 많다. 다음과 같다.

癸亥   이 사주는 己未대운 丙申년에 처와 이별하였다.
壬戌   이는 군겁쟁재(郡劫爭財)가 된 원인이다. 시결(
己未   詩訣)에 보면 군겁쟁재(郡劫爭財)는 손처파재(損
戊辰   妻破財)라고 예시되어 이를 실증하고 있다.

제四十二 문 = 육효상(六爻上)으로 말고 사주 육친법상으로
  신축결사(辛築結社)는 어떠한 해에 잘 이루어 지는가?
답 = 인수년(천간 지지의 인수를 말함)에 이루어 진다. 예를
  들어 甲乙생에는 壬癸년 또는 亥子년에 丙丁일생에는 甲乙년이
  나 寅卯년운에 신축결사를 하게 된다.

그 이유는 인수(印綬)는 인장(印章) 나의 생신기점(生身起
點)을 말하는 것인데 나의 생신기점(生身起點)은 어머니에서부
터 출생되므로 인하여 어머니를 인수라고 하게 되는 것이고 다
음 자라서 생활기점은 주택에서 이루어지기 때문에 집을 인수
(六爻書에서는 父田 또는 文書라 칭함)로 하는 것이기 때문이
다.

하지장(何知章)에서 말하되 하지인가 옥수신(何知人家 屋守
新)이 부입청왕상진(父入靑旺相眞)이라 하여 부 즉 부모, 다
시 말하여 인수를 가옥에 주로 한것도 내가 말한 이상의 원칙에
서이다.

제四十三 문 = 군신불화(君臣不和)란 무엇이며 어떠한 형상
이 일어나는가?
답 = 일주에서 년도를 극하는 편재년을 말한다. 예를 들어 甲
  木일생이 戊土 세군(歲君)을 (年度) 극하고·을목일생이 기토세
  군을 극제하는 등이다.

즉 일주는 신(臣)이 되고 연도는 세군이 되어 신(臣)이 군(君
)을 치는 형상이 되니 군신불화(君臣不和)라고 하게 되는데 가정
주부에 또는 부자간에 사제간에 사회 상하간에 시비하거나 충돌
함이 많게 된다. 고로 이 편재년(偏財年)은 항상 참을 인자를
잘 생각하여 처세할 것이다.

제四十四 문 = 직업상 신상 가정상 큰 변동이 일어나는 것은
어떠한 해에 일어나는가?
답 = 그것은 대운 또는 중운(中運)에서 일어난다. 예를 들면
一운이라고 하면 十一, 二十一, 三十一, 十一, 五十一, 六
十一식으로 대운이 십년간의 중간 즉 五년에 한번씩 대하여 중운
(中運)은 십년간의 중간 주기적으로 변동한다는 것인데 대하여
것이니 예를 또 들면 一~十一사이의 중간인 六세, 十一세에서
二十一사이에 十六식으로 二六, 三六, 四六, 五六, 六六세 되는
해에 중간운이 같아들때 이에 따라서 직업상 신상 가정상 큰 변
동이 일어나게 된다. 이것은 사주의 결과가 육친에 대하여 대
서이다.

략을 문답하였고 이하는 일지 또는 지지국(地支局)으로 관계되는 연도와 기타의 문제에 대하여 역시 문답식으로 기술코자 한다.

제四十五문 = 子年生人이 子年 丑年生人이 丑年식으로 출생년지와 세국년지가 같이 오면 나쁘다고들 하는데 그 이유는 무엇인가?

답 = 이것은 복음법(伏吟法)이라고 하는 것이고 그밖에 子年生人이 午年 丑年生人이 未年식으로 출생한 해를 반음(反吟)법이라고 하는데 이것은 큰 영향을 받지 않고 있다. 그리고 혹자는 이 문제를 생년지(生年支)로 보지 않고 일주를 기준하여 가령 子日生人이 子年이 오면 복음년(伏吟年)이라고 하는데 이것은 생년지를 기준하여 보는 것이 적중율이 많다고 하는 것을 경험하였다.

제四十六문 = 지지상으로 어떤 연도에 관재, 수술병, 기타의 사고가 많이 일어나겠는가?

답 = 일지에 형(刑)이 닿는 해이다.

예를 들면 子일생인이 卯年, 丑일생인이 戌未年, 寅일생인이 巳申年, 卯일생인이 子年, 辰일생인이 辰戌年, 巳일생인이 寅申年, 午일생인이 辰午年, 未일생인이 丑戌年, 申일생인이 寅巳年, 酉일생인이 酉卯年, 戌일생인이 丑戌未年, 亥일생인이 亥巳年에 잘 일어난다.

제四十七문 = 혹자는 십이신살(十二神殺)을 통하여 가령 申子辰생이 亥年을 만났을 경우 망신해가 되어 크게 패가망신한다고 보는데 사실인지요?

답 = 이유가 있다고 본다. 그러나 나는 이것을 전적으로 중시하지 않는다. 그러나 부적쓰고 살풀이 하는 술자들은 구실로 삼는 것을 볼 수 있다.

제四十八문 = 구(句) 교신(絞神)이란 무엇이며 어떠한 작용이 일어나는가?

답 = 구(句)라 함은 구신(句神)을 말함인데 즉 명전사위(命前四位)이다.

예를 들면 子年生人이 卯年 丑年生人이 辰年 寅年生人이 巳年식으로 세운을 만나는 것을 말하는 것이고 교(絞)라 함은 교신(絞神)을 말하는 것인데 예를 들면 子年生人이 酉年 丑年生人이 戌年, 寅年生人이 亥年, 卯年생인이 子年 식으로 세운에 만나는 것을 말하는 것인데 그 작용에 있어서는 집설(集設)이라는 글에서 말하기를 이것을 만나면 재앙이 항상 일어나며 특히 상신(傷身) 하거나 퇴재(退財) 당하게 되며 구신(句神)운에서는 납치 포로 당하는 것을 많이 볼 수 있다.

그리고 조미론(造微論)이라고 하는 글에서는 구신과 교신에(句神과 絞神) 삼형살이 가세하면 빈조편배(頻遭偏配)(이것은 재혼하거나 작첩하는 것을 말한다) 당한다고 하였다.

제四十九문 = 여자가 결혼하는 것은 지지면(地支面)으로만 볼때에 어느 해에 당는가?

답 = 화개(華蓋)나 三合되는 해 또 三合의 중간자를 충하는 해에 많이 출가하게 되고 또한 양여(陽女)는 양년(陽年) 음여(陰女)는 음년(陰年)에 많이 간다. 예를 들면 양여는 寅午戌에 화개(華蓋)는 戌인고 령년이 경술년이나 인오술 삼합의 중간자를 충하는 자년을 말한다.

그러나 이미 시집을 갔다면 양생(陽生)은 양년(陽年)으로라는 법칙에 의하여 二十三歳 戊申이 된다.

그러나 이것은 사주적으로 대운과 관살년을 참작하여 조혼될 것이냐 만혼될 것이냐를 가리고 년운(年運)의 관살 합중을 가려서 단정을 하여야 한다.

제五十문 = 지지상으로만 볼 때에 어느 해 자손을 낳게 되는가?

답 = 이 문제도 보는 방법이 세가지가 있는데 첫째도 사주의 관살 영허(盈虛)(왕상. 후수)와 대운 흐름에 관살관계를 가려서 보는 법이고. 둘째도 앞에서 말한 바 있는 六爻에서 자손이 동함으로서 보는 방법이 있으며 세째로는 다음과 같다.

①年支를 상괘(上卦)로 하고 ②月支를 하괘(下卦)로 하여(先天數法으로 함) 무슨 괘라는 것을 얻은 다음 자손효가 붙어 있는 爻의 수(數)로서 아는 법인데 가령 申生하면 子에서 부터 申은 九번째가 되므로 九극天이요 이것은 다섯번째가 되고 다음 午月이라면 寅月(正月)로 午月은 다섯번째가 되므로 오손풍(五巽風)이 되어 하괘(下卦) 풍이 합하여 천풍구(天風구卦)가 된다.

그런데 천풍구괘(天風구卦)의 子孫爻는 二爻에 亥水가 되는 데 亥는 四. 六. ○이된다. 따라서 二六. 四○. 四十六歳에 자손태기(子孫胎氣) 또는 출생이 있게 된다는 것이다.

그리고 남자의 결혼하는 해도 한가지로 해석하지만 대개는 三合年 반안(攀鞍)년 당는 해에 결혼함을 보고 있다.

즉 丑은 二. 四. 八. ○ 寅은 三. 七. 九 卯는 六. 八. 二 辰은 五. 七. ○ 三 巳는 四. 八. 二 午는 三. 七. 九 一 未는 二. 四. 八. ○ 申은 一. 三. 七. 九 酉는 四. 六. ○ 戌은 五. 七. ○ 三 亥는 四. 六. 八에 해당한다. 이곳에서 영은 三○. 四○의 예를 든 것이다.

제 五十一 문 = 해외출입은 지지상(地支上)으로 볼때에 어느 해에 닿게 되는가?

답 = 양역마(陽驛馬) 양지살(陽地殺)은 양년(陽年), 음역마(陰驛馬) 음지살(陰地殺)은 음년(陰年)에 가게 되는 것이다.

본래 역마(驛馬)나 지살(地殺)은 인신사해(寅申巳亥)에 해당되는 것인데

인역마(寅驛馬)나 인지살자(寅地殺者)는 인오술년(寅午戌年) 해여마(亥驛馬)나 해지살(亥地殺)은 유해자묘미년(酉亥子卯未年),

사역마(巳驛馬)나 사지살(巳地殺)은 사유축년(巳酉丑年), 신역마(申驛馬)나 신지살(申地殺)은 신술자진년(申戌子辰年)에 해외출입함이 있게 된다.

제 五十二 문 = 그러면 해외(海外)에 나갈 수 있는 역마지살(驛馬地殺)을 일견요연(一見瞭然)하게 기술하여 줄 수 없는지요?

답 = 이를 자세히 설명하면 다음과 같다.

㉠ 申子辰年日生에 寅, 寅午戌年日生에 申, 巳酉丑年日生에 亥, 亥卯未年日生에 巳

㉡ 申子辰年日生이 重見寅, 寅午戌年日生이 重見申, 巳酉丑年日生이 重見亥, 亥卯未年日生이 重見巳, 申寅巳亥에 日生이 각각 다른 곳에 重見 안하고도 海外에 出入하는 수가 많

㉢ 다

亥年 申日又는 申年 亥日生
寅年 亥日又는 亥年 寅日生
巳年 寅日又는 巳日寅年生
巳年 申日又는 申日巳年生
巳年 申日又는 申日巳年生
亥子丑年 甲乙日生
亥子丑月 壬癸日生 이상과 같이 놓인 자는 반드시 海外出入이 있다고 본다.

제 五十三 문 = 사람들은 모두 합년(合年)을 좋아하고 충년(沖年)을 좋아하는데 귀하(貴下)도 그렇게 보는가?

답 = 이것은 어디까지나 원칙론에 불과한 것이다. 때에 따라서는 그와 반대(反對)되는 특별예(特別例)가 있다. 그것은 무엇인가 하면 사언독보(四言獨步)에 말한 바와 같이 재관임고(財官臨庫)에 불충불발(不冲不發)인데 사주지지(四柱地支)에 희형상합(喜刑相合) 운운하여 잡기재관격(雜氣財官格)에는 충(冲)을 만나지 못한다면 발(發)하지 못한다 하여 사주에 충(冲)이나 유년(酉年)에 충(冲)을 대단히 좋아하는 것이고 또 甲子時는 요사격(子遙巳格)으로서 巳中의 戊土로서 戊癸合으로 연애를 (멀리 동경하는 것)

하는데 그 巳中에 戊土와 같이 있던 丙火는 그들이 사랑하는 것을 차마 보고만 있을 수 없어 출동하여 酉官 辛金을 찾아 丙辛合을 출동시키니 辛金은 甲子日 正官이라 그리하여 귀(貴)로 작용하게 되는데 그 甲子日 甲子時의 子와 合이 되는 丑이 있으면 子丑合에 탐이 나서 요사(遙巳)를 하지 않으므로 귀성(貴星)을 발동시킬 수 없어 이것을 대단히 싫어한다. 축요사격(丑遙巳格)이나 비천록마격(飛天祿馬格) 등은 모두 사주합이나 유년에 합을 싫어하는 것이다.

제 五十四 문 = 지지적(地支的)으로만 보아 부모상(父母喪)은 어떤 해에 당하게 되는가?

답 = 父는 재성(財星)이 입묘, 절(入墓, 絕)에 해당하는 해에 당한다. 예를 들면 병정일생(丙丁日生)의 재(財)는 경신금(庚辛金)이요 금(金)이 입묘(入墓)하는 丑이 되고 절(絕)하는 해는 寅이 되어 丙丁日生은 丑寅大運이나 丑寅年 당는 해는 인수가 묘, 절(墓, 絕)에 해당하는 연도에 혼히 부모의 상을 당하는 것을 볼 수가 있다.

그리고 무일생(戊日生)은 인수가 丙火인데 火는 申에 병이 되는바 申中壬水 장생(長生)으로 인수(印綬)의 살지(殺地)가 되니 묘, 절(墓, 絕)보다 병되는 申年에 모상

(母喪)을 당하는 일이 많이 일어나는 것을 본다. 그리고 삼재가 닿는 해에 많이 부모상을 당하는 것을 보게 된다. 이와 같이 육친(六親)과 대운을 잘 살피고 또 육효괘(六爻卦)의 상문 조객(喪門 吊客) 부모효의 공망 등을 참작하여 단안을 내려야 한다.

제 五十五 문 = 삼재(三災)란 무엇이며 또 어느 해에 닿으며 그것을 어떻게 생각하는가?

답 = 삼재(三災)란 天災, 人災, 地災의 세가지 재앙(災殃)을 말하는 것이다.

천재(天災)란 수재(水災), 한재(旱災)를 말하고 인재(人災)는 흉인상종(凶人相從), 관재(官災)를 말하며 지재(地災)는 지역적으로 일어나는 환경의 재앙을 말함이다.

혼히 삼재팔난(三災八難)이라고들 하는데 삼재(三災)는 위의 해설과 같고 팔난(八難)이란 다음과 같다. 군위난 신위난(君爲難 臣爲難) = 나라가 어려우면 임금 노릇 하기도 어렵고 신하노릇 하기도 어렵다.

부위난 자위난(父爲難 子爲難) = 아버지 노릇하기도 어렵고 아들 노릇하기도 어렵다.

부위난 부위난(夫爲難 婦爲難) = 지아비 노릇하기도 어

붕위난 우위난(朋爲難 友爲難) = 벗노릇 하기도 힘들고 친구노릇 하기도 어렵다.

이상과 같이 팔난(八難) 즉 여덟가지 어려움이 있다하여 삼재팔난(三災八難)이라고 한다. 이 삼재팔난(三災八難)이라고 재미있는 전설이 있다.

옛날 서화담 선생이 제주도를 간 일이 있는데 그곳에서 우연히 어떤 신선을 만나게 되었는데 그 신선이 말하기를 선생도 선도를 같이 믿자고 하였다. 화담선생이 선도를 믿으면 어떻게 됩니까? 하고 물었더니 신선이 말하기를 삼재팔난(三災八難)을 면하고 영생불사를 한다고 말하자 나는 그런 도는 싫다고 일언지하에 거절한 일이 있었다고 한다. 인생이 그 나라에서 태어나 그 민족과 같이 즐거울때는 같이 즐겁고 슬플때는 같이 슬퍼하여 삼재팔난(三災八難)을 겪을 때 같이 겪는 것이 인생으로 태어난 보람이 아니겠는가? 나만 슬그머니 빠져 재난을 안받겠다고 하는 것은 가치없는 인간이라 생각하여 나는 그런 도는 싫다고 일언지하에 거절한 일이 있었다고 한다.

보편적으로 삼재에 재난이 있는 것이 사실이나 대운과 세운이 좋으면 아무 일이 없이 무방하다는 것을 강조한다. 그러나 무당집에서는 삼재에 대한 공포감을 불어넣어 굿을 하라고 하는 것을 볼 수 있는데 이는 잘못된 일이다.

제 五十六 문 = 집못짓는 나이는 언제며 집짓는 어느 해에 닿는가?

답 = 건축하는데 있어서 팔자유년수(八字流年數)에 나오는 해가 있는데 그해에는 자연적으로 짓게 되어 있다. 집짓는 운을 보는 것은 금루사각(金樓四角) 성조길년(成造吉年)과 불길년법(不吉年法)을 보면 다음과 같다.

							성조대운(成造大運)이 되는 성조 불길운(成造不吉運)으로는
1	11	21	31	41	51	61	
3	13	23	33	43	53	63	
7	17	27	37	47	57	67	
9	19	29	39	49	59	69	
2	12	22	32	42	52	62	
4	14	24	34	44	54	64	
5	15	25	35	45	55	65	
6	16	26	36	46	56	66	
8	18	28	38	48	58	68	
10	20	30	40	50	60	70	

절대로 집을 짓지 못한다고 하였으나 이것을 크게 중요시 하지는 않는다. 성조(成造)라는 것은 새집을 짓는 것을 말하는데 그 성조는 인수운(印綬運)에 집짓는 것을 많이 볼 수 있으며 연령에 구애됨이 없이 사주에 격국과 용신을 보아서 판단할 문제이다.

제 五十七 문 = 귀하는 연도를 보는데 천간(天干)을 상반기(입춘에서 입추전날까지) 지지(地支)를 하반기(입추에서 입춘전날까지)로 참작하여 본다는데 사실인가?

답 = 사실이다.

가령 庚戌年하면 상반기를 庚으로 하고 하반기를 戌로서 참작하고 日辰 庚戌日 하면 甲子日 午前은 甲午後는 庚戌로 있어서도 庚午時하면 낮 11 시에서 12 시까시를 庚으로 12 시에서 1 시까지를 午로 참작한다. 그리고 戌이면 土이지만 寅午戌로 합하여 화작용(火作用)하는 것을 많이 보고 申하면 金이 되나 申子辰으로 수작용(水作用)하는 것을 많이 보고 있다.

제 五十八 문 = 생년 지지(生年 地支)로 보아 대개 반개 폐개년법(大開 半開 閉開年法)에 있어 대개년(代開年) 혼(婚)은 대길하고 반개년혼(半開年婚)은 반길하며 폐개년 혼(閉開年婚)은 대불길이라 하였는데 그 법을 꼭 지켜야 하는가?

답 = 나 개인의 의사로서는 그 법에 얽매어 따라야 된다고 강조할 생각은 없다.

왜냐하면 대개년혼(大開年婚)도 대불길한 부부가 많고 폐개년혼(閉開年婚)도 대행복가(大幸福家)의 부부가 많은 까닭이다.

제 五十九 문 = 운맞이란 무엇인가?

답 = 운맞이란 나의 개인의사를 종종 말하여 보았던 것인데 이제 많이 유포되고 있다.

이 맞이란 영(迎)인데 기쁘게 맞아 들인다는 뜻이다. 이 맞이는 우리나라 태고적부터 전하여 오며. 우리 민족 신앙이다. 한맞이 (大迎節)라 하여 陰 三月 十六日에 우리 민족은 지금의 陰 四月 八日의 관등놀이 또 陽 十二月 二十五日의 크리스마스의 축제 이상으로 세계 제천사상 제일 처음으로 성황한 축제가 있었던 것이다. 그리고 영고라든가 불교로서 전하는 맞이 공양 또는 삼신님 맞이 등 맞이라는 말이 모두가 이상에서 유래된 말인데 지금 말하는 운맞이라는 새말을 낸것도 인생의 대운이 십년에 한번씩 주기적으로 변하고 있는데 십년 되는 생일마다 운맞이 의식을 거행함이 좋을다 하다는 뜻이다.

이 의식을 한다하여 결혼식처럼 성대히 하여야 한다는 것이 아니라 보통 생일과 같이 간소하게 하며 새로이 맞이하는 감사도 드리며 지나간 십년을 회고하며 삼신님께

나는 후자의 것을 택한 것이다. 앞의 구체적인 경우를 예시하면 다음과 같다. 건위천(乾爲天)이라면 지지(地支)를 작용하여 寅卯는 재월령(財月令)으로서 재수가 있다. 辰戌丑未는 土로서 건금괘(乾金卦)에 父 즉 문서가 되어 나를 생하고 협조하여 주는 달이다. 巳午月은 火로서 건괘(乾卦)를 극하는 관이 되어 관인에는 길하나 평민에는 관재 또는 일에 곤고하다. 신유월은 건괘(乾卦)에 형제가 되어 탈재(奪財)로서 재물에 손재가 있다. 亥子月은 水니 자손월(子孫月)로서 매사 순조롭다. 소우변환(所憂變歡)이라는 식으로 평하게 되는 것이고, 후자법(後者法)을 구체적으로 예를 들면

庚申 운(運)午〜丁亥大運 庚戌年이라면, 庚戌년의 정

壬午 월은 年의 정월은 戊寅 二月은 巳卯가 되는

壬子 데 이 사주는 시상의 己士로 용신하나 己士가 심

己酉 히 약한데 대운이 戊己운이니 더한층 명예와 인기가 있게 되고 三, 四月은 庚辰 辛巳로서 역시 문서에 영화가 있다고 하는 것이며 五, 六月은 壬午 癸未로서 대운해(大運亥)(四五〜五〇세 丁運 五〇〜五五 亥運) 비견과 합류하여 손실이 두렵다고 판단하게 되며 七, 八月에는

나는 후자의 것을 택한 것이다. 앞의 구체적인 경우를 예시하면 다음과 같다.

제六十문 = 신수월평(身數月評)은 무엇에다 기준을 두고 하는가?

답 = 이것을 평하는 방법에는 두가지가 있는데 하나는 六爻에 의하여 육친(六親)에 따라서 평하는 것이 있고 또하나는 사주와 그 운세와 월건의 육친을 다시 평하는 것인데

십년간의 계획을 세우며 과거의 십년이 불행하였으면 그 경험을 살려 앞으로 십년을 방환대비(防患對備)하며 행운의 개척을 연구하며 十年間 행복하였으면 더욱 부지런히 일하고 저축하여 더욱 행복의 기반을 굳건히 다짐하여 힘차게 일하여 본다는 정신을 가지고 부모님의 덕을 높이 감사하며 음덕을 보답하겠다는 것을 맹세하며 이 하루를 즐겁게 맞이하는 것이 좋을 듯하다.. 나의 의사였다. 그런데 최근에 들어 역술계에 종사하는 사람들이 나의 근본정신과는 달리 당신은 이제 좋은 운이 오는데 운맞이를 안하면 운이 들어 오지 않는다고 하여 교묘한 방법으로 운맞이를 시켜 금품을 요구하는 일이 있는 모양인데 이 운이란 왔다가 환영하지 않는다는 법도 없는 것이며 또한 운맞이를 하는 한다고 더 좋아지는 법도 없고 다시 나가는 법이 없고 잘 환영한데 있어서는 조상님 앞에 부모님 앞에서 경건한 마음으로 정신적으로 하는 것이 더욱 좋다고 생각한다..

甲申 乙酉로서 甲乙木이 용신(用神) 己土를 극제하여 심사산란(心思散亂)하며 중상모략이 있을 것이며 九, 十月은 丙戌 丁亥로서 丙丁火가 生死하여 보용신(補用神)하니 명예는 더욱 좋으나 사주 일주와 대운의 군비(群比)가 쟁재(爭財)하여 손재수가 있다.

十一, 十二月은 戊子, 己, 丑으로서 戊己土가 용신에 합류하는 동시 일주 壬水가 生이 되어 인인앙시(人人仰視)이라고 하는 예이다.

나는 이와 같이 후자의 도평(到評)으로 하여 대운과 세운과 월건을 모두 종합하여 보는 것이로서 사주를 근본으로 하여 대운과 세운과 월건을 모두 종합하여 보는 것이다.

제六十一 문 = 흉변 판단은 사주 대운적으로 하는가? 아니면 六爻로 하는가?

답 = 六十間의 답과 같다. 큰 줄거리는 사주를 위주로 하고 그밖의 내용은 六爻으로 한다. 이것을 한곳으로 치우치는 것이 보통인데 옛날 전학봉 선생. 채청남 선생은 六爻를 도외시 하고 사주로만 치우쳐 평하였으며 또 六爻점하는 분들은 흔히 六爻에만 치우치고 사주를 도외시하게 되는 것이다.

그러나 옛날 전백인 선생. 박재완 선생은 외곽은 사주로 내부는 육효(六爻)로 하였는데 나도 역시 후자의 평법을 택하고 있다.

제六十二 문 = 흉변(凶變)의 일진까지 어떻게 판단하는가?

답 = 이것은 육효(六爻)의 그 주된 효를 보아 판단한다. 예를 들어 간위산괘(艮爲山卦)에 육효백호(六爻白虎)라면 인목백호관(寅木白虎官)이 된다. 괘중에 충이 있으면 합하는 때에 사건이 일어난 즉 괘중 합즉충하는 (卦中合卽沖) 이것은 寅月 亥日이거나 亥月 寅日에 무슨 사태가 일어나는 것인데 백호관은 관재구설이다. 고로 이상의 날을 지정 판단하게 되는 것이다. 이 경우 흔히 직접 寅月 寅日로서 금년의 괘라면 正月 二十二日이라고 지정하게 된다.

제六十三 문 = 해외에 나가는 연도를 먼저 알아야 하는데 어느 달에 갈 수 있겠는가 또는 어느 날에 발령이 날 수 있겠는가를 문의할 때는 무엇에 의하여 답하는가?

답 = 해외에 나가는 연도를 먼저 알아야 하는데 申年에 나간다고 하였으면 申을 중심으로 七月이라고 하며 그밖에 合沖되는 寅月 또는 子辰月이라고 하면 틀림없이 적중된다. 또 나가는 해가 巳年이라면 巳를 중심하여 四月 그리고 합충되는 亥月이나 酉丑月이라고 하면 된다.

다음 발령에 있어서도 甲乙日生 사주라면 인수년월을 가려야 되는데 이 경우 인수는 水요 시수보는 해가 壬子年이라면 인수월은 正二月로서 正二月에 있게 된다고 하면 되는 것이다.

이런 경우 보편적으로 관월보다 인수월이 더욱 잘맞고 사주, 구조, 성격을 보아 관이 요구되는 사주는 관월로 판단하면 되는 것이다.

제六十四 문 = 자손잉태 또는 산월(産月)을 물을때 어떻게 하는가?

답 = 이것 역시 육효(六爻)에 의한다. 가령 육효(六爻)에 청룡자손이 임하였고 괘에 육충(六冲)이 있으면 辰酉함이니 辰酉月에 입태(入胎) 또는 출생이라고 하면 되는 것이다. 그리고 아들이냐 딸이냐를 물을때에도 자손효괘가 양인가 음인가를 보고 판단하면 된다.

제六十五 문 = 귀하는 분초까지 맞히는 일이 있다는 말을 들었는데 이것은 어떤 원리에서 인가?

답 = 분. 초를 분석하는 것은 옛날은 一時間은 지금의 두 시간인데 이 두시간을 百二十分이 된다. 그런데 子丑寅卯는 모두 十二支로서 十二종이 된다. 二十分을 十二分으로 배당하여 보면 一종에 十分씩이 해당된다. 따라서 가령 午時라면 낮 十二시에서 낮一시까지인데 子分이면 낮 十一시 十分에서 낮 十一시 二十分, 따라서 낮 十一시 十分 丑分이면 十一시 二十分~十一시 三十分~十二시 二十分. 寅分이면 十一시 二十分~十一시 三十分 이하 같은 방법으로 내려가면 된다. 또한 초를 분석하는 법은 子분 丑분 하는 그 분이 十분씩에 해당되는데 十분은 六百초가 되는 것이므로 子초 丑초 이것은 ·1·2종이 되므로 이에 일종은 50초에 해당되는 것이다.

따라서 가령 午時 寅분 丑초라 하면 午시는 낮 十一시에서 낮 一시 사이인데 寅분 즉 子, 丑, 寅으로 일종이 十분씩인즉 三十분이 되어 낮 十一시 三十분에 해당하는 子丑은 百초로서 두번째에 해당되는데 丑초 여 丑은 百초로서 一분 四十초에 해당하여 一분 四十초를 가산하여 「午時寅分丑初면 午前 十一시 三十一분 四十초가 된다. 이것을 빨리 계산하는 법은 음과 같다.

寅時酉分이라면 寅時는 午前 三~五요 酉는 子에서 十번째로서 한자리가 十분으로 百분 즉 一시간 四十분에 해당된다. 즉 오전 三시부터 한시간 四十분은 오전 四시 四十분이 된다는 것을 말하면 된다.

또 戌초라면 戌은 子에서 11 번째이다.. 이 한자리는 五十초씩에 해당되므로.. 11분은 五百五十초이다.
이것을 분으로 환산하면 1분 六十초가 되므로 五百五十초는 九분 十초가 된다. 만약 卯초라면 子로부터 네번째인고로 한자리가 五十씩이 되어서 四×五=二百초가 된다.

이것을 분으로 환산하면 三百÷六十=三분 二十초가 되는 것이다.. 이렇게 계산하면 무슨 시 무슨 분무슨 초라고 하여도 간단하게 척척 계산할 수 있다.

제 六十六 문 = 청소년 남녀의 가출을 어떻게 아는가?
답 = 문답한 바 있는 해외출입하는 연도에 준하여 그대로 보면 되는 것이다.

역마나 지살에 인수나 상관이 있으면 역마지살은 다니는 것인수나 상관은 문화에.술론인즉 등산. 관광. 극장구경에 끌려 가출하고 역마지살에 재(財)가 있으면 재는 인수를 극하므로 공부하기 싫어해 나가고 또 역마나 지살에 관이 있으면 취직한다.. 또는 남자에 반하여 나가고 여자므로 여자에 반하여 나가고 또 역마나 지살에 관이 있으면 또한 군신불화(君臣不和)에 지살이나 역마가 있으면 부모나 형제간에 걱정듣고 가출하기가 쉽다.

이 문답에 대하여 한이 없겠지만 이상의 六十六 문답만 속독하면 대개의 요령은 알게 될 것이라고 믿고 붓을 놓기 앞서 꼭 한마디 부탁할 것이 있는데 이 법을 악용하여서는 아니된다.

칼은 같은 칼이로되 요리사나 식모가 쓰면 식도요, 과일을 깎으면 과도요, 연필을 깎으면 연필칼이요. 이발사가 쓰면 면도요.. 괴한이 쓰면 살인흉기가 되는 것이고. 장군이 쓰면 보검이 되는 것이니 이 칼을 쓰는데는 활인지업(活人之業)의 칼로 써야 한다는 것을 명심하여야 한다.

제3편 통변술(通變術)의 응용해설(應用解說)

1. 재벌(財閥)의 사주(四柱)

이희준(李希俊)·충북재벌

胎息 胎元 命宮	庚 庚 丁 乙 辰 寅 亥 酉	식신생재격 食神生財格	乾命 一八八五年 十月 十五日 辰時 出生
乙 戊 戊 五 寅 寅	七五 六五 五五 四五 三五 二五 一五 五 乙 庚 辛 壬 癸 甲 乙 丙 卯 辰 巳 午 未 甲 酉 戌	대운(大運)	
처현병병충망 중운중인금천강 妻賢病丙忠羨 中運寅金天 德處藥火北望 年到木亥寒水寒陰 如內相長甲對 東木生財水寒半 山助濟生富象 火火財局國冷凍陽全		오주금주행五周오행무체무류상 체류행五行무정체상	
현처가 내조를 잘하니 처덕이 산과 같고나	병화가 장생지에 있으니 병과 약이 있어 아름답다	충북갑부 선망의 대상이 되고 대학까지 세웠으니 존경의 대상이다	중년에 남동으로 목화 운이 흐르니 아름답다	식신 생재에 인해재국 금수로 얼었으니 금수로 천한지 땅이 꽁꽁 얼었으니 금수로 더욱 한냉한데	강하고 유한 것을 함께 갖추었다	사주가 오행상생으로 주위의 흐름이 막힌 곳이 없으나
급진처시 각자지자	삼금병병용부부정금금정동 金金金病用富貴神正財상상 之之之神貴之貴신保添透첨 星星星可知格強強格격格出화	冬동행周오 日일우류행 可가가다무 愛애정행滯 화	五 五行 無 滯 生			
진자가 금부각살을 띠웠으니	시지에 홍란성을 놓았으니 늦게 처자의 덕이있다	처자만홍복 병신가지성 삼금지성 병신이 되는 것을 가이 알겠다	세금기는 사주의 병신이 되는 것을 가이 알겠다	이에 용신을 보강 하니 부귀를 누릴것이다	정재가 투출 하여 궁상첨화격이다	다행이 정화를 만나서 겨울 사주가 더욱 사랑스럽다

길신吉神	亥 문창귀인 寅 태극귀인 寅 관귀학관 辰 홍란성 辰 천희신		
흉신凶神	辰 급각살 酉 부벽살 寅 탕화살 寅 홍란성 亥 丁火無氣		
	酉 수옥살 辰 귀문관살 寅 탕화살		
십이신살	酉 장성 亥 역마 寅 겁살 辰 천살		

老來辛苦 神經痛症	신경통으로 노래할 것을 본다	당차지시 동남지방 當此之時 東南之方	이때는 동쪽이나 남쪽의 의사와 약을 쓰면 효험이 있다
其病完治 医師治療	이런의사와 방향의 약을 쓰면 그병이 완치 될것이다	偏財長生字 亥月長生字	편재인자 해월에 장생이되고
名門出生 年月三奇	연월에 삼기재관 인을 놓았으니 명문에서 출생하였다	組上蔭德 父德栽德	그러니 조상의 음덕과 부친의 덕이 높고 높고나
丁火無氣 亥月官星	丁火관성이 亥월에 기운이 없으니	財局生官 孝梯子息	재국이 관성을 생하 효제자식 엮주니 효자자손 을 두었고나
官星驛馬 亥字坐下	관성되는 글자가 해자 역마 위에 앉아 있으니	祿重權高 海外留學	해외 유학 후에 복록과 권세가 점점 높아질수라
自坐偏財 日支孤嗔	일지에 고진살을 놓고 편재위에 앉아있으니	再娶之命 亦是賢妻	재취할 운명이고 그처 역시 현처일 것이 분명하다
病重無救 運至庚辰	앞으로 경대운에 이르면 병이더 커질것이다	一往不歸 財沒身病	재물신병 일왕불귀 신병으로 재물이 탕진되고 세상을 떠나게 될것이다

정주영(鄭周永)·현대 회장

			정재용관격 正財用官格	
胎息 胎命 命元 宮	丁 庚 丁 乙 丑 申 亥 卯			乾命 一九八五年 十月 十九日 丑時 出生
乙 戊 庚 巳 寅 辰	八六 七六 六六 五六 四六 三六 二六 一六 戊 己 庚 辛 壬 癸 甲 乙 寅 卯 辰 巳 午 未 申 酉	六 丙 戌	대운(大運)	

天天 천천 재관 관재 중가 주오 동월 동해 와삼
德乙 덕을 官星 官星局 重用 周流 月時 東海 蛙三
貴貴 귀귀 生失 生官 之지 無 丁 萬運 鳴陰
人人 인인 官令 官 器 滯 火 里走 禪一
  조양
  操陽				

천을귀인과 천덕귀인 을 놓았으니	재국이 관성을 생하여 주니	관성이 때를 잃었으나 쓸만한 인재이고	가이 쓸만한 그릇의 사주이다	오행에 막힘이 없이 서로 상생을 이루니 아름답다	월과 시에 정화가 따습게 해주니 사랑스럽고나	해운만리로 동분 서주할 운명이라	삼음일양이니 매미와 개구리가 시끄럽게 우는 형상이니 성장 과정이 불우하다
天 선 八 다 운 식 幸 調 背 下 망 多 팔 到 神 遇 候 井 貴 對 福 福 火 透 梅 時 鄉 人 象 之 일 運 出 花 急 里 羨 人 女 인 財							배 월 月 월 령 令 정 지 地 향 살 殺 리
선망의 대상이 된다	천하가 전부 귀인으로 나를 도와주니	팔남일녀로 다복한 팔자이다	다팔 복일 지인 녀	앞으로 화운이 오면 재벌 총수로 이름이 떨친다	식신생재에 재성이 투출하였다	다행이 불기운을 놓았으니 설중에 매화가 핀 형상이라	금수한 조후시 한냉하니 조후가 시급하다	사주원국이 금수로 일찍 고향을 떠날 팔자라

분류	신살	해설	운세1	운세2
길신吉神	申 십간록	정일주록근 정재록근 日主祿根 正財祿根	일지에 녹을놓고 정재 또한 녹을 놓았다	신왕한 사주가 시에 관성을 놓았으니 늦게 처자의 복이 있다
	申 문창귀인			신왕시복관 身旺時福官 妻子晚福
	亥 천주귀인			각각편재합생 정편재가 각각 혼합하니 이성풍파가 많았으며 正偏財合生
	丑 천을귀인			평생길지향 동남지향 평생 길한곳은 동남 향의 집에서 살것이며 東南吉地
	乙 천덕귀인			
흉신凶神	丑 탕화살	근급각시지 통골통 急脚時支 筋痛骨痛	지지에 급각살을 놓았으니 근육통과 뼈골이 아플팔자다	명문월삼기 연월에 삼기를 놓았으니 명문의 출생이요 名門出生奇
	丑 급각살			
	申 귀문관살	인묘신귀민문 卯申鬼苦悶 因妻苦悶	卯申으로 귀문관살을 놓아서 여자로 신경쇠약증세라	年月三奇 明年出生
	正 공망	평생길색 청적색 青赤之色	평생 길한색은 청색이나 적색이 이롭다	정화진록지 북한진출 北韓進出 丁火가 되매 북한으로 사업이 진출되였고
	未 절로공망	일구구당년 경오당년 一九九十 庚午當年	一九九十년 庚午년에 이르자 용신을 보강하는 해이니	대선고배 북선출마 大選出馬 北韓 오자는 丁火의 록지가 되매 북한으로 사업이 진출되였고
	丁丑 백호대살			대선출마 낙선고배 마시게 되고 大選出馬 落選苦杯
십이신살	亥 지살	임신계피용 용신계피상 壬申癸被傷 用神被傷	壬申癸酉년에는 용신인이 상하게되니	신신사가외 신사년을 당하면 신명이 위태로울 것을 본다 辛巳歲運 身命可畏
	甲 겁살			
	壬 월살			
	寅 장성	방무인지성사년 戊寅成事 訪北之事	戊寅년은 희신운이 되니 북쪽과의 일이 성사된다	

이병철(李秉喆)·삼성 회장

胎息 胎元 命宮	戊子 戊申 戊寅 庚戌	偏官用印格 편관용인격	乾命 一九一○년 一月 三日 子時 出生
癸巳 己巳 己卯	七八 丙戌　六八 乙酉　五八 甲申　四八 癸未　三八 壬午　二八 辛巳　一八 庚辰　八 己卯	대운(大運)	
乙未 木火之年 목화지년 을미병신 麟角爲孝 린각위효 財生之官 재각위관 妻德羲羲 사남육녀 手弄億金 재벌등위 化學纖維 화학섬유 日主補强 中年火運 富貴之命 食神生財 부귀지명 식신생재격이니			印授用神 진명재능 旺財能堪 振命天下 남방대구 제일모직 第一毛織 申子 재국출국 화신천용출국 貨泉湧出 欲知原因 官星得令 계사갑오삼 一九五三 癸巳甲午 제용신보강 용신모직강 第一毛織
乙未년과 丙申년이 木火운이 되니	두게될 팔자라 주니 효자의 자손을 재가관성을 생하여 처덕이 높고높으니 사남육녀 재벌에 오르게 되고 수백억을 치부하여 직업이나 적격이다 화학이나 섬유계통의 火로 용신하는 사주는 되어 용신을 보강하게 중년화운이 이르면 팔자다 부귀영화를 누릴 식신생재격이니		설립하게 되였고 주매 제일모직회사를 이에 용신을 보강하여 一九五三년 癸巳년과 甲午년 관성이 득령한 그 원인을 살펴보면 소듯하는 사주이다 돈이 샘에서 물 申子 재국을 놓았으니 모직회사를 설립하여 남쪽대구에서 제일 천하를 떨칠것이다 하게되면 그이름이 왕한재성을 능이감당 한다 인수로 통관용신 재살태왕 사주이니

- 122 -

길신吉神			
寅 문곡귀인	事業活潑 第一制糖	제일제당 사업이 활발하게 성장하였다	辛丑年當 軍事革命 군신축년 사혁명당	辛丑年에 이르자 군사혁명이 일어 났는데
戌 태극귀인	부재축재설			
申 천주귀인	관재구설	부정축재로 관재	欲知事由 丑戌三刑	이러한 이유를 살편면
寅 학당귀인	不正畜財	구설수에 헤매이게 되고	丑戌 삼형과	
申 암록	官災口舌			
寅 천사신	用神被殺	수옥살에 또한	事業報國 第一主義	사업 성공으로 나라에
戌 황은대사	囚獄之殺	용신이 피상된 연고이다	제일주의 제사주의 보국하여야 한다는 제일주의를 부르짖는다	
	收用之被傷			
흉신凶神			
寅 상충살	年支戌大赦 皇恩大赦	황은대사의 길신을 戌자를 놓았으니	不必心慮 形事民事 불필심려 형사민사	형사사건이나 민사가 건은 염려할필요가 없다
申 삼형살				
子 탕화살	연황지술자			
寅 급각살	태극귀림인	태극귀인과 암록	何不成事 周圍貴人	주위가 전부 귀인으로
亥 고진살	年支戌字		하불성사 주위귀인	어찌일이 성사되지 않으리요
子 수옥살		길신들이 비치어주니		
子 절로공망	暗祿照臨 太極貴人 암록조림 태극귀인		天年戌 天門活人字 천문활인자 천연지활인자	戌자와 亥자가 천문성으로 활인지업의 팔자로
십이신살			
寅 지살	편역답이지국살	역마와 지살을 놓았 으니 외국 출입이 빈번하다	칠묘팔연신귀천해	묘년 辛亥월에
戌 확개	편답이지 국 살		卯年辛亥(七八)歸泉	(七八)세상을 떠났다
申 역마	驛馬地殺 偏踏異國		七八歸泉	
子 재살	제병병원설립원衆 生立 濟病院衆 度設立生	강북과 강남에 병원을 설립하여 제도 중생한다		

- 123 -

강병호(康炳浩)·대우 사장

			偏財用劫格 편재용겁격	
胎息 태식	胎元 태원	命宮 명궁	癸 甲 己 壬 未 子 未 申	大運 대운
			一 二 三 四 五 六 七 一 一 一 一 一 一 一 癸 壬 辛 庚 己 戊 丁 丙 亥 戌 酉 申 未 午 巳 辰	乾命 一九四三年 一二月 二七日 申時 出生
甲午	乙卯	辛酉	우수합격 신병부절 이치분명 재다신약 팔방미인격	
관을해연 지운당	길기운미 회대태운	서우울수 대합 학격	허약한 사주이니 할때 신병이 많았을 것이다	일주가 기운이 없고 재가 많아서 신약한 사주이다	반음반양의 사주이니 팔방미인격이다
乙官大宇社長 經營鬼才	己亥年 관성되는 운이니	기미 대운이 길한 운세가 돌아오고	서울대학에 우수하게 합격하고	丙午歲運 印綬之運	戌日主補強	初小運兒不財利多	金子金水太旺水
대우사장으로 사업을 경영하는데 귀재라고한다	남들이 수재라고 이르고 전도가 양양할팔자라		丙午년에 세운은 인수운이니	戌土운에서 일주를 보강하고	사람 사주에 재가 많으면 초년운이 불리하고	子월의 己土 일주가 金水가 태왕하니

길신吉神		
子 천을귀인		
申 천을귀인		
未 태극귀인		
申 금여록		
未 암록		
壬 월덕귀인		
申 황은대사		

흉신凶神		
子 도화살		
申 절로공망		
未 육해살		
子 공망		
子未 원진살		

십이신살		
申 겁살		
未 화개살		
子 면살		

이명남과 일녀 明官跨馬 二男一女	이명이 관성이 재위에 앉아 있으니 二男一女라	변영국호국유학 英國留學 辯護士業	영국에 유학하여 변호사업을 하였고
자신우형제 친우신천을 子申天乙 親友兄弟	子申이 천을귀인이니 이들이 친구와 형제들과 같아서	전부귀협인조 各其貴人 全部協助	각 귀인으로 전부귀인으로 각기 협조하게 되고
동견접가용 업업야신 肩劫用神 同業可也	비겁용신이니 동업하는 것이길하다	비일위신지허론약 一身論之 卑胃虛弱	일신을 론하면 비위가 허약하고
인화수토긴용요신 火土用神 印綬緊要	火土용신으로 인수가 필요하니	만평권생독독파서 平生讀書 萬卷讀破	평생에 걸쳐서 각종서적 만권을 읽었고
무동불서문통인물 無東不通 西文人物	동서문물에 걸쳐 모르는것이 없고	자월지미원도진화 月支挑花 子未怨嗔	월지에 도화와 子未원진과 육해를 놓았으니
팔이자성소풍관파 八字所關 異性風波	이성 풍파가 있을것이니	왕남재방감화당운 南方火運 旺財堪當	남방火운에 이르면 왕재를 감당하게 될것이니
진재명복가여미뢰 財福可美 振名如雷	재복이 아름다워서 그 이름을 떨 칠것이다	신진명운가수외국 辰運水局 身命可畏	辰운에 수국을 이루면 신명이 위태롭고나

강진구(姜晋求)·삼성전자 회장

胎息 胎元 命宮	己甲癸丁 巳午卯卯	양인용인격 羊刃用印格

	大運(大運)	乾命 一九二七年 三月 二日 巳時 出生

	八八 甲午	七八 乙未	六八 丙申	五八 丁酉	四八 戊戌	三八 己亥	二八 庚子	一八 辛丑	八 壬寅		

| 己甲己
未午酉 | 우전자공업
優秀卒業
電子工學 | 인조수보강수
印綬補强 早行金水 | 용신보지강운
用神補强
西北之運 | 서북지운에 용신을
보강하면 | 춘토허기토토
春土虛己土 | 시에있는 기토는
봄의 흙으로 허하다
고는 하나 | 진수용관신격
眞傷官用格
印綬用神 | 진상관격으로 인수
용신한다 | 묘월갑목
卯月甲木
등령지절
得令之節 | 이월의 甲木이 비록
득령하였다고는 하나 |
| 癸卯
一九六三 當 | 계일구년육삼
日九六三年癸卯 | 전자공학과를 우수
하게 졸업하였으며 | 일찍 金水운에서
인수용신을 보강하니 | 1963년 癸卯년
에 이르자 | | | | | | | |

| 大七年甘雨
七地大旱 | 대칠년대감우
大七年甘旱 | 방송관태왕
放送官太旺
傷官從事 | 서업지운
서울대학운
學業之運 | 다부귀지정
富貴定인연
多福之人然 | 일지록기근토
日支祿己土
正財근土 | 정재록기근토
평생가금수
運程可美
平生金水 | 사오화국
巳午火局
정화투출
丁火透出 | 巳午火局에 丁火가
투출하였으니 | | |
| 단비가 대지를 적시니 | 칠년대한 가문날에 | 사주에 상관이 많으니
방송소업에 종사하고 | 공부운으로서
서울대학에 합격하고 | 부귀할것은 정연한
이치로 다복한 팔자라 | 己土가일지 午火에
록을 놓아 뿌리가 되고 | 평생이 全水운으로
흐르니 가이 아름
답고나 | 巳午火국에
丁火가 투출하였으니 | | | |

길신吉神				흉신凶神				십이신살	
卯 협록 록인	巳 문창귀인	巳 천주귀인	巳 천덕귀인 午 태극귀인 甲 천희신 午	卯 단단관살	巳 부벽살 午 午	巳 홍염살 午	巳 탕화살 卯 午	卯 육파정관살 巳	卯 장성 巳 午 역마 육해
이사양방 활약송	理事活躍 東洋放送	사삼성성전자 社長就任	三星電子 社長就任	功積赫赫 振名天下	日年月桃花 日支紅艶	年月桃花 日支紅艶	本妻可知 己土正財	性情剛强 兩卯羊刃	世界頭角 工業電子
동양방송의 이사로 활약한 바가있었고		삼성전자 사장으로 취임하였다		그공적이 천하에 이름을 떨치었고	연월 묘자가 도화가 되고 일지오자가 홍 염살이되니		己土 정재는 본처가 되고	두 卯자가 양인이되니 그성정이 강강하여	전자공업으로 세계에 두각을 나타내었고
일구칠삼 계축세운 一九七三 癸丑 癸丑歲運		대반업도성체공업 大半業成功 半導體業成功		만용사신 형신득력 萬事亨通 用神得力	이성수간 접무화신 蝶舞花間 異性隨身		현일모지양록처근 賢母良妻 日支祿根	의초기지남일아관 意氣男兒 初志一官	수락족정급골각절살 手足骨折 落井急脚
一九七三년에는		반도체업에 크게 성공하였으며		용신이 금수로 힘을 얻었으니 만사가형통하였다	이성이 항상따르고 나비가 꽃밭을 헤매 이는 격이다		일지에 처되는글자가 록을 놓았으니 현모양처라	초지일관으로 의기남아라	락정관살과 급각살을 놓았으니 수족 골절이 두렵고나

구인회(具仁會)·LG 창업자

胎息 胎元 命宮	丙 丙 己 丁 申 戌 酉 未	正財用劫格
辛 庚 壬 卯 子 子	八 七 六 五 四 三 二 一 九 九 九 九 九 九 九 九 庚 辛 壬 癸 甲 乙 丙 丁 戊 子 丑 寅 卯 辰 巳 午 未 申	대운(大運)

乾命 一九○二年 八月 二十七日 申時 出生

計略優秀 傷官生財	계략우수 상관생재	東南木火 平生吉運	동남목화 평생길운	金約玉耶 不知飢食	부지기식 금약옥야	健康留意 辛金大運	신금대운 건강유의	正財用劫 餘光反照	정재용접 여광반조	生覺分明 當然從財	당연종재 생각분명	日落西山 酉月丙火	유월병화 일락서산

| 상관생재로 계략이 우수하다 | 평생이 동남목화로 길한운이다 | 굶주리고 배고픔을 모르고 금의옥 식 성장하였다 | 辛金대운에는 건강에 유의하여야 한다 | 약한 丙火를 비추어 주니 丙火로 비접용신한다 | 종재하는 것이 당연 하다고 생각할것이다 | 서산을 넘는 형상이다 |

| 追從不許 頭腦回轉 | 추종불허 두뇌회전 | 多福之人 富貴無疑 | 부귀무의 다복지인 | 秀氣流行 五行相生 | 오행상생 수기유행 | 受胎出生 名門家庭 | 명문가정 수태출생 | 四柱原局 財多身弱 | 재다신약 사주원국 | 年上透出 未戌丁火 | 미술정화 연상투출 | 己土傷官 西方金局 | 서방금국 기토상관 |

| 두뇌회전이 다른 사람에 비하여 뛰어났다 | 부귀영화에 다복한사람이다 | 오행이 서로 상생하고 사주의 기운이 잘 흐르니 | 명문 가정에서 수태 하여 출생했다 | 사주원국에 재가 많으니 신약사주로 | 未戌土의 丁火가 연상에 투출하였으니 | 서방금국을 놓고 己土에 설기하니 상관격이다 |

길신吉神	申 문창귀인 申 관귀학관 未 금여록 申 암록	水木氣喜回神 木氣病神 수목기병회신신	목기는 희신이고 수기는 병신이 된다	병금기구사신주神 金氣仇神 病重四柱 금기사구주신	금기는 구신이니 병이 큰사주이다
흉신凶神	申 고진살 酉戌 육살살 未戌 삼형살 酉 수옥살 申 락정관살 未 공망	得藥之運 六十年間 得藥之運 육약십지년운간 화일허강 신약보약 火日虛弱 身主補強	육십년간 희신과 약운이니 아름다워서 화일주가 허약한데 대운에서 일주를 보강한다	대한지시봉혜우 旱天逢雨 大地施惠	칠년대한 가문날에 단비가 대지를 적시는 운세라
십이신살	申 겁살 酉 재살 戌 천살 未 화개	무역성공마 貿易成功 財星驛馬 기자귀장생 관성귀장생 官星長生 其子貴奇 육견겁왕성 肩劫兄弟旺盛格	재성이 역마가 되면 무역업에 성공하고 관되는 글자가 장생되니 그아들이 귀하게 될것이며 견겁이 왕성하니 육형제격이요	재목화사십 財閥總帥 一九五八 戊戌當年 무술오당년 처재성형성 財局成功 부편재득위 父親風流 不庚子忌客神 불경록지객신	木火운 四十년에 재벌 총수가 되었다 一九五八년 戊戌년을 당하니 처덕으로 성공하였다 재국을 형성하니 편재가 득령하였으니 그의 부친이 풍류이다 경자대운이 기신운이니 세상을 뜰것으로 본다

- 129 -

김두식(金斗植)·삼미 창업자

胎息	胎元	命宮	丙午	丁巳	乙酉	乙丑	偏財用劫格	편재용겁격
			八八 丙子	七八 丁丑	六八 戊寅	五八 己卯	四八 庚辰	三八 辛巳	二八 壬午	一八 癸未	八 甲申	대운(大運)	

乾命 一九三五年 八月 十三日 午時 出生

胎息 甲寅	胎元 丙子	命宮 壬子						
丁亥年當九 一九四九 정해년사구당	오형정각격 병정제각록 丙丁各祿 五兄弟 제격이라	병정사당 丙丁巳當 五兄弟各祿	學運不在 印綬絶地 학운부지 인수절지	早行財運 財多身弱 조행재운 재다신약	用神補强 旺財能堪 용신보강 왕재능감	得比劫用神 比劫理財 득비겁용신 비겁이재	本來失令 酉月丁火 본래실령 유월정화	

(본문 해석 부분)

| 起發之運 用神得力 용신득력 기발할운으로서 | 氣發之運力 용신이 힘을 얻으니 | 日支夾祿 財物惠澤 일지에 협록을 놓아서 재물 혜택이 많은 사주이다 | 最終學力高 善隣商 최종 서린상고가 학력이다 | 寒門出生 父母無德 빈한한 가문에서 출생하여 부모 덕이 없다 | 富貴不羨之格 陶朱 부귀지격으로 도주가 부럽지않다 | 平生運程 木火之運 평생운정이 木火 동남으로 흐르니 | 巳酉丑全 財局形成 사유축금국을 놓아서 재국을 형성하여 신약하니 | |

길신吉神		
午 십간록	이십세 젊은나이에 삼성 화학을 설립하여	공지를 생산하기 시작하였고
酉 천을귀인	약관이화학 삼성화학일	공업생산
午 천을귀인	弱冠二三星化學	工業創立
酉 문창귀인	임오대운인 이오사대운인	우지생산 右脂生産
酉 태극귀인	이사갑오	일진월취 聚財豊饒
酉 천주귀인	이십사세 갑인 壬午大運	일진월취 재풍요 발전하여 많은 재물을 모았고
午 학당귀인	임오 대운에 이르자	日進月增 聚財豊饒 날로달로 점점 발전하여 많은 재물을 모았고
巳 협록귀인	목재가공 오재가공	창업대발 계열십이
酉 홍란성	오사사갑오 木財加工	創業大發 系列十二 창업하여 대발하여서 십이개열 회사를 두고
午 황은대사	오사년 갑오년에 목재가공 회사를	育英事業 振命天下 육영 사업에 손을 대어서 그이름이 천하에 떨치었다
	문화재총단수 文化財總團帥	天乙夾祿 貴人助我 천을귀인과 협록을 놓아서 많은 귀인들의 도움을 받는다
흉신凶神	재벌화총수 財閥總師 재벌총수로서 문화재단을 설립하여	貴人助我
巳 단교관살	식신생원재인 食神生原因財 이와같이 크게발전한 원인은 사주원국이 식신생재가 된이유이다	귀인조아록 천을을 놓아서 많은 귀인들의 도움을 받는다
巳 부벽살	욕지생재인 欲知生原財	무역성공 貿易成功
午 귀문관살	식신화생재 食神化生財	地殺財局 貿易成功 지살재국을 놓아서 무역업에 성공하였으며
午 도화살	편야화도간 偏野花桃間	
壬午 탕화살	신취화도화 身醉化桃花 편야도화를 놓아서 항상 몸이 꽃밭을 헤매이는 격이다	일경신묘월 一庚申卯月
십이신살	목야취화간 身野醉花間	一往不歸 一往不歸 경신년 묘월에 세상을 떠났다
巳 지살		
午 연살	목간극악금 木肝剋惡金	
酉 장성	지병악악화 持病惡惡化 목은 간인데 많은 금이 로부터 극을 당하니 간계통의 질병이 악화 되어서	
五화개	持病惡剋化金	

- 131 -

김성곤(金成坤)·쌍용 창업자

상관용겁격 傷官用劫格	癸 庚 戊 辛 丑 申 辰 酉	命元 胎元	胎息
대운(大運)	一三 己未 / 二三 戊午 / 三三 丁巳 / 四三 丙辰 / 五三 乙卯 / 六三 甲寅 / 七三 癸丑 / 八三 壬子 / 九三 辛亥	甲子 辛亥	癸酉

乾命 一九一三年 七月 十四日 酉時 出生

- 外陰內陽 外柔內剛 밝은 음이요 안은 양으로 구성되어 있으니 겉으로는 유하고 않으로는 강한 성격이다
- 傷官用劫可知 진상관격으로 戊土로 용신하여야 한다
- 申子辰之象 財局全 신자진수국에 재국을 놓았으니
- 申子辰水局 財星之象 火土補强 日主四十 火土 四十년에 일주를 보강하고
- 勝於財官 食神有氣 식신이 기운이 있으니 재관을 능히 감당하게 된다
- 臨機應變 八方美人 팔방미인이 임품이다
- 氣骨丈大 巨軀體質 거구체질 기골이 장대하고 몸집의 체질이다

辛月金局 庚金透出 戊土日主가 申月에 경금투출 금국을 놓고 庚金이 투출하였으니
食神生財 日支財庫 식신생재에 일지에는 재고를 놓았고
祿重權高 貨泉湧出 록중권용고출 재물이 샘에서 솟아나듯하니 록과 권력이 높아진다
富貴之命 得比理財 부득비이재 형제의 힘을 얻어서 부귀를 누릴 운명이다
傷官太旺 謀事之人 상관이 태왕하니 모사를 잘하는 사람이다
金氣骨肥滿 金氣骨肥滿 식신을 많이 놓은 사주는 비만체질이다
三七丙子 普成卒業 三七년 丙子년에 보성 전문을 졸업하였고

- 132 -

길신吉神

丑 천을귀인
申 문창귀인
辰 태극귀인
申 천주귀인
申 암록
辰 협록
癸 천덕귀인
丑 천희신

흉신凶神

戊辰 백호대살
癸丑 백호대살
辰 단교관살
丑 탕화살
辛酉 천전살
酉 부벽살
辰丑 육파
酉 도화살
丑 절로공망

십이신살

辰 천살
申 망신살
丑 화개
酉 장성

상관격국 초등교사 傷官格局 初等敎師	상관격국이니 초등 학교교사도 하여 보았으며	일연재왕 재고신합 日連財旺 財庫身合	왕한재가 일지와 연결 되였으니
산업은행 직업변동 産業銀行 職業變動	산업은행에 근무 하였고	병진화토 삼공합자 丙辰火土 三共合資	丙辰대운 火土운에서 삼공합자를 설립하였고
사육병술 금성방직 四六丙戌 錦城紡織	四六년 丙戌년에는 금성방직을 설립하였으며	오일지후 정계진출 五一之後 政界進出	五一六 이후에 정치 계에 진출하였고
팔년국회 재경위장 八年國會 財經委長	八년동안 재정경제 위원회 의 위원장을 지냈으며	쌍룡양회 굴지재벌 雙龍洋灰 掘指財閥	쌍용양회를 설립하여 굴지의 재벌로 발돋움하였다
관귀중중 패망지격 官鬼重重 敗亡之格	자손되는 관성이 이중 삼중으로 극을 당하니	일자위효 린각효제 一子爲孝 麟角孝梯	자손하나가 효자 일것임을 알수가 있다
천을천주 귀성조림 天乙天廚 貴星照臨	천을귀인과 천주귀인을 놓고 귀한길신이 빛우니	좌우귀인 필시조아 左右貴人 必是助我	좌우의 귀인이 반드시 도와줄것이다
정재백호 처궁불미 正財白虎 妻宮不美	정재백호를 놓았으니 처궁이 불미하다	을묘년묘월 신등옥경 乙卯年卯月 身登玉京	乙卯년 卯월에 세상을 떠났다

김수근(金壽根)·대성 회장

胎息 胎元 命宮	戊 乙 丁 丙 寅 丑 酉 辰	인수용식신격 印授用食神格	乾命 一九一六年 七月 二十八日 寅時 出生
庚子 戊子 甲午	五 五 戊戌 / 一五 五 乙亥 / 二五 五 庚子 / 三五 五 辛丑 / 四五 五 壬辰 / 五五 五 癸卯 / 六五 五 甲辰 / 七五 五 乙巳 / 八五 五 丙午	대운(大運)	
寅辰結局 龍虎踞門 인진결국 용호거문	秀氣流行 五行相生 수기유행 오기유생 부왕재감당 旺財堪當 富貴榮華 財庫可知 年支辰土 재연고가지 吉運回泰 평생수태목 平生水木 酉丑金局 戊土透出 유축금국 무토투출 外強內柔 外陽內陰 외강내유 외양내음		밝은 양이요 안으로는 음으로 구성되었으니 밝은 강하고 안으로는 유한성격이다
勤勉性格 丑寅日時 근면성격 축인일시 祖上陰德 及身子孫 조상음덕 급신자손	丙火始作 年月日時 병화시작 연월일시 運至東北 日主補強 일지보강 日主補強 時上戊土 自坐長生 시상무토 자좌장생 用財劫分明 財殺太旺 용겁분명 재살태왕 半陰半陽 強柔俱全 반음반양 강유구전		음이 반이고 양이 반이니 강하고 유함이 구전한 사주이다

- 134 -

길신吉神	寅 천덕귀일		
흉신凶神	寅酉 원진살 寅 급각살 戊寅 양차살 丑寅 절로공망 寅丑 탕화살 辰丑 육파		
십이신살	酉 도화살 辰 화개살 丑 반안 寅 역마 丑 공망		
편인수무기 印授無氣 偏財六破	인수가 기운이 없으며 편재부친되는 글자가 육파를 놓았으니	부수모성가 자手成家 自手成家	부모덕이 없고 자수 성가할 팔자이다
일주경야학독 日本大學 晝耕夜讀 日本大學	낮으로는 일을 하고 밤으로는 공부하여 일본대학	법과졸종사업 금융종사업 金融從事業	법과대학을 졸업하고 금융계통에 종사하였고
기해대운 지살인수 己亥大運 地殺印授	기해대운이 지살 인수이니	유학수공행 留學工夫 學業遂行	외국에 유학하여 학업을 수행하였으며
기일구해세오운 一九五九 己亥歲運	일구오구 一九五九년의 기해 세운이 오자	인수지운 대성연탄 印綬之運 大成煉炭	인수로 문서를 쥐는 해이니 대성연탄을 설립하였고
화연지모성체질 煉炭性體 火煉炭性體	연탄의 성질은 모자관계인데	유신축금 용신지병 用神之丙	酉丑金局이 용신의 병이 된다
거화성약병대발신 火性藥神 去病大發	물은 약신이요 木운에서 병을 제거하여 대발하였으며	창원석유 대성석유 昌原化油機 大成石油	창원화학기계와 대방석유 회사를 설립하였으며
각정보창통신입 各情報創通信 各情報創通信 各創立	정보통신을 각각 찰입하여서 크게 성장하였다	신병오가당년 병오당년 身命可危	丙午연대운이 상관 대운이어서 신명이 위태로운 것을 본다

- 135 -

김영철(金永喆)・진도 회장

乾命 一九三八年 七月二十八日 午時 出生

인수용식신격 印授用食神格	戊寅 (年) 癸亥 (月) 乙卯 (日) 戊午 (時)	命宮 甲子 / 胎元 甲寅 / 胎息 庚戌

대운(大運)

七	一七	二七	三七	四七	五七	六七	七七	八七	九七
甲子	乙丑	丙寅	丁卯	戊辰	己巳	庚午	辛未	壬申	癸酉

해월을일 인묘목국 亥月乙日 寅卯木局	천한지동 조후시급 天寒地凍 調候時急	목화용신 식신생재 木火用神 食神生財	중년화토 용신보강 中年火土 用神補強	월지해자 인수지살 月支亥字 印綬地殺	연상정재 자좌지살 年上正財 自坐地殺	지살지재 무역득리 地殺之財 貿易得利
亥月乙일생이 寅卯 목국을 놓고	찬바람이 불고 땅이 얼어붙은 때이니 조후가 시급하다	고로 午火로 용신을 정하니 식신생재격이다	중년 火土운에서 용신을 보강하였다	월지에 亥자가 인수지살이 되여서	연상의정재가 살지에 앉았으니	지살재를 놓은 사람은 무역업을 하면 큰이익을 보게된다

임계투출 신왕사주 壬癸透出 身旺四柱	행우오화 동일가애 幸遇午火 冬日可愛	연상무토 자좌장생 年上戊土 自坐長生	재성득력 불선도주 財星得力 不羨陶朱	유학팔자 외국수학 留學八字 外國修學	국제결혼 시역운명 國際結婚 是亦運命	진도산업 회사설립 進道産業 會社設立
壬癸수가 투출되었으니 신왕사주이다	다행이 시지에 午화가 있으니 겨울사주에 가장 사랑스럽다	연상의 戊土가 장생지에 앉아있으니	재성이 힘이있으니 도주가 부럽지 않은 사주이다	유학할 팔자로서 외국에서 공부를 하였다	국제 결혼을 하였는데 역시 팔자소관이다	진도 산업모피 회사를 설립하였다

길신吉神 卯 십간록 午 문창귀인 午 태극귀인 午 학당귀인 乙 천덕귀인	황무진기대운사 戊辰己巳 黃金大運	戊辰己巳 대운이 황금운으로	모피수입 위등재벌 毛皮輸入 位登財閥	모피를 수입하여 재벌에 오르게 되었다
	진합도건패션 綜合建設	진도 패션과 종합 건설 회사를	진각명천 각설하립 振名天下立	각각 설립하여 그 이 름이 천하를 떨쳤다
	평문생창독학서당 文昌學堂 平生讀書	문창귀인과 학당귀인을 놓아서 평생에 걸쳐서 독서 생활을 한다	일지묘목 전록지격 專祿之格	日支卯木 전록격을 이루고 일지 묘목에
	전천부덕귀태인극 天德太極 全部貴人	천덕귀인과 태극귀인을 놓았으니 주윗사람 들이 전부 귀인이 된다	좌우귀인 동서협조 左右協助 東西貴人	동서의 귀인이 좌우에서 협조하여주는 사주이다
흉신凶神 卯 도화살 寅亥 육파 寅午 탕화살	기재처성현량생 其妻賢良 財星現良	재성현량지에 앉아 있으니 그처가 어질다	소일실지작도화 小室作妾挑花	일지에 도화를 놓았으니 소실을 둘팔자라
	풍약불유기연 若不其然 風流之客	만약 그렇지 않으면 풍류지객이다	동연분지지주살 東奔西走 年支地殺	연지에 지살을 놓았으니 동부서주로 항상 바쁘다
십이신살 亥 겁살 寅 지살 午 장성 卯 면살	사손자궁위장효생 孫宮長生 四子爲孝	자손궁에 장생을 놓았으니 네 아들이 전부 효자이다	운염지왕유인징 閻王引澄 運至酉運	酉대운에 이르면 염라대왕이 부를것이다

- 137 -

김우중(金宇中)·대우 회장

		사주	격국
胎息 胎元 命宮		癸 戊 辛 丙 亥 午 丑 子	正財用印格

乾命 一九三四年 十二月 二九日 亥時 出生

胎息	胎元	命宮	大運								대운(大運)
癸未	壬辰	癸巳	八二 庚戌	七二 己酉	六二 戊申	五二 丁未	四二 丙午	三二 乙巳	二二 甲辰	一二 癸卯	二 壬寅

運必 命是 法成 則功	필시 운명 즉	首席卒業	經濟學科	수석졸업	경제학과	一九五六 丙申歲運	병신세운	일구오육	辛苦多端	早行水木	신고다단	조행수목	中年火土 四十年間	사십년간	중년화토	幸逢午火	四柱寒濕	행봉오화	사주한습	天寒地凍 暴風寒雪	몰아치는 폭풍 한설이	찬바람이 불고 땅이 얼어서

| 반드시
분명한
성공할것이
사주이다 | | 경제학과를 수석으로
졸업하였고 | | 一九五六년 丙申년에
이르자 | | 일찍 水木운으로
대운이 흐르니
고생이 많았고 | | 중년 火土운이
간이니 사십년 | | 다행이 午火를
만났으니 | | 사주원국이 한습한데
몰아치는 사주이니 | |

運必命法則	필시 운명즉 성공	印綬用神 學業熱中	인수용신 학업열중	延世大學 印綬之運	연세대학 인수운	京畿高卒 教育家門	경기고졸 교육가문	富貴之命 吉運生助	부귀지명 길운생조	印綬用神 理致分明	인수용신 이치분명	時急調候 冬土可知	시동토가지 급조후

| 丁未火土 一九六七 정미화토 일구육칠 | 一九六七년은 丁未 火土운으로 흐르니 | 印綬用神이니 학업에 열중하게된다 | 인수용신이 되어서 연세대학 | 교육가문에서 경기 고등학교를 졸업하고 | 길운이 일주를 도와주니 부귀를 누릴 운명이다 | 인수용신을 정하는 것이 이치가 분명하다 | 戊土 일주가 꽁꽁얼어 있으니 조후가 시급하다 |

- 138 -

길신吉神	壬 태극귀인 亥 관귀학관 午 협록	대우실업 회사를 창립 會社創立大宇實業	대우실업 회사를 창립하게 되였는데	욕지원인 用神補強 慾知原因	이것은 대운이 용신을 보강하는 원인이다
흉신凶神	午 협록			용신보강	
	亥 관귀학관 午 협록 子 단교관살 丑 원진살 丑午 육해살 丑午 부벽살 午 수옥살 午 탕화살 子 절로공망 午 절로공망	사주지병 亥子丑水病 四柱之病	亥子壬水국이다 이사주의 병은	약신 戊土藥神 未藥神之年	고로 戊土가 약신인데 丁未대운이 바로 火土운이다
		세운갑인오 一九七五 歲運甲寅	일세운구 甲寅년에 이르러서 세운 一九七五년에	인오희전신 寅午喜神 서울驛前	寅午 화국희신운이니 서울역 전에
		원본단수창출 原緞輸出 本社創立	본사를 창립하고 원단을 수출하였다	정사무오 製鐵化學 丁巳戊午	丁巳戊午가 火土연이니 제철화학 회사를 설립하였고
		자각각동 各各進出 自動車界	자동차산업 등으로 각각 진출하여서	진명천하벌 一躍財閥 振名天下	일약재벌로서 그 이름이 천하를 떨쳤다
십이신살	午 재살 亥 망신 子 공망	재일지협택록 財物惠澤 日支夾祿	일지에 협록을 놓았으니 재물혜택을 많이 입을 길신이다	신기묘경리 申運不利 己卯庚辰	己卯 庚辰년과 申운이 불리하니
		해일락피서신 一樂避身 海外西山	해외서 피신하게 되였는데 이것은 용신 화기가 무력한 원인이 된다	천불사복 天不賜福 強求不得	하늘이 복을 주지 않으면 강제로 구할수가 없는 것이 천하의 이치이다

김웅세(金雄世)·롯데월드 사장

					陽刃用財格 양인용재격	
胎息 태식	命元 명원	胎宮 태궁	庚子	壬申	甲戌	甲戌	大運(대운)	乾命 一九三四年 九月 二0日 子時 出生
丁巳	乙丑	辛未	七四 壬寅	六四 辛巳	五四 庚辰	四四 己卯	三四 戊寅	二四 丁丑	一四 丙子	四 乙亥		
財官印全奇 재관인 삼기를 갖추었으니	年月三奇 연월에 삼기를 놓아 재관인을	戌字華蓋 괘태출생개 掛胎出生	戌자는 화개살이 되여서 목에 탯줄을 걸고 출생하였다	平生運程 동남 목화정 평생의 대운이 동남 木火를 흐르니	祖上蔭德 유방음천추 조상의 음덕이 천추 만대가지 자손으로 흐를것이다	富貴無疑 식신생재격이 되어서 부귀를 누릴것이다	自坐長生 弱化爲强 앉아있으니 약함이 화하여 강해졌다	失令之節 九秋壬水 실령 자좌장생 일주가 장생지에	實令壬水 戌月의 壬水가 한중에
得立運動 선대명문 독립운동을 하였다	先大明門 선대명문으로서	華蓋空亡 宗敎心醉 화개살에 공망을 놓았으니 종교에 심취할 팔자라	振名天下 용신보하강 진명천하 丁火용신을 보강하면 천하에 이름을 떨칠것이다	用神無力 九月丁火 무력하니	秀氣流行 수기유행 연월일시로 수기가 잘 흐르니	丁火用神 金水寒冷 정화용신 금수한냉 丁火로 조후용신 한다	庚金透出 申戌金局 경금투출 신술금국에 庚金이 투출하고

길신吉神 申문곡귀인 申학당귀인 申관귀학인	抗日運動 嚴親一虛 항친일허 항일운동	부친일허는 항일 운동을 전개한 바가있다	偉大人物 後孫出生 위대인물 후손출생	위대한 인물의 후손으로 출생하였다
흉신凶神 戊급각살 子수옥살 戊락정관살 子양인살 壬申효신살	寅戌火局 戊寅大運 인무술대국운 무인화국운	戊寅대운 寅戌화국을 놓았으니	高試合格 財官之運 고시합격운 재관지운	바로 이것이 재관운이 되어서 고시에 합격 하였다
십이신살 戊화개 申역마살 戊공망	理事官職 若冠三四 이약관삼사 이사관직사	三四세 젊은 나이에 이사관으로 재직하였고	經理局長 서울鐵道 경리국장 서울철도	서울철도의 경리 국장을 역임하였다
	用神之藥 己土大運 용신지약운 기토대약운	己土대운은 용신지 약이 되어서	社長就任 南光土建 사장취임 남광토건	남광토건 사장으로 취임하였다
	午月當到 庚午歲運 오월당도 경오세운	庚午년 오월에 당도하게되자	社長就任 롯데월드 사장취임 롯데월드	롯데월드 사장에 취임하였다
	意氣男兒 日主高强 의기남아 일주고강	일주가 고강하니 의기 남아 로다	天下秀才 印綬成局 천하수재 인수성국	인수국을 이루었으니 천하의 수재라
	東奔西走 海運萬里 동분서주 해운만리	申역마를 놓았으니 항상동분서주한다	賢妻內助 正財用神 현처내조 정재용신	정재용신이니 현모양처라

김재철(金在哲)·동원 회장

胎息 胎元 命宮	甲 癸 庚 乙 寅 丑 辰 亥	상관용상관격 傷官用像官格	
戊 辛 丁 子 未 亥	七一 六一 五一 四一 三一 二一 一 壬 癸 甲 乙 丙 丁 戊 己 申 酉 戌 亥 子 丑 寅 卯	대운(大運)	乾命 一九三五年 三月 五日 寅時 出生
壬一임일 寅九인구 年六년육 當二당이	합농수수평수약갑월상월 격과기산성생목변위골지급 기특생목희변위신지각 약차길용화신강용액살 수수 生 약을 水水평 平甲傷月龍 生弱月用 木骨支虎 水氣生木 時急距 喜變神急 寅門 産業吉 火為强 之厄辰 業喜 用神 神	용월 호시 거진 문인 月時辰寅 虎辰 距寅 門	월시에 寅辰 木局을 놓았으니 용호거문 집안에서 태어났다 일시에 급각살을 놓았으니 상골의 액이었다 약한 甲木으로 상관용신한다 수성은 희신이되고 甲木이 강해져서 상관용신한다 水기가 용신을 生하여 평생 목화로운이 흐르니 수기가 용신을 生하여 주니 수산업이 길하다 농과대학을 특차로 합격하였고 一九六二년 壬寅년에 이르자
學用학용 士神사신 出祿출록 身地신지	釜부대부강서康서 山산학산진울강울 水수졸업농진농대 産産業 高고高학 大대 學학 卒졸 業업 初원초원병경丙妻丙 困탁곤래火德火 後後流清곤탁金爲可調 에後流清하유為病知候 는泰清고病藥신神候 태 뒤 평 할 먼 팔저	선대명문 기선 부대 풍명 류문 其先 父代 風名 流門	선대명문 출생으로 아버지는 풍류이다 병화조후 처덕이 있다 丙火가 조후하였으니 처덕이 있다 庚金이 병신이고 丙火가 약이된다 고로 경금이 병신이고 丙火가 약이된다 원래 탁한 사주가 맑아 졌으니 먼저는 곤하고 뒤에는 태평할 팔자다 일찍 강진농고와 서울대학의 부산수산대학을 졸업하였다 용신의 록지가 학사 출신으로

- 142 -

길신吉神		흉신凶神		십이신살	
寅 금여록 丑 암록 丑 협록 亥 홍란성 寅 황은대사		亥 급각살 丑 부벽살 亥 귀문관살 辰 육파살 丑 고진살 寅 탕화살 丑 원진살 亥 백호대살 癸丑 절로공망		寅 망신살 亥 지살 丑 월살	
遠洋漁船 船長就任	선원양어선 선장취임	印綬之運 東元産業	인수지운 동원산업	世界一位 業船六十 어선일위 세계일위	세계의 일위로 어선 육십척으로 조업에 임하고있다
원양어선 선장에 취임하였다		인수 운이되니 동원산업			
丙寅冷凍 東一冷凍	병인세운 동일냉동	放送事業 甲戌當到	갑술당도 방송사업	從業員數 一萬餘名	종업원수가 일만명 을 넘는다
丙寅년을 당도하자 동일냉동 회사를 설 립하였다		甲戌년에는 방송 사업을			
暗祿夾臨 吉神加臨	길신이 암록가협림		뜻대로 모든사업이 성사된다		
무일신구육 一九六九 戊申歲運	一九六九년 戊申년 세운을 당하자	會社創立 參치어획	회사창립 참치어획 회사를 창립하여 참치고기를 잡는데	光學機器 丙辰年當 광학기기 병진년당 丙辰년에 이르자 광학기기 회사를 설립하였고	韓信投資至 丁卯信年 한정신묘지 정묘투자 丁卯년에 이르자 한신투자를 창설하고
系列會社 木火設立 계열회사 목화설립 계열회사로 설립하였는데 木火운인 관계이다		處高액가진외화 妻厄可畏 고진살과 탕화살을 처궁에 놓았으니 처액이 있을까 두렵고나		神經疾患 急脚關殺 신급경각질관 환살 급각살을 놓아서 신경통 질환으로 고생한다	

김정수(金廷洙)・아남건설 회장

식신용인격 食神用印格	戊 戊 庚 癸 午 辰 申 酉	胎 胎 命 息 元 宮
대운(大運)	八 一八 二八 三八 四八 五八 六八 七八 己 戊 丁 丙 乙 甲 癸 壬 未 午 巳 辰 卯 寅 丑 子	癸 辛 乙 酉 亥 卯
신월무토 申月戊土 경금득록 庚金得祿 申月戊土 庚金食神이 祿을 놓았고	인수용신 印綬用神 행득오화 幸得午火 인수용신화 印綬用神火 다행이 午火印綬를 얻어 印綬로 用神한다	승어재관 勝於財官 식신유기 食神有氣 勝於財官 식신이 기운이 있으니 財官을 능가할만하다	위타목진족력 爲他木盡族力 인화목진족력 印和睦進族力 위타인화 爲他印和 인타목진족력 印他木盡族力 위하여 항상 노력하고 주위사람들과 화목하다	인수용신의욕 印綬用神意慾 학업의욕 學業意慾 인수용신인 사람은 항상 학업에 의욕이 넘친다	일회사진월증 日會社進月增 회사창립후 일진월 중으로 점점 성장하여간다	중신약인수족 中身弱印綬足 중년인수족 中年印綬足 신약사주가 중년 이수운에서	중년인수 中年印綬 身弱四柱
진상관격 眞傷官格 신유금 申酉金 申酉金局 식신국을 놓았으니 진상관격이다	평생목화 平生木火 동남 東南 평생길운 平生吉運 동남 木火운이 평생길운이다	부귀지명 富貴之命 식신생재 食神生財 식신생재로 부귀를 누린운명이다	불급태급식 不急布德食 불태포급식 不怠布急食 항상 옷과 음식을 베푸는데 게을리하지 않는다	대학졸업 大學卒業 아남건설 亞南建設 대학을 졸업하고 아남건설	협조인덕 協助人德 현조인덕 賢助人德 진오 辰午 辰午자가 협록이니 인덕이 많은사람이다	사업의기왕성 事業意氣旺盛 의기왕성 意氣旺盛 사업 의욕이 강하다

-144-

길신吉神		흉신凶神	십이신살	
申 문창귀인 천주귀인 辰 암록 태극귀인 午 협록 癸 천덕귀인 午 양인살		戊辰 백호대살 午 탕화살 酉 부벽살	辰 천살 申 망신살 酉 장성 午 연살	
讀書之計 一日一券 독서일계 일일일권	建設會長 東奔西走 건설회장 동분서주	執筆活動 心血傾注 집필활동 심혈경주	身弱用印 兄弟親友 신약용인 형제친우	辰土財庫 申辰財局 진토재고 신진재국	立身揚名 一躍財庫 일신양명 입신재고	偏野桃花 蝶無花間 편야도화 접무화간
하루 한권씩 책을 읽는 계획을 세우고 실천한다	건설회사 회장으로 동본서주로 항상 바쁘다	항상 집필활동에 심혈을 경주한다	신약에 인수용신하니 형제나 친구와 같이 사업을 하면 성공한다	申辰재국과 辰土의 재물창고를 놓았으니 일약 재계에서 입신양명하였다		편야도화를 놓았으니 나비가 꽃밭을 도는 격이다
無不通知物 東西文 무불통지물 동서문	原稿請託 雜誌社則 원고청탁 잡지사측	父親長壽 偏財長生 부친장수 편재장생	同業同居吉 母親同居 모동친업거길 모친동거	旺財能堪 火土四十 왕재능감 화토사십	月支亡身 母嫁再聚 월지망신 모가재취	身厄可畏 壬子大運 신액가외 임자대운
무불통지물 고로 동서문물에 걸쳐서 모르는 것이 없다	잡지사측의 원고를 청탁받아 열심히 쓰고있다	편재가 장생을 놓았으니 부친이 장수한다	동업하는 것이 길하고 모친과 동거함이 좋다	火土운 四○년에 왕한 재를 능히 감당하니	월지에 망신을 놓았으니 어머가 재취로 시집왔거나	壬子대운에 신액이 있을까두렵고나

- 145 -

김종희(金鍾喜) · 한화 창업자

식신용신격 食神用食神格				
대운(大運)	丙 甲 辛 壬 寅 申 亥 戌		胎 命 胎 元 息 宮	乾命 一九二二年 十月 二四日 寅時 出生
九 壬子	一九 癸丑	二九 甲寅	三九 乙卯	四九 丙辰	五九 丁巳	六九 戊午	七九 己未	乙巳 壬寅 甲辰	

갑목해월 득장생지 甲木海月 得長生地 / 갑목일자가 해월에 장생지에 앉아있으니

금수조후긴요 金水調候緊要 / 금수한냉 하여 조후가 필요하니

부귀공명 영화지객 富貴功名 榮華之客 / 부귀공명을 영화를 누릴팔자이다

태원장생목 胎元長生木 / 태원 寅木이 병화의 장생이되고 태식 사화가 병화의 록이된다

병화장생 胎元寅木 丙火長生 /

용신보강 금상첨화 錦上添花 / 용신을 보강하여 주니 금상첨화격이다

벽갑인병 壁甲引丙 / 경인세운에서 벽갑 인 丙으로 좋은 운이 되어서

병오지년 태평물산 丙午之年 太平物産 / 병오년에 태평물산을 창립하였고

시지인목 귀록지격 時支寅木 歸祿之格 / 시지 寅木에 록을 놓아서 귀록격을 이루웠다

병화용신 식신생재 丙火用神 食神生財 / 丙火로 용신하여서 식신생재를 이루었으니

사중대화운토 四十大運 / 중년 火土운 四〇년이 대길운이다

용신록지 胎息巳火 / 태식사화 用神祿地 / 태식 巳火가 용신인 의 록지가 된다

상고졸업 화학취직 / 상고를 졸업하고 화학회사에 취직하였다

한국화약 회사설립 韓國火藥 會社設立 / 한국화약회사를 설립하였다

경인에어링 신한베어링 / 신한베어링 경인 에너지를 설립하였다

京仁에너지 신한베어링 / 京仁에너지

길신吉神			
寅 십간록 亥 문곡귀인 亥 관귀학관 亥 암록 甲 월덕귀인 戌 천희신	天安市內 高校設立 고천 안시 교내 설 립	천안시내에 고등학교도 설립하였으며	系列專念 創立會社 계창 열립 전 념 회 사	계열회사 창립에 전념하고있다
흉신凶神 寅申 삼형살 亥 고진살 申 절로공망 寅 탕화살 寅申 상충	經營意慾 活潑原因 경활 영발 의원 욕인	이와같이 많은 회사를 설립한것은 경영의 욕이 활발한데 원인이있다	暗祿月德 吉神照臨 길암 신록 조월 림덕	암록과 월덕의 길신이 비추어진다
	壬戌白虎 亥字孤嗔	壬戌재백호와 해자 고진살을 놓았으니	妻宮之厄 念慮之事	처궁에 액이 있을까 염려된다
	地殺驛馬 海運萬里	지살과 역마가 있으니 해운만리로 항상 분주하다	一無寧日 東食西宿	일무영일 동식서숙 고로 항상 쉴사이가 없이 동가식서가숙한다
	甲木肝膽 寅申三刑	甲木은 간과담으로 보는데 寅申 삼형 살을 놓았으니	肝質之患 念慮之事	염려질지사환 간질환이 있을까 염려된다
십이신살 寅 지살 申 역마 亥 겁살	南方火氏 當次之時	남방차지시 이때에는 남쪽의 火씨의 약사 치료를 받아라	東方木姓 治療快差	치동료방쾌목차성 동방의 木씨성도 치료 받으면 쾌차할것이다
	辛酉丙申 祿地沖發	辛酉년 丙申월에 록지를 충발하니	用神合去 五八歸泉	오용팔신귀합천거 五八세에 용신이 합거되어 세상을떠났다

- 147 -

김준기(金俊起)·동부 회장

건록용식신격 建祿用食神格									
	胎息	胎元	命宮	壬寅	壬子	乙亥	甲申	대운(大運)	乾命 一九四四年 十一月 二九日 寅時 出生
	丁丑	丙寅	戊辰	七八 癸未	六八 壬午	五八 辛巳	四八 庚辰	三八 己卯	二八 戊寅	一八 丁丑	八 丙子		
	이이년재학중 二二年在學 二四歲當	七選議員 國會議長	칠선의원 국회의장 七選議員 國會議長	병화인부편재 本人父 丙火偏財	祖父長壽 偏印得祿	錦上添花 喜神之運	金神之化 회신지화	調候用神 事理分明	조후용신 사리분명	壬日亥月 申子水局 신자수국	임일주가 해월에 申子水局을 놓고	
己酉歲運 一九六九	기유세운 일구육구 己酉歲運	高麗大學 經濟學科 고려대학 경제학과	편재장생 기부정치 其父政治 偏財長生	祖父創設 금융조합 金融創設	금용조설 조부창설 金用造設	三氣成象 金水木 삼기성상	삼수목상전 三水木象全	胎元胎息 用神補强 태원태식 용신보강	태원태식 용신보강 아름다운데	兩壬水透出 身旺無疑 양임투의출 신왕함을 의심할 필요가없다	두 壬水가 투출하였으니 신왕함을 의심할 필요가없다	

- 148 -

길신吉神 亥 십간록 寅 문창귀인 申 문곡귀인 亥 태극귀인 寅 천주귀인 申 학당귀인 申 관귀학관 寅 암록귀인 乙月 천덕귀인 甲月 월덕귀인	東部建設會社創立 회사부 창립 동부건설 창립 美軍工事 聚財億金 미군공사 취재억금 미군공사를 발주받아 수억의 돈을 모았으며 國防外務 사우디국무 국방외무관 사우디국가 국방 외무부의 參與成功 중동건설 참여성공 참중동건설 그후 중동건설에 참여하여 성공하였고 일약재벌 한천봉우약재벌 한천봉우 일약재벌 천년대한가 문날에 단비가 나리듯이 일약 재벌에 올랐고 불식생재 식신생재주 식신생재격을 이루니 도주가 부럽지 않을 팔자라 不羨陶朱財 食神生財 식신도주재 불식도주재 食神陶朱財 不羨陶朱財 재성내용조신 현처내용조신 재성이 용신이니 현처가 내조하여주고 賢妻內助 財星用神 현처내조 재성용신	**흉신凶神** 亥 고진살 亥 육파살 寅 탕화살 子 양인살 寅 절로공망 **십이신살** 申 지살 亥 역마살 寅 망시살 子 상성	戊寅大運 己年 무인대운 기년약대운 己年藥運 戊寅大運 己年이 약운이 되여서 己未午月 一九八十年 己未 기미오월 일구팔십 년 午月에 建物新築 工事受注 공사물수주축 건사물신주축 건물신축 공사를 수주받아 치부하였다 吉運回泰 欲知原人 길운회태 욕지회원인 이원인은 길운이 돌 아 온연고이다 天月貴人 暗祿扶身 천월덕귀인과 알록이 도와주고 驛馬地殺 東奔西走 역마와 지살을 놓았으니 항상 동분서주 하는 팔자라 爲他盡力 隣和睦族 인위타진목족력 남을 위하여 노력하고 이웃과 친족간에 화목할 팔자라

김창희(金昌熙)·대우증권 사장

乾命 一九三二年 二月 二九日 卯時 出生

건록용식격 偏官用官格	丁丑 甲辰 丁卯 癸卯	命宮 胎元 胎息
대운(大運)	三 一三 二三 三三 四三 五三 六三 七二 癸 壬 辛 庚 己 戊 丁 丙 卯 寅 丑 子 亥 戌 酉 申	庚戌 乙未 壬戌
眞傷官格 辰月丁火 진상월관격화	辰月 丁火일주가 설기태심하여 진상관격을 이루고 있으나	
용관지격 약화위강 用官之格 弱化爲强	약화위강격으로 편관을 능히 감당할수가 있어 용신한다	
서북금수정 평생운지 平生運程 西北金水	평생대운의 흐름이 서북 금수로 흐르고	
부귀지명 정연이치 定然理致 富貴之命	고로 부귀영화를 누릴수있는 것은 정연한 이치이다	入證社勤勉 입증사근면	증권회사에 입사하여 근무한 바가 있고
引受役割 東洋證券 인수역할 동양증권	동양증권을 인수하는 역할을하였고	合資會社 三寶證券 합자회사 삼보증권	삼보증권 합자 회사를 설립하였으며
木火透出 卯卯同合 목묘화묘투동합	卯卯가 동합으로 木火가 투출 되었으니		
木火透出 時上一貴 貴格可知 시상가귀 귀격가지	시상일위귀격이 분명하다		
五行流長 遠原生 오행상생 원원유장생	오행상생 부절로 멀리서 잘흐르고있다		
六二卒業 延世壬寅 육이임업인 연세졸업인	六二년 壬寅 세운에 연세대를 졸업후		
七三癸丑 用神得力 칠삼득력축 용신득력	七三년 癸丑 세운이 용신이 힘을 얻으니		
八四甲子 用神祿地 팔사록갑자 용신록지	八四년 甲子 세운에 용신의 록지가 되니		
大宇證券 社長就任 사대장취권 사장취임	그후 대우증권 사장에 취임하였다		

길신吉神			흉신凶神				십이신살		
卯 문곡귀인	卯 태극귀인		丑 부벽살	丑 탕화살	丁丑 백호대살 甲辰 백호대살	卯辰 수옥살 卯 절로공망 辰丑 육파	視力微弱 一身論之 시력미약	當次之時 西北有效	辰 화개 卯 재살
文曲貴人 太極貴人 태극귀인 문곡귀인	月逢印綬 印綬太旺 인월봉인수 인수태왕	正印白虎 重逢印綬 정인백호 중봉인수	凶死不具 祖母丈母 조모장모 흉사불구	視力微弱 一身論之 일신상의 시력미약	當次之時 서북쪽의 효과				
문곡귀인과 태극귀인의 길신이 도와주니	월지에 인수를 놓고 인수가 태왕하니	정인백호에 인수가 중중하고	조모나 장모가 반드시 흉사하거나 불구 자일것이다	일신상의 건강을 논하면 시력이 미약하고	이때는 북쪽이나 서쪽의 약이 효과가 있을것이다	또한 종교신앙과 학구 의욕이 대단하다			
證券業界 頭角出顯 증권업계 두각출현	經營鬼才 天下秀才 경영귀재 천하수재	偏財白虎 父母無德 편재백호 부모무덕	欲知原因 食傷白虎 식상백호 욕지원인	心腸可畏 疾厄可畏 심장방광 질액가외	年支華蓋 掛胎出生 괘태출생 연지화개	爲他盡力 文章裕足 문장유족 위타진력			
증권업계에서 두각을 나타내었으며	천하에 수재로서 사업을 경영하는데는 귀재로 통한다	편재 백호를 놓았으니 부모덕이없다	이것은 식상백호 대살을 놓은 연고이다	심장과 방광염 질환이 가이 두렵고나	연지에 화개를 놓았으니 목에 태출을 걸고서 출생하였다	문장이 유족하니 존경의 대상이 된다			

- 151 -

남승우(南承佑)·풀무원 사장

			인수용재격 印授用財格	
胎息 胎元 命宮	壬 己 己 壬 申 未 巳 辰		대운(大運)	乾命 一九五二年 四月 二十日 申時 出生
甲 庚 甲 午 申 辰	七八 六八 五八 四八 三八 二八 一八 八 丁 丙 乙 甲 癸 壬 辛 庚 丑 子 亥 戌 酉 申 未 午		월봉인수 사미화인국 巳未火局 巳未 인수국의 월지 巳火에 인수를 놓고 生을 받으니	사주원국의 화기가 염열하여 조후가 시급하다 四柱原局 火氣炎熱 화사주원국 기염열
庚申歲運 일구팔십 경신세운	甲寅藥運 일구칠사 갑인약운	宗教信仰 精通信佛 종교신앙 정통신불	富貴榮華 一生多福 부귀영화 일생다복	平生金水 西北之運 평생금수 서북지운	自坐長生 壬水用神 자좌장생 임수용신	임수용신 자좌장생 고로 壬水로 용신하는데 壬水가 申장생지에 앉아 있으니 길조이라	신왕재왕 신진수국 申辰水局 신왕재왕 身旺財旺
一九八十年 庚申 세운에 이르자	一九七四年 甲寅 세운은 약운이 되어서	정통신불로 종교 신앙에 열심이다	일생에 걸쳐서 팔자로 부귀영화를 누리겠다	평생대운이 金水 서북으로 흐른다		연지의 진토재고를 놓고 두임수 재가투 출하였으니 年支財庫 兩財透出 양연지재고 두임수 재가투 출하였으니	신진수국을 놓으니 신왕재왕한 사주라
資財課長 現代建設 자재과장 현대건설	自然財 과장되고 자연재과장설	首席卒業 서울法大 서울법대 수석졸업	秀才之人 印授成局 인수성국 수재지인	水人재지인 수성국 인수국	華蓋逢空 火土重濁 화토중탁 화개봉공	火土중탁의 사주에 화개가 공망을 만났으니	申辰水局 身旺財旺 신진수국 신왕재왕
현대건설의 자재과장에 발탁되었고		서울 법대를 수석으로 졸업하였고	인수국을 놓아서 수재로 불리우는 사람이다				

- 152 -

길신吉神 申 천을귀인 辰 태극귀인 申 금여록 未 암록 辰 천희신 巳 황은대사	계일해구세팔운사 一九八四 癸亥歲運	一九八四년 癸亥세운에 이르자 용신을 보강하여주니	사풀장무취원임 풀무원 社長就任	풀무원 사장에 취임하여 사업을 경영하여 성공하였다
흉신凶神 巳 황은대사 用神補強 西方金運 甲戌藥運 一九九五 갑일구술구약구운오	甲戌년 세운에 이르자	이와같이 사업에 성공하게된 것은 서북 金水 용신보강 운에서 용신을 보강한 원인이다	일매천출칠총백액 賣出總額 一千七百	매출총액 1750억원으로 비약적인 발전을 하였다
회L사A설중립국 會社設立 LA中國	이어서 엘에이 중국등에 계열회사를 설립하였다	일사진업월경증영 事業經營 日進月增	이와같이 사업경영 실적이 날로 달로 더하여 재벌에 가까운업체였다
십이신살 巳 겁살 辰 화개살 申 지살 未 천살 巳 신금 申 삼형살 未 공망 申 절로공망 巳 락정관살 巳 고진살 未 급각살	재신물금혜여택록 財物惠澤 申金與祿	申金이 금여록에 천을귀인이 있어 인덕이 있고 또한 재물혜택이 크다	미내조모유득공처 美貌得妻 內助有功	내조 되는 글자가 천회신에 앉아 있으니 미모의 처를 맞이하여서 내조의 공이 크다
금미전토암암조록 金錢暗助 未土暗祿	未土에 암록을 놓아서 재물의 암조가생긴다	형월제봉수왕다궁 月逢旺宮 兄弟數多	월지가 왕궁이니 형제가 많을 팔자이다
일일월격공각 日月隔角 日支空亡	일월에 격각살과 申에 고진살 일지에 공망을 놓았으니	골급절각상락액정 骨節傷厄 急脚落井	급각살과 락성관살을 놓았으니 골절되거나 크게다칠까 염려된다
		처특액별가유의외 特別留意 妻厄可畏	처액이 두려우니 특별유의하라

- 153 -

유일한(柳一韓)·유한양행 창업자

		乙 戊 丁 丙 未 寅 未 午	인수용상관격 印綬用傷官格	
胎息	胎元 命宮	七三 六三 五三 四三 三三 二三 一三 三 庚 辛 壬 癸 甲 乙 丙 丁 午 未 申 酉 戌 亥 子 丑	대운(大運)	乾命 一九五五年 一月 二三日 午時 出生
戊寅年 長生之運	무인년지 장생운	병인년 일구이육 년 진월 丙寅辰月	스캘리포대니	미국선교사 美國宣教師 隨行	갑진년 일구사십 당년 甲辰年當	무기토용신 목기병신 戊土用神 木氣病神	오인월 정화 국화 寅月 丁火 午未火局	
이것은 寅년이 戊土 용신의 장생지가 되고		一九二六년 丙寅세운 진월에 이르자	캘리포니아의 스탠포 대학에서	미국선교사를 따라서 미국으로 건너가서	一九四十년 甲辰년에 운에 이르자	戊土로 설기시키고자 용신을 정하니 목은 병신이 된다	寅月 丁火가 午未火 국을 놓고	
용진월삼월 用辰月 神三 得月 力	용진신월 득삼 력월	유회법석 한사학사 양설사 행립학 會전 社공위 설立	법학전공 석사학위 碩士學位	주경야독 미시칸대 晝耕夜讀	인수지운 학업지운 學業之運 印綬之運	수금기구신 기약신 水氣仇神 金氣藥神	일목주화고투출 木火透出 日主高強	
辰월은 용신무토가 힘을 얻은 원인이다		유한양행회사를 설립하였으니	법과를 전공하고 석사학위를 받았다	주경야독으로 미시칸대학과	인수운으로 학업에 열중하게 되는 운이 되여서	금기는 약신이고 수기는 구신이 된다	木火가 투출하였으니 일주가 고강하다	

- 154 -

길신吉神			
午 십간록 未 암록 午 천주귀인 未 협록 丁 천덕귀인 丙 월덕귀인	계일 사구 오당삼 一九五三 癸巳年當	1953년 癸巳 세운에 이르자	우수한 약품을 생산하는데 진력하여 크게 회사가 발전되였다
	사암록경협영록 업록경영 방식이 경협록을 놓아서 영록 특출하다		생산진력 生産盡藥品力 優秀藥品
	暗祿夾祿 事業經營	암록과 협록을 놓아서 사업경영 방식이 특출하다	
	정화월천덕 병화월덕 丁火天德 丙火月德	丁火가 천덕귀인이 되고 丙火가 월덕귀인이 되니	선조의 유덕이 자손만대로 흐르니 바로 이것이 천우 신조이다 先祖遺德 天佑神助
	인자소민혜 仁慈敏惠 災殃消滅	재앙이 자연 소멸된다 사람이 인자하고 민첩하여 이러한 길신을 놓으면	천선우신조유조덕 선조유덕 존경을 받는다 세상 사람들로부터 지수왈완이 탁월모월 경여수완이 탁월하여 手腕卓越 指日某某
흉신凶神			
乙未 백호대살 寅未 귀문관살 丁未 음착살 戊寅 양차살 寅午 탕화살	복피흉福祉更厚 避凶皆吉	복지사업에 전염하여 은혜를 베푸니 흉함은 사라지고 길함이 닥친다	길신가덕 형기복덕 吉神加臨 亨其福德	이와같은 길신이 가림하면 복록을 가지게 될팔자라
	처외남영고락독 외숙이 고독하고 처남이 쇠몰하였다		丁未陽差錯 병오양차착 丙午	丁未는 음착살이고 丙午는 양차살 로서
십이신살			
未 화개 午 육해 寅 신살	구위타세진활인력 救世活人力 危他盡人力	상관용신이니 남을 위하는 마음이 지극하여 활인 지업에 열중한다	화정개통신중신정앙앙중중 華蓋重重 情通信仰	화개를 이중으로 놓았으니 조상대대로 신앙생활을 하는 집안에서 태어났다
			신중해병귀천칠육 重病歸泉 辛亥七六	辛亥년에 이르자 사주에 병이 더욱커지니 七六세에 세상을 떠났다

박두병(朴斗秉)・두산 회장

胎息 胎元 命宮	丙申 丙子 丙戌 庚戌	偏財用劫格 편재용겁격
辛丑 丁丑 丁亥	八二 七二 六二 五二 四二 三二 二二 一二 二 乙未 甲午 癸巳 壬辰 辛卯 庚寅 己丑 戊子 丁亥	대운(大運)
驛馬財星 貿易之業 무역지성 역마재성 무역업을 하여야 성공하게 된다	天月暗祿 事業意慾 천월덕귀인과 암록을 놓았으니 사업의 의욕이 대단하고	戌月丙火 日落西山 일술월병화 일락서산격 하였으니 일주가 으로 힘이없는 중에
	經營參與 專務鬼才 경영귀재 전무참여 전무의 일을 맡기니 사업의 특출한 재조가 있다	丙火戌月 中年木火 병화용목화 중년목용화 용신하여 중년 木火 운을 기다린다
	十恒九富 火項九富 십항구부 화일투금 부득이 丙火 형제로 용신하여 격국 중에 너무 허약하다	財多身弱 日主無氣 재다신약 일주무기 일주가 너무 허약하다
	사업의 욕	
	火日透劫 十恒九富 화일투겁 십항구부 火일주 사주에 재성이 투출하면 열사람 중에 아홉사람은 부자팔자라	丙火用劫 戊月丙火 병화용겁 무월병화 재다신약격으로 일주가

(내용 생략)

길신吉神			
申 문창귀인 申 관귀학관 申 암록 丙 천덕귀인 丙 월덕귀인	병술 동양맥주년 丙戌當年 東洋麥酒	丙戌년에 이르자 동양 맥주회사를 설립하고	일구육육 병오년 一九六六 丙午年當	一九六六년 丙午년에 이르자
	칠요식품 한양식품 七洋食品 五甲寅	일주를 보강하여주니 한양식품 회사를 설립하였고	대전자제품 대한유리 大電子製品 韓琉璃	一九七五년 甲寅년에 전자제품과 대한유리 회사를 설립하고
	두산제관 두산곡산 斗山制管 斗山穀産	두산제관 두산 곡산 회사등	창립계열 경영회사 創立系列 經營會社	계열회사를 창립하여 경영하였는데
흉신凶神	적극 사업수완발휘 積極事業手腕發揮	사업수완을 적극 적으로 발휘하여서	회장취임 굴지재벌 會長就任 堀指財閥	굴지의 재벌로 회장에 취임하였다
丙戌 백호대살 丙戌 백호대살 申 락정관살 子 수옥살 戊 급각살	창립오갑배주 구오갑술 創立五百週 九五甲戌	一九九五년 甲戌년이 창립백주년이 되다	한국중공 이천지공년 韓國重工 二千之工年	二〇〇〇년에는 한국 중공업
십이신살	재벌회사인수 회사팔위 財閥會社引受 會社八位	회사를 인수하여 재벌 팔위권에 진입 하였다	수급족각골락절정 급각낙정 手足骨落折 急脚落井	급각살과 락정관 살을 놓아서 수족골절상을 입은것이다
戌 화개 子 수옥살 申 역마	욱거일재대벌 거대재벌 旭巨大財閥 日昇天閥	이와같이 거대한 재벌로 욱일승천하게 된것은	선남장망대지상공 선망대상 羨望對象 長男之功	장남의 공으로 선망의 대상이 된다

박성수(朴聖秀)·이랜드 회장

乾命 一九五三年 三月 一七日 酉時 出生

偏財用劫格	丁酉 辛亥 丙辰 癸巳	命宮 / 胎元 / 胎息
大運	九 甲寅 / 一九 癸丑 / 二九 壬子 / 三九 辛亥 / 四九 庚戌 / 五九 己酉 / 六九 戊申 / 七九 丁未 / 八九 丙午	丙辰 / 丁未 / 丙寅

辰月의 辛金이 時支에 時支得祿 / 辰月辛金 시지득록 / 酉金用劫 유금용겁 酉金太旺 / 官殺用劫 관살용겁 / 月逢印綬 월봉인수 / 辛金등교단수 / 身登敎壇 신등교단 / 藥運推理 약운추리 / 北方水運 북방수운 / 약방수운추리 / 平生吉運 평생길운 此外何望 차외하망 / 開場販賣 개장판매 / 梨大門前 이대문전 / 그이랜드형성로 / 그룹形成

진월의 辛金이 시지에 록을 놓고 사유금 국이있으니 / 관살태왕에 극설이 심하니 酉金형제로 비겁용신한다 / 월지에 인수를 놓았으니 교원생활도 하여 보았고 / 북방 水운으로 약운을 추리하게 되고 / 평생에 걸처서 대길 한 운세이니 이밖에 무엇을 더바랄고 / 이화여대 문전에 개장 판매하기 시작하여 / 이랜드상표로 그룹을 형성하였다

| 傷官太甚 五陽丙丁 | 火氣忌神 水氣藥神 | 舌端生金 敎授之職 | 西方金運 用神得力 | 一九九六年 被服賣場 | 分店開設 到處女大 | 信賴構築 急送成長 |

상관태심 오양병정 / 수기약기신신 / 설단생금 교수지직 / 서방금운 용신득력 / 일구구육 피복매장 / 분도점개설 / 신뢰구축 급송성장

상관태심으로 설기하는 중에 丙丁火가 투출 하였으니 / 火기는 기신이 되고 수기는 약신이 된다 / 상관태왕사주는 설단 생금교수의 직업으로 추리하게 된다 / 서방금운은 용신이 힘을 얻게 되는데 / 一九九六년에 피복 매장을 / 여러 여자대학 부근에 분점을 개설하였고 / 신뢰를 구축하니 사업이 급속도로 성장하게 되었다

— 158 —

길신吉神 酉 십간록 亥 금여록 辰 암록 巳 천희신 亥 홍란성 **흉신凶神** 亥 급각살 巳 역마재성 辰 원진 辛亥 고란살 巳 절로공망 辰 절로공망 **십이신살** 巳 지살 亥 역마 酉 장성 戌 반안		
現地法人 六個國家 現地法人 羨望對象 財閥成長 先望對象 經營不能 追從不許 驛馬財星 亥中甲木 年支得祿 丙火官星 病支得祿 正財長生 賢妻內助 신경쇠약 진해귀문 辰亥鬼門 神經衰弱	육현지법인 외국 여섯 나라에도 현지법인을 설립하고 급기야는 재벌로 성장하게 되었으니 선망의 대상이 된다 사업 경영 능력이 따를 자가없는 형상이라 亥중 甲木이 역마재에 해당하니 丙火관인 아들되는 자가 연지 사화에 록을 놓았으니 정재가 장생지에 있으니 현처가 내조를 잘하고 辰亥로 귀문관살을 놓아서 신경쇠약 질환이 염려된다	任職員數 四千餘名 吉神加臨 天喜暗祿 吉神加臨 海運萬里 地殺萬驛馬 定然理致 外貨獲得 必得貴子 家門現赫 活人之業 施恩布德 正財大運 中病不歸 丁未大運 重病不歸	사임직천여원명수 이에 종사한 임직원의 숫자가 무려사천여명에 이른다 길천희신가암림록 천희신과 암록의 길신이 비추우니 지살과 역마 해운만리 행운만리로 돌고돌며 외화획득 정연한이치다 가필문득귀혁자 반드시 귀자로 가문을 빛낼것이다 시은포덕 활인지업 해천문성을 놓았으니 은혜를 베풀어 활인지업을 많이 하는팔자라 중정병미불대귀운 정미대운에 이르면 중병하게되어서 세상을 뜰것이다

- 159 -

박용학(朴龍學)·대농 창업자

胎息 胎元 命宮		辛 己 丁 乙 未 巳 亥 卯		偏官用印格 편관용인격	乾命 一九一五年 十月 二七日 未時 出生
甲 戊 丁 申 寅 亥		七一 六一 五一 四一 三一 二一 一 己 庚 辛 壬 癸 甲 乙 丙 卯 辰 巳 午 未 申 酉 戌		대운(大運)	
팔팔무진 산업훈장을 받았으며	칠팔무오 미도파백화점 설립하였고	육팔무신 금성방직을 성립하여 급속성장하였고	오오을미 대농창업을	용신상생하매 인수용신 기일생이 해월달에 출생하여 무력한데	정사미화투국 기미화투출 巳未火局 丁火透出 다행이 巳午화국에 丁火가 투출하였으니
산업훈장 戊辰 八八戊辰 産業勲章	미도파백화 七八戊午 美都百貨	금성방적 六八戊申 錦成紡積	오오을미 대농창업 五五乙未 大農創業	용신지운강 황금지운강 黃金之運強	巳未火局 丁火透出
팔구기사 명예회장사 명예회장직에 오르고	사업활발 건설진출 건설사업 진출하여 활발하였다	육칠정미 선박지업 선박업에 도손을 대었다	섬유도매 서울에서 섬유도매 사업을 하면서 성장 발전하여	화토왕지방 중년남방 火土 운에서	1967년 丁未 대운이 용신을 보강하니 선박업에 도손을 대었다

길신吉神		
亥 천을귀인	長子後繼 事業經營 사장업자경후영계	그후 장자를 후계자로 사업을 경영하였다
乙 천덕귀인 巳 협록 未 암록 卯 태극귀인 卯 문곡귀인	天乙天德 貴人助我 천을천덕 귀인조아 日月相沖 父母無德 일월상충 부모무덕	천을귀인과 천덕귀인을 놓았으니 많은 귀인들이 도와준다 일월이 서로 충하니 부모덕이 없으며
흉신凶神 未 단교관살 巳亥 상충 巳亥 고진살 亥 공망 巳 락정관살	生別死別 機度落淚 생별사별 기도락누 文章過足 印綬透出 문장과족 인수투출 情通信仰 時支華蓋 정통신앙 시지화개	생별사별로 몇번이나 눈물을 흘렸는가 잇수가 투출하니 문장이 유족하고나 시지에 화개를 놓았으니 조상대대로 신앙생활을 하는 집안이다
己巳 효신살		
십이신살 巳 역마 亥 지살 未 화개	五行相生 周流無滯 오행상생 주류무체 社交有能 八方美人 사교유능 팔방미인	오행이 상생되여 막힘이 없이 잘흐른다 고로 사교에 유능하여 팔방미인의 소리를 듣게 된다
	暗祿挾祿 經營鬼才 암록협록 경영귀재	암록과 협록을 놓아 사업경영에 귀재라
	斷橋落井 手足骨折 단교락정 수족골절	단교관살과 락정관살을 놓았으니 수족골 정상이 있을것이다
	正財合去 孤嗔空亡 정재합거 고진공망	정재처되는 자가 합거하고 고진살과 괴공망을 놓았으니
	恒時奔走 地殺驛馬 항시분주 지살역마	지살과 역마를 놓았으니 항상 분주하고
	文曲太極 左右貴人 문곡태극 좌우귀인	문곡귀인과 태극귀인이 있으니 좌우에서 모두나 를 도와주는 형상이다
	郡陰內性 性格內性 군음내성 성격내성	사주가 음팔통이니 그성격이 내성적이다

박인천(朴仁天)·금호 창업자

胎息 胎元 命宮	甲 戊 丙 辛 子 辰 申 丑	상관용인격 傷官用印格	
癸 丁 丁 酉 亥 酉	八四 七四 六四 五四 四四 三四 二四 一四 四 丁 戊 己 庚 辛 壬 癸 甲 乙 亥 子 丑 寅 卯 辰 巳 午 未	대운(大運)	乾命 一九○一年 七月 五日 子時 出生
司法主任 首席合格 사법주임 수석합격 警察登用 경찰등용 壁甲引丙 벽갑인병 一躍天下 일약천하 振名 진명 富貴之格 부귀지격 食神生財 식신생재 旭日昇天 욱일승천 錦上添花 금상첨화 丙火調候 병화조후 金水寒冷 금수한냉 申月戊土 신월무토 本來弱地 본래약지			

戊土 일주가 申월에 무력한데

또한 사주원국이 金水로 한냉하니 丙火로 조후 용신한다

금상첨화격으로 욱일 승천하는 형상이다

부귀지격 식신생재격이니 부귀를 누릴 운명이다

일약 재벌로 그 이름이 천하를 떨친다

庚金 도끼로 甲木을 쪼개서 丙火에 불을 집히니 경찰에 등용되고

수석으로 합격하니 사법주임에 임용 되었으니

| 辛金이 투출하였으니 진상관격이 되어서 설기태심하다 | 신금투출 진상관격 眞傷官格 辛金透出 | 평생동남으로 대운이 흘러 길운이 돌아오니 평생동남 길운회태 平生東南 吉運回泰 | 申子辰으로 재국을 놓아서 재다신약격이다 신자진전 재다신약 申子辰全 財多身弱 | 대운 동남목화로 흘러 용신을 보강하니 운도목화 용신보강 運到木火 用神補强 | 一九二四年 甲子年 세운에 이르자 갑자년 당사 甲子年 當 | 一九二八年 丁卯년에 보통고시에 응시하여 二八丁卯 普通考試 | 一九四八年 丙戌년 午月에 당도하자 四八丙戌 午月當到 |

길신吉神 丑 천을귀인 丑申 문창귀인 丑 태극귀인 辰 태극귀인 申 천주귀인 丑辰 천주귀인 丑申 협록귀인 丑 천희신 子 황은대사 **흉신凶神** 辰 단교관살 丑丑 탕화살 丑丑 절로공망 丑子 절로공망 戊辰 백호대살 **십이신살** 丑 화개살 丑申 망신살 辰 천살 子辰亥 육해살 麟角爲孝	光州旅客會社設立 회사여객회사설립 四百二十 旅客뻐스 사여객뻐스십 湖南高速設立 호남고속입 각각설 高速成長 고속성장 暗祿夾祿 고암록협록 年月日時 秀氣流行 수기유행 수년기유행시 年月日時 연월일시 妻宮白虎 처궁백호 妻厄可畏 처액위외 린일각자위효자 一子貴子 일자귀자	광주여객 회사를 설립하였고 여객 버스가 무려 사백이십대나 되였다 그후 호남고속회사를 각각 설립하였고 이와같이 발전하게 된것은 대운의 흐름이 아름다운 것은 물론 암록과 협록을 놓은 원인이다 연월일시에 수기가 유행하니 더욱 아름답다 천궁에 백호대살이 있으니 처액이 두렵다 자손하나가 귀기하고 효자가 될것이다	用神祿地 용신록지 六五乙巳 육오을사 삼양 모빌코리아와 三洋타이어 모빌코리아 錦湖實業 財閥成長 금호실업 재벌성장 太極貴人 福祿集中 태극귀인 복록집중 祖上蔭德 流傳千秋 조상음덕 류전천추 偏官甲木 帶木之土 편관갑목 대목지토 일팔사갑자 일왕불귀 一八四甲子 一往不歸	육오을사년에 이르니 용신의 록지가 되어서 一九六五년 乙巳년에 그후 삼양 타이어와 모빌코리아를 설립하였다 금호실업을 설립하는 등 재벌로 성장하였다 태극귀인을 놓아서 복록이 집중되고 조상의 음덕이 천추 대대로 흐르는 형상이다 편관갑목이 대목지토인 진토에 뿌리하였으니 一九八四년 甲子년에 세상을 떠났는 이에 신자진으로 기신국음 이문 원인이다

박흥식(朴興植)·화신산업 창업자

편재용겁격 偏財用劫格	癸 辛 丁 丁 卯 酉 巳 未	命宮 胎元 胎息

乾命 一九○三年 八月 六日 未時 出生

대운(大運)			命宮: 乙丑 胎元: 壬子 胎息: 壬申
六 庚申	一六 己未	二六 戊午	
三六 丁巳	四六 丙辰	五六 乙卯	
六六 甲寅	七六 癸丑	八六 壬子	

酉月丁火 雖有長生	財殺太旺 用劫分明	有病有藥 病藥相済	用神得力 東南木火	十恒九富 火日透金	小兒奇食 他家財多	一九一八 己未大運
水月丁火 酉月丁火 長生지라하나	재살태왕사주가 되여서 丁火 비겁으로 용신함이 이치가 분명하다	병도있고 약도있고 병약상제 격이되어 의사도 있는 아름답다	용신득력화 동남목화운에서 용신이 힘을 얻으면서	십화향구투부금 火일주사주에 금재가 투출되면부자 의 사주라	타가기식다 어린아이 사주에 재가 많으면 일직부모궁이 불미하여 타가기식한다	일구대일관 一九一八 약운이되어서

巳酉金局 神金透出	土水氣病 氣藥神	十六大運 一六藥運	王財堪當 六十年間	不祿重權高 早行庚申	早조실권모 早失父母	未穀商業 聚財如意
신사유금국 巳酉金局 투출하여서	토기약병신 수기 병신이 되고 土기는 약신이다	일육대운 一六大運으로부터 십년 이 약운이 되고	육십감년당간 六○년간 황금운에서 왕한재 재를 감당한다	록중권고 불록선도주 조실행경신 早行庚申 불미부모	미곡상여업 취재여의 조실부모하였고	미곡상을 차려서 큰돈을 모았고

-164-

길신吉神 酉 천을귀인 酉 문창귀인 卯 문곡귀인 卯 태극귀인 酉 태극귀인 酉 학당귀인 巳 협록 **흉신凶神** 巳 단교관살 酉 천전살 酉 부벽살 卯 수옥살 未 음착살 戊 卯 절로공망 巳 공망 **십이신살** 巳 역마 酉 재살 未 화개	병인구이대운육 一九二六 丙寅大運 乙支路邊 紙物店鋪 한곡회춘 寒信回春 和 사운구갑사신 巳運甲申 一九四九 용신무력 군국주의 用神無力 軍國主義 병축진대당운 丙辰大運 己丑年當 수잠옥시연구고속 暫時拘束 囚獄緣故	一九二六년 丙寅대운에 이르자 용신운이 되니 乙支路 변에 지물포를 차려서 큰돈을 모았고 추운 산골에 봄이 돌아오는 형상이니 화신백화점을 설립하고 一九四九년 巳운 甲申년에 이르자 용신이 무력하여지니 군국주의 丙辰대운 己丑년에 이르자 잠시 구속되였던 것은 巳酉금국에 용신이 무력해지고 수옥살을 놓은 연고이다	만물생우 萬物生氣 旱天逢雨 한천봉우 일구삼사운 갑술세운 一九三四 甲戌歲運 기사신합지운수 巳申合水 忌神之運 경영귀재상 財閥浮上 經營鬼才 일제시하 자금수탈 日帝時下 資金收奪 수민감족석반방 民族返逆 收監釋放 왕임자대운 壬子大運 往生極樂	칠년대한 가뭄날에 단비를 만나서 만물 생기가 나는 형상이 되어서 一九三四년 甲戌 세운에 이르자 재벌로 더올랐으니 사업경영의 귀재로 통한다 巳申합하여 水기로 화하여 기신운이 되어서 일제시합에서 자금을 수탈당하였고 민족반역자로 수감 되었다가 석방 되기도 하였다 壬子대운에 이르자 기신국이 형성되니 왕생극락하였다

손경식(孫京植)·제일제당 회장

胎息	胎元	命宮	壬 乙 癸 己 午 卯 酉 卯	偏官用印格 편관용인격
庚戌	甲子	丙寅	七三 六三 五三 四三 三三 二三 一三 三 乙丑 丙寅 丁卯 戊辰 己巳 庚午 辛未 壬申	대운(大運)
會長就任 第一製糖 제일제당 회장취임	安國火災 除去之病 안국화재 제거병	檢定考試 法大 검정고시 서울법대	平生大運 東南木火 평생대운 동남목화	日主之藥 時支午火 일주지약 시지오화	殺印相生 癸水用神 계수인수용신 살인상생	兩卯祿根 乙木年月 양을묘목록근 을목년월
취임하였으며 그후에 제일제당 회장에	병을 제거하니 안국 화재에 입사하고	검정고시로 서울 법대에 들어갔고	평생대운이 동남木火로 흐르니	시지의 오화가 일주의 약이 된다	계수로 용신을 정하니 살인상생격이다	乙木일생인이 연월에 두 卯목에 록을 놓고있으니
母胎役割 三星그룹 삼성그룹 모태역할	社長就任 十六年在任 사장취임 십육년재임	一九七七 丙辰歲運 일구칠칠 병진세운	富貴榮華 平生多福 부귀영화 평생다복	最大吉運 水木火運 수목화운 최대길운	月支酉金 日主之病 월지유금 일주지병	剋泄交駕 七殺氣勢 칠살설기가세 극설교가
삼성그룹의 모태의 역할을 하였다	그후 사장에 취임하여 16년간 재임 하였다	一九七七년 丙辰 세운에 이르자	평생에 걸쳐 부귀영화를 누릴사주이다	수목호운이 최대 길운으로서	월지 酉金이 일 주의 병이 되는데	칠살과 식신이 있어 극설교사 사주가 되어서

乾命 一九三九年 八月 三日 午時 出生

길신吉神					흉신凶神		십이신살	
卯 십간록 문창귀인	午 태극귀인	午 천주귀인	午 학당귀인	午 홍란성	午 황은대사	午 탕화살	午 수옥살 卯酉 육파	酉 재살 卯 장성	午 육해살
천월봉인수재 月下逢印綬 天下秀才	석경사영학학위과 碩士 經營學科 學位	십태천극간귀지인인록 十干之祿 太極貴人	일월형제소상원충 兄祭疎遠 日月相沖	학인수업용열신중 印綬用神 學業熱中	수월옥지살유금 月支酉金 囚獄之殺	건오자강류념해 午字六害 健康留念
월간에 인수를 놓았으니 천하의 수재로서	경영학과 석사학위를 받았다	십간귀인 태극귀인에 일지卯에 록을놓고 대극귀인을 놓았으니	일월이 상충하니 형제간에 소원하였고	인수용신인 사람은 학업에 열중하게되고	월지의 酉金이 수옥 살이 되어서	오자가 육해살이 되니 건강에 유념하여야 한다
주오립클대라학호마 州立大學 오크라호마	학문업창학귀우수인당 文昌學當 學業優秀	조사아방지귀인인 四方貴人 助我之人	부연조월상각충거층 年月相沖 父祖各居	형동업업제친친일구제 兄弟親舊 同業第一	관특재별구유설념 官災口舌 特別留念	신축명운가중외병 丑運重病 身命可畏
오클라호마의 주립대학에 입학하여	문창학당 귀인을 놓아서 합업성적이 우수하였다	사방이 귀인이 도와 주는 형상이다	연월이 상충하니 부조간에 헤여져 살았고	형제친구와 동업을 하는 것이 제일이다	관재구설수가 있으니 특별유의 하여야 한다	丑운에 이르러 酉丑으로 금국이 되니 중병이되어서 신명이 위태로울것으로 본다

신격호(辛格浩)・롯데 회장

胎息	胎元	命宮			丙寅	甲午	辛亥	壬戌	印授用食神格 인수용식신격	乾命 一九二二年 十月 四日 寅時 出生
					七六 己未	六六 戊午	五六 丁巳	四六 丙辰	三六 乙卯	二六 甲寅	一六 癸丑	六 壬子	대운(大運)	
己未	壬寅	甲辰								

(이하 해설 세로 텍스트)

- 갑목해월 장생지지 甲木亥月 長生之地
- 식신용신 신왕사주 食神用神 身旺四柱
- 졸업당년 울산농고 卒業當年
- 기사생활 원대응지 技士生活 遠大雄志
- 와세다 응용학과 應用學科
- 연구설립 특수화학 研究設立 特殊化學
- 제롯데껌 성공 롯데껌 製作成功

- 甲木이 亥月에 장생지가 되고
- 辛旺사주가 되어서 식신용재격을 이룬다
- 울산농고를 우수하게 졸업하고
- 기사 생활을 하면서 큰뜻을 품고서
- 와세다 대학 응용학과에 입학하여서
- 그후 투수 화학연구소를 설립하여
- 롯데껌 제작에 자신을 얻어

- 시지인목 투출 귀록임목 時支寅木 歸祿壬透
- 인수지운 조행수운 早行水運 印綬之運
- 경남도내 종축장내립 庚南道立 鍾蓄場內
- 도일고사 일구일학 渡日孤學 一九一
- 대학졸업 병술참월 丙戌參月 大學卒業
- 비누포마드 크림생산 비누포마드 크림生產
- 일본롯데 영업확장 日本롯데 營業擴張

- 시지 寅木에 귀록격을 놓고 임수가 투출하니
- 일찍대운의 흐름이 인수 운이되어서
- 경남 도립종축 장내에서
- 一九四一년 삼월에 일본으로 건너가 고학으로 공부를 하여
- 丙戌년 삼월에 대학을 졸업하였다
- 비누 포마드 크림을 생산하는데 성공하고
- 일본에서 롯데 영업을 확장하고

-168-

길신吉神							
寅 십간록	亥 문곡귀인	亥 학당귀인	亥 암록	甲月덕귀인	戌 천희신		

	흉신凶神			십이신살			
寅午 탕화살	壬戌 백호대살	壬戌 괴강살	辰亥 육파	寅 고진살	戌 화개	寅 지살	亥 겁살	午 장성

一躍財閥 일약재벌	設立經營 설립경영	롯데쏘호평텔	롯데쏘호평텔	創造熱中 창조열중	如此成功 여차성공	秀氣流行 수기유행	活人布德 활인포덕
烏手億金 오약수억금	롯데商社 설립롯데경영사	롯데호텔과 롯데 쇼핑을 설립하였다	롯데쏘호평텔	豊饒社會 풍요사회	暗祿月德 암록월덕	周流無滯 주류무체	戌亥天門 술해천문
큰돈을 모아서 일약 재벌에 올랐다	롯데상사를 설립하여 경영하였다		롯데호텔과 롯데 쇼핑을 설립하였다	풍요로운 사회창조에 열중하였다	여차성공 암록과 월덕귀인을 놓은 것은 대운의 흐름이 좋고 이와같이 성공하게 된 것이다	수기유무행체 사주가 막힘이 없이 유행하니	활인포덕 戌亥 천문성을 놓았으니 활인 지업을 많이 하게된다
祖國經濟 發展寄與 조국경제 발전기여	積極開拓 輸出市場 적극개척 수출시장	經營感覺 追從不許 경영감각 추종불허	會社設立 湖南石油 회사설립 호남석유	火相生理 土金水木 토금수목 화상생리	祖上德蔭 急身子孫 조상덕음 급신자손	年支華盖 종교심취	宗敎心醉 종교심취
조국의 경제발전을 위하여 노력하였고	그후 수출 시장을 적극개척하였고	경영감각이 뛰어나서 따를 자가 없었으며	호남석유 회사를 설립하였는데	토금수목화로 상주가 서로 상생이 잘되었으며	이것은 조상의 음덕이 자손에게 미친 것으로본다	년지화개 연지화개가 있으니 종교에 심취하고 있다	

- 169 -

안병균(安秉鈞)・나산 회장

胎息 命宮 胎元	甲丙丙丁 午寅午亥	羊刃用官格 양인용관격
辛 丁 乙 亥 酉 巳	七四 六四 五四 四四 三四 二四 一四 四 戊 己 庚 辛 壬 癸 甲 乙 戌 亥 子 丑 寅 卯 辰 巳	대운(大運)

乾命 一九四七年 四月 二八一 午時 出生

學業抛棄 木焚飛灰 학업포기 목분비회 되었고	사부 四顧無親 고모 父母無德 무친 친한사람이 없다 덕 사방을 둘러보아도 부모덕이 없으니	名門之家 祖父之代 조부시대에서는 명문의 집안이었고	家門顯赫 其志凌雲 가문에 빛이 날것이다 그뜻이 구름 위를 올라가는 형상으로	除去其病 東方木運 동방목운에서 제거병하고	能任用官 日主高強 일주가 공강하여 능히 壬水로 관용신한다	寅午火局 午月丙火 인오화국 오월병화 午月의 丙火 일주가 寅午 화국을 놓고	병정화기 목화투출 丙丁火氣 木火透出 丙丁화기와 木火가 투출하였으니
甲辰年當 一九六四 갑일구년당사 일진년육 년을 맞이하여 一九六四년 甲辰	印綬甲木 學業推理 학업추리 인수갑목 이것은 학업으로 추리하는데 인수 甲木이 있으니	辛苦莫甚 家勢沒樂 신가고세막몰심락 그후 가세가 몰락 하여 고생이 많 았으며	天年乙亥貴人 年支亥水 연지의 亥水가 천을 귀인이 되고	用神補強 北方水運 북방수운에서 용신을 보강하니	用神之丙 戊己土星 무기토병성 용신지병 戊己土가 용 신지병이 된다		

길신吉神						
亥 천을귀인 寅 문곡귀인 寅 학당귀인 亥 천덕귀인 丙 월덕귀인 午 진신귀인 午 천서귀인						
흉신凶神						
寅 고진살 亥 육파살 午 자형살 寅 양인살 丙 효신살 寅午 탕화살						
십이신살						
亥 지살 午 육해 寅 망신						

서울상경 서당종업 식당종업원으로	讀破原則 一日一卷 독일파원즉권	學識修養 全心全力 전학식수심양전력	無草원의집 無랑루즈 草원루즈의 집	庚申歲運 일구팔십 一九八○	大成富貴 衣類事業 의류부사업 대성귀	一躍財閥 運向扶身 일운약향재부벌신
서울에 상경하여 식당종업원으로	하루한권씩 이책을 읽는것을 원칙 으로 하고	그리하여 학식과 수양에 전심적력 을 다하였다	초원의 집 무랑루 즈를 경영하여 보았으며	一九八○년 庚申년을 맞이하여	의류제조판매 사업으로 크게 성공하여 부귀를 누리었다	이것은 평생 대운이 길운이 되어서 일약 재벌이 되었다
現實忠實 經驗蓄積 현실충실 경험축적	進學中斷 千秋之恨 진학중단 천추의한	中國料理 王子經營 왕자경영 중국요리	聚業財變 業體變更 취업체변금경	羅山實業 用神長生 나용산신실장업생	海外市場 輸出伸張 해수외출시신장장	知識豊富 到處出講 지식도처풍부 출강
경험을 축적하고 현실에 충실하였으며	학업을 중단한것이 천추의 한이되었다	그후 중국요리왕자 회관을 경영 하였고	업체를 변경하여 큰돈을 모았다	壬水용신의 장생지가 되어서 나산 실업을 창설하고	또한 해외시장을 개척하여 수출도 활발 하게 신장하였다	지식이 풍부하여 도처에 출강도한다

안종원(安宗原)·쌍용 사장

			偏官用劫格 편관용겁격	乾命一九四七年 一月 二四日 午時 出生
命宮	胎元	戊 甲 戊 戊 午 子 寅 子	대운(大運)	
胎息				
癸丑	辛乙 酉巳	七 六 五 四 三 二 一 一 一 一 一 一 一 壬 辛 庚 己 戊 丁 丙 乙 戌 酉 申 未 午 巳 辰 卯	실령무기토 인월무기토 寅月戊 실령하여 기운이 失令無氣 없는데	

| 始初
終志
不一
變貫 | 取畵
枕耕
三夜
時讀
間 | 海美
外國
勤支
務社 | 商延
大世
卒大
業學 | 상연
세세
대대
졸업 | 평화
생토
길금
운운 | 戊火
土土
用金
神運 | 得戊
比土
理用
財神 | 득무
비토
이용
재신 | 실령무기토 |
| 초지일관
불변이다 | 주경야독을
하기 위해서
하루 세시간을
취침하였다 | 미국지사 해외
파견근무를 하게
되었고 | 연세대 상대를
졸업하고 | | 火土金운이 평생길
운인데 용신을
보강하여주니 | 고로 戊土로 용신하여
형제의 힘을 얻어
재를 다스리고자 한다 | | 寅월의 戊土가
실령하여 기운이
없는데 | |

| 文學
曲堂
貴貴
人人 | 文문
曲곡
貴귀
人인
과 | 群意
陽氣
八男
通兒 | 碩州
士立
課大
程學 | 一雙
九龍
七入
一社 | 多富
福貴
生昌
涯盛 | 金木
氣星
藥病
神神 | 金목
氣성
藥병
신신 | 財水
殺木
太專
旺權 | 수목전왕권
水木專權 |
| 학당귀인과
문곡귀인을 놓아서 | | 사주가 전부
양팔통이니
의기남아의 기상이다 | 주립대학에서
석사학위를 받았다 | 一九七一년에 쌍용
회사에 입사하여 | 부귀창성에 다복한
생애를 보내게 된다 | 木성은 병신이 되고
金기는 약신이 된다 | | 水木이 전권을 쥐었으니
재살이 태왕하다 | |

-172-

길신吉神	寅 문곡귀인 寅 학당귀인	師儒文章 知慧總明	사유문장 지혜총명	지혜와 총명한사람으로 큰문장이다	日時相沖 掛冠雙房	일시 쌍방 괘관쌍방	일시 상충하니 사모관대를 두방에 걸팔자이고
		偏官誇馬 明官祿地	편관과마 명관록지	편관 甲木이 록을놓고 재마를타고 않었으니	麟角爲孝 一子貴奇	린각위효 일자귀기	아들하나가 귀자이고 효자일것이다
흉신凶神	子 급각살 午 탕화살 寅 고진살 午 수옥살 午 양인살 子 공망 午 상충	駐日韓國 一九九三	주일한국 일구구삼	一九九三년 주일한 국인 기업하는 사람들의	聯合會代表 企業會長	연합회대표 기업회장	기업인 연합회장을 지냈으며
		捕港制鐵 열연코일	포항제철 열연코일	포항제철 열연 코일을 제작 하였으며	三○○ 國產세멘	삼○○ 국산세멘	국산천톤씩 세멘트를 생산하여
		日本輸出 일한국수최초	일본수출 한국최초	한국최초로 일본에 수출하였다	結果所致 經營手腕	결과소치 경영수완	이것은 경영수완이 탁월한소치이다
십이신살	子 장성 寅 역마 午 재살	三奇俱全 男命一品	삼기구전 남명일품	재관인삼기를 갖추 었으니 남자의 경우 일품사주이다	印綬成局 文章過足	인수성국 문장과족	인수국을 놓았으니 문장이 넉넉하고
		急脚關殺 落傷骨傷	급각관살 락상골상	급각살을 놓았으니 락상과 골상이 염려 된다	官星易馬 海外子孫	관성역마 해외자손	관성역마를 놓아서 외국에 자손이있다

양재렬(梁在烈)·대우전사 사장

乾命 一九四二년 十月一日 巳時 出生

신신용관격 食神用官格	壬午 庚戌 庚寅 辛巳	命宮 壬寅 / 胎元 辛丑 / 胎息 乙亥
대운(大運)	六 壬子 / 一六 癸丑 / 二六 甲寅 / 三六 乙卯 / 四六 丙辰 / 五六 丁巳 / 六六 戊午 / 七六 己未	

추월경금 자좌절지	신왕사주 이치분명	이육갑인 평생목화	편재부친 정인시모	삼양일음 한초지쟁	강경상고 수석졸업	수석합격 성실근무
秋月庚金 自坐絶地	身旺四柱 理致分明	二六甲寅 平生木火	偏財父親 正印是母	三陽一陰 漢楚之爭	江景商高 首席卒業	首席合格 誠實勤務
가을의 庚금이 寅절지에 앉아있으나	신왕사주가 분명하다	二六세부터 甲寅대운으로 평생 목화로 흐르니	편재는 부친이되고 정인은 어머니가 되는데 —	삼양일음 사주이니 한초지쟁이다	강경상고를 수석으로 졸업하고	수석으로 합격하여 성실하게 근무하면서
시지장생 경신투출	관성능감 병화용신	부귀지명 진명천하	각기무력 부모무덕	사고무친 성장비애	일구육십 한국은행	은행업무 개선제안
時支長生 庚辛透出	官星能堪 丙火用神	富貴之命 振命天下	各其無力 父母無德	四顧無親 成長悲哀	一九六〇 韓國銀行	銀行業務 改善提案
시지巳에 장생을 놓고 庚금이 투출하였으니	고로 관성을 능이 감당하고 병화로 용신한다	부귀지명으로 그 이름이 천하에 떨칠것이다	각기무력하니 부모덕이 없다	사방을 돌아보아도 친한사람이 없으니 슬프게 성장하였다	一九六〇년 한국은행에 취직시험에	은행업무 개선을 제안하여 실행되고

길신 吉神						흉신 凶神					십이신살		십이신살		

巳문곡귀인	寅대극귀인	巳학당귀인	寅관록귀인	丙천덕귀인	丙천덕귀인	巳홍란성	戌급각살	午탕화살	寅巳공망	午寅巳삼형살	寅午절로공망	庚戌괴강살	寅지살	戌千화개	巳亡신살
고속회수진상 高速會受進上	수회승진 數回昇進	주경야독 열중 晝耕夜讀熱中	학업 열중 學業熱中	기상오시 독서 起床午時讀書	오전오시 기상 독서	학문구곡열학강당 文曲學強當	학문구곡열학강당	복록집중 福祿集中	태극천덕 太極天德	길상연출 吉祥連出	홍란상서 紅鸞祥瑞	수족지절살 手足之殺	급각지절살 急脚之殺		
여러번 상을 받으면서 고속으로 승진하였다		주경야독을 학업에 열중하였으며		오전다섯시에 기상하여 독서를 하면서		문곡귀인을 놓아서 학구열이 대단히 강하다		태극귀인과 천덕귀인을 놓아서 복록이 집중되었으며		계속 일어나고	상서로운 일이	홍란성이 있어서	급각살을 놓아서 수족골절상이 있었을 것이며		
상건국학과 商建國學科 經學大學	社長拔托	대우전자 사장발탁	결진두지휘 結陣頭指揮	사암번길창신 事暗繁吉昌神	천선우조신유덕 天先佑祖神遺德	천우신조 天佑神助	관성기록지귀 官星記祿之貴	기자귀기 其子貴奇	일경왕성대운불귀 一庚往大運不歸	庚申大運					
건국대학 상경학과에 입학하여		대우전자 사장으로 발탁되었고		매사를 진두 지휘하여 결과를 확인하였고		암록길신을 놓아서 사업이 번창하였고		선조의 유덕이 천우신조로 도와주니 대길한 형상이다		관성이 록지에 있으니 자손이 귀하게 될팔자라		경신대운 일왕불귀		庚申대운이 돌아오면 세상을 뜰것이다	一往不歸

양재봉(梁在奉)·대신 회장

乾命 一九二五年 五月 二八日 午時 出生

建祿用財格 건록용재격	壬辰 丙午 丁酉 丙午	命宮 / 胎元 / 胎息
大運(대운)	六六 一六 二六 三六 四六 五六 六六 七六 丁未 戊申 己酉 庚戌 辛丑 壬子 癸丑 甲寅	乙巳 / 丁酉 / 壬辰

| 오월정화
오오동합화
午午동합을 놓고 | 일주태왕
유금용신왕
午月丁火 일주가
태왕하여
酉金으로 용신한다 | 임수기신
병오약신
丙午忌神
壬水藥神
壬水는 약신이다 | 금상첨화
길운보용
길운이 되어서 용신을
보강하니 금상첨화
이다 | 졸업즉시
전남대학
全南大學
卒業卽時
전남대학을
졸업 즉시 | 경영수상업
자질향상
經營修業
자질향상
자질향상에
노력하였다 | 재용신인
금융계업
재가용신인 사람은
금융업계에 종사하며 | 財用神人
金融界業
형제가
많고 |

| 왈건록투출
병화투출
두 丙火가 투출되고
월지에 午火거록을
놓았으니 건록격이되고 | 일건록격
식신생재
丙火透出
고로 식신생재격을
놓아서 부귀할 것을
가이 알겠다 | 富貴可知
食神生財
富貴
可知 | 평생운정
서북금수
平生運程
西北金水
평생운정이 서북
金水로 흐르니 | 富裕成長
出生
부유한 농가에서
출생하여 성장하였고 | 朝興韓一
銀行勤務
조흥한일
은행에서
근무하면서 | 大韓投資
專務迎入
대한투자 전무로
영입되었고 | 肩劫太旺
兄弟數多
견겁이 태왕하니
형제가 많고 |

-176-

길신吉神			흉신凶神	십이신살	
午 십간록 午 천을귀인 酉 천덕귀인 酉 태극귀인 午 천주귀인 丙 월덕귀인 酉 홍란성 酉 황은대사	午 십간록 午 양인 酉 양차살 필시중혼인 必是重婚		丙午 천전살 丙午 양차살 壬辰 괴강살 午午 자형살 午辰 공망살 午午 수옥살 午 탕화살	午 장성살 酉 재살 辰 화개살	
남다양인 필시중혼인 必是重婚	시남고독차 처남고독	사세사확장립 社會社設擴立張	이성수간 접무화신	귀성부조 록중권고	관재가외 囚獄自刑 官災可畏	관재형 가외	홍란지연출 길상연출
남자사주에 양인이 많으면 반드시 재혼을 하게 되며	시간에 양차살을 놓아서 처남이 고독하고	회사를 설립하여 사세를 확장하였다	이성이 항상따르니 나비가 꽃사이를 헤매인다	귀한길신이 록과 권세가 점점 높아진다	수옥살과 오오자형을 놓았으니 가이 두렵고나	홍란성을 놓아서 길한일이 계속된다
내처조덕가미 妻德可美 內助有功	대일구칠증권오 一九七五 大信證卷	소일지도화덕 日支桃花 小室有德	천주귀인 의록풍후 天廚貴人 衣祿豊厚	천을귀인 지혜총명 天乙貴人 智慧總明	화개공망 승도유정 華蓋空亡 僧道有情	운도왕불귀인 일운왕불귀인 一運往不歸
처덕이있어서 내조의 공이있다	일구칠오년 대신증권	일지도화를 놓아서 소실의 덕이 있으며	천주귀인을 놓아서 의록이 풍후하다	천을귀인을 놓아서 지혜와 총명한 사람이다	화개에 공망을 놓았으니 불교에 뜻이있고	甲寅대운으로 흐르면 한번가면 다시 오지 못할길이다

이선규(李善珪)·동성제약 회장

乾命 一九二四年 七月 二五日 寅時 出生

	甲 壬 壬 壬 子 申 申 寅	印授用食神格 인수용식신격
命宮 胎元 胎息 丁 癸 辛 巳 亥 未	七六 六六 五六 四六 三六 二六 一六 六 庚 己 戊 丁 丙 乙 甲 癸 辰 卯 寅 丑 子 亥 戌 酉	大運 (대운)

東西南北 流浪行商	寅申三刑 医藥之業	印綬身旺 医藥之業	日支梟神 偏財三刑	吉運回泰 丙子大運	食神用神 寅中甲木	印綬用神 食神用神	根源流長 身旺可知	申月壬日 申子水局	신월임일 신자수국

壬日主가 申月에 長生을 얻은중에 申子 水局을 놓고

뿌리가 멀리 흐르니 신왕한 사주이다

고로 寅中 甲木으로 식신용신한다

丙子 大運에 길운이 돌아오니 아름답다

偏財는 부친인데 삼형을 이루고 일지에 효신 살을 놓아서

寅申 三刑살을 놓아서 의약업을 할팔자라

역마지살을 놓았으니 동서남북으로 떠돌아 다니면서 약장사를 하다가

| 秋水通源
兩壬透出 | 水勢汪洋
四柱原局 | 火氣病神
金氣藥神 | 寒谷回春
百花爭發 | 早失父母
悲哀成長 | 起發始作
乙亥大運 | 전고무시절단 | 專務時節
高麗銀丹 |

두 壬水가 투출하였으니 추수동원으로

그러나 사주원국이 물바다를 일위서 한냉한데 丙火가 조후하니 아름답다

火氣약신이 목이 용신이니 금기는 병신이고 화기는 약신이 된다

추운산골에 봄이 돌아오니 백가지 꽃이 다투어 피는 형상이다

조실부모하고 슬프게 성장하였다

乙亥대운부터 좋아지기 시작하였다

고려은단회사 전무 일을 보면서

길신吉神		흉신凶神		십이신살	
申 문곡귀인 申 태극귀인 寅 천주귀인 申寅 학당귀인 申 관귀학인 寅 암록귀인 壬 월덕귀인	銀丹行商 各地流商 은단지류행상전	寅 급각살 寅申 충형살 寅 삼형살 戌 탕화살 戌 급각살 申 수옥살 寅申 락정관살 壬寅 절로공망	加鞭驛馬 교편사역마 交通事故 교통사고	申 지살 寅 역마 子 장성	急脚落井 骨傷可畏 급각낙정 골상가외
會社創立 東成製藥 회사창립 동성제약	振名天下 진명천하	三刑加勢 삼형가세	日時相沖 일시상충	吉神祿加臨 길신녹가림	暗神月德 암신월덕

동성제약회사를 설립하였다 회사는 날로 번창하여

국내재벌급으로 진입하여 그이름이 천하에 떨치었다

역마지살이 형을 놓아서 교통사고도 당하여 보았다

일시 상충에 삼형이 가세하니

암록과 월덕귀인의 길신이 비추워주어서

급각살과 낙상으로 놓았으니 락상하거나 골상을 주의하라

| 製造販賣
經驗蓄積
제조판매
경험축적 | 九個系列
日益繁昌
구개계열
일익번창 | 東地殺驛馬
芬西走馬
동지살역마
분서주마 | 特別留意
異國喪亡
특별유의
이국상망 | 妻宮不美
掛冠双傍
괘관쌍방
처궁불미 | 不羨陶朱
富貴榮華
부귀영화
불선도주 | 宗教信仰
金水双清
금수쌍청
종교신앙 |

약을 제조하고 판매하는등 경험과 기술을 축적 하여가면서 돈을모아

아홉개의 계열회사를 경영하여 더욱 번창하니

지살과 역마를 항상동분서주하고

이러한 사고로 객사할 까염려되니 특별 유의하라

처궁이 불미하여서 사모관대를 두방에 걸팔자라

부귀영화를 누리게되니 도주가 부럽지않고나

금수쌍청의 사주로 종교신앙에 심취할 사람이다

이양구(李洋求)·동양 창업자

胎息 胎元 命宮	戊庚己丙 寅戌亥辰	印授用官格 인수용관격	乾命 一九一六年 十月 十四日 寅時 出生
乙卯 壬辰 庚寅	七九 六九 五九 四九 三九 二九 一九 九 丁未 丙午 乙巳 甲辰 癸卯 壬寅 辛丑 庚子	대운(大運)	
會社設立 東洋세멘 會社設立 동양세멘 회사설립 大發成功 대발성공 설탕販賣 크게 성공 대설탕販賣 使換出發 製管會社 사환출발 제관회사 辛苦莫甚 寒門出生 신고막심 한문출생 祿重權高 食神生財 록중권고재 調候可美 冬日可愛 조후가미 동일가애 泄氣太甚 金亥月 설기태심 금해월	庚金日主가 亥月에 出生하여 설기 태심하니 진상관격을 이루고 丙火가 겨울사주를 비추어 주니 가장사랑스럽다 식신생재격으로 록중 권고할팔자 가난한집안에서 출생하여 신고막심하였고 제관회사 사환으로 출발하여 설탕판매업을 시작하여 크게 성공하였고 그후 동양시멘트 회사도 설립하였다		
用神得力 六七丁未 육신정미 一九五六 東洋製果 동양제과 일구오육 釜山避難 부산피난 六二五 육이오 咸南出身 초등졸업 함남출신 초등졸업 大運不利 庚子辛丑 대운자신축 대운불리 四〇年間 大運木火 대운목화 四〇년간 흐르니 丙火用神 金水寒冷 병화용신 금수한냉	사주원국이 全水로서 한냉하니 丙火로 조후용신한다 평생대운이 木火로 四〇년간 흐르니 庚子辛丑 대운이 불리하니 하경남도 출신으로 초등학교를 졸업하고 六二五 당시 남하하여 부산에서 피난을 하면서 一九五六년 동양제과를 창립치부하였고 六七년 丁未 세운에 이르자 용신이 득력하니		

구분	내용
길신 吉神	亥 문창귀인 寅 태극귀인 亥 천주귀인 寅 관귀학관 戌 금여록 戌 천희신 辰 홍란성 辰 황은대살
흉신 凶神	寅 탕화살 辰 급각살 庚戌 괴강살 辰亥 원진살
십이신살	辰 화개 寅 역마 戌 월살

구분	설명 1	설명 2
戊午當年 東洋剛管 (무오당년 동양강관)	戊午年 세운에 이르러 東洋剛管을 설립하고	開發會社 東洋資原 東洋資原 개발회사를 설립하였고
東洋生命 八九己巳 (팔구기사 동양생명)	1989년 己巳년에는 東洋生命	掘指財閥 會社設立 회사를 설립하여서 굴지의 재벌로 성장하였다
美貌得妻 金與祿神 (미모득처신 금여록)	금여록을 놓아서 미모의 처를 얻었고	內助有功 財物慧澤 내조의 공이 커서 재물의 혜택도 받았다
天喜化為吉 凶化為紅鸞 (천희흥란위길 흉화위길)	천희신과 홍란성이 있으니 흉화위길이다	吉祥之事 連出吉星 이와 같은 길신이 있으면 길조가 계속 일어난다고 추리하게 된다
五氣流行 秀氣流行 (오행상생 수기유행)	사주가 오행상생 부절에 수기가 유행하니	祖上蔭德 流傳千秋 조상의 음덕이 천추만대까지 자손대에 흐리게 된다
寅辰龍虎距門 (인진용호거길문신)	寅辰으로 용과 호랑이가 걸쳐있는 집안의 출생이다	庚戌魁罡 指揮通率 경술괴강 지휘통솔 괴강살을 놓아서 많은 사람을 지휘통솔하는 힘이 있다
年支華蓋 情通信仰 (연지화개 정통신앙)	연지에 화개를 놓아서 종교에 심취하고 있다	己巳引子徵月 閤王 기사인자징월 염왕 己巳년 자월에 세상을 떠났다

이웅렬(李雄烈)·코오롱 회장

胎息	胎元	命宮				乙亥	甲午	癸巳	丙申	식신용인격 食神用印格	

			八三	七三	六三	五三	四三	三三	二三	一三	三	대운(大運)	乾命 一九五六年 四月 十八日 亥時 出生
庚寅	甲申	辛丑	壬寅	辛丑	庚子	己亥	戊戌	丁酉	丙申	乙未	甲午		

| 豪華成長
高級頭腦 | 호화두뇌
고급 | 名門出生
年月三奇 | 명문출생
년월삼기 | 經營卒業
아메리카 | 경영졸업
아메리카 | 高大卒業
七七丙辰 | 칠칠병진
고대졸업 | 平生金水
二八當到 | 이팔당도
평생금수 | 木糞飛灰
眞傷官格 | 진상관격
목분비회 | 巳月甲木
巳午火局 | 사월갑목
사오화국 |

| 어릴때 호화롭게 성장하고
고급 두뇌를 가졌다 | 연월에 삼기를 놓았으니
명문 집안의 출생이요 | 아메리카 대학 경영학과를 졸업하고 | 一九七七년 고려대학을 졸업하고 | 三세부터 대운이 흐른다 | 나무가 타서 재만 남는 형상이니 진상관격을 이루어 | 巳月의 甲木일주가 巳午火局에 |

| 七代議政員
祖父政界 | 조부정계
칠대의원 | 文明之象
木火通明 | 목화통명
문명지상 | 乙丑年當
워싱턴大 | 을축년당
워싱턴대 | 印授歲運
八三壬戌 | 팔삼임술
인수세운 | 錦上添花
運程可美 | 운정가미
금상첨화 | 印綬用神
理致分明 | 인수용신
이치가 분명하다 | 泄氣太甚
丙火透出 | 설기태심
병화투출 |

| 조부가 정계에 진출하여
칠대민의원을 지냈다
이것은 편인이 장생을 놓은 연고이다 | 사주원국이 木火通明 격이니 문명지상이 되여서 남을위해 노력하는 사람이다 | 乙丑년에는 워싱턴 대학을 졸업하였다 | 一九八三년 壬戌년이 인수세운이 되어서 | 대운의 흐름이 아름다우니 금상첨화격이다 | 인수로 용신하는 것이 이치가 분명하다 | 설기화 투출하여 병화 설기하니 |

길신吉神							흉신凶神				십이신살			
巳문창귀인	亥문곡귀인	巳천주귀인	亥학당귀인	亥관귀학관	辰암록	巳황은대사	午탕화살	亥고진살	亥상충살	巳申삼형살	午수옥살	申지살	午재살	巳겁살	亥망신살
祖父코오롱그룹創設 조부코오롱그룹창설	일구구사 계유신월 癸酉申月 一九九四	역록경조신 암록길조신	逆境暗助 暗祿吉神	추종명수재 총명수재 追從不許	碩師儒博文學章位 석박유학문장학위	사상교관유능 상관태왕	傷官太旺 社交有能	경영재벌탁월 재벌진입 經營卓越 財閥進入
조부가 코오롱 그룹을 창설하였고	一九九四년 癸酉세운 申月은 용신과 희신 운이 되어서	암록의 길신이 있으니 역경에서도 암조가 생긴다	상관이 많으니 수재로서 따를자가 없다	문장이 넉넉하여서 석사와 박사학위를 받았다	상관태왕사주로서 사교에 유능하고	경영방식이 탁월하여 대재벌에 진입하게 되었으며
회사이승동계찬 부친李東燦 會社承繼	대표이사사장겸임 代表理事 社長兼任	문문창귀예인문곡질 文昌文曲 文藝才質	선관귀망학당대상 官貴學堂 羨望對象	해고진흥난야신 偕老難也 孤嗔凶神	적주인극의의사식고 積極意思考 主人意識	축신신명운가도외 身命可畏 辛丑到來
부친인 이동찬씨가 회사를 승계하였다	대표이사와 사장을 겸임하였다	문창귀인과 문곡귀인을 놓아서 문예계통의 재질이 있다	관귀학당을 놓았으니 선망의 대상이 되기도한다	고진살흉신을 놓았으니 해로하기가 어렵다	적극적인 사고방식과 주인의식을 가지고 매사에 임한다	辛丑대운이 흐르면 신명이 위태롭다

- 183 -

이종연(李鐘衍)·조흥증권 회장

정관용인격 正官用印格	癸 甲 己 己 酉 寅 亥 巳	命宮	胎元	胎息
대운(大運)	三 一三 二三 三三 四三 五三 六三 七三 癸 壬 辛 庚 己 戊 丁 丙 丑 子 亥 戌 酉 申 未 午	壬戌	乙巳	甲寅
재인월기태왕토 寅月己土 재살태왕 財殺太旺	한기여심 병화용신 寒氣餘甚 丙火用神	탐인합망상충 貪合忘冲	인해상합 寅亥相合	사주원국 오행상생 五行相生 四柱原局	화평토길지운중 火土運中 平吉之運	인수자모력 유실무 印授滋母 幼失無力	천성신장만시고 성신만기 천신만고 成長時期 千辛萬苦
극설교가국 巳酉金局 克泄交駕	불길상각 巳亥相冲 不吉生覺	흉화위길 융신생기 凶化爲吉 用神生氣	수운통관 인목희신 水運通關	일주보강 말년길운강 末年吉運	화토운에 금수운도 평길지운인데	인수가 무력하니 어릴때 어머니를 잃었으며	어릴때 천신만고 고생을 하였다
巳酉金局을 놓으니 극설교가격이다	巳亥로 상충되어 불길할것으로 생각이되나	寅木은 희신이 되고 水운에도 통관이 되어서 무방하다	말주년이 길운이다	일주를 보강하여 말년이 길운이다	초년운이 수운이 기신이 되어서 가난한 집안에서 출생하였다	월지에 인수를 놓았으니 공부운은 있어서 고학으로 대학을 졸업하였다	

乾命 一九三三年 一月 八日 巳時 出生

길신吉神						
酉 문창귀인 酉 천주귀인 酉 학당귀인 亥 관귀학관						
흉신凶神						
寅 단교관살 寅酉 원진살 巳亥 상충 寅亥 탕화살 酉 부벽살 酉 절로공망 亥 공망						
십이신살						
酉 장성 寅 겁살 巳 지살 亥 역마살						

風四 冷柱 水之 疾木	風사 주 冷주 수 질 목	手斷 足橋 關關 折殺	銀수 단 行교 관 入절 살 門	食식 神신 生생 財재 入입 門문	旬자 中손 空중 亡궁 공 망	恒地 時殺 奔驛 走馬	日孤 時嗔 相之 冲殺	讀印 書綬 萬緊 券要
사주가 수목으로 구성되어서 풍냉지질이 염려된다	이원인은	단교관살을 놓았으니 락상하거나 수족골 절상이라	식신생재격이 되어서 은행에 입문하였고	자손궁에 공망과 삼형살이 있으니 사고 수술수가 염려된다	지살과 역마가 있으니 항상 분주하고	일시상충에 고진살을 놓았고 원진이 있으니	인수용신은 사나 공부를 하여야만 살길이 나오는데 만권의 책을 읽었으니 팔자소과이다

東平 南生 之吉 向地	平평 생 南길 지 之향 吉	中祿 風酒 可過 畏飲	丁銀 未行 大長 運位	正정 官관 子자 祿귀 位기	知文 識昌 裕學 足堂	至夫 極婦 難偕 也老	喜胎 神元 用胎 神息
평생길지는 동남향이다	평생길지 동남지향	녹주과음 중풍가외 주색을 가까이하면 중풍이 염려된다	丁未대운이 인수운이니 은행장에 등용되었다	정관자손되는 글자가 록위에 앉아 있으니 귀자가 분명하다	문창귀인과 학당귀인이 있으니 지식이 유족하다	부부해로는 어려운일이다	태원과 태식이 희신과 용신이 되어서 아름답다

이헌조(李憲祖)·LG인화원 회장

胎息 命元 胎宮	庚乙丁壬 辰亥未辰	식신용인격 食神用印格
庚寅 戊戌 丙午	七九 六九 五九 四九 三九 二九 一九 九 乙卯 甲寅 癸丑 壬子 辛亥 庚戌 己酉 戊申	대운(大運)
여부산모 如山 如海 父母之德	다복태생 多福胎生	未月의 乙木일주가 未土에 입묘하고 自坐入墓 자좌입묘목
명문지해덕	명문태생으로 名門成長 다복성장	인수용신 水木運吉 印綬用神 수목운길
부모의 덕이 같고 바다와 같다	하게 성장하였고	인수용신하니 수목 운이 길하다
일구오칠 럭키입문 一九五七 럭키入門	욱욱귀기 郁郁貴氣 식신생재 食神生財	부귀길약운 평생기약 富貴吉約 平生期約
一九五七년에 럭키 회사에 입문하였다	식신생재로 더욱 귀하다	평생이 길운으로서 부귀를 기약하겠다
會社常務 乙巳歲運	서정유지줄년 丁酉之年 서울大卒	인편수재장기득생령 印綬長生令
乙巳세운에서는 이회사의 상무가 되었다	丁酉년에 서울 대학을 졸업하고	편재가 득령하고 인수가 장생에 있으니

(이하 표 계속)

土金傷官旺格 眞傷官格 土金並旺	時支辰土 財物之庫	財官印 三奇俱全	東北水木 中年大運	중년대운 東北水木

未中의 丁火가 투출
하였으니 진상관격으로
土金이 많아서

시지의 辰土가 재물
의 고장이되니

재관인이 구비되였으니
삼기를 놓아서
일품의 사주이다

중년대운이 동북
수목으로 흐르니

乾命 一九三八年 六月 十日 辰時 出生

길신吉神 甲 천을귀인 甲 홍란성 흉신凶神 未 급각살 辰亥 원진살 申 고진살 乙亥 효신살 未 절로공망 申 공망 십이신살 申 지살 辰 화개 未 천살 亥 망신살	증乙권卯사지장년 證券社長	乙계癸G계유酉印수綬 LG會長	기정자관귀귀록기 正官得祿 其子貴奇	天乙紅鸞 智慧總明	시지정신화앙개 時支華盖 情通信仰	급각질환살 脚疾關殺 急脚關殺	평흑생청길지색색 黑靑之色 平生吉色
	乙卯년에는 증권 회사사장을 역임 하였으며	癸酉년이 역시인수 운이니 LG회장이 되었으며	정관이 득록하니 자손이 귀기하다	천을귀인과 홍란성을 놓았으니 사람이 총명하다	시지에 화개를 놓았으니 조상대에서부터 종교신앙생활을 한다	급각살을 놓았으니 다리질환이 있다	평생길색은 검은 색이나 푸른색이 좋다
	금戊무진성세사운장 金星社長	처정재덕재아고 正財財庫 妻德裁我	해고로진난원사진 孤嗔怨嗔 偕老難事	길吉상신연가출림 吉神加臨 吉祥連出	정학인식득풍부록 正印得祿 學識豊富	동평북생수길목지 東北水木地 平生吉	일一정왕사불대귀운 丁巳大運 一往不歸
	戊辰세운에는 용신이 힘을 얻으니 금성사장이 되었다	정재가처되는 글자로 처덕이 높고 높다	이에 걸신이 가림하면 해로하기가 어렵다	고진과 원진이 있으니 길한일들이 거듭생긴다	정인이 득록하니 학식이 풍부하고	평생길지는 동북 水木운이다	丁巳대운이 오면 진상관에 행상관운이 되어서 세상을 뜰것 으로 본다

-187-

임대홍(林大洪)·미원 명예회장

편재용인격 偏財用印格	庚 壬 壬 丙 申 午 寅 午	命宮	胎元	胎息
대운(大運)	七 一七 二七 三七 四七 五七 六七 七七 癸 甲 乙 丙 丁 戊 己 庚 未 申 酉 戌 亥 子 丑 寅	辛巳	癸酉	丁亥

乾命 一九二○年 五月 二十七日 午時 出生

실령무기 오월임일 失令無氣 午月壬日	행우경금 재다신약 行遇庚金 財多身弱	일평생금수 日主補強 平生補金水	편재득령 기부유학 偏財得令 其父留學	불선도주 식신생재 不羨陶朱 食神生財	학과졸업 수의축산 學科卒業 獸醫畜産	기직사임 전북정읍 其織辭任 全北井邑

병오화출국
인오화국
寅午火局
丙火透出 | 제인화존금
인수용신
制火存金
印綬用神 | 왕재감당
부귀지명
旺財堪當
富貴之命 | 일본동경
문리대졸
日本東京
文理大卒 | 졸업즉시
농림학교
卒業即時
農林學校 | 수의기사
전북보건
獸醫技士
全北保建 | 양모가공
피혁공장
羊毛加工場
皮革工場 |

(본문 설명 - 각 칸의 한글 풀이)

오월의 壬일생인이 실령하여 무력한 중에

재다신약인데 다행이 庚금을 만나서

평생금수운에서 일주를 보강하니

편재가 득령하니 그 부친이 유학하여

식신생재사주이니 도주가 부럽지 않다

수의 과대학 축산학과를 졸업하고

그후 직장을 사임하고 전북 정읍에서

丙火가 寅午화국에 투출하니

인수용신을 정하니 화기를 제거하여 그금이 살수가 있다

왕한재물을 감당하여 부귀를 누릴 운명이다

일본동경의 문리과 대학을 졸업하였다

본인은 농림학교를 졸업 즉시

전북보건관의 기사로 재직하였으며

피혁공장을 설립하여 양모를 가공 하였다

-188-

길신吉神 寅 문창귀인 申 문곡귀인 申 태극귀인 申 학당귀인 申 관귀학관 寅 암록	국내 최초로 양복 원단을 제조하여	國內最初 羊服原緞 양국복내원최단초	계묘신월삼 일구육삼 신월에 미원공장을 설립하였고 일구오오 공장오 미원공장	一九五五 味元工場 미일원구공오장오	동래확공장장 미원공장을 부산 동래에 확장하였다	東來擴張 味元擴張	미약재벌 비약적으로 발전하여 굴지의 재벌로 등장하였다	飛躍發展 掘指財閥	연구용신인 인수용신 사람은 학문에 연구심이 남다르다	印綬用神 研究怒力	수교통유의고 교통사고나 수술수가 있을것이니 유의하라	交通事故 手術留意	특건강유의리 특별히 건강관리에 유의하여야 한다	特別留意 健康管理
흉신凶神 午 자형 寅申 삼형살 寅 탕화살 寅 절로공망 午 탕화살	취생재산억판금매 생산판매로 큰 돈을 벌었으며	聚財億金 生産販賣	계묘신월삼 일구육삼 신월에 이것은 대운과 세운에서 용신을 보강하니	癸卯 申月	대운세운 용신보강 용신을 보강하니	大運歲運 用神補强	정재자형 괘관쌍방 정재가 자형을 놓고 일지 丙火가 편재이니 재혼할 팔자라	正財自刑 掛冠雙房	지살역마 삼형가세 지살・역마에 삼형이 가세하니	三刑加勢 之殺驛馬	고혈압등 폐대장 고혈압증과 폐대장 등의 질환이 염려된다	高血壓症 肺大腸等	신인운가도래외 寅운이 돌아 보면 신명이 위태롭다	身命可畏 寅運到來
십이신살 申 지살 寅 역마 午 재살														

-189-

임창욱(林昌郁)·미원 회장

식신용인격 食神用印格	己 丑	己 巳	丁 酉	甲 辰	命宮	胎元	胎息
대운(大運)	一二 戊 辰	二二 丁 卯	三二 丙 寅	四二 乙 丑	五二 甲 子	六二 癸 亥		七二 壬 戌	壬 戌	庚 戌	壬 辰
득령지절 정화사월 丁火巳月 得令之節	식상태왕 설기심 泄氣太甚	부식귀지상 食神生財 食貴之象	평생가동북 운정미북 運程可美	經營學科 日本留學	부귀출가문 富貴出家門	포태출생 胞胎出生	지극하해 모정하해 母情河海
丁火일주가 巳월에 득령하고	사수원국에 토기가 많으니 설기가 태심하다	식신생재격으로 구성 되었으니 부귀를 누릴운명이다	평생의 대운이 동북 으로 흐르니 아름답다	일본을 유학하여 경영학과를 졸업 하였다	부귀가문에서 수태 출생하였다	모친이 지극정성이니 모정이 바다와 같다
금국형성전 사유축국을 이룸 巳酉丑全 金局形成	인신사사주 인수용신 印綬用神	수목성희신 水星喜神	인부묘지운수 工寅卯印綬 夫之運	부편재득벌위 父親財閥位 偏財得閥	모인친자절애요 母印綬慈愛	축화토중탁개 丑土華蓋
巳酉丑 그국을 놓았으니 재다신약 사주이다	신약사주로 인수용신한다	木기는 용신이되고 水기는 희신이된다	寅卯운은 인수운으로 공부를 하는 운이 되어서	편재는 부친인데 월지 巳화에 록을놓아서 부친이 재벌이다	인수가필요한 사주이니 모친의 사랑이 남다르다	火土중탁 사주에 축토 화개가있으니

-190-

길신吉神 酉 천을귀인 酉 문창귀인 酉 태극귀인 酉 학당귀인 巳 황은대사	祖母情通信佛仰 조모통신불앙	조모가 정통신앙 생활을 한다	육파인가백림호 正印白虎 六破加臨	정인백호에 육파가 가림하니
	其母橫厄 健康留意 기모횡액 건강유의	모친이 횡액을 염려되니 건강에 유의 하여야한다	재국일재운왕 財局財庫 日連財旺	재국과재고를 놓고 일운재왕 그재가 일주와연결 되어서
	恐妻處家權象 기처가권상	공처가로 가권은 처가 쥐고 있을팔자라	지문창학족당 文昌學堂 知識裕足	문창귀인과 학당귀인 이 있으니 학식이 넉넉하다
흉신凶神 五 단교관살 酉 부벽살 甲辰 백호대살 辰 공망 丑 탕화살	天乙文昌 到處貴人 도처귀인창	천을귀인과 문창귀인 을 놓아서 도처에 귀인이다	락단교관살 斷橋關殺 落傷骨折	단교관살을 놓으니 락상골절 등을 주의 하여야한다
	癸丑年當 계축년당	一九七三년 癸丑년을 당하여	대한남화학대표이사 漢南化學 代表理事	한남화학의 대표 이사로 취임하였다
	丁巳歲運 一九七八 정사세운팔	一九七八년 丁巳세운에 이르자 용신을 보강하니	사미원종합사장취임 味元綜合 社長就任	미원종합 회사의 사장으로 취임하였다
십이신살 巳 지살 丑 화개 酉 장성 辰 천살	거경대재벌신 經營革新 巨大財閥	경영혁신으로 거대재 벌로 떠올랐다	불신유대운록지객 辛酉大運 不祿之客	辛酉대운에 이르면 기신운 이 되어서 사망할것을 본다

-191-

장영신(張英信)·애경유지 회장

胎息 胎元 命宮	乙 壬 丙 丙 巳 辰 申 子	시상편재격 時上偏財格	
丁 丁 壬 酉 亥 辰	八一 七一 六一 五一 四一 三一 二一 一一 丁 戊 己 庚 辛 壬 癸 甲 乙 亥 子 丑 寅 卯 辰 巳 午 未	대운(大運)	乾命 一九三六年 七月 二十二日 巳時 出生
夫時부시 星上성상 入傷입상 墓官묘관	재화 만하 임추 조행 수신 벌천 약천 진수 후후 왕취 지용 신지 괴통 긴병 사왕 격출 약격 강원 요화 주양	임장 생생 지지 신월 壬일 日申 장月	
시상상관과 나에 부성되는 글자가 입묘하였고	돈이 샘에서 물나오듯 하니 재벌의 사주이다	괴강사주가 신약하면 빈천한격이다	壬辰일주가 괴강으로서 申月에 뿌리가 있다	조후가 시급한데 다행이 병화를 만났으니	물이 태평양과 같아서 신왕 사주이다	申月에 壬日이 장생지가 되고
夫삼 星형 漂가 流세	부삼 성형 가표 세류	巳관 中성 戊가 土지 官도 星 可 知	평재 신 생성 왕 木보 가 火강 미 財하 아 星니 름 補 답 強 다	魁신 罡왕 可가 美미 柱	시편 祿재 可용 美신 四사 柱주 原원 局국 過과 於어 寒한 冷냉	水신 局자 形진 成전 申수 子국 辰형 全성
三夫삼 刑星형 加漂가 勢流세	부성이 표류하는 동시에 삼형이 가세하니	巳中의 戊土는 관성이 된다	평생 木火 운에서 재성을 보강하니	괴강사주는 신왕함이 아름답다	편재로 용신하는바 巳에 록을 놓아서 아름답다	사주원국이 너무 한냉하여서	申子辰수국을 형성하였으니

길신吉神			
巳 천을귀인 申 문곡귀인 巳 태극귀인 申 태극귀인 申 관귀학인 申 관귀학인 壬 월덕귀인			
흉신凶神 辰 단교관살 子 양인살 申 공망 壬辰 괴강살			
십이신살 申 지살 子 장성 辰 화개 巳 겁살			

기수공편 독수공방 獨守空房 旣取偏格防	무력지성 무력관성 無力官星 身旺官格	괴강극자명 극부극자 魁罡女命 剋夫剋子	욱중일년승사천업 中年事業 旭日昇天	사시상수완 시상상관 時上傷官 事業手腕	약무인도래운 戊寅歲運 藥運到來	길신을태극 천을가림 吉神加臨 天乙太極
편방에서 독수공방할 팔자라	여자가 신왕에 관성이 무력한 형상이니	괴강사주의 여자는 극부극자하고	중년에 사업을 시작하여 큰돈을 벌었으며	시상상관을 놓아서 사교에 유능하고 사업수완이 대단하다	戊寅년세운이 약운이 되어서	천을 귀인과 태극귀인을 놓아서 길신이 도우니
천추원한 부궁불미 夫宮不美 千秋怨恨	부존부명 불봉옹고 不尊夫命 不奉翁姑	탈부지명 남편무책 奪夫之命 男偏無責	여비걸재발 飛躍發展 女傑財閥	팔두방뇌미회인전 八方回轊 頭腦美人	의정원당선문 政治入門 議員當選	진여명명천장하부 女命丈夫 振名天下
천주의 원한은 남편궁이 불미함이다	남편말을 존경하지 않고 시부모를 공경하지 않는 팔자라	남편이 무책임하거나 탈부당하게 된다	비약적인 발전을하여 여걸재벌이 되었다	두뇌회전이 빠르고 팔방미인격이다	정치계에 입문하여 국회의원이 되었다	여장부로 그이름이 천하를 떨친다

장학엽(張學燁)·진도 창업자

상관용인격 傷官用印格	癸 己 丙 己 卯 未 午 丑	命宮	胎元	胎息
대운(大運)	四 一四 二四 三四 四四 五四 六四 七四 戊 丁 丙 乙 甲 癸 壬 辛 午 巳 辰 卯 寅 丑 子 亥	辛酉	庚戌	辛未
眞傷官格 衆土泄氣 未月丙火 중토설기 未月의 丙火가 많은 土에 설기 태심하니	平生龍程 水木東北 평생용정이 水木 동북으로 흐르니	平南出生 中農出 평남용강의 중농 출생으로서	果樹園經營 熱心經營 과수원 업을 열심히 경영하였으며	楊州市內 구포 시내에서 양옷장 업을 하다가	釀酒場業 九浦市內 서울 상경 眞露燒酒 진로 소주제조	一九二○ 癸未之年 계미지년 일구이십 에 이르자
眞傷官格 印綬用神 진상관격으로 인수 용신한다	福祿之命 大運順行 복록지명이 대운이 순행으로	初等教師 商高卒業 상고를 졸업하고 초등교사로 재직하였으며	釜山避難 六二五後 육이오후 부산 피난 6·25 후에 부산으로 피난 생활을 하면서	癸巳喜神 一九五三 계사회신삼 일구오삼 1953년이 희신운이 되어서	事業繁昌 會社設立 사업번창 사회설립창립 회사를 설립하여 사업이 번창하였으며	結婚生活 巳大運鄉 사대운향 결혼생활 巳대운에서 결혼 을 하였고

길신吉神 卯 태극귀인 未 금여록 午 협록 卯 황은대사	흉신凶神 未 급각살 丙午 양차살 卯 공망 午 탕화살	십이신살 卯 장성 未 화개 午 육해 壬 월상				
為他盡力 施恩布德	시은포덕	情通信佛 宗敎心醉	정통신불에 종교심취하였다			
사욕지원인 慾知原因 巳丑재운 財運	삼재남혼다복 三男이녀 二女多福	태원태식 胎元胎息 용신보강 用神補强	일구육사 갑진당년 一九六四 甲辰當年	사금여협록 金與夾綠 사업흥융 事業興隆		
결혼을한 것은 巳丑재운인 원인이다	재혼후에 다복하였고 삼남이녀를 두었다	태원 태식이 용신을 보강하였으니	一九六四년 甲辰년에 이르러서는 한라그룹 도움영하였고	금여록과 협록을 놓아서 사업이 급족도로 흥융하였고	심취하였다	상관이많은 사주가 되어서 은혜와 덕을 많이 베풀었다
상처애이통년 結婚二年 喪妻哀痛	의인각위효 麟角爲孝 意氣男兒	욱욱가미 郁郁可美 時支財庫	사창업당시 創業當時 四五培生	미화토중개 未火土重濁 火土華蓋	각급기질환 急脚官殺 脚氣疾患	을축등옥경 乙丑 身登玉京
결혼 二년에 상처를 당하여 애통하기 그지없었다	자손은 효자이고 의기남아다	더욱 아름다웠고 시지에 재고를놓았다	창업당시 보다 四五배나 성장하였다	화토중탁에 미토가 화개살이되어서 화상을을 당할수다	급각관살과 탕화살을 놓아서 다리의 질병과 화상을을 당할수다	乙丑년 八一세에 세상을 떠났다

정인영(鄭仁永)·한라 회장

상관용인격 (傷官用印格)

乾命 一九二○年 四月 二十日 卯時 出生

胎息	胎元	命宮		四柱			대운(大運)
庚午	癸酉	甲申	己卯	乙未	壬午	庚申	

대운: 二二 癸未 / 三二 甲申 / 三二 乙酉 / 四二 丙戌 / 五二 丁亥 / 六二 戊子 / 七二 己丑 / 庚寅

乙酉喜神 一九四七 일구사칠 을유회신	偏財白虎 父死橫厄 부편재백호	胞胎出生 貧農寒門 포빈태농한출생문	用神補强 胎元胎息 용신보강강 태원태식이	用神吉神 時支卯木 정시지묘록길신목	木水調候 壬水飛灰 임수분비조후	午未火局 午月乙木 오오월화국목	枯燥之象 眞傷官格 고조관지상상격
一九四七년 乙酉년이 희신이 되는 해로	편재백호를 놓아서 부친이 횡사하였으며	빈농으로 가난한 집안에서 출생하여	태원과 태식이 금수로 용신을 보강하매	시지의 卯木이 정록으로 길신이 된다	나무가 타서 재만 남으니 壬水로 조후용신한다	乙木이 午月에 설기 태심한데 午未火局을 놓았으니	진상관격으로 사주 원국이 고조지상이다
記者生活 東亞日報 기동아일보 기자생활	渡日孤學 大學卒業 대도일학 대학교졸업	一四年上京 서일사년경소 서울 상경	錦上添花 貴奇之命 귀금기지상첨 귀기지명	水氣用神 金氣喜神 수금기용희신 신	平生可美 運程金水 평운정가미수	眞傷官格 枯燥之象 고진상관관지격 상	
동아일보 기자생활을 하였으며	일본으로 가서 고학으로 대학을 졸업하였고	一四세년소한 나이에 서울에 상경하였다	금상첨화로 귀기한 운명이다	금기는 희신이고 수기는 용신이다	평생이 金水운으로 흐르니 아름답다	진상관격으로 사주 원국이 고조지상이다	

길신吉神				흉신凶神		십이신살	
卯십간록 申천을귀인 卯천희신 午학당귀인 午태극귀인 午문창귀인 午주귀인				卯귀문살 卯급각살 未급각살 午탕화살 午절로공망 未절로공망 乙未백호대살		申지살 午재살 卯육해살 未천살	
부산이 피오난시 六二五時 釜山避難	諸般軍工事 美軍關聯 제반군공사련 미군관사련	整備就財業 巨額聚財 거액취재업 정비취재업	社長就任 現代建設 사장취임 현대건설	事業活發 現代洋行 사업활발 현대양행	漢拏重工場 세멘工場 한나중공장 세멘공장	學究力派 文昌學堂 학구력파 문창학당	
六二五때 부산으로 피난하여	미군에 관련된 제반 공사를 수주받고	정비사업등으로 형인 정주영씨와 같이 사업을 하면서 큰 돈을 모 았으며	현대건설 사장으로 취임하였다	현대양행의 사업이 활발하였고	시멘트공장 한나중 공업을 창설하였으며	문창학당귀인을 놓아서 학문을 연구 하는 노력파이다	
美軍通譯 流暢英語 미군통역 유창영어	軍用車輛 軍納事業 군용차량 군납사업	現代合流 一九五一 현대합류 一九五一	乙卯年當 一九七六 을묘년당 一九七六	甲子之年 一九八五 갑자지년 一九八五	孫子大發 傷官太旺 손자대발 상관태왕	신묘신귀문 卯申鬼門 神經衰弱 신경쇠약	
유창한 영어실력이 있어서 미군 통역을 하면서	군납사업 군수용차량	一九五一년 현대와 합류하여서	一九七六년 乙卯년에 용신을 보강하니	일구팔오 甲子년도 용신의 해이니	상관태왕 사주이니 손자대에도 대발할것이다	卯申 귀문관살이 있으니 신경쇠약을 조심 하여야 한다	

조석래(趙錫來)·효성 회장

乾命 一九三四년 上月 十九日 酉時 出生

상관용관격 傷官用官格	甲丙庚乙 戌子午酉	命胎 宮元	胎息
대운(大運)	七六五四三二一 四四四四四四四 甲癸壬辛庚己戊丁 申未午巳辰卯寅五	壬丁 甲卯	乙未
子月庚金일주가 설기 태심하여 진상관격을 이루고	자월경금 진상관격 眞傷官格	金水寒冷 泄氣太甚	평생동남 유복팔자 平生東南 裕福八字	태원묘식 卯未木局 胎元胎息	일본대학 화공전공 化工專攻 日本大學	삼남이녀 장남출생 長男出生 三南二女	자좌재지 부귀가지 富貴可知 自坐財地
시지양인 을경화금 합하여 금을 이루니	조후긴요 병화용신 丙火用神 調候緊要	연월삼기 명문태생 名門胎生 年月三奇	재국형성 재생관살 財生官殺 財局形成	미국대학 석사학위 碩士學位 美國大學	편재부친 갑목시야 便財父親 甲木是也	을경화금 이복형제 異腹兄弟 乙庚化金
시지양인에 乙庚으로 합하여 금을 이루니	조후가 시급한데 다행 이 丙火가 사주를 덥게 해주니 용신이 된다	명문태생 연월에 삼기를 놓았으니 명문가에서 출생하였다	재국을 형성하여 재생관으로 용신을 도와주니 아름답다	석사학위 미국대학에서 석사 학위를 받았고	편재는 부친으로 추리 하는데 갑목이 부친이다	乙庚으로 합하여서 金으로 化하니 배다른 형제가 있을 것이다
	대원과 태식이 卯未로 木局을 이루워	평생대운이 水火로 흐르매 유복한팔자이다	사주원국이 金水로 한냉 하여 설기까지하니	일본대학 화공과를 전공한후에	삼남이녀의 장남으로 형제가 많은 것은 비겁이 왕궁에 酉戌金국을 논원인이다	부친이 재위에 앉아있으니 부귀를 누리게된다

-198-

길신吉神		흉신凶神		십이신살		
酉협록 酉천화신	午탕화살 子수옥살 酉양인살 子절로공망 酉공망 子육파 午상충 酉육해살 子재살 午장성 戌화개					
득오장생 乙木正財 得午長生	월상병화 관성자손화 月上丙火 官星子孫	과연귀자 자손귀기 過然貴子 子孫貴奇	자연귀자 자손귀기	이성수신 접무화간 異性隨身 蝶舞花間	혼성물산 관리부장 管理部長 曉星物産	낙정관살 落井關殺	낙상골절 落傷骨折	당차지시 동남유효 當此之時 東南有効
乙木正財가 午에 장생을 얻었으니	월상의 丙화가 관성으로 자손이 되는데	자손이 귀기하고 귀자가 있을 것이다	여자가 많이 따르니 나비가 꽃밭을 헤매이는 형상이다	효성 물산의 관리부장이 되었고	락정관살을 놓았으니 락상과 골절의 액이 있다	이때에는 동남방의 의사의 약을 쓰면 잘나을 것으로 본다
현처양모 내조유공 賢妻良母 內助有功	午戌火局 벽갑인병으로 劈甲引丙	오화목욕 자수홍염 午火沐浴 子水紅艶	일구육육 병오지년 一九六六 丙午之年	동양나이롱 건설사상 建設社長	일신론지 간담질병 一身論之 肝膽疾病	경영탁월 재벌명성 經營卓越	재벌명성 財閥名聲
현처양모로 내조의 공이 크다	午戌화국에 午가 목욕궁에 으니 벽갑인병으로 午戌火局	午火가 목욕궁에 子水가 홍염살이 되어서	一九六六년 丙午년에는 용신의 해가 되어서	그후 동양나이롱과 건설회사 사장이 되었다	일신상의 건강을 보면 간담질병이며	경영방식이 탁월하며 재벌의 명성을	재벌의 명성을 듣게 되었다

조병호(曺秉昊)·동양가전 사장

乾命 一九四五年 三月 三十日 申時 出生

인관용인격 印授用印格	乙酉	庚辰	甲戌	壬申	命宮	胎元	胎息
대운(大運)					申巳	申未	己酉

二	一二	二二	三二	四二	五二	六二	七二	八二
己卯	戊寅	丁丑	丙子	乙亥	甲戌	癸酉	壬申	辛未

진월갑목 양진습토 辰月甲木 兩辰濕土	辰월의 甲木 일주가 습토를 얻어서
을경합금 토금상왕 乙庚合金 土金相旺	그러나 乙庚으로 합하여 금이 되어서 토금이 상왕하니
살인상생 수기류행 殺印相生 秀氣流行	살인 상생으로 수기가 잘 흐르니
과연귀기 부귀여뢰 果然貴奇 富貴如雷	과연 부귀가 천하를 떨칠것이다
일구육구 기유지년 一九六九 己酉之年	一九六九년 己酉년에 이르자
졸업직후 대우입사 卒業直後 大宇入社	졸업 직후에 대우 회사에 입사하여
동양전기 회사설립 東洋電氣 會社設立	동양전기 회사를 설립하여 비약적인 발전을 거듭하였다
대목지토 수대근심 帶木之土 樹大根深	辰土는 대목지토로 나무가 크고 뿌리가 깊다
재살태왕 임수통관 財殺太旺 壬水通關	재살태왕으로 壬水로 통관 용신한다
서북금수 평생운정 西北金水 平生運程	서북 金水가 평생 대길한 운정이니
조행목운 일주보강 早行木運 日主補强	일찍 木운에서 일주를 보강하니 아름답다
서울대학 기개공학 서울大學 機械工學	서울대학 기계공학에 우수한 성적으로 입학하고
기술부장 사표제출 機術部長 辭表提出	기술부장까지 역임하다가 사표 제출후
일구구일 독서문화 一九九一 讀書文化	一九九一년은 독서문화

길신吉神 辰 금여록 壬 천덕귀인 壬월덕귀인 **흉신凶神** 申 단교관살 申 절로공망 酉 절로공망 甲辰 백호대살 庚辰 괴강살 辰辰 진형살 **십이신살** 申 지살 酉 장성 辰 천살	設立運動本部推進 설립운동본부추진 會社職員讀書勸誘 회사직원독서권유 偏財白虎凶死 편재백호흉사 居鄕名門 거향명문 年月三奇 연월삼기 偕老難事 해로난사 妻宮自刑 처궁자형 金與祿神 금여록신 財物惠澤 재물혜택 華蓋重逢 화개중봉 宗敎心醉 종교심취	운동본부 설립을 추진하여 결실을 보게 되고 회사직원에게 항상 독서를 권유한다 편재 백호 부친이 흉액을 달할것이다 연월에 삼기를 놓았으니 명문가정이다 처궁에 자형이 있으니 해로 하기가 어렵다 금여록을 놓아서 처가로 부터 재물의 혜택이 많으며 화개를 중봉하였으니 종교에 심취한다
	得書大人 설득서대인 印綬用神平生學業 인수용신평생학업 印綬切要母親慈愛 인수절요모친자애 多福成長富裕家庭 다복성장부유가정 園內花間蝶舞桃花 원내화간접무도화 天月德神天佑神助 천월덕신천우신조 胃患可畏疾臟肝膽 위환가외질장간담	독서대학을 회사안에 설립하였는데 이와같이 공부에 열중하게 하는것은 인수용신인 까닭이다 인수용신인 사람은 평생 학업에 열중하게 된다 인수가 필요한 사주이니 어머니의 애정이 대단하다 부유한 가정에서 다복하게 성장하였다 원내도 화를 놓아서 나비가 꽃밭에서 노닌다 천덕귀인과 월덕귀인 을 놓았으니 항상 천우신조한다 위장과 간담 질환이 두렵다

조중훈(趙重勳)·한진 명예회장

乾命 一九二〇年 二月 十一日 未時 出生

인관용재격 印授用財格	丁 丁 己 庚 未 亥 卯 申	命宮 胎元 胎息
대운(大運)	七二 六二 五二 四二 三二 二二 一二 二 丁 丙 乙 甲 癸 壬 辛 庚 亥 戌 酉 申 未 午 巳 辰	甲 庚 壬 未 午 寅

정화묘목국 해화투출 丁亥卯木局 丁火透出	수화기병신 화기약신 水火氣病神 火氣藥神	수화기약신 水火氣藥神	간천복지재 천지상통 幹天復地載 天支相通	화일생재인 식신생재 火日生財人 食神生財	식신생재 火日生人 食神生財	해원양성 학교졸업 海員養成 學校卒業	자격취득 기관사원 資格取得 機關士員	한진상사 운수사업 韓進商事 運輸事業
丁火 일주가 亥卯 木局에 丁火가 투출하니 신왕사주가 되어서	고로 火기는 병신이되고 水기는 약신이다	천복지재와 간지상통의 사주이니	火일생인이 식신 생재격에 재가 투출하여 더욱 아름답다	일찍 해원양성 학교를 졸업하고	그후 기관사원 자격을 취득하였다	한진상사를 설립하여 운수사업을 시작하여서 큰 돈을 모았고

경금토금대발 토금용신 庚金土金大發 土金用神	중년이후 서북금수 中年以後 西北金水	부귀창성 풍역불항 富貴昌盛 風亦不抗	정재록귀근 현처귀자 正財祿貴根 賢妻貴子	일본조선 회사견습 日本造船 會社見習	일구사오 계미당년 一九四五 癸未當年	일구오육 병신지년 一九五六 丙申之年
庚金으로 재를 용신하니 土金운에 대발한다	중년 이후에 酉北金水로 대운이 잘 흐르고	비바람에도 저항받지 않고 부귀창성 할것이다	정재가 신금에 록을 놓아서 처가 어질고 자식이 귀하게 된다	일본조선회사 견습공으로 취직하다가	一九四五년 癸未년에 이르자	一九五六 丙申 세운에 이르자

-202-

길신吉神			
亥 천을귀인	수미송군계군약수 輸送契約 美軍軍需 수미송군계약	미군군주 수송계약을 체결하여서 전쟁중에 많은 물자를 수송하여	巨金取得 飛躍成長 거금취득 비약성장	비약적인 발전과 성장으로 큰 돈을 벌었다
卯 문곡귀인	기유세운 일구육오 己酉歲運 一九六五 기유세운에서 일구육오년	1965년 己酉 세운에서	旱天甘雨 用神得力 한천감우 용신득력	용신이 힘을 얻으니 칠년 대한 가뭄날 단비가 나리 듯이 발전을 거듭 하였다
卯 태극귀인	大韓航空 引受經營 대한항공 인수경영	정부로부터 대한항공을 인수하여 경영하니	日進月增 財閥進入 일진월증 재벌진입	일진월중하여 재벌에 오르게 되었다
未 암록			祿重權高 任財重權 록중권고 임재중권	재관을 능히 감당하니 록중권고 하였다
未 협록			每日一券 讀破主義 매일일권 독파주의	매일 한권의 책을 읽는 계획을 세우고 실천한다
丁 천덕귀인			卯神經衰弱 申鬼門 묘신귀문 신경쇠약	卯申귀문과 원진을 놓아서 돈이나 처로 인하여 신경쇠약증이 생긴다
흉신凶神				
亥 급각살			神經衰弱 卯申鬼門 묘신귀문 신경쇠약	
卯 단교관살			經營祿手腕 暗祿夾祿 암록협록 경영수완	암록과 협록을 놓아서 경영수완이 남달리 뛰어났다
亥 고진살				
卯 귀문관살				
未 공망				
卯 절로공망				
십이신살				
申 지살				
未 천살				
亥 망신살				
卯 육해살	西方有虛効弱 卑胃虛弱 비위허약 서방유효약	비위가 허약하니 서방의 의약으로 치료하면 효력이 있다		

- 203 -

최종건(崔鍾建)·선경 창업자

乾命 一九二六年 二月 十八日 申時 出生

편관용인격 偏官用印格	壬 己 辛 丙 申 未 卯 寅	胎息 胎元 命宮
대운(大運)	七二 六二 五二 四二 三二 二二 一二 二 己 戊 丁 丙 乙 甲 癸 壬 亥 戌 酉 申 未 午 巳 辰	甲午 壬午 甲午

춘묘월 토무기력토 卯月己土 春土無力	극설교가 일주무의 剋泄交駕 日主無依	남방화운 일주보강 日主補强	일주태출 日主胎出 南方火運	부귀가문 수태출생 受胎出生	富貴家門 자격취득 三給技士 資格取得	기술습득 취직견습 就織見習 技術習得	선경섬유 善山織維 庚戌之年
묘월의 己土일주가 춘토로서 힘이 없는데	극설교가 되어 의지할곳이 없는데	남방화운에서 일주를 보강하여준다	부귀를 누리는 가문에서 출생하여	삼급기사 자격을 취득한후	견습하여 가면서 기술을 배우고	경술지년 庚戌년에 선산섬유 설립하였는데

신인금투국 寅卯木局 辛金透出	인병수용신후 丙火調用神候 印授用神	부귀초군신 운향부군신 運向扶身 富貴超群	학경직졸업 경성직업학교를 졸업하고	선유즉물당 선경식물 鮮京識物當 乙酉年	경영기직경영 해방즉시 解放即時 經營主權	양대회사 급속성장사 급속회사 兩大會社 急速成長
寅卯木局에 辛金이 투출하여서	다행이 丙火를 만나서 인수용신한다	이와같이 대운에서 도움을 받는 사주는 부귀가 넘친게 된다	경성직업학교를 졸업하고	乙酉년에 이르러 선경직물에 취직	해방후에 경영 주권을 맡게되었다	두회사가 급속도로 성장 발전하여 큰돈을 모으고

-204-

길신吉神 卯 문곡귀인 未 태극귀인 申 금여록 未 암록 申 천덕귀인 **흉신凶神** 寅 단교관살 卯 도화살 未 귀문관살 申 삼형살 寅 절로공망 寅 탕화살 **십이신살** 寅 지살 申 역마살 卯 연살 未 반안살	삼워 워이커 커계힐 힐열인 을수 三워 二커 계힐 열을 列引 受	워커힐을 인수하는 등 三二계열 회사를 가지 게 되었다	선경재벌로 고도의 성장을 기록하였다 고선경재벌 高鮮京財閥 度京財閥 成장長
	관성기자 기자성귀 성득인 득령 官星得令 官星得命 其子貴奇	관성이 득력하니 그 아들이 귀하게 되고	다복한 생애를 보낸다 순세행운 다복생애 順勢行運 多福生涯
	정재장생 처덕여산 妻德如山 正財長生	정재가 장생지에 앉아 있으니 처덕이 산과 같으며	금여록과 암록을 놓아 서 모든 사업이 비약적 인 성장을 하게 되었다 비금 금여 여암 飛躍成長 金與暗綠
	강음구반 반음양전 半陰偏陽 强柔俱全	반음반양이니 강하고 부드러움이 갖춘 성격이다	팔방미인유 외강내유 外剛內柔 八方美人	외강내유의 사주이니 팔방미인격이다
	동서편역 지살편마 地殺偏驛 東西偏踏	지살과 역마를 놓았으니 동서 편답하고	교통사고충 교역마형 交通事故 驛馬刑沖	역마가 형충하였으니 교통사고를 조심하여야 하며
	수약불기 술가외연 手術可畏 若不其然	만약 그렇지 않으면 수술수가 있을 것이다	이성인도화 월지도화 異性挑花 月支桃花	월지에 도화를 놓아서 이성간에 인기가 높고
	희칠삼계축 희신극제축 七三癸丑 喜神剋制	七三癸丑년 희신을 극제한 중에	신삼귀가세 身歸泉世 三刑加勢	삼형이 가세하니 세상을 떠났다

— 205 —

최준문(崔俊文)·동아 창업자

乾命 一九二○年 三月 二十一日 午時 出生

정재용재격 正財用財格	丙丁辛庚 午卯巳申	命宮 胎元 胎息
대운(大運)	一○ 壬午 二○ 癸未 三○ 甲申 四○ 乙酉 五○ 丙戌 六○ 丁亥 七○ 戊子 八○ 己丑	壬午 壬申 壬戌
화왕당절의 정화일주 丁火일주가 火旺當節 丁火日主	연상경금 정재용신금 정재용신한다 年上庚金 正財用神	용신건왕 운주서북 운행서북 用神建旺 運走西北	화일주에 십간구부 화항득금 火日主에 十干九富 火항득金	세득광명가 한문농가 寒門農家 世得光明	만주진출 삼구년도 滿州進出 三九年度	백년가약 신사연당 百年佳約 辛巳年當
巳月 火旺당절의 丁火 일주가	연상의 庚金으로 정재용신한다	고로 용신에 건왕하고 서북 金水운이니 용신이 아름다워서	火일주에 금재가 투출되면 열사람 중에 아홉사람은 부자라고 하였다	가난한 농가에 출생하여 세상의 해빛을 보았고	一九三九년에 만주로 진출하여	辛巳연을 당하여 백년가약을 하였고
사오화투국 병화투출 丙火透出 巳午火局 丙火透出	사신년득록 사월장생 申年得祿 巳月長生 丙火透出	명전천추 공명순수 명전천추 功名順遂 名傳千秋	신왕재왕 필연귀현 身旺財旺 必然貴顯	필입지향 년입지향 살년입지향 必年入地殺	공업학교 토목과졸 토목학교 土木學敎 工業學校 卒	자손삼남삼녀 삼남삼녀 자손출생
巳午화국에 丙火가 투출하여 신왕한 사주이다	庚金 정재가 연지 申에 록을 놓고 월지 巳火에 장생을 놓았다	사주가 신왕재왕이니 그이름이 천추에 빛날것이다	사주가 신왕재왕이니 필연코 귀하게 팔자라	년에 지살을 놓았으니 일찍 고향을 떠나서	공업학교 토목과를 졸업하고	삼남삼녀의 자손을 두었다

-206-

길신吉神					
卯문곡귀인 卯태극귀인 午천주귀인 申관극학관 申금여록 巳협덕귀인 庚월덕귀인 巳황은대사					
흉신凶神					
卯급각살 卯귀문관살 巳申삼형살 午卯육해살					
십이신살					
申지살 巳겁살 卯육해살 午재살					

用八神五入乙墓丑	용팔신오입을묘묘축	癸二列十會餘社個	계열회사가 이십여개	이십여개사	吸大水韓以通後運	大韓通운을 흡수한 이후에	東五亞七建丁設酉	一九五七년 정유년에는 동아건설 회사를 설립하고	忠四南五土乙建酉	一九四五년 乙酉년에 충남토건	直全接國勞工動事	전국공사장에 다니면서 직접노동을 하여가며	長正生財之祿地之地	정재록지와 장생을 놓아서
魂午飛月朝爭天財	오월쟁재 혼비조천 魂飛朝天	欲平知生原吉因運	욕지원인 평생길운	이와같이 모든 사업이 급속도로 성장한것은 대운의 흐름이 좋아서이다	財巨閥大進企入業	거대한 기업을 탈바꿈하여 재벌로 진입하였다	土東木進工江事邊	동진강 토목공사를 수주받아 크게 성공하였다	聚會財社億設金立	회사를 설립하여 큰재물을 벌었다	現技場術體拾驗得	기술습득 현장체험과 기술을 습득하고	內其助妻有賢功明	그의처가 현명하여 내조의 공이있었다
	이해 午월에 군겁쟁재로 세상을 떠났다		계열회사가 이십여개 나 되었는데			그리고 대한통운을 흡수한 이후에								

-207-

김향수(金向洙)·아남 명예회장

상관용관격 傷官用官格	辛 己 辛 庚 酉 亥 巳 寅		命宮 胎元 胎息
대운(大運)	二 一三 二三 三三 四三 五三 六三 七二 戊 丁 丙 乙 甲 癸 壬 辛 戌 酉 申 未 午 巳 辰 卯		丙 庚 壬 甲 寅 辰
해월 금수태왕 亥月 辛金 金水 太旺	천한지동 금수상관은 요건관 이라고 하는데 하늘은 차 고 땅은 꽁꽁얼어 있으니	평생 을미부터 중년 乙未 평생이 木火로 흐르니 아름다운데	운정가미 부귀영화 대운의 호름이 너무 좋아서 부귀영화를 누릴것이다	상고야독 주경야독 집안이 가난하여 독으로 상고를 졸업 하였고	부귀영화 운정가미 富貴榮華 書耕夜讀 商高卒業	경오세운 일구삼오 庚午歲運 一九三二	졸업귀결혼 갑술귀국결혼 甲戌結婚
사주원국 한냉극심 四柱原局 寒冷極甚	조후가 가장필요 하여 丙火로 용신하니 엄동설한에 햇빛이 내려 쪼이는 형상이다 調候緊要 丙火用神	빈한한농가에서 출생하여 신고막심 하게 성장하였다 貧寒莫甚 辛苦農家	용신화지운 木火之運 木火운에서 용신을 보강하니 用神補強	일본으로건너가서 통신강의로 와세다 대학을 졸업하고 日本渡日 通信教育	일본대학법과 대학에 입학하였다 法科入學 日本大學	일구삼구 무역회사 一九三九 貿易會社	무오년이 인수와 재운이 되어서 무역 회사을 설립하고 戊寅年

乾命 一九一二年 十一月 四日 寅時 出生

길신吉神 酉 십간록 寅 천을귀인 寅 태극귀인 寅 관귀학관						
흉신凶神 酉 부벽살 寅亥 육파 亥 고진살 巳亥 상충 寅酉 공망 巳 삼형살						
십이신살 寅 겁살 巳 지살 酉 장성 亥 역마						
양품잡화류 자전차 자全車類 洋品雜貨 기타의	일구오육 사일일취침 시일간취식 四一日就 時間式侵	일구오육 한국자전차 一九五六 韓國自轉車	급속성장 재취여산 財聚如山 急速成長	일구구이 명예회장 一九九二 名譽會長	월일지삼형 일지고진 月日支三刑 日支孤嗔	해지편답 지살역마 海地外偏驛 外殺踏馬
자권차와 양품잡화 기타 물품을	하루의 취침 시간은 시간을 넘지않고 경영에 몰두하니	丙申년을 맞이하자 용신의 머리가 생기니 한국자전차	회사가 급속 성장하여 재물을 산과 같이 쌓여갔다	辛未년에 이르러 명예회장에 올라 집필 활동을 하고있다	일지삼형과 월지에 고진살을 놓아서	지살역마를 놓았으니 해외편답을 자주 하였고
판매영업 일본수입 販賣營業 日本輸入	회사설립 공업주식 會社設立 工業株式	일진월증 반도체사업 半導體事業 日進月增	사업이관진 자김주에 子金柱 事業移管進	삼초가난지서 초혼난보 三初家難之保 初婚難之婿	일왕불귀 운도묘지 運到卯墓 一往不歸	
일본으로부터 수입 하여 국내판매는 물론 중국으로 수출하였으며	그후 안남글을 설립하여 반도체사업을 시작하자 일지 월중으로 회사가 성장하였다	아들김주진에게 사장자리를 넘기었다	초혼에 실패하고 세집사위의 팔자라	운도묘지에 이르러서 묘대운에 이르러서 세상을 떠났다		

이인표(李仁杓)·에스콰이어 회장

乾命 一九二二年 三月 五日 未時 出生

정재용인격 正財用印格	丁壬壬壬 未申寅戌	命宮 胎元 胎息
대운(大運)	七六五四三二一 二二二二二二二 庚己戊丁丙乙甲癸 戌酉申未午巳辰卯	戊癸丁 申巳巳

壬일주가 寅월에 설기태심한데	임일인월 설기태심 壬日寅月 泄氣太甚		
丁火가 투출하니 신약이 분명하다	정화투출 신약분명 丁火透出 身弱分明		
대운이 중년이후 서방운이 대길이다	중년이후 서방대길 中年以後 西方大吉		
재다신약하니 일찍 부모를 여의었으니	조재다신약 早年尅親 財多身弱 早年尅親		
戊未寅申으로 각각삼형살을 이루고 있으니	술미인신 각각삼형 戌未寅申 各各三刑		
초혼은 해로하기가 어렵다	난혼보해로 초혼불성 難保偕老 初婚不成		
연극영화배우 생활을 하였고	배우생활 연극영화 排優生活 演劇映畵		
미도파백화점에 설치하고	미도파점내 백화점내 美都波百 花店內		

(본문 세로 서술 - 사주 해석)

일지신금 壬日申金 용신한다
印授用神 인수용신 고로 申金으로 용신한다
漢楚之爭 한초지쟁 三陽一陰 삼양일음 사주이니
父母無德 부모무덕 타가기식 부모덕은 생각할 수가 없으며 타가기식 하며 성장하였다
官災訟事 관재송사 수술지사 관재송사나 수술수가 있다
京城高卒 경성고졸 一九四○ 戊寅년에 고등학교를 경성
양품관매 일구육십 一九六○庚子년에 양품판매점을
洋品販賣 일구육십 一九六○ 미도파백화점에

-210-

길신吉神				흉신凶神		십이신살	
寅문창귀인 申문곡귀인 寅태극귀인 申천주학당 寅학당귀인 申천관귀인 丁암록귀인 未천덕귀인 戌황은대사				寅상충살 申삼형살 未귀문관살 戌락정관살 寅절로공망		寅지살 戌화개살 未반안살 申역마	
에스콰이어 양화점포 洋靴店捕 에스콰이어 양화점포 도 개설하여	일구칠일 핸드백 一九七一 핸드백제작	급속업성적 영업실적이 急속업성장 營業實績 營業成長	전민국각처내 빈민촌내와 貧민촌내 全國各處 貧民村內	사리하아린 사리하아린 곳과	문창사업 문화사업 文昌文曲 文化事業	골단절교락락상정 골단절교 락락상정	단교락락정상 骨折落井 斷橋落傷
최고제작양화열중 제작최고의 양화를 제작	制作熱中 最高洋靴 열중하여 성장발전하였으며	남의류제작 衣流製作 男女皮革 또한 남녀피혁 의류를 제작하여	재취진명천하산 振命天下 財聚如山 돈을 산과 같이 많이 모아 그이름이 천하에 떨친다	도어린이들설 圖書館設 어린이들을 위한 도서관을 설치하였다	도중국용정서기증 圖書奇贈 中國龍井 중국용정에 도서를 기증하였고	사태업극변암창록 事業繁昌 太極暗祿 태극귀인과 암록을 놓아서 모든 사업이 번창하여갔다	불화佛敎개교專공전념망念亡 華蓋空亡 화개에 공망을 놓았으니 불교신앙 생활에 전념한다

- 211 -

김지태(金智泰)・재벌

				偏官用官格 偏官用官格	
胎息	胎元	命宮	甲戊己戊 子辰未申	대운(大運)	乾命 一九○八年 六月 一四日 子時 出生
癸酉	甲戌	壬戌	九 八 七 六 五 四 三 二 一 ○ ○ ○ ○ ○ ○ ○ ○ ○ 戊 丁 丙 乙 甲 癸 壬 辛 庚 辰 卯 寅 丑 子 亥 戌 酉 申		
祈華기화도자손月지손	기중모토산망기	重土泄氣其母産亡	父偏親財長風生流	부편친재장풍생류	貨食神湧出泉湧出財	화식신생재천용출	水用木神之補運강通 갑목용신중토소통 甲木用神土疎通	무미기월무토투출 戊未己土透出	
기도하여난 자손이다 일지에 화개를 놓았으니	土에 설기하니 동생 출산하다가 사망하였다 子未원진에 많은 모친이	편재성은 부친이 되는데 풍류생활을 한다 팔자이다	식신생재로 돈이에서 물솟듯할 샘	水木운에서 甲木용신을 보강하여 하고자한다	甲木으로 용신하여 많으 土를 소통	未月 戊土일주가 득령한중에 戊己土가 투출하니		
華食神祖母蓋三合	화개신조식	房地方외살지외출살일생합	印未中母丁火	인미중모정화친화	名年月胎三奇門生	명년월태삼기생	富旺財貴堪之命當	氣身旺和四團柱結	신기화달결년주사
삼합이 되어서 식신이 조모인데 화개와	지살이 일주와 합하니 옥외 출생이다	未中의 정화가 인수로 모친이 되는데	연월에 삼기를 놓았으니 명문집 안에서 출생하였다	왕재를 감당하게 되니 부귀지 명이다	중년계해운터 대길한운 정이니	기화달결하니 왕사주이다			

길신 吉神					흉신凶神			십이신살	
申 문창귀인	辰 태극귀인	申 천주귀인	辰 암록	申 협록	申 월덕귀인	申 천덕귀인	申 홍란성	子未 원진살	子未 육해살
시조모신덕불 祖母信佛 施恩布德	재벌취여진입 財閥取如進入	재성입산 財星入山	자미원진 子未元嗔	재성입묘 財星入墓	소실득자 小室得子	호색지가 好色之家	삼가풍파 三嫁風波	여난지서 女難之壻	천덕월덕 天德月德

								戊子辰 백호대살	子未 급각살	戊子 절로공망
그 조모가 불교에 정성을 다하고 은혜와 덕을 베푼다	돈을 산과 같이 모아서 재벌에 진입하였다	처되는 글자인데 자미 원진에 비견겹이 많으니	색을 좋아하는 사주이니 소실에서 득자하였다	세집사위이니 인한 풍파가 많다	삼난지서 인한 풍파가 많다	천덕귀인과 월덕귀인 을 놓았으니 도처에 귀인이다	도천덕귀인 到處貴人		구십지옹 九十之翁	복록지장수 福祿之長壽

事業起發 癸亥大運	偏財正妻 戊癸正財	其妻産亡 掛冠雙傍	孤嗔凶神 財星白虎	事業夾發 暗祿挾祿	手足骨折 急脚骨殺	運到己巳 不祿之客				
사업기발 癸亥대운에 이르자 사업이 기발하기 시작하여	편재는 처첩으로써 戊일주에 癸水정재가	그처가 산망하여 삼모관대를 두방에 걸팔자이다	고진살인 흉신을 놓고 아울러 처궁에 백호대살을 놓아서	암록과 협록을 놓아서 사업이 대발하였다	급각관살을 놓았으니 수족골절상이 두렵다	己巳대운에 이르면 가상관에 행인운이 되어서 세상을 뜰것이다				

설동경(薛東卿)·대림산업 사장

편재용재격 偏財用財格	甲寅 甲戌 丁酉 壬寅	命宮 乙巳 胎元 乙丑 胎息 壬辰
대운(大運)	一二 乙亥 二二 丙子 三二 丁丑 四二 戊寅 五二 己卯 六二 庚辰 七二 辛巳 八二 壬午 　　癸未	

乾命 一九一四年 九月 二十日 寅時 出生

| 월지추정화
구지입정묘
九秋丁火
月支入墓 | 생화유정
통관작용
通官作用 | 편재용재
약화위신강
弱化爲神强 | 편재용정
약화위강
편재용정 | 지살인수
해외유학
海外留學 | 지살인수
해외유학 | 여부지덕
부산여해
如山之德 | 치중승권
시마황성
馳馬皇城 | 경진신사
용신보강
用神補强 |

인술화국
갑목투출
甲寅戌火局
甲木透出

수화기병
화기약신
水氣藥神
火氣病神

대운다정
용운대귀
大富大貴

인수양록
편재득위
偏財得祿
印綬兩祿

유수비군자
유기유행
有氣流行
秀氣流行
斐君子

부모의덕이
바다와 같다

명관이 재위에 올라앉아 있으니 치마 황성격이다

庚辰辛巳 대운에
용신을 보강하니

| 갑목투출
인술화국에
甲戌火局에 | 수기는 병신이 되고수기는 약신이 된다 | 대운의 흐름이 용신에 이로우니 대부대귀할 팔자라 | 편재가 국을 놓고 수가 들록하여서 | 상주의 수기가 잘흐르니
유비 군자라 | 대림산업 설립후
사세가 약진하였고 | 일약거부로서
재벌에 진입하였다 |

대림산업
사세약진
大林産業
社勢躍進

일약재벌진입
재벌거부
一躍巨富
財閥進入

길신吉神	酉 천을귀인 酉 문창귀인 酉 태극귀인		
흉신凶神	寅酉 원진살 寅 급각살 戌 급각살 寅 절로공망 寅 탕화살		
십이신살	寅 지살 戌 화개살 酉 육해살		
군인겁유쟁재진 寅酉怨嗔 群劫爭財	寅酉 원진과 군접쟁재격 이 되어서	팔부자소불관화 婦夫不和 八字所關	부부간에 불화함이 팔자소관이다
명관과마 일명자위효 一子爲孝	명관과마 하니 자손하나는 효자의 것이다	천을귀통골 智慧總明 天乙文昌	천을귀인과 문창귀 인을 놓았으니 지혜가 있고 총명하다
신급경각관살 急脚關殺 神經通症	급각 관살을 놓았으니 신경통 으로 고생한다	신근통골불휴 筋痛骨不休 申吟不休痛	근육이 아프고 뼈가 아픈것은 목이 금으로 부터 극을당한 원인이다
시심력심질약 視力甚弱 心臟之疾	시력이 약하고 심장질환이 있다	지살분주봉 恒時奔走 地殺重逢	지살이 중하니 항상분주한 팔자라
월지화자손개 祈禱子孫 月支華蓋	월지에 화개를 놓았으니 기도해서 나은 자손이다	조지극신성 至極精誠 祖母信仰	조모님께서부처 님을 지극 정성으 로 모신다
태원부신식 用神扶身 胎元胎息	태원과 태식이 용신을 도우니 아름답다	평서북지향 平生吉地 西北之向	평생길한곳은 서북지향이라
육해임신 건강유의 健康留意 六害臨身	육해살이 임하니 건강에 유의하라	신임오대운 身命甚危 壬午大運	壬午 대운에 신명 위태롭구나

문선명(文鮮明)·통일교주

乾命 一九二○年 一月 六日 寅時 出生

正官用印格	庚申 戊寅 癸丑 甲寅	命宮	胎元	胎息
大運(大運)	四 一四 二四 三四 四四 五四 六四 七四 八四 己卯 庚辰 辛巳 壬午 癸未 甲申 乙酉 丙戌 丁亥	戊子	己巳	己丑

설인기월계 寅月癸日 泄氣太甚	印綬用神 年之申金 印綬用神	用神補强 西北大運 用神補强	父親無德 偏財藏畜 偏財無德	宗敎心醉 傷官太旺 傷官太旺	振名天下 統一敎主 振名天下	避難南下 六二五時 避難南下
寅月癸日生이 한중에 태심 설기	연지申金으로 인수 용신한다	서북대운에서 용신을 보강하여	편재가 장축되어 있으니 부친의 덕이 없고	상관이 태왕하니 종교에 심취하여	통일교를 창설하여 그이름이 천하를 떨치었다	육이오때 남쪽을 내려와서

剋泄交駕 戊土透出 剋泄交駕	金水大吉 五十以後 金水大吉	火土財官 能堪大發 火土財官	悲哀成長 寒門家庭 悲哀成長	全心沒頭 其督敎理 全心沒頭	鄕里無緣 年月相沖 鄕里無緣	至誠感天 敎理布敎 至誠感天
戊土가 누출하니 극설교가 격이다	오십이후부터 金水運이 대길하다	火土財官을 능히 감당하여 대발할 것이다	빈한한가정에서 출생하여 비애성 장하였다	기독교교리 전심몰두하며	연월이 상충하니 고향과 인연이 없어서	교리포교를 전심 전력하니 지성이면 감천으로

-216-

길신吉神 申太極貴人 申官極學官 寅金輿祿 壬協祿 壬紅鸞星	海外活動 世界一人	해외에서 활동하여 세계에 일인자가 되었다	財星暗物存 不動産物	재성이 암장에 있으니 부동산 물건이
	號曰甲富數 不知其數	부지기수이니 남들이 갑부라고한다	傷官得祿 爲也書力	상관이 득록하니 남을 위하여 노력 을 다하고
	活人之業 貧民救濟	빈민구제등 활인지 업에 노력하였으며	經濟施惠 北韓住民	북한주민에게까지 경제 혜택을 주었다
흉신凶神 癸丑白虎大殺 寅申斷橋關殺 寅高辰殺 寅申三刑殺 癸丑白虎殺 午絶路空亡	寅申相沖 寅中丙火	寅中의 丙火가 寅申 으로 상충하니	初婚難事 再娶可知	초혼해로하기는 어려워서 재취할 팔자라
	驛馬財星 日支相合	역마재성이 일지와 합하니	異國女性 交結愛情	이국여성과 사랑을 맺을 팔자라
	美貌得紅鸞 金輿	금여록과 홍란성을 놓으니 미모의 처를 얻게되고	妻家親戚 財物惠擇	처가 친척으로부터 재물의 혜택을 받는다
십이신살 申地殺 寅驛馬 午攀鞍	其妻宮凶死 妻白虎	기처궁백호사 놓아서 그치나 아들이 흉사하겠다	長壽多福之人 八子	장수팔자에 대부대귀할 사람이다

일제때(日帝時)·광산왕-1

胎息	胎元	命宮		庚辰	庚申	己卯	乙未	專祿用財格	乾命 一八九五年 二月 十八日 辰時 出生
				六六 壬申	五六 癸酉	四六 甲戌	三六 乙亥	二六 丙子	一六 丁丑	六 戊寅	大運	
乙巳	庚午	丙戌								
鑛山王位	광산왕위 을해갑운	豪華成長 裕福家庭	賢母良妻 正財得祿	烏手億金 能任旺財	身旺財旺 富貴之格	身旺無疑 正財用神	庚金卯月 雖有失令	경금묘월 유실령	
鑛山王에 올랐다	乙亥 甲대운에 용신을 보강하여주니 광산	호화롭게 성장 하였으며	정재가 득록하였으니 현처양모이다	능임왕재를 감당할수 있는 사주이니 큰돈을 벌었다	신왕재왕으로 부귀 지격이다	신왕사주로 재를 능히 감당할 수가 있어서 용신한다	경금 일주가 묘월에 출생하여 비록 실령하였다고는 하나		
名動天下 百萬巨富	명동천하 백만거부	開發會社 子運鑛山	開發會社 自運鑛山	父代名家 財局形成	富大國形 年月三奇	名門出生	水木之運 運到東北	卯木透出 乙未木局	自坐祿地 庚金透出	경금투출 자좌록지
이름이 천하에 떨쳤다	백만거부 일제때)로서 그	子대운이 광산개발 회사를 설립하여	자운광산 개발회사	부친대에서도 명문의 가정이다	재국을 형성하였으니	년월에 삼기를 놓아서 명문 가정에서 출생하였고	대운이 동북 水木으로 흐르니 평생운정이 아름다워	묘미목국에 卯未木局 재국을 놓고 을목이 투출하였으니	일지에 록을 놓고 두경금이 투출하니	

길신吉神	申 십간록 卯 태극귀인 申 천덕귀인
흉신凶神	卯 급각살 申 고진살 未 절로공망 庚辰 괴강살 辰 공망
십이신살	卯 장성 未 화개살 申 겁살 辰 반안

天周圍貴人 德太極	神其妻 經衰變 弱態	骨急 節脚 可關 畏殺	傷孫 官宮 庫空 藏亡	掛年괘연 胎入태입 落華지화 地蓋	華정華화 蓋통蓋개 信중중 情仰重 重	用未용미 神戌신삼 無三무형 力刑력
천덕귀인과 놓았으니 주위의 사람들이 전부귀인이라	신경쇠약으로 그의변태성질과 고생하든중에	급각관살을놓아서 골절락상을하거나 신경통으로고생하였다	자손궁에 공망과 상관 고를놓았으니	연에화개를놓아서 목에다 탯줄을걸고 출생하였다	화개를이중으로 놓았으 니 정통신앙생 활을한다	壬戌삼형살을노아서 용심이무력 하여지매

卯고묘 申진신 嗔가귀 加세문 勢	其乙기을 妻未처미 凶白흉백 死虎사호	卯형묘 申제제 不원불 睦嗔목	必如필여 無蝶명 蜈蛉서 蚣事출	祈其기기 禱母도모 子信자신 孫佛손불	戌土토술 金金금운 運相상 到旺왕 來래	生破파가 涯家생애 困零곤영 苦落고락
卯申 귀문관살을 놓고 고진살이 가세하니	乙木재백호대살을 놓아서 그의 처가 흉사하였다	卯申으로 원진을 월 지에 놓아서 형제간에 불목하였다	만약 서출 자손이 아니면 반드시 남의 자식을 둘것이다	그의 어머니가 부처님에 공을 드려서 나를 낳았다	戌운이 돌아오면 土金이 왕하여지고	재물이 다나가 버리고 생활이곤고 하다가 세상을 떠났다

일제때(日帝時)·광산왕-2

정재용겁격 正財用劫格	辛 戊 乙 丙 卯 戌 亥 戌	命 胎 胎 命 胎 息 元 宮		
대운(大運)	七 六 五 四 三 二 一 二 二 二 二 二 二 二 庚 辛 壬 癸 甲 乙 丙 丁 寅 卯 辰 巳 午 未 申 酉	庚 己 丁 寅 丑 酉		
본을 일을 약술지월 乙日戊月에 本來弱地	운행목화 제병보용 除病補用	운행목화 제병보용	조년기친 他家剋食 早年奇親	가권처첩 공권처지가 恐妻之家 家權妻妾
乙日생인이 戌月에 출생하여 본래 약지가 된다	木火운에서 병을 제 거하고 용신을 보강하니	반음반양하니 화목하고 친족간에도 화협한다	남에 집에서 밥먹고 자라게되며 부모를 여인다	공처가로서 가권은 처가 쥐게 된다
재토금상 土金太旺 財殺太旺	화금기약병신 金氣病神 火氣藥神	소재다사신주약 小兒四柱 財多身弱	자부수모성무가덕 父母無德 自手成家	을미대운 득비대운 乙未大運 得比理財
土金이 많으니 재살 태왕이다	그러니 金기는 병신이 되고 火기는 약신이 된다	사람 사주에 재가 많아서 신약하면	부모 덕이 없으니 자수성가 할팔자요	乙木대운에 용신을 보강하면 많은 재물을 다스리게 되고

길신吉神	卯 십간록 丙 천덕귀인 丙 월덕귀인 亥 천희신 亥 황은대사					
흉신凶神	戌 급각살 乙亥 효신살					
십이신살	卯 장성 亥 지살 戌 천살					
火運發病 起始除作	壬辰大運 用神生氣	金鑛巨富 解放前年	天月德貴 到處扶神	神經通關 急脚殺症	祈硏究 禱學子 學業孫	南堂 方此 有之 效時
화기운제시 발운거병 하시작 니	임신진대 용생기운 신을얻 으니	해방전해에 캐서 금광으로 거부가 되여서	천덕귀인과 월덕귀인을 놓았으니 도처에 사람들이 나를 도운다	급각살을 놓아서 신경통으로 고생한다	기도하여 출생한 사람이고 학업에 연구심이 많다	이때는 남쪽의 의사 약으로 치를 하면 효과가 있다
鑛設 業立 會經 社營	財金 旺谷 山之 下溪	國甲 内富 第之 一命	祖傷 母官 白 死虎	華宗 蓋教 重信 逢仰	眼心 鏡臟 掛微 之弱	藥庚 石運 無重 效病
광업회사를 설립하여 경영대발 하였고	왕한재물로 산을 쌓고 금고을 산이로다	국내 제일의 갑부가 되었다	산관백호를 놓아서 조모가 흉사하고	화개를 이중으로 놓 았으니 종교 신앙생활 에 심취하고 있다	심장이 미약하고 시력이 약해서 안경을 쓰는 사람이다	庚운대운에 이르러서 중병하면 약이 아무 효력이 없다

중국인(中國人)·재벌-1

인수용재격 印授用財格				命宮	胎元	胎息
	丁卯	乙巳	丙寅	丁酉			
대운(大運)	一九 丙午	二九 丁未	三九 戊申	四九 己酉	五九 庚戌	六九 辛亥	七九 壬子	八九 癸丑	癸卯	丙申	辛亥

坤命 一九二七年 五月 二日 酉時 出生

사월 병화 일주가 녹지가 되고 인장생지에 앉아있고	시지유금 정재용신	고로 시주酉금으로 정재 용신한다	편재자좌장생 자좌중중	편재는 부친인데 장생지에 앉아있으니	인수가 이중삼중으로 있으니 모외유모라	무토식신을 추리하는데	그자손이 귀기하며 효심이 지극하다	금수로대운이 흐르니 부영자귀할 팔자라
록지장생화 巳月丙火 祿地長生	時支酉金 正財用神	時支酉金 正財用神	自坐長生 偏財坐長	偏財經長生 自坐庚金	印綬有重 母外有母	戊土食神 子息推理	一子爲孝 其子貴奇	一子貴奇 日子位貴	夫榮子貴 運至金水

| 신목화병무의 왕화투출 신왕사주이다 | 왕화병신 수기약신 토기희신 | 거기향인재 그군에서 인재라고 불리운다 | 월지득록 형제수다록 형제가 많으며 | 인목화장생 巳火녹지 寅木장생을 얻었으니 | 신왕재결국 재성으로 국을 형성하여 아름다운데 | 신왕재왕 신주만갑 | 운주만갑가 된것은 재용신을 보강한 원인이다 |

-222-

길신吉神							흉신凶神					십이신살	
巳 십 간 록	酉 천 을 귀 인	寅 문 곡 귀 인	酉 태 극 귀 인	卯 태 극 귀 인	巳 태 극 귀 인	巳 황 은 대 사	寅 탕 화 살	卯 급 각 살	酉 부 벽 살	巳 삼 형 살	酉 수 옥 살	巳 절 로 공 망	卯 장 성	巳 역 마 신 살	酉 재 살
驛馬 交通事故 역마삼형 교통사고	胎元丙申 胎息辛亥 태원신해 태식병신해	政治入門 議員當選 정치입문 의원당선	天乙貴人 知慧總明 천을귀인 지혜총명	文曲貴人 死後名聲 사후명성 문곡귀인	園內挑花 異性人氣 원내도화 이성인기	偕老難也 寅酉怨嘆 해로난야 인유원진
역마가 삼형을 놓았으니 교통사고를 조심하여야하고	태원 丙申과 태식 申亥를 놓아서 아름답다	庚戌대운에 정계에 입문하여 국회위원에 당선되었다	천을귀인을 놓아서 지혜와 총명을 겸비한 사람이다	일지의 인자가 문곡귀인이니 사후에 명성을 떨칠 사람이다	원내도화를 이성간에 인기가 있으며	寅酉원진을 놓아서 해로하기 어렵다
手術可畏 若不其然 수약불기외연 수술가외	用神補強 錦上添花 금상첨화라 용신보강	海外留學 地殺印綬 해외유학 지살인수	太極貴人 福祿集中 태극귀인 복록집중	天廚貴人 衣祿豊厚 천주귀인 의록풍후	沐浴紅艶 異性風波 이성풍파 목욕홍염	身命可畏 亥子之運 해자지운 신명가외
수약 그릇지 않으면 수술수가 두렵다	용신을 보강하여주니 금상첨화라	지살과 역마를 놓았으니 해외유학을 하였으며	태극귀인을 연지에 놓았으니 복록이 집중된다	월지의 사화가 천주귀인으로 의록이 풍후하다	목욕과 홍염살을 놓아서 이성풍파가있다	亥子운에 신명이 위태로울 것으로본다

중국인(中國人)·재벌-2

乾命 一九一六年 十月 一四日 丑時 出生

식신생재격 食神生財格	丁 庚 己 丙 丑 戌 亥 辰	命宮 胎元 胎息
대운(大運)	九 一九 二九 三九 四九 五九 六九 庚 辛 壬 癸 甲 乙 丙 子 丑 寅 卯 辰 巳 午	癸 庚 乙 巳 寅 卯

| 진상관격
亥月庚金
설기태심하니
眞傷官格
격이되나 | 평생화동남운
木火生大運
동남으로 흐르니
평생대운이 木火
동남으로 흐르니 | 신약화위재
약화위재격으로
신신용재격이다 | 갑부대상
선망의 대상이
된다
甲富對象
선망의 대상이 된다 | 편재풍류생
其父風流
편재가 장생지에
앉아있으니 부친이
풍류이다 | 모가재취
月支亡身
母嫁再娶
월지에 망신을 놓아서
모가재취
하였다 | 천추원한사
其母凶死
千秋怨恨
모친이 흉사함이
천추원한이
된다 |

| 기토축토출성
진축토투출
辰丑土透出
己土가 투출하여서 | 화금기약신
火氣金病星
火氣薬神
금기는 병신이 되고
火기는 약신이
된다 | 용신보강명
貴奇之命
用神補強
용신을 보강해주매
부귀를 누릴사주이다 | 연월삼기생
年月三奇
名門出生
연월에 삼기를 놓아서
명문출생이요 | 모외유중모
印綬重重
母外有母
인수가 많으니 어머
니 밖에 또 어머니가
있다 | 삼정인가세호
三刑加勢
正印白虎
정인백호에 삼형이
가세하였으니 | 화개태중봉
華蓋重逢
掛胎出生
화개를 중봉하니
목에 태출을 걸고
출생하였다 |

길신吉神			흉신凶神			십이신살	
丑 천을귀인 亥 천문창귀인 亥 천주귀인 戌 금여록 戌 천희신 亥 문창귀인 辰 홍란성 辰 황은대사	情通信佛 施恩布德	시정통신불 은덕포신덕	壬 탕화살 辰 급각살 壬 급각살 戌 삼형살 辰 원진관살 亥 귀문관살 戌 백호대살	丁壬		辰 화개살 亥 망신살 戌 월살 壬 반안살	
	意氣卽決	의기즉결					
	臨事卽決	임사즉결					
	身旺泄精	신왕설정					
	文藝非凡	문예비범					
	治命有氣	치명유기					
	財富之人	재부지인					
	傷骨關殺 急脚關殺	상골관살 급각관살					
	神經衰弱 鬼門關殺	신경쇠약 귀문관살					
	官災可畏 天羅之殺	관재가외 천라지살					

불심이 깊으니 은혜와 덕을 베푼다

의기남아로 매사를 즉결처리 한다

신왕사주가 설기를 잘하니 문예에 재주가 있다

재운에 재를 감당하여 부귀를 누릴 팔자이니

급각관살을 놓았으니 수족 골절상이 두렵다

辰亥가 귀문관살 이 되어서 신경쇠 약의 질환이 염려되다

천라지망살이 있으니 관재가 두렵다

	神經旺四柱剛 身庚戌魁罡	신경왕사주강 신경술괴강
	活人之業 戌亥天門	활인지업 술해천문
	明暗棣肩劫 異色朶花	명암체견겁 이색체화
	烏手億財 能任財官	오수억재금 능임재관
	天乙文昌 文章過足	천을문창 문장과족
	心臟疾患 時力微弱	심장질환 시력미약
	身命可畏 丙午大運	신명가외 병오대운

庚戌괴강에 신왕사 주가 되어서

戌亥천문성을 놓아서 활인지업도 많이 한다

비견비겁이 암장에 있으니 배다른 형제라

빈손으로 자수성 가 할운명이다

천을문창귀인 이 있으니 문장이 넉넉하다

심장과 시력의 질 환을 조심하라

丙午대위에 이르면 신명이 위태롭다

중국인(中國人)·재벌-3

건록용재격 建祿用財格	丙 甲 丁 乙 寅 午 酉 巳	命宮 胎元 胎息	
대운(大運)	一 二 三 四 五 六 七 一 一 一 一 一 一 一 乙 丙 丁 戊 己 庚 辛 壬 未 申 酉 戌 亥 子 丑 寅	甲 乙 壬 午 酉 辰	
목화정화 오월정화 午月丁火 木火透出 투출하고	사축금국 편재용신 巳丑金局 偏財用神	부귀영화 평생서북 平生西北 富貴榮華	지살인수 해외유학 海外留學 地殺印綬	편재금국 기부호걸 其父豪傑 偏財金局	접무화간 원내화도 園內桃花 蝶舞花間	상배가외 삼가지서 三嫁之婿 喪配可畏

오월의 정화일
주가 巳午화국을
놓고 木火가
투출하고

고로 巳酉금국
으로 편재용신한다

평생 酉北金水운
에서 용신을 보강하니
부귀영화를
부리겠다

지살인수를 놓아서
해외유학을 하였고

편재가 금국을
놓으니 그부친이
호걸이다

나비가 꽃밭을
누빈다

원내도화를 놓으니
본처와 사별하고
세집 사위이다

| 신왕지득록
월지의록
身旺無疑
月支得祿 | 수화기약병신
火氣病신
水氣藥神 | 운행신유
재발여뢰
運行申酉
財發如雷 | 일연재왕
재정지직
日連財旺
財政之職 | 이견형난제립
복형형제
異腹兄弟
肩劫亂立 | 일지편재
인유원진
日支偏財
寅酉怨嗔 | 학인수득족록
인수유족록
學識裕足
印綬得祿 |

신월지 록을놓으
니 신왕하다

火기는 병신이고
水기는 약신이다

申酉재운으로 흐르
자 큰돈을 모았다

왕한재가 일지와 연
결하니 재정직
적격이다

견겁이 많으니 배다른
형제가 있다

寅酉원진과 일지에
편재를 놓았으니

인수가 록지에 앉았
으니 학식이 유록하다

길신吉神 酉 천을귀인 酉 문창귀인 酉 태극귀인 午 천주귀인 酉 학당귀인 巳 협록 酉 홍란성 酉 황은대사	고조지만수화 天地萬火 枯燥無水 가자타자승왕명 自己勝旺 自打自命 文文古文章堂 천문고창학장당 공망사가삼중형	천지에 火기가 꽉차 있으나 수기가 없으니 고조지상이다 자기승왕에 못이겨서 자기명을 재촉하게 된다 참고 또 참아라 천문귀인과 학당귀인을 놓았으니 천고의 문장이다 寅巳삼형에 공망을 상충하고 탕화 살을 놓았으니	매사정조급내급 性情忍耐 爲他布盡力德 施恩德 肺高疾血可疾畏患 폐고질가외환 凶兄死弟難之免間 萬石郷之富君 巨巨향갑부군 健特別留念 特別爲主 重病歸泉之運 刑場歸泉	성정이 조급하니 매사를 참아야한다 남을위해 노력하고 은혜와 덕을 베푸러라 고혈압과 폐질환을 앓을까 두렵다 형제간에 흉사를 면하기가 어렵다 만석군의 부자로 많은 사람들이 우러러 본다 건강위주로 특별이 유념하라 쇠신이 충화하면 중병하니 형장의 이슬로살아졌다
흉신凶神 寅 탕화살 巳 부벽살 酉 원진살 寅 절로공망 巳 공망 午 탕화살			
십이신살 寅 지살 午 장성 酉 육해 巳 망신살	日支酉金 六害凶神 用子神當死宮到 用子神當死宮到	일지유금이 육해흉신이되니 자운으로 흐르면 금용신은 자에 입사하고		

중국인(中國人)·재벌-4

乾命 一八八八年 四月 二十三日 寅時 出生

편재용겁격 偏財用劫格	戊子 丁巳 甲辰 丙寅	命宮 胎元 胎息
대운(大運)	一 戊午 · 一一 己未 · 二一 庚申 · 三一 癸酉 · 四一 壬戌 · 五一 癸亥 · 六一 甲子 · 七一 乙丑 · 八一 丙寅	壬戌 戊申 己酉

사월갑일 병정투출 巳月甲日 丙丁透出	巳월 甲일생이 丙丁화가 투출하니
재다신약 행우진토 財多身弱 幸遇辰土	재다신약견인데 다행이 진토를 놓아서 왕화를 설기시키고
조행화토 한문출생 早行火土 寒門出生	일찍 대운이 火土를 흐르니 가난한 집에서 출생하였고
타가기식 자수성가 他家寄食 自手成家	고로 남에 집에서 눈치밥을 먹고 성장하여 자수성가 할팔자라
선대명문 지왈모모 先代明門 指曰某某	선대명문으로 한국독립운동에 조부가 선구자였고
고진흉신 양가지서 孤嗔凶神 兩家之婿	처궁에 백호와 고진살을노아서 두집사위의 팔자다
태원무신 태식기유 胎元戊申 胎息己酉	태원 태식에 申酉금 광성이 되는데 사즉원국의 관성을 보장하니 흉화위길이 된다

진상관격 설기태심 眞傷官格 泄氣太甚	진상관격으로 설기 태심하나
시지록근 인목용신 時支祿根 寅木用神	시지에 록근을 하여서 寅목으로 용신하다
조실부모 비애성장 早失父母 悲哀成長	조실부모하고 슬프게 성장하였다
인진목국 용호거문 寅辰木局 龍虎距門	寅辰木국을 놓으니 용과 호랑이가 걸쳐 않은 가문의 후예이다
편재백호 기부횡액 偏財白虎 其父横厄	편재부친도 독립운동을 하다가 왜경총탄에 쓰러졌다
편관장생 일자위효 偏官長生 一子爲孝	편관이 장생지에 있으니 아들하나가 효자라
관성암장 양처득자 官星暗藏 兩妻得子	관성되는 글자가 암장에 있으니 양처득자라

길신吉神					흉신凶神				십이신살		
寅 십 간 록	巳 문 창 귀 인	子 태 극 귀 인	巳 천 주 귀 인	巳 관 학 관	辰 금 여 록	辰 천 희 신	巳 황 은 대 사	寅 탕 화 살	寅 육 해 살	寅 낙 정 관 살	甲寅 백 호 대 살	寅 공 망	子 장 성	寅 역 마 살	巳 겁 살	辰 화 개 살
일주수지보강신 生水之補强	인자수진지수국 印綬之水局	子辰 수국을 놓아서	항시중녀난경 恒時重女難輕	재는많고 일주는 약 하니 항상 여난이 많다	만왕재능지감당 旺財能之堪當	왕한재를 능히감당 하니 만석군의 부자가 되었다	천희지길신가림 天喜之吉神加臨	천희신의 길신이 가림 하니 매사에 맥힘이 없다	길신가림天神加臨 吉神加臨	辰巳손풍을 놓았으니 중풍을 조심하여 야한다	중사풍가손외풍 中風巳巽可畏	巳辰풍가외풍 中風巳巽可畏	삼양일음의 사주이니 한초지쟁이다	삼양일음지쟁 三陽一陰	한초지쟁 漢楚之爭	
조후위길 調候爲吉	일본유학 日本留學	임운기래발 壬運起來發	문창태극파 文昌太極破	만권독파 萬卷讀破	락상골절살 落傷骨節殺	낙정관살 落井關殺	당차유시 當此有時	동북지효 東北之効	백록지옹 百祿長壽	복록장수 福祿長壽						
조후를 잘하니 대한 가문날에 단비가 내리듯 흉화위길이다	일본으로 유학하면서 주경야독으로 학업을 마쳤다	四一세 임수운이 희신운이 되어서 기발하기 시작하여	문창귀인과 태극귀인 을 놓아서 만권의 서적을 독파하였다	락상이나 골절이 염려된다	락정관살이 있어서	이때는 동북의 의약이 효과를 보게된다	백세장수에 복록을 누릴팔자라									

중국인(中國人)・재벌-5

양인용재격	乙 乙 庚 丁 巳 酉 午 亥	命宮	胎元	胎息	乾命 一九〇五年 八月 三十日 亥時 出生
대운(大運)	七 一七 二七 三七 四七 五七 六七 七七 甲 癸 壬 辛 庚 己 戊 丁 申 未 午 巳 辰 卯 寅 丑	乙酉	丙子	乙未	

경금유월 양인지지 庚金酉月 羊刃之地	월지유금 비겁용신 月支酉金 比劫用神	황금지신 경진신사 운사 庚金之運 黃金辰辛巳	공명전수 명전순천 추명수 名傳千秋 功名順遂	가문현혁 귀자등과 貴子登科 家門顯赫	재성무기 해로난야 財星無氣 偕老難也	동역마지살 驛馬地殺 東奔西走
酉月 庚金이 출생하여 양인이 되나	고로 월지 酉金으로 비겁용신한다	경진신巳 대운에서 용신을 도우니 황금지운이 된다	공명이 순주하여 그 이름이 천추에 빛난다	고로 귀자가 벼슬길에 오르니 가문이 현혁할것이다	처되는 글자 재성이 무기하니 해로하기가 어렵다	역마지살을 놓아서 항상 동분서주한다

목화승왕 재살태왕 木火勝旺 財殺太旺	수화기병 火氣病神 水氣藥神	순환상생 생의불패 順環相生 生意不敗	관수록고 명수록분야 官祿分野 名篤祿高	사부고무친덕 四顧無親 父母無德	이목욕도화 異性風波 沐浴挑花	일지재성 역마일상합 驛馬日支 財星相合
木火가 승왕하니 재살태왕으로서 신약사주이다	火氣는 병신이요 水氣는 약신이 된다	사주원국이 순환상생으로 생의불패이니	巳午로 관록 분야를 놓았으니 록이 점점 높아서 이름을 높이 떨칠것이다	부모덕이 없으며 사방을 둘러보아도 아는사람이 없다	일지午에 도화와 목욕을 놓았으나 작첩을 하거나 이성풍파가 있다	역마재가 일지와 상합하니

길신吉神					흉신凶神		십이신살		
巳 문곡귀인	亥 천주귀인	巳 학당귀인	巳 암록	酉 협록	午 천희신	午 홍란성	巳 단교관살	巳 부벽살	巳 도화살	午 탕화살	亥 공망	巳 지살	亥 역마	酉 장성	午 연살

國除之異性 交情	平生吉色 白黃之色	金鑛開發 用神相合	庚辰大運 巨財獲得	거재획득 경진대운	사업대발 암록협록	단교관외살 상골가외살	斷稿關殺 傷骨可畏	동당차지시 當此之時 東方有效
국제여성과 동거하거 나 교정할 사주라	평생길한색은 흰색이나 황색이다	금광개발업이 용신에 이룹다	경진대운에서 금 다지를 캐여 큰돈을 벌었다	암록과 협록을 놓아서 금광개발 사업이 대발 한것이다	단교관살을 놓았으니 상골할까 두렵다	이때에는 동쪽약이 효과가 있을것이다

平生吉地 中央西方	金氣微經 木火重逢	辛巳大運 日進月增	財旺金谷 韓國甲富	特別留意 肝膽疾患	木皮金傷 筋通骨痛	寅運不到 一往不歸來
평생길지는 중앙 이나 서쪽이 좋다	금기가 허약한데 목화를 중봉하여서 금광을 시작하여	신사대운 일진월중하다가 신巳운에서	재왕금곡 대운에서 용신을 보강하여 한국갑부가 되었다	간담질환을 특별 유의하여야 한다	근육이 아프고 뼈골이 앞은것은 금으로 부터목기가 극제당한 원인이다	인왕불도래 寅운이 돌아오면 중병 이되는 형상이니 한번가면 다시 못오게된다

- 231 -

중국인(中國人)・재벌-6

乾命 一九一九年 四月 三日 子時 出生

偏財用劫格	己戊甲甲 未辰寅子	命宮	胎元	胎息
대운(大運)	一九 二九 三九 四九 五九 六九 七九 丁 丙 乙 甲 癸 壬 辛 庚 卯 寅 丑 子 亥 戌 酉 申	丁丑	己未	己亥

寅辰木局 辰月甲木 寅辰월갑목	財多身弱 比劫用神	東北水木 平生大運程	財閥進入 羨望對象	名門大家 受胎出生	父戊辰편재 戊星推理	印綬母親 子中癸水
辰월의 甲木일주가 寅辰木局을 놓고	재다신약이 되어서 비견 甲木으로 용신하니	평생운정이동 북 水木으로 흐르니	재벌로 진입하였으니 선망의 대상이 된다	명문대가에서 수태출생이다	戊辰 편재를 추리하는데 부친으로 추리하는데	자중의 癸수가 있으 로서 모친이 되는데

氣和團結 春土虛結土	天覆地載 得比理財	旺財堪當 財聚如山	龍虎距門 寅辰俱全	豪華成長 裕福之人	父親凶死 百虎大殺	六害加勢 子未怨嗔
춘土는 허토라고는 하나 기화 단결이되고	득비이재격이며 천복 지재로 아름답다	왕재를 감당하여서 재물을 산과같이 모았다	寅辰을 놓았으니 용호 호랑이와 용이 걸쳐앉은 집안으로	유복하고 호화롭게 성장하였다	편재백호대살이 되어서 부친이 흉사하였다	子未원진에 육 해가 가세한중에

길신吉神	寅 십간록 未 천을귀인 辰 금여록		
흉신凶神	寅 탕화살 子 도화살 寅 귀문관살 子 육해살 戊辰 백호대살 子未 원진살	産泄 산설 亡氣 망기 可太 가태 畏甚 외심	설기하고 인수가입묘 에 공망을 노아서 산망하였다	肩異 이견 復兄 복겁태 兄弟 형제왕	비견겁이 암장에서 일지와 합하니 배다른 형제가있다
		干群군간 與劫접여 支爭쟁지 同財동동	간여지동에 군접쟁 재격이 되어서	初三정동 婚家신불 失之덕 敗婿	초혼에 실패하고 세번 이나 결혼하였다
		祈華기화 禱蓋자중 子重손봉 孫逢	화개를 중봉하였으니 기도하고 남자손 이다	施情정통 恩通신불 布信덕 德佛	정동신불에 은혜와 덕을 많이 베푼다
십이신살	未 화개살 子 연살 寅 망신살 辰 반안살	神인미귀 經신경질환 疾未鬼 患鬼門	寅未귀문 관살을 놓아서 신경질환이 있다	偏時편야 野支도화 挑沐욕 花浴	편야도 화를 놓고 시지에 목욕을 놓아서
		心이성 就취 花풍 波파간	꽃밭에 취하여 이성풍파가 많을수라	亥胎해미 未元태식 木胎목국 局息	태원과 태식이 亥未 목국을 놓아서
		日貴귀기 主奇지명 補之강 强命	일주를 보강하니 귀기 한팔자라	腎疾질환 臟患가외 膀可방광 胱畏	신장과 방광계통의 질환이 염려된다
		當東동차지 此北유효시 有之 效時	이때는 동북방향의 의약사의 치료를 받으 면효과가 있을것이다	身庚경신 登申신등옥 玉大운경 京運	庚申대운에 이르면 저세상을 갈것이다

중국인(中國人)·재벌-7

상관용인격 傷官用印格	乙 甲 丁 戊 亥 寅 巳 午	命 胎 胎 元 宮 息	

대운(大運)	一九 二九 三九 四九 五九 六九 七九 戊 己 庚 辛 壬 癸 甲 乙 午 未 申 酉 戌 亥 子 丑	己 戊 乙 亥 申 丑	乾命 一九一八年 三月 二十七日 亥時 出生
화왕당절 갑인일주 火旺當節 甲寅日主	천지염열 고조지상 枯操之象 天地炎熱	인수용신 시지해수 時支亥水 印綬用神	병목기약 약기상제 木氣相神 病藥相濟	다운지귀인 多福之人 運程貴奇	모인천자긴애요 印綬緊要 母親慈愛	부화귀성가장문 호귀가문 富貴家門 豪華成長

| 火왕당절에 출생
한중에 | 천지가 염열하여
고조지상이다 | 수기가 필요하여
亥水로 인수용신하다 | 고로 木기가 약신이 되니
병과약이 있어서
아름답다 | 운정이 아름다우니
평생이 다복한 사주이다 | 인수가 필요하니 그의
어머니 사랑이 각별하다 | 부귀가문에서 호강으로
성장하였고 |

| 정화투출
사오화국
丁火透出
巳午火局 | 진상관격
설기태심
眞傷官格
泄氣太甚 | 토금희신
토기병신
土金喜神
土氣病神 | 평생조후해갈금수
調候解渴金水 | 편재기부장생
기부호걸
其父豪傑
偏財長生 | 여산여해
부모지덕
如山如海
父母之德 | 해외유학
인외수지살
海外留學
印綬地殺 |

| 巳午화국을 놓고
丁火가 투출하니 | 고로 설기가
진상관격이 되여서 | 金기는 희신이 되고
土기는 병신이 된다 | 평생 金水로 대운이
흐르니 조후하여
해갈하였다 | 편재가 장생지에 앉아,
있으니 그부친이 호걸이다 | 부모의 덕이 산과같고
바다와 같다 | 인수지살을 놓아서
해외에 유학하였다 |

길신吉神						
寅 십간록	巳 문창귀인	亥 문곡귀인	午 태극귀인	巳 천주귀인	亥 학당귀인	巳 관귀학관
해인자사천문형	寅字天文 亥巳三刑	甲寅分明 專祿之格	전갑인분명 전록지격	一無忌之格物 순수지격물	純粹之格	活人布德業 医藥之德業
가천문성이되니 寅巳 삼형과 亥子		甲寅일주가 분명 전록격이다		사주원국이 하나도 꺼리는 물건이 없으니 순수하게 격을 이루었다		의약사의 직업으로 덕을 베풀고 활인 지업에 여염이 없다

흉신凶神				
亥 암록	巳 황은대사	亥 육파	巳亥 락정관살	사亥 상충
設立經營 製藥會社	旺財能堪	癸亥大運 계해대운 왕재능감	文昌文曲 學識豊富	학문식창문부
제약회사를 설립하여 경영하여서	癸亥대운에 이르러 용신을 보강하여 왕한 재를 감당하니	문창귀인과 문곡귀 인을 놓아서 학식이 풍부하다		

십이신살			
寅 탕화살	午 지살	寅 역마	亥 겁살
火土太旺 胃無力症	火土무력증 위무력증	地殺奔驛走 恒時	지살역마 항시분주
火土가 태왕하니 무력중이 있겠으며	지살역마를 놓았으니 항상분주하고 교통사고를 조심하여야 한다		

東西不通人 無不通文物	福祿雙全 富貴雙全	振命天下第一 國內第一	복록지명 부귀쌍전
동서문물에 모르는 것이 없었다	부귀쌍전에 복록을 누릴운명이다	국내제일의 제약회사로 성장하여 그이름이 천하를 떨쳤다	

고혈압 特別留念	특별유념	모개봉망신재취	월봉망신 모재취
高血壓症 特別留念	월개망신재취	月嫁再身 母逢再娶	
고혈압 질환에 특별히 유염하여야 한다	월지에 망신을 놓았으니 모가 재취하였다		

중국인(中國人)・재벌-8

胎息 胎元 命宮	丁乙癸辛 丑酉巳丑	從殺格 종살격	乾命 一九○一年 三月 十九日 丑時 出生
庚 甲 己 辰 申 亥	七一 六一 五一 四一 三一 二一 一 乙 丙 丁 戊 己 庚 辛 壬 酉 戌 亥 子 丑 寅 卯 辰	대운(大運)	
其父高貴 偏財得位 기부고귀 편재득위	始終得所 五行相生 시종득소 오행상생	白虎大殺 己土財神 백호대살 기토재신	金水大運 中年以後 금수대운 중년이후	土金運吉 從殺格局 토금운길 종살격국	辛金透出 巳酉丑全 신금투출 사유축전	丁火透出 乙日巳月 정화투출 을일사월	
친이 고귀한 인품이다 편재가 득위하니 그부	시종 득소이다 오행상생부절에	놓았으니 己土재신에 백호대살을	이 대길운이다 중년이후에 金水운	土金운이 길하다 종살격을 이루니	辛金이 투출하니 巳酉丑金局에	丁火가 투출하고 乙일생인이 巳월에	
掛胎出生 華蓋重重 괘태중중 화개출생	流傳子孫 祖上蔭德 유전자손 조상음덕	千秋怨恨 其妻凶死 천추원한 기처흉사	多福之人 富貴榮華 다복지인 부귀영화	水氣藥神 辛金用神 수기약신 신금용신	剋泄交駕 身弱可知 극설교가 신약가지	眞傷官格 泄氣太甚 진상관격 설기태심	
태줄을 걸고 출생했다 화개가 중중하니 목에	까지미친다 조상의 음덕이 자손	천추에 원한이다 그처가 흉사하니	한사람이다 부귀영화에 다복	수기가 약신이다 辛金용신이니	신약사주이다 극설교로	진상관격이다 설기태심에	

길신吉神			
巳 관귀학관 巳 금여록 辛 천덕귀인 巳 황은대사	수호왈복덕 號曰福德 秀氣之格	기축재벌 亥子財閥	기축대운부터 기발 하기시작하여 해자대운에 재벌이 되었다
	역술계에서 이르기를 복덕수기역 이라한다	해자기벌 己丑起發	
巳 관살혼잡 官殺混雜 兩房得子	양관살혼잡하니 양방득자자라	관자성분야 官星登科 貴子登科	관성분야를 놓았으니 귀자등과라
巳 양가지서 동취서혼 兩家之婿 東聚西婚	두집사위팔자가 되어서 동취 서혼이라	모군음팔통 謀事陰八通 群事有能	군운팔통하니 모사에 능하다
흉신凶神			
丑 단교관살 酉 부벽살 巳 공망 壬 탕화살	목근피통금상 筋痛骨傷 木皮金傷	근육이 아프고 뼈골이 쑤시는 것은 목기가끔 으로부터 극을 당한 원인 이다	간담질환특별유의 肝膽疾患 特別留意
	매관귀금여 매사순성 官貴金與 每事順成	매귀학관과 금여록이 있으니 매사가 순성할팔자라	수단교관살 斷橋關殺 手足骨折
십이신살			
丑 화개 巳 지살 酉 장성	화연시가탕외화 火傷可畏 年時蕩火	연시에 탕화살을 놓았 으니 불에 딜까 두 렵다	손궁공망 정축백호 孫宮空亡 丁丑白虎
	일관자성입사묘 官星入墓 一子凶死	관성이 입묘하였으니 일자흉사할수다	다복지옹 구십장수 九十長壽 多福之翁

2. 역사군주(歷史君主)의 사주(四柱)

이성계(李成桂)·조선 태조(朝鮮太祖)

偏官用官格	乙 癸 己 甲 亥 未 未 子	命宮	胎元	胎息
대운(大運)	三 一三 二三 三三 四三 五三 六三 七三 壬 辛 庚 己 戊 丁 丙 乙 午 巳 辰 卯 寅 丑 子 亥	丙戌	甲戌	甲午

乾命 一九三五年 六月 一五日 子時 出生

득령득지월 기토미월 己土未月 得令得地	원국조열 육월염천 六月炎天 原局燥熱	편조가미 관후가미 偏官用神美 調候可美	시득광명 함경영흥 始得光明 咸鏡永興	운수동북 水木東北 運程可美	군왕지축 天關之軸 君王之命	부친위인 時支得祿 父親偉人

(각 칸 설명)

기토미월
득령득지하고

이사주가 六月 염천에
원국이 조열하니

조후가 아름다워서
편관 乙木으로 용신하니

乙亥년 함경도 영
흥땅에서 출생
하였다

수목운북으로 흘러 용신을
보강하였으니 더욱 아름답다

천관지축을 놓은 사
주는 위대한 인물인데
대운이 좋으니 군왕의
사주이다

시지子에 록을 놓았으니
부친도 위대한 인물이다

| 신갑기화사주토
甲己 化土를 이루었으니
신왕사주라 | 계수득록요
水氣緊要
癸水得祿 | 재편관입묘살묘
偏官入墓
財慈弱殺 | 이팔이후
평생대운
二八以後
平生大運 | 미술해천지축문
戌亥天門
未字地軸 | 부편재추리수
偏財推理
父親癸水 | 인미중정모화
未中丁火
印綬生母 |

甲己 화토를 이루었으니
신왕사주라

물이 필요한 사주인
데 癸水가 시지子水
에 득록하였으니

편관 乙木이 未土
에 입묘하였으나 계수
재가 생목하여 아름답다

二八세부터
평생대운의 흐름이
평생대운이다

亥천문성과 未자
지축으로 천관지축
을 놓고 편관용신이니

편재계수가 부친으로
추리하게 되는데

未중의 丁火가 인수로
모친이 되는데

길신吉神					
亥 천문성 子 천을귀인 未 태극귀인 亥 관극학관 未 금여록 甲월덕귀인	자미원육진해 子未원육진해 子未怨嗔	子未 육해살과 원진살을 놓았으니	모일천양지 一天兩地 母外有母	하늘은 하나요 땅은 둘인 형상이니 밖에 어머니가 있다
흉신凶神					
甲월덕귀인 未육해살 未천덕귀인 亥관극학관 未태극귀인 子천을귀인 亥 천문성	智用兼備 李成桂君 父成桂비 雙城高麗 쌍성천호 부고려조	이성계군 지용겸비한 맹장으로 이성계는 지혜와 용기를 겸비한 맹장으로 부친이자춘은 고려조에 쌍성천호의 벼슬을 받아 오랑캐를 변경에서 방어하였다	東北兵馬 恭愍五年 동북병마 공민오년	공민왕五년에 이성계는 동북병마사의 직책으로 장군으로서
門下侍中 戰功赫赫 文革혁혁	전공을 혁혁하게 쌓아 올려 문하시중의 중책을 맡았다	南征北伐 神弓名手 남정북벌 신궁명수	남신궁명수를자가 없었으며 남정북벌에 최선을 다하여 활잘쏘는 재주는 따를자가 없었으며
子未 급각살 壬子 도화살 未 원진살 未 육해살	一三九二年 七月 十七日 一三九二년 七월 一七일에 이르러	恭愍化回軍 威化回軍 공민화회군 위화도회군	북벌의 중책을 받고 북진하다가 위화도에서 회군하여
십이신살					
亥 지살 未 화개살 子 연살 子 공망	일삼구이년 칠월십칠일 一三九二年 七月十七日	開京壽昌 王位登極 개경수창 왕위등극	개경수창궁에서 고려왕을 폐위시키고 왕위에 등극하였다
	팔남일녀 외방득자녀 八男一女 外房得子	八남一녀의 자손을 얻었는데 세 자녀는 후궁에서 출생하였다	天乙太極 周圍貴人 천을태극 주위귀인	주천을귀인과 태극귀인을 놓았으니 주위에 사람들이 전부가 귀인이 된다
	천사종팔년 태종팔년 太宗八年 千四百八年	태종 八년 一四○八년에 이르자	一身往不歸 신일왕불귀 일신왕불귀	신등옥경하니 신선을경하니 한번 떠나면 다시 못올 길에 올랐다

세종대왕(世宗大王)

				식신제살격 食神除殺格
胎息	胎元	命宮	丁乙壬甲 丑巳辰辰	
	丁戊 酉申	戊 申	七六五四三二一 一一一一一一一 丁戊己庚辛壬癸甲 酉戌亥子丑寅卯辰	대운(大運)

乾命 一三九七年 四月 十日 辰時 出生

| 葉風엽풍
茂亦무역
花不화불
開抗개항
풍무화개
엽역화불
잎새가항
무성저
하항
꽃이반
피지
는않
형고
상나
이무
되잎
어이
서 | 時食시식
上神상신
甲生갑생
木火목화
시상
식신의
이갑
생목
화이
하
고 | 錦天금천
上乙을
添太태
花極극
천귀
을인
귀과
인태
을극
놓귀
았인
으금
니상
첨
화
격
이
다 | 寒好한호
暑學학
終不불
夜倦권
한서
서종
와야
더배
위움
를을
모게
르을
고리
배하
움지
에않
열고
중
한
다 | 魁壬괴임
罡驥강기
四龍사용
柱背주배
임기
주용
가배
괴격
강이
격고
이대
다격
이
다 | 甲食갑식
木神목신
用除용제
神殺신살
식신으로
제살코자
갑목으로
용신한다 | 壬失임실
日令일령
巳胞사포
月宮월궁
임일
생인이
실령한중에
巳월에
절지가 되고 |
| 振父진부
名親친
萬君만
歲王세
부친
태종대왕이
천추만대에
이름을
떨치게
된다 | 樹帶수대
木大목
之根지
土深심토
대목
근지심토
辰대목지토에 앉
있으니 나무는 크고
뿌리는 깊다 | 巳偏사편
中財중재
丙父병부
火親화친
편재부친이
巳중의
丙火인데 | 無頭무두
不腦불통
通明지
知析
두뇌명석
두뇌가 명석하고
모르는
것이 없다 | 月巳월사
逢丑봉축
印金인금
綬局수국
巳丑으로 금국을
놓았으니 월봉인
수가 되여서
상관을 많이 놓았으니 | 勝食승식
於神어신
財有재유
官氣기
식신이 기운이 있으면
재관보다 낫다고
하였다 | 財火재화
殺土살토
太太태
旺重왕중
화토태왕
火土가 태중하니
재살태왕 사주가 되어서 |

길신吉神 巳 천을귀인 巳 태극귀관 丑 금여학 辰 천희신 巳 황은대사	모인외유모 印綬混雜 母外有母	정인과 편인이 암장에 섞여있으니 모외유모 격이다
	평생대운 동북수목 東北水木	평생대운이 동북 수 목으로 흐르니
	괴강일주 지휘통솔 魁罡日柱 指揮統率	괴강일주가 되어서 많은 사람을 지휘통솔 하게될 팔자이다
	조상음덕 자손만대 祖上蔭德 子孫萬代	이것은 조상의 음덕이 자손만대에 흐르는 격이다
	이태종일 당도 李太宗一八 當到	태종십팔년 二三세 에 이르자
흉신凶神 辰丑 육파 丑 단교관살 壬辰 괴강살 甲辰 백호대살 辰辰 자형	정관해운 일주록지 正官害運 日主祿地	기토정관이 해자 위에 앉 아 있는데 이것은 일주 壬의 록지가 되니
십이신살 巳 지살 壬 화개살 辰 천살	성업적다양 성군추앙 業跡多樣 聖君追仰	업적이 많고 많아서 성군으로 추앙받는다
	극부정가미 운정극귀 極富正可美 運程極貴	운정이 아름다움에 극부극귀할 운명이다
	이견겹장축 이복형제축 肩劫藏蓄 異腹兄弟	비견겁이 암장에 장축되어 있으니 배 다른 형제가 있다
	수년기유행 연월일시 秀氣流行 年月日時	연월일시로 수기가 잘흐르는데
	신신사주 신병연속 身弱四柱 身病連續	신약주는 신병이 연속되는 이치니 목이 허약하다
	기해등세운 왕위 己亥歲運 王位登極	왕에 등극하였으니 기해세운이다
	대권장악길 흉화위 大權掌握 凶化爲吉	흉화위길로 대권 을 장악하게 된다
	세종이 불록지객 世宗二二 不祿之客	세종 三二년에 세상을 떠났다

문종대왕(文宗大王)

胎息 胎元 命宮	甲乙癸甲 寅亥酉午	像官用印格 상관용인격	乾命 一四一四年 十月 三日 寅時 出生
戊 丙 戊 辰 寅 辰	七六 六六 五六 四六 三六 二六 一六 六 癸 壬 辛 庚 己 戊 丁 丙 壬 午 巳 辰 卯 寅 丑 子	대운(大運)	득령시절일 해월계일 得令時節 亥月癸日
八十 팔십 隣시 인시 병신 안신 운안 중금 설기 月세 施 화약 약약 정득 년수 기진 당이 恩 목지 사지 의 불 목대 태상 十이 布 족인 인주 흐사 길 운길 심관 八세 德 과 주 름이 수가 한 歲당 隣 화 인 병약 항상 진상관격 當년 和 목 이 있 어 을 이루어서 年 睦 하 었 찌 리 한때라고는 하나 시 族 고 다 죽 요 월 친 지 이 족 않 십 을 칠		癸일생인이 亥월에 출생하였으니 득령 한때라고는 하나 설기가 태심하여서 진상관격을 이루어서 金水운이 대길하니 중년목운은 운정의 흐름이 불 길하니 어찌죽지 않을 수가 있으리요 신약사주로 항상 병약하였고 통이 많았다 은혜와 덕을 베풀고 이웃과 화합하고 친족 과 화목하다 시월이십칠일 여덟살 되는 해	갑을인해 목기태왕 甲乙寅亥 木氣太旺 일지유금 인수용신 日支酉金 印綬用神 진상관격 상관대운 眞傷官格 傷官大運 일지인수 학업열중 日支印綬 學業熱中 위상타진력 상관태왕 爲傷官大旺 爲他盡力 일사이일 신축세운 一四二一 辛丑歲運 세자책봉 중인선망 世子策封 衆人羨望	많은 木이 亥월에 장생을 얻어 木기가 태왕하니 신약사주가 되어서 일지 酉금으로 인수 용신한다 진상관격으로서 상관대운이 되어서 일지에 인수를 놓아서 학업에 열중하였다 상관이 태왕하니 남을 위해서 노력을 다하여 일사이일년 辛丑년에 당도하여 세자에 책봉되어서 많은 사람으로부터 선망의 대상이 되었다

길신吉神	酉 문곡귀인 寅 금여록 乙 천덕귀인 甲월덕귀인					
흉신凶神	酉 부벽살 寅酉 원진 寅亥 공망 寅亥 육파					
십이신살	寅 지살 午 장성 亥 겁살 酉 육해살					

용인수지 보강년 用神補 印綬之 強	극왕귀지 좌 極貴之 坐 王位登極	시상상관 무력 時上傷官 官星無力	재성무력 인유원진 財星無力 寅酉怨嘆	문종삼구 己卯 文宗三九 大運	묘유상 충극 용신상극충 用神沖剋 卯酉相沖	선황금지운 황금통치 黃金統治 善君統治 善君之運
이것은 인수운에서 용신을 보강한 이유 이다	왕위에 등극하였다	시상상관에 관성 이 무력하니	재성처되는 글자가 무력한중에 寅酉 원진을 놓아서	문종삼십구세 己卯 대운에	이것은 卯酉상충극과 용신이 충극 되어서이다	황금대운이 되어서 성군으로 통치하였 을 것이다

일사오십 신미삼칠 辛未 一四 三五 七〇	인문자호평 인종대왕 仁慈好評 文宗大王 後代宗 仁宗所生 後宮所生 後宮端宗	기처산망 괘관수방 其妻産亡 掛冠數房	애신등옥경 신통망극경 身登玉京 哀痛亡極	인묘경진 경인신사과 寅卯經過 庚辰辛巳	천불사복 강구부득 천불사복 강구부득 天不賜福 強求不得
문종대왕은 어질고 인자한 인품으로 존경을 받았었다 一四五〇년 辛未년 三七세에	문종대왕은 어질고 인자한 인품으로 존경을 받았었다 후궁소생으로 단종 대왕이 탄생되었다	그처가 산망하여서 여러처를 거리게 되였다	세상을 떠났는데 애통하기가 그지없다	만약 寅卯 대운을 잘지났드라면 경진 신사대운은	하늘에서 복을주지 않으면 강제로 구할라고 하여도 얻을 수가 없다는 것이 사주에서도 적용되는 것이다

단종왕(端宗王)

乾命 一四四一年 七月 二二日 午時 出生

偏財用劫格	丙 丁 丙 辛		胎 胎 命
	午 巳 申 己		息 元 宮
대운(大運)	七五 六五 五五 四五 三五 二五 一五 五		壬 丁 辛
	戊 己 庚 辛 壬 癸 甲 乙		申 亥 卯
	子 丑 寅 卯 辰 巳 午 未		

실령무정화	일주무의	조년극친	재다신약	생후삼일	생모별세	이부조군왕	일독신지명	사신삼형	합형지상
신월정기화	편재용겁	편재용겁	일찍부모를	사주가 되어서	모친이 세상을	이조의 군왕이며	독신의 팔자로 일신	일독신 고독	사신삼형
실령무기	편재용겁	격이 된다	팔자이다	팔일	떠났다	보친 문종대왕이	이 고독한형상이다	一身孤獨	合刑之象
申월의 丁火일주가	日主無依	財多身弱		生母別世		父親文宗王	獨身之命		巳申三刑
失令無氣						李朝君王			

사병신합수	금목화운길	금수불길	인수자무연	신편재록지	편재록지	병신사신	수신금대숙부	단시극합형	필시극신형
유급합수	금수운길	木火운은	모인자무연견	신유편재록지	편재가 유금에	견겁신사	신양금대군	단종합신	필시극형
병견丙火가	今水불吉	金水운은	印綬無見	申酉金祿地	록지가 되고	병겁합거	首陽大君	端宗合身	必是剋身刑
丙辛合水	木火運不吉	불길하다	母子無緣			肩劫合去	申金淑父		
巳酉金局						丙辛巳申			

| 비견丙火가 丙辛으로 합수하고 巳酉金局을 이루니 | 상주에 인수가 보이지 않으니 어머니와 인연이 없어서 | 고로 木火운은 길하고 金水운은 불길하다 | 사주에 인수가 보이지 않으므로 어머니와 인연이 없어서 | 편재가 유금에 록지가 되고 | 申酉金局을 놓았으니 | 丙辛巳申으로 형제되는 글자가 각각 합거하였으니 | 申金정재가 숙부되는 글자로 수양대군이 되는데 | 단종과 합하는 형상으로 남보기에는 어린조카를 잘도와주는 것같지만 끝에 가서는 해를 끼치게된다 | 必是剋身刑 |

길신吉神						
酉 천을귀인 酉 문창귀인 酉 태극귀인 午 천주귀인 酉 학당귀인 申 관귀학인 申 금여록 巳 협록						
흉신凶神						
巳 협록 申 금여록 申 관귀학인 酉 학당귀인 午 천주귀인 酉 태극귀인 酉 문창귀인 酉 천을귀인						
십이신살						
酉 부벽살 午 도화살 申 삼형살						
午 연살 申 망신살 巳 지살 酉 장성						

사정재처형성	巳申三刑	正財妻星	정재처되는 巳申으로 삼형 이 되니	손군겁처이별재	群劫爭財 損妻別離	군겁쟁재로 처와 이 별하게 될 운명이다
천을귀인 문창귀인 태극귀인 천주귀인	天乙文昌 太極天廚	천을귀인 문창귀인 태극귀인 천주귀인		학당귀인 관귀학관 금여록협귀	學堂官貴 金與夾祿	학당귀인 관귀학관 금여록협을 놓아서
귀인만사주방	天地四方 貴人滿住	천지사방에 귀인 들이 꽉차 있는 형상이다		사육신하생 사육신하	四六臣下 生六臣下	사육신과 생육신등이 단 종복위 운동을 하게된다
초운목화 수초행길운	初運木火 雖行吉運	초운목화는 비록 좋은 운이되나		허사원국 사주화무실	四柱原局 虛花無實 四柱無實 花無實局	사주원국이 허약하고 세운 의 흐름이 붉고하니 허한꽃 에 열매가 없는 형상이다
오약유목생 수초행오행상	五行相生 若有木土 行上木火 雖行吉運	행상생부절과 만약 이사주에 목과 土가 있었드라면 오		주류무체 극부극제	周流無滯 極富極貴	주류무체가 되어서 극부 극귀할 팔자였을 것이다
무석호분호 무목무토	無木無土 惜乎憤乎	木이 없고 土가 없는 사주여 애석하고 분하다		을미일삼 왕위등극	乙未一三 王位登極	乙未대운 십삼세에 희신운을 맞이 하니 왕의에 등극하였고
병자일칠 영월유배 丙子一七 寧越流配		丙子년 십칠세에 수양숙부에 게 밀려서 영월로 귀양을 가게 되었으니 이는 기신 운이 되어서이다		정축일인 천지통곡	丁丑一八 天地痛哭	丁丑 八세에 세상을 떠났으니 천지가 통곡으로 울음 바다가 되었다

세조대왕(世祖大王)

乾命 一四一七年 二月 一五日 戌時 出生

상관용재격 傷官用財格	戊 乙 甲 甲 寅 卯 午 戌	命宮 胎元 胎息
대운(大運)	一九 二九 三九 四九 五九 六九 七九 丙 丁 戊 己 庚 辛 壬 辰 巳 午 未 申 酉 戌	壬 丁 壬 申 亥 子

갑일생인이 卯월에 출생하고 인묘목국을 놓은 중에	상관용재격 이 된다	차자옥야생 금야옥야로 둘째아들로 출생하여	신왕양인 의기남아 양인을 놓았으니 의기 남아로	권상모술수 상관역시 왕하니 권모술수에 능하고 대인관계가 원만하다	기학식유족 其父세종 學識裕足 그의부친이 세종대왕 으로 학식이 유족하니	정처중왕 중처지상 정편재왕하니 그처 가 여럿임을 알수 가 있다
갑을투출 양인지격 甲乙透出 羊刃之格 갑을목이 투출하고 양인격을 놓았으니	세종대왕 팔남이녀 八男二女 세조는 세종대왕의 팔남이녀 중에서	선호망화성상장 豪華成長 羨望對象 호화롭게 성장하여 선망의 대상이 되기 도 하였다	의욕과 지용겸비 智勇兼備 意慾過多 그의 욕이 과다하고 지혜와 용기를 겸비하였고	편재장생 인수역왕 偏財長生 印綬亦旺 편재가 장생지에 앉아 있고 편재의 인수가 역시 왕하니	업적혁혁 성군통치 聖君統治 業蹟赫赫 성군으로 통치하여 그업적이 찬란하다	자손지우 관성무력 官星無力 子孫之憂 관성이 무력하니 자손의 근심과 수심으로 자기 죄를 뉘우치게 된다

길신吉神	午 태극귀인 午 천희신 寅 심간록					
흉신凶神	卯 단교관살 卯 양인살					
십이신살	寅 지살 午 장성 戌 화개 卯 도화					

| 治登
蹟極
許十
多四 | 치등
적극
허십
다사 | 無二
官子
夭
折 | 이무
자관
요
절
자 | 君千
號秋
汚
辱 | 군천
호추
오
욕 | 生廢
姪位
流
配 | 세군
조추
라오
고
호를
정하
였으나
천추만대에
오점을
낳게
하였다 | 生廢
姪位
流端
配宗 | 생질단종을
폐위하고
상왕으로
모시다가
급기야는
영월로
유배
시켰다 | 喜用
神神
補之
强運 | 용신지운
희신지운
을 보강하게되니 | 子難
孫免
凶
死 | 난자
면손
지
흉
사 | 자손들이 흉사 함을
면하기가 어려운
팔자라 | 時傷
上官
傷亦
官旺 | 상시
관상
역상
왕관 | 시상상관에
상관역시 왕
하니 |

| 一庚
往申
不五
歸二 | 경신오이
일왕불귀
庚申년 오십이세에
세상을 떠났다 | 印學
綬業
不怠
見慢 | 인수불견
학업태만
사주에 인수가 보이지
않으니 학업에는
뜻이 없었고 | 忠學
臣事
死過
殺程 | 거사과정에서
충신
김종서 황보인사육신
등을 전부죽이었다 | 李君
朝王
七登
大極 | 그후 이조칠대의
군왕으로 등극
하였으니 | 自意
信氣
萬沖
滿天 | 의자기신만만
하고 의기가 충
천하니
모든일들이 자신만만 | 戊三
午八
大歲
運當 | 삼무
오대
팔세
당
戊午대운 삼십팔
세에 이르자 | 官敗
鬼忘
重之
重剋 | 패관
망귀
지중
극중
관귀가 중중패망극
지상이 되어 |

-249-

연산군(燕山君)

偏官用劫格 편관용겁격	丙 庚 丁 丙 申 子 酉 午	命宮 胎元 胎息
대운(大運)	一九 辛丑 二九 壬寅 三九 癸卯 四九 甲辰 五九 乙巳 六九 丙午 七九 丁未 八九 戊申	己 辛 壬 亥 卯 辰
실령지정화 자월정화 失令之際 子月丁火	재살태왕 요절지상 午火調候 時支得祿 天折之象 財殺太旺	용신천보우강 한신봉우 用天神逢雨 旱天補强	천추원한 悲哀怨恨 千秋怨恨	폐비윤씨 성종지간 廢宗之間 成肥尹氏	편재유금 금침수저 偏財酉金 金沈水底

(이하 각 칸 설명)

丁火가 子月에 출생하여 실령한 중에

金水 相旺하고 申子水局을 형성하니 丁火가 꺼지는 형상인데

午火를 만났으며 丁火 일주가 의지할 곳이 없는데 다행이

辛丑 壬대운이 불리하매 초운

丙申년에 출생하였는데 모친이 폐비 되었으니

운행이 목화 二四以後 運行木火 대운이 흐르매

四柱原局 印綬不見 사주원국에 인수가 보이지 않고

부모덕이 없음은 팔자소관이다

길신吉神 酉 천을귀인 午 천주귀인 酉 문창귀인 酉 학당귀인 申 관귀학관 酉 금여록 酉 천희신 申 황은대사 흉신凶神 子 육파 酉 귀문관살 午 수옥살 酉 도화살 십이신살 申 지살 子 장성 午 재살 酉 연살	재조다실부 早失父母 財多身弱	凶化爲吉 운정가미 흉화위길 運程可美	좌성충우폭돌 左衝右突 性格暴惡	일인사구사 갑인등극 一四九四 甲寅登極	주사화유두 酒色誘發 士禍沒頭	파인륜질서 破壞失政 人倫秩序	중위폐유배정 廢位流配 中宗反征
	일찍 부모를 잃게 되었는데 이는 재다 신약의 원인이다	대운의 흐름이 아름다우니 흉화위길이다	성격이 포악하고 좌충우돌하는 형상이다	一四九四년 세운 甲寅에 등극하였으니 이는 용신을 보강하는 대길운이 되어서이다	사화를 유발하여 많은 선비를 죽였으니 이는 그후 주색에 몰두하고 폐비에 관련된 사람이다	인륜질서를 파괴하면서 실정을 거듭하였다	그후 중종반정으로 폐위되어 강화도에 유배되었다
	불사주구지원성 四株構成 不利原	수화상극 재살태심 水火相剋 財殺太甚	계일一四八三 즉묘사세자삼 癸卯 一四八三 世子	무즉위오갑자후 즉위직후 戊午直後 卽位甲子	부사대부가인음 부인간음 夫人姦淫 士大夫家	목욕지원도화인 沐浴之原 桃花因	삼일병인계운병사 三日病人 癸運病死
	사주 구성은 불리하나	재살태심에 수화가 서로 상극이니	一四八三년 癸卯년에서세자에 책봉되었고	즉위직후에 戊午년과 甲子년에 이르러	사대부집안의 부인들을 대궐에 불러다가 간음을 계속하고	이원인은 재살태왕과 목욕 도화를 놓은 원인이다	三세 병인년 자월에 병으로 사망하였으니 이는 寅申으로 상충하여 왕수가 폭발 정화가 꺼지원인이다

고종황제(高宗皇帝)

印授用神官格	己未 癸酉 己酉 壬子		乾命 一八五二年 七月 二五日 未時 出生
대운(大運)	一九 庚戌 / 二九 辛亥 / 三九 壬子 / 四九 癸丑 / 五九 甲寅 / 六九 乙卯 / 七九 丙辰	癸丑 / 庚子 / 戊辰 (命宮/胎元/胎息)	
월봉인수 癸日酉月 出生하니 月逢印綬를 놓은 중에	임수투출 壬水透出 身旺四柱	신왕사주 壬水가 투출하니 신왕사주라	대운이 평생 금수 西北으로 흐르니 대운이 불미하다	설기태심 父親無力 大運不美	반송세월 허송세월 하였다	대원군자 曰翼成君 大院君의 아들이 익성군으로 봉해서	임오정변 갑신정변 甲申政變 壬午軍亂
연지자수 십간지록 年支子水 十干之禄	기토유근 편관용신 己土有根 偏官用神	미중정화 편재부친 未中丁火 偏財父親	왕족출생 曰大院君 王族出生 대원군	철종사망 一八六三 哲宗死亡	고종즉위 大統繼承 高宗即位	동학혁명 一八九四 東學革命

길신吉神 子 십간록 酉 문곡귀 子 천희신					
흉신凶神 子 귀고 子 절로공망 酉酉 자형공망					
십이신살 子 장성 酉 연살 未 천살					

庚戌 用神無力	용신 庚戌國恥	절로공망문 子酉鬼門 截路空亡	자유귀망문	부보해로 지극난사	부부해로 지극 難老	편재정화 未中丁火 偏財妻字	미중정화 純宗讓位 一九○七 大運不利 政局混亂	정국불리 대운혼란 이운불리	고종 高宗三一 清日戰爭	청일전쟁 고종삼일

고종삼일년
청일 전쟁과

이와같이 정국이혼란
하였든 것은
대운이 불리하게
흘러 원인이다

一九○七년 일제에
강압하여 순종에게
양위하였다

未中의 丁火가 편재
처되는 글자인데

부부해로 하기는
지극이 어려운 일이다

子酉 귀문 관살과
절로공망을 놓아서

庚戌년에 용신 己土
가 무력한 중에

未戌 不祿之客	미술삼형 불록지객	신경쇠약 정사염증 神經衰弱 政事厭症	팔자소관 閔妃死別 八字所關	정자중계수 丁子癸相沖	자중계수 失權退位 日帝強壓	실권퇴위 일제강압 乙巳條約	을사조약 일본사강요	민비피살변 閔妃被殺 乙未事變	을미사변

민비피살변으로 일본
부랑자들에게 민비가
피살되었다

일본에 乙巳보호조약을
강요하게 체결되었으니

결국 고종은 실권하고
퇴위하였으니 일본의
물염치의 소산이다

子중의 癸水와 丁癸
로 상충하고 자미원
진과 육해를 놓았으니

閔妃死別
으로 민비와 사별하였
고로 팔자 소관이다

神經衰弱으로 정사에
염증을 느끼게 되었다

未중삼형살이 가세하니
세상을 떠나게 되었다

대원군(大院君)

정관용재격 正官用財格	癸 壬 己 庚 卯 寅 丑 辰	命宮 胎元 胎息
대운(大運) 五 庚寅 一五 辛卯 二五 壬辰 三五 癸巳 四五 甲午 五五 乙未 六五 丙申 七五 丁酉 八五 戊戌		己丑 庚辰 丁亥

乾命 一八二〇年 十一月 二四日 卯時 出生

임일축월 천한지동 壬日丑月 天寒地凍	왈대원군 英祖高孫 日大院君	용신정가미 運程可美	사용신세무력간 用神無力	오십당도 남방화운 五十當到 南方火運
임일시생인이 김수로 태왕하니 조후가 시급하여서 인중의 병화가 있음이 다행이다	대원군은 영조대왕의 고손자로 출생하였는데 조실부모하고 슬픔 속에서 성장하였다 용신을 보강하여주니 대운의 흐름이 아름답다	용신이 무력하매 사십세까지	오십세에 당도하자 남방화운이니
사주원국 금수한냉 편동재용신 四柱原局 金水寒冷 偏財用神	인수입묘 편재무력 편재무력 印綬入墓 偏財無力	평화동남 목화동남 목화동남	도신고다 신고다단 辛苦多端	고목봉태 길운회태 枯木逢春
사주원국이 금수로 한냉하니 겨울사주에 병화가 아름다워 편재용신한다	인수가 입묘하고 편재가 무력하니	평생대운이 동남목화 운으로 흐르매 그러나 인신임계자 로 목운이 개두에 있으니	신고다단 일에 성사됨이 없어서 왕족으로 허송세월하였다	길운이 돌아오매 고목이 봄을 만난격이 되어서

길신吉神			
寅 문창귀인 인 천주귀인 丑 금여록 寅 암록 寅 홍란성			
흉신凶神			
辰丑 육파살 辰 급각살 丑 부벽살 寅 절로공망 卯 절로공망			
십이신살			
辰 화개살 寅 역마살 丑 반안살 卯 육해살 辰 공망			

寅 富貴榮華 甲午乙未 부갑오을미 화	시상상관태왕 傷官太旺 時上傷官 상관상관	섭정되어상 용신피상 攝政退位 用神被傷	대원군자삼 一八六三 大院君子三 대천팔육자삼
		자부와 대원군간에 불화가 심하여 원수와 같았고	민비해당 계수자부 閔妃該當 癸水子婦	섭정집권 고종황제 攝政執權 高宗皇帝	一八六三년에 대원군의 아들 명복이가
부귀영화를 누리었으나	甲午己未 木火운에서 섭정기간 동안에	용신이 피상당하는 이치로 섭정에서 물러났다	자부와 대원군간에 불화가 심하여 원수와 같았고	癸水는 자부되는 글 자로 민비에 해당 하는데	어린고종황제의 섭정을 집권하였다	一八六三년에 대원군의 아들 명복이가
未及身展鵬圖 급신이지 미전붕도	爲他盡力 權謀術數 위타진수력 권모술수	高宗親政 閔婢作用 고종친정 민비작용	丙申大運 六二後 병신대운 육이이후	用神被傷 癸水 용신피상 계수	南方火運 用神補强 남방화운 용신보강	高宗登極 大院策封 고종등극 대원책봉
금신이지격이 되어서 원 대한계획을 펼쳐보지 못하고 말았으니 유무 무미격이다	남을 위하여 노력하고 두뇌의 회전이 빨라서 권모술수에 능한팔자라	고종이 친정하게 된것은 민비의 작용이다	六二세 이후에 丙申 대운으로 흐르니	용신 丙火가 癸水 로부터 피상당하니	이것은 남방화운에서 용신을 보강한 원인이다	고종으로 등극하자 이하응은 대원군으로 책봉되어서

영조대왕(英祖大王)

乾命 一六九四年 九月 十一日 戌時 出生

正財用食神格 / 정재용식신격

四柱: 甲戌 甲戌 甲戌 甲戌

胎元: 癸酉 胎息: 乙丑 命宮: 庚寅

대운(大運)							
一七 乙亥	二七 丙子	三七 丁丑	四七 戊寅	五七 己卯	六七 庚辰	七七 辛巳	八七 壬午

甲木日主 戌月出生	貴格作用 怵貴之格	無根 自坐殺地 之木	無根 自坐殺地 之木	不寅卯木運 吉推理	逆化 凶 勢為之運 吉	불길묘추리 흉화위길 역세지운	五丁 十丑 年起 間發	숙숙 빈종 지대 간과	肅淑 宗嬪 大之 王間

갑목일생주 九月에 출생하여

천원일기격과 지전일기 격을 놓았으니

九秋甲木 根枯葉落 從財之格 日主無依

구추갑목 근고엽락 종재지격 일주무의

구월달의 갑목은 뿌리가 마르고 낙엽이 지는 계절로서 기운이 없는데 일주가 의지할곳이 없으니 부득히 종재하게 된다

이러한 사주는 보기 드문 일로서 귀격으로 작용한다

자좌살지 무근지목 뿌리가 없는 형상이 되어서

各寅戌 己卯相合 각 기술상묘 인묘상합 寅戌과 卯戌로 각각합하여 화의 작용을 하게되니 무방하다

애초에 해자 초운 亥子에서는 구신(仇神) 운이 되어서 애로가 많았고

碍路重重 애로가 많았고

運程可美 이와같이 대운의 흐름이 좋으니 군왕의 팔자로 추리하게된다

君王之命

始得光明 一六九四 일시득 광명사 시세상에 태어났다

一六九四년 甲戌세 운에 세상에 태어났다

숙종대왕 숙빈

숙빈지간

숙빈 사이에서

淑嬪之間

- 256 -

길신吉神	亥 천희신 亥 황은대사 戌 천문성
흉신凶神	亥亥 자형 戌 고진살 戌 급각살
십이신살	亥 겁살 戌 화개살

천자칠이일 世子策封 一七二一	세자책봉 一七二一년에 세자로 책봉되었고	영조등극사 英祖登極 一七二四	영조등극하니 바로 一七二四년에 영조대왕이다
편재부친토 地全戌土 偏財父親	지지전부가 戌土로 편재부친이 되는데	편재군왕 부친군왕 偏財強旺 父親君王	편재가 강왕하니 부친이 군왕이다
인수모부생 後宮所生 印綬不在 後宮所生	인수모친되는 글자가 보이지 않으니 후궁 소생이다	관성무력 자손장축 官星藏畜 子孫無力	아들되는 글자관성이 암장에 갖추어져있으니 자손이 무력한 형상이다
육구오년사 歲運午年巳	육구세 신오년 辛巳대운 세운 午년에 이르러	자손극제 상관대운 傷官大運 子孫剋制	상관대운이 되어서 자손 아들이 극제당하는 형상이다
당쟁희생자 思悼世子 當爭犧生	당사도회생자가 당쟁에 희생되었고	여난연속주 從財四柱 女難連續	종재사주는 본래 여난이 연속되는 격이니
처첩가권지 左之右家權 妻妾家之權	처첩이 가권을 쥐고 좌지우지 하게된다 고로 여자의 말을 잘듣게된다	당쟁소론중 老論小論 當爭之中	로론과 소론간에 당쟁이 극심하여 통치하기가 어렵게되자
인탕평지책 蕩平之策 人材登用	영조는 탕평책을 써서 각파의 인재를 골고루 등용하기로 하였다	임오대운 팔팔귀천 壬午大運 八八歸泉	壬午대운에 이르자 구신(仇神) 운이 되어서 八三세에 세상을 하직하게 되었다

사도세자(思悼世子)

정재용식격 偏官用印格	乙戊戊甲 卯寅戌子	命宮 胎元 胎息
대운(大運)	四 一四 二四 三四 四四 五四 六四 七四 八四 丁 丙 乙 甲 癸 壬 辛 庚 己 丑 子 亥 戌 酉 申 未 午 巳	己 己 癸 卯 巳 卯
본래무토인지 戊土寅月 本來弱地	재살태왕 비명횡사 非命橫死 財殺太旺	인중병신화 인수용신화 印綬用神 寅中丙火	풍파예고 불운지상 風波豫告 不運之象	자손극출생 水木剋土 子孫出生	부자인해 생명위태 父子因害 生命危胎	신괴강귀격 신왕사주 身旺貴四柱 魁罡貴格
戊土일주가 寅월 에 출생하여 약지 가 되는 중에	시지에 자수가 있으니 재살태왕으로 비명횡사격이다	다행이 寅중의 丙 화가 있어서 인수 용신이 분명하다	풍파가 예고되니 불운한 형상이다	水木이 약한일주 를 극제하매 자손이 출생하면서	자손과 부친으로 인하여 생명이 위태롭 다고추리하게된다	괴강격사주는 신왕 하여야 귀격이되고
인묘목국 갑을투출 寅卯木局 甲乙透出	춘토해시급 통관시급 春土虛急 通關時急	수금북서 역세지운 水金北西 逆勢之運	부수성재리 水星財氣 父親推理	극부자지수 剋身之象 父子水木	괴무신지격 戊戌日主 魁罡之格	하신격판구단성 下格判斷成 身弱構成
寅卯木국에 甲乙木이 투출하여 관살태왕인데	춘토는 허토이니 불로서 통관함이 시급한데	水金북서로 역세운 이 되어서	수성재를 부친으로 추리하게 되는데	부친과 자손수목이 일주를 해치는 형상이되어	戊戌 일주는 괴강격인데	신약으로 구성되면 하격으로 판단하게된다

길신吉神		
寅 문곡귀인 戌 태극귀인 寅 학당귀인 戌 천사신 戌 황은대사		

흉신凶神		
子 급각살 寅 단교관살 子 도화살 卯 락정관살 子 절로공망		

십이신살		
寅 망신살 戌 천살 子 연살 卯 장성		

결혼신약사주 身弱四柱 結婚生子	신약사주는 결혼하고 자식이 출생되면	신명위태 每事多滯 身命危胎	매사에 막힘이 많고 생명이 위태롭게 된다
취처신왕사주 身旺四柱 聚妻生子	신왕사주는 결혼하고 자손이 생기면	관록만사형통 萬事亨通 官祿隨身	만사가 형통하고 관록이 따르게 된다
자손편관추리 偏官甲木 子孫推理	편관 甲木은 자손으로 추리하는데	을목월지득록 月支得祿 乙木透出	월지에 록을 놓고 乙木이 투출하였으니
부귀자판력 貴子判斷 父親無力	귀자로 판단되나 부친이 무력하게 된다	월봉인수두뇌명석 月逢印綬 頭腦明晳	월지에 인수를 놓으니 두뇌가 명석하니
효심우애일문십지 一聞十知 孝心友愛	하나를 들으면 열을 알고 효심이 지극하며 우애가 많은 사람이다	명필수재학업유족 學業裕足	명필수재로 학업이 넉넉하여 열살때 한시를 지어서 대신들에게 나누어 주기도 하였다
도량지세자왕지덕 王之世子 度量俱德	이와같이 세자로서 도량과 덕을 갖추었으나	숙의문씨노론동조 老論同調 淑儀文氏	노론과 숙의문씨가 동조하여
무조영고오상판소 誣告上訴 英祖誤判	무고와 상소가 연일 빗발치게 되니 영조대왕의 판단이 흐려져서	을해임오이팔피살 乙亥壬午 二八被殺	乙亥대운 壬午년 二八세에 재살태왕사주가 또 재살태왕이 되면서 뒤주에들어가 팔일만에 죽게되었다

3. 정치인(政治人)의 사주(四柱)

이승만(李承晚)·대통령

胎息 胎元 命宮	庚 丁 己 乙 子 亥 卯 亥	상관용재격 傷官用財格	乾命 一八七五年 三月 二七日 子時 出生
壬 庚 丙 寅 午 寅	九 八 七 六 五 四 三 二 一 ○ ○ ○ ○ ○ ○ ○ ○ ○ 庚 辛 壬 癸 甲 乙 丙 丁 戊 午 未 申 酉 戌 亥 子 丑 寅	대운(大運)	
抗日 活躍	항일 항거 활약	일제항거	배일구사	培材卒業 一八九四	制火存金 西北金水	제화존금 서북금수	讓寧大君 十六後孫	양영대군 십육후손	黃海平山 父李敬善	황해평산 부친이 교선의 장남으로서	부이 해평선산	身旺用財 早行水運	신왕용재 조행수운	丁亥日主 四陽之節	사정해일주 양해지절	丁亥日生이 사양지 절에 출생하여	해묘목국 을목투출 乙卯木局 亥卯木透出	亥卯木局에 乙木이 투출하니

(table content continues with biographical notes in Korean)

日帝에 抗拒하여 抗日運動을 展開하다가

一八九四年 서울배재 學堂을 卒業하고

酉北全水運에서 用神之病인 火를 除去하고 用神을 補强한다

양영대군의 十六 大後孫이다

황해도 평산에서 부친이 교선의 장남으로서

신왕사주가 되어서 金으로 用神하매 水運에서 用神이 설기하니

丁亥日生이 사양지 절에 출생하여

亥卯木局에 乙木이 透出하니

| 七年獄苦 | 高宗時代 | 七年獄苦 | 挾成會報 | 協成會 主筆 | 會社主筆 | 泰山得子 | 十六結婚 | 官印相生 | 國祿之客 | 孤門出生 | 寒門出生 | 虛送歲月 | 一無成事 | 亥卯木局 | 乙木透出 |

고생하였으며 형무소생활로 七년간이나 고종대에 고종시대 옥고 협성회보 주필로서 挾成會 신문사 十六結婚 泰山得子 첫아들 태산을 낳았다 官印相生으로 이루니 국록지객이요 사주원국이 관인상생으로 빈한한 가정에서 출생 하여 외롭게 성장하였으며 一無成事 하나로 되는 일이없이 虛送歲月 하였다 일무성사 허송세월사 亥卯木局에 乙木이 透出하니

길신흉살				
길신吉神 寅 금여록 亥 협록 亥 홍란성 寅 황은대사 흉신凶神 亥 급각살 寅 육파 寅 고진살 辰 귀문관살 辰 원진살 십이신살 亥 지살 寅 망신살 辰 반안살				
삼천구백세에사 一九○四 三十歲年	하바드대 프린스 턴대학등	상해일구 일구일구 上海政府付 一九一九	육십사세되는 국제결혼 六十歲結婚年	정초대대통령 政權掌握 初代大統領	대통령하야 미국망명 大統領下野 美國亡命	생애종말 귀국장례 生涯終末 歸國葬禮
一九○四년 三십세 되던 해에	하바드대학 프린스 턴대학	一九一九년 己未독 립만세 사건나던 해에 상해임시 정부의	육십사세되든 해에 프란체스카와 국제 결혼을 하였으며	초대대통령 선거에 당선되어 정권을 장악하였으며	대통령에서 하야하여 다시 미국으로 망명 하였다	생애를 종말하고 시신이 귀국하여서 장례를 치르게 되었다
미국망명 워신턴대명 美國亡命 워신턴大命	대학생활 철학박사 大學生活 哲學博士	국무총리 피선활동 國務總理 被選活動	일구사오 칠일귀국 一九四五 七一歸國	장기집권 사일혁명 長期執權 四一革命	사일구육오 을사세운 一九六五 乙巳歲運	사망원인 용신합거 死亡原因 用神合去
미국으로 망명하여서 워신턴 대학	대학생활을 하면서 철학박사학위를 받았다	국무총리 대통령에 피선되어서 구국 운동을 전개하였다	一九四五년 七一세에 귀국하여	장기집권을 거듭하다가 사일구 혁명을 맞이하여	一九六五년에 乙巳년	사망원인은 용신을 합거함이다

김구(金九) · 독립운동가

		식신용식격 食神用印格	
胎息 胎元 命宮	丙 丙 己 辛 子 申 巳 未	대운(大運)	乾命 一八七六年 七月 十一日 未時 出生
甲 丁 庚 申 亥 寅	八 七 六 五 四 三 二 一 ○ ○ ○ ○ ○ ○ ○ ○ 甲 癸 壬 辛 庚 己 戊 丁 辰 卯 寅 丑 子 亥 戌 酉		
一覽特記 頭腦明晳 일두람명특석기	受胎後生 名門出裔	社交有能 傷官透出	四柱原局 五行相生	사주원국 오행상생	丙火透出 巳未火局	丙火用神 眞傷官格	病化用神格 진상관신격	泄氣太甚 申月己土 설월기태심토 신월기태심
두뇌가 명석하여 일람 특기한다	명문대가의 후예 로서 수태출생 하였다	상관이 투출하매 사교에 유능하고	사주원국이 오행 상생을 이루어서	巳午未火局에 丙火가 투출하니	진상관격을 이루어 丙火로 조후용신한다	己土일주가 申月에 출생 하여 설기태심한데
午日字時拱中夾間 오일자시중공간협	一七兵少書年探讀 일칠병서소년탐독을	臨八機方應美變人 임팔기방응미변인	周貴流奇無之滯格 주귀기무체격	運西程北不金吉水 운서정북불금길수	日用落神西無山力 일낙서산용무신력	申辛子金水透局出 신자수국신금투출
일시중간에 오자 일시중간오자공협 공협하였으니	십칠세소년이 병서 를 탐독하고	임기응변의 기지와 팔방미인격이다	주류무체이니 귀기한 격국이다	서북금수로 운정 이 불길하다	丙火가 일락 서산으로 용신이 무력한데	申子水局을 놓고 申金이 투출하여

길신吉神	흉신凶神	십이신살
子 천을귀인 申 천을귀인 申 근여록 未 암록 子 협록 未 황은대사 未 홍관성	巳申 삼형살 巳 낙정관살 子未 원진 申 절로공망	申 지살 子 장성 巳 겁살 未 천설

공귀지격 果然貴奇 拱貴之奇格	매사방귀 四方貴人 每事協調	팔읍소죽관장 八字泣竹所關	결혼성사구 乙巳二九 結婚成事	상기해망명 上海亡命 己未年當	심조국광주복 心血傾注 祖國光復	계안중근시건 計劃指示件 安重根
귀귀격을 형성하였으니 과연 귀한 사주이다	동서남북 사방이 귀인이니 매사에 협조하는 사람이 많다	부선망이니 팔자소관이다	乙巳년이 십구세 결혼을 하게되었고	기미년에 이르자 상해로 망명하여	조국 광복에 심혈을 기우렸다	안중근의사 의거 등을 계획 지휘 하였다
천을귀인 重疊四柱 天乙貴人	편재장생 父親三刑 偏財三長生	모인수공덕록 印綬得祿 母親功德	사상처수운 四九水運 喪妻之變	대오이세당 大統領職 五二歲當	일암살사건 日本皇帝 暗殺事件	정적피살 一九四九 政敵被殺
천을귀인을 둘이나 놓여있는 사주로	편재장생에 부친이 삼형을 놓아서	인수가 록을 놓았으니 모친의 공덕이 많다	사십구세 수운에서 상처를 당하였다	오십이세에 상해임시정부의 대통령에 올랐고	해방후 귀국하여 일본황제의 암살사건과 정적의 한수인 안두희에게 피습당하여 사망하였다	해방후 귀국하여 정적의 한수인 안두희에게 피습당하여 사망하였다

이기붕(李起鵬)·부통령

			인수용관격 印授用官格	
胎息	命宮 胎元	庚辰 庚辰 辛丑 丙申	대운(大運)	乾命 一八九六年 十二月二○日 辰時 出生
	乙酉 壬辰 辰子	七四 六四 五四 四四 三四 二四 一四 四 乙酉 戊申 丁未 丙午 乙巳 甲辰 癸卯 壬寅	축월경금 과어한습금 丑月庚金 過於寒濕	壬月 庚金日生이 사주의 원국이 지나치게 한습하니
서울시장 국회의장 國會議長	용신보강 황금대운 黃金大運	허송세월 도무성사 都無成事	외화무실 虛花無實	인묘목신 수유회신 雖有喜神	용신허약 평생대운 用神虛弱 平生大運	용신허약 평생대운 平生大運		

서울시장 국회의장 등을 역임하여

황금대운이 되어서 용신을 보강하니

허송세월로 도무지 성사되는 일이 하나도 없었고

허화무실격에 외와 내곤 이다

인묘木運이 비록 희신운이라고는 하나

丙火用神이 허약한데 평생대운이

壬月 庚金日生이 사주의 원국이 지나치게 한습하니

| 록중권세
진명중천하고
振命天下 | 청와대내
비서실장
秘書室長 | 병술구세운육
一九四六
丙戌歲運 | 을축사구대신운
巳丑仇神 | 사을축사대신운
辰字濕土癸 | 귀동기남판목단화
東南木火
貴奇判斷 | 병화조후
편관용신
丙火調候
偏官用神 |

벼슬과 권세가 점점 높아져서 그 이름이 천하에 떨치었었다

청와대내의 비서 실장직과

一九四六년 丙戌 세운에 이르러서

乙巳대운도 巳丑으로 구신국을 이루니

개두에 임계수와 辰字濕土가 있으니 판단할 것이다

동남木火로 귀기하게 판단할 것이다

丙火로 조후코자 편관으로 용신한다

길신吉神	丑 천을귀인	申 십간록	辰 천덕귀인	辰 천덕귀인			
흉신凶神	辰丑 육파	丑 금각살	丑 부벽살	庚辰 괴강살	庚辰 효진살		
십이신살	申 지살	丑 반안	丙戌 화개살	申 공망			
병욕지 오원 정미인 慾知原因 丙午丁未	신괴강 왕의사 의주 귀 魁旺四貴 罡義柱 身	제련성기 광혁혁 其光製 煉赫器 赫成	기신형성 병신화수 忌丙 神辛 形化 成水	일육사십 구육무 십신 一九六四 十戊 九申	병신사일 신술월건 辛巳 丙戌 日月 辰建	자이강석 피습흥사 子襲 李 凶康 死石	
이와같이 승승장구하게 된것은 병오정미 이십년이 대길운이 되어서	괴강격 사주는 신왕하여야 귀하게 되는 것이고	그리고 화운에서 제련성기 하여 그 빛이 찬란하다	병신이 합하여 水기기신을 형성하였으니	육십사세 무신대운이 一九六○년인데	辛巳월 丙戌일에 四一九 부정선거 원인으로	아들 이강석 충격을 당하여 흥사 하였다	
만사여의 병화득력 萬事如意 丙火得力	귀년격상 격성일위 貴年格上 格成一位 形位	병화편관 자손추리 丙火偏官 子孫推理	흉자손 사인난면 凶子 事孫 難因 勉事	신경자수 申子水 局運	병기신형 丙火入墓 忌神形成 病火入墓	화무십일홍 권불십년 花無十日 權不十年	
丙火용신이 얻으니 만사가 뜻대로 이루어 짐이다	연상일위 귀격성을 형성한 위인이다	丙火편관을 자손으로 추리하게 되는데	자손으로 인하여 흉한 일을 당하게 됨을 면할 길이 없다	세운경자년에서 申子辰수국과	기신국을 형성하고 丙火용신이 입묘하니	화무십일홍이요 권불십년이란 말이 실감하게 된다	

박정희(朴正熙)·대통령

乾命 一九一七年 九月 三○日 寅時 出生

	戊 庚 辛 丁 寅 申 亥 巳	식신용관격 食神用官格
胎息 胎元 命宮	六二 五二 四二 三二 二二 一二 二 甲 乙 丙 丁 戊 己 庚 辰 巳 午 未 申 酉 戌	대운(大運)
乙 壬 甲 巳 寅 辰		

四年사연각年신성삼견삼남삼사과四
生月각각月성고십이십방십주柱
之三상상日장과겁지十火十원原
局奇구충時다과지運以運以국局
  단정운 後 後 冷過
    三 南 南 너於
    ○ 方 方 무寒
    以 火 火 한冷
    前 運 運 냉
    은
	경일해월
	庚日亥月
	진상관격
	眞傷官格

사생지국을 놓고	三○이전은 비견비겁 운이 되어서	庚日生이 亥月에 출생하여 설기 태심하니 진상관격인데
연월에 삼기와	三○이후 남방화운	사주원국이 너무 한냉하니
四○년에		

亥申 字字 天地 文軸	신해 자자 지천 축문	부팔 모자 무소 덕관	비조 애실 망부 극모	자빈 손한 출농 생가	차용 외신 하보 망강	조정 후화 용정 신관	금수태왕 金水太旺 천한지동 天寒地凍
해자가 천문성이 되고 申 자가 지축으로서	부모덕이 없음은 또한 팔자소관이다	조실부모로 슬픔에 적어지냈다	빈한한 농사꾼의 자손으로 출생하여	용신을 보강하니 이 밖에 무엇을 바랄고	丁火정관으로 조후용신한다	全水가 태왕하매 천한 지동으로서

- 268 -

길신吉神					
申 지살 亥 문창귀인 巳 문곡귀인 亥 천주귀인 寅 관귀학관					

흉신凶神					
巳亥 삼충 寅申 상형 寅亥 상충 巳亥 지살 申亥 역마살 申 고진					

십이신살					
申 망신살 寅 겁살					

구전문사지주축 天文地軸 俱全四柱	갑인세운 팔월일오 甲寅歲運 八月一五	수사법학교 首席卒業 師法學校	장일군사관 교관임관 日軍士官 將校任官	계사군세운 장군진급 癸巳歲運 將軍進級	오일군사혁명 五一六 軍事革命	갑진대운 기미세운 甲未歲運 己未歲大運
천관 지축을 사주에 놓았으니	甲寅년 팔월 십오일	사범학교를 수석 으로 졸업하고	일군 사관학교를 졸업하고 장교로 임관되었고	癸巳년에 장교로 진급하여	五一六군사 혁명을 주도하였고	甲辰대운 己未년 에 이르러

극과연귀극기 過然貴奇 極富極貴	기념식장 괴한피습 記念式長 怪漢被襲	지살역마 만주진출 滿州進出	조국광복 국군입대 祖國光復 國軍入隊	일구육일 이군사령관 一九六一 二軍司令官	오육칠팔 구대통령 五六七八 九大統領	십월이육 부하피살 十月二六 部下被殺
과연귀기한 사주가 되어서 극부극 귀할주라	광복절 기념식장에서 육영수 여사가 괴한에게 피살되었다	지살역마 살을 놓았으니 만주로 진출하였다	조국광복으로 귀국후 국군에 입대하여	一九六一년이 二군사령관 에 임명되었으며	그후 五六七八九대 대통령이 되었으며	시월이십육일 부하에게 피살되었다

최규하(崔圭夏)·대통령

從強格 종강격	己 辛 己 庚 未 未 巳 午	命宮 胎元 胎息

乾命 一九一九年 六月 一九日 午時 出生

대운(大運)	一四 庚午	二四 己巳	三四 戊辰	四四 丁卯	五四 丙寅	六四 乙丑	七四 甲子		戌辰 壬戌 辰申

| 기월토출생
하월토일주
己土日主
己土透出
신왕사주
기토투출 | 己土가 투출하였으니
신왕사주이다 | 사주원국
과어조열
四柱原局
過於燥熱 | 사주원국에 수기가
없고 너무 조열하니 | 평생대운
동남목화
平生大運
東南木火 | 평생대운이 동남
목화로 흐르매 | 목운상당
관인상생
木運當到
官印相生 | 목운에 당도하자
관인상생운이 되어서 | 시득후예
명문후예
始得後光
名門後裔 | 명문후예의로 이세
상에 태어나서 | 관계진출
외무장관
官界進出
外務長官 | 관계에 진출하여
외무부장관 |

| 사오미전
화국형성
巳午未全
火局形成 | 巳午未火局을 형성
하니 월봉인수로 문장이
유족하다 | 경금용신
화국극금
庚金用神
火局剋金 | 庚金으로 용신 코자하니
화국에 녹아 내리되고 | 종강지격
목화토길
從強之格
木火土吉 | 부득이 종강격으로
木火土운이 길하다 | 용기지명
귀기지명
用神補強
貴奇之命 | 용신을 보강하여 주니
귀기한 운명이다 | 국록지객
욱일승천
國祿之客
旭日昇天 | 국록지객으로 욱일
승천하는 운세라 | 서울대학
졸업이후
卒業以後 | 서울대학을
졸업한 이후에 | 국무총리
일인지하
國務總理
一人之下 | 국무총리로 일인
지하에서 업무에 정진하다가 |

-270-

길신吉神			
午 십간록	未 암록	未 협록	
흉신凶神			
巳 락정관살			
십이신살			
未 살개살	巳 해마살	午 육해살	

庚辛 질경신폐계 疾患可畏	日支驛馬 外務長官	일외무장관마	華蓋重重 掛胎出生	夫君不運 女命境遇 부군불운	軍事政權 政權移讓	乙丑大運 己未歲運 기을미축대세운운
庚辛금은 폐대장 질환이 두렵다	일지에 역마를 놓아서 외무부 장관과		화개살을 이중으로 놓았으니 목에다 태줄을 걸고 출생하였으니	여자의 경우에는 부군이 불운하다	군사정권에 정권을 이양하였다	乙丑대운 己未년에 이르자 관인상생에 용신을 생부하니
		被選執權 大統領就位 피선집권 대통령피신 己丑大運	政權이양			
		대통령으로 피신 되어 집권하다가				
亥運當到 身命可畏	海運家外 신명가외	海外巡訪 各國代方使 해외순방 각국대사	祖母生母 祈禱子孫	기조도자손	佛敎信者 火土重濁 불교신자 火土중탁	傷官之運 庚申之年 傷官年運 職場退職 상경관신지년지운 상장퇴운직	萬場一致 統一主體 통만일장주일체치
亥운에 당도하면 신명이 위태로울 것으로 본다		각국대사를 역임하여 해외에 순방하였으며	조모나 생모가 기도하여 낳은 자손이다	불교신자이다 火土중탁 사주가 되어서	상관연운 직장을 퇴직하거나 관재 구설수이고 다음해 庚申년에 이르자 상관운이 되어서	통일주체 국민회의 에서 만장일치로 대통령에 당선되었고

- 271 -

장면(張勉)·총리

胎息 胎元 命宮	癸辛癸己 巳丑酉亥	건록용관격 建祿用官格	
丙 甲 丁 子 子 卯	七 六 五 四 三 二 一 七 七 七 七 七 七 七 乙 丙 丁 戊 己 庚 辛 寅 寅 卯 辰 巳 午 未 申	대운(大運)	乾命 一八九九年 六月 二六日 巳時 出生
丙東成校長當 동성고교 교장당 병자년 동성교장당 庚戌農林卒業恥 농림국치 졸업 경술국치 농림학교를 졸업하고 金水雙淸修道之人 금수쌍청 수도지인 금수쌍청은 수도지 인으로	順行之運程 순행지 운정 평생운정이 순행으로 흐르니 平生運順行之運 평생운 순행지운 당연한 이치이다 調候用神當然理致 조후용신 당연리치 조후용신하는 것이 당연한 이치이다 身旺四柱正官用神 신왕사주 정관용신 신왕 사주가 되어서 시지의 변화로 정관 용신한다 辛金酉月 月支得 신금유월 월지득 출생하고 월지 유 금에 득록하였으며	巳酉丑金局形成 사유축 금국형성 巳酉丑金局을 형성 하였다 金水傷官要見官法 금수상관 요견관법 이것은 금수상관은 요견 관이란 법측으로서	
丙成立法議員 병술 입법의원 병술세운 입법의원에 원을지냈으며 己未歲運敎師任命 기미세운 교사임명 기미세운 성동학교 교사에 임명재직하다 信仰大端 신앙대단 천주교신자로서 신앙심이 대단하다 富貴榮華貴奇之命 부귀영화 귀기지명 부귀영화를 누리면 귀기한 운명이다 平生木火東南大運 평생 목화 동남대운 평생대운이 동남 목화로			

-272-

길신吉神	酉 십간록 亥 급역록		
흉신凶神	巳 단교관살 巳 부벽살 酉 수옥살 丑 효신살 巳 절로공망		
십이신살	亥 지살 巳 역마살 酉 장성 丑 화개살 巳 공망		
정미소공동 美蘇共同 政策樹立	주기미대사당 己丑年當 駐美大使	욕지원인 用神補强 欲知原因 용신보강	인수역마 留學生活 印綬驛馬 유학생활
미소공동 의원회에서 정책을 수립하였고	己丑년에는 주미 대사를 역임하고	이와같이 승승장구 하게된것은 용신 에 이로운 운이기 때문이다	인수역마로 인하여 유학하게 된것이여
국회의원 一九四八 國會議員	임인세운 壬寅勢運 忌神之運	역마지살 海外留學 驛馬地殺 해외유학	구속수원인 拘束原因 囚獄之殺 구옥지살
일구사팔 국회의원 에 당선되었으며	壬寅년은 기신운이 되니	역마지살을 놓아서 해외에 유학하였으며	구속된 원인은 수옥 살을 놓은 것이다

(표가 복잡하여 일부만 표기)

정미소공동 / 美蘇共同政策樹立 — 미소공동 의원회에서 정책을 수립하였고

주기미대사당 己丑年當駐美大使 — 己丑년에는 주미대사를 역임하고

욕지원인 用神補强 — 이와같이 승승장구하게된것은 용신에 이로운 운이기 때문이다

혁명정부 拘禁政府 革命政府拘禁生活 — 군사혁명 정부에 의하여 구금 생활을 하였고

인수역마 印綬驛馬留學生活 — 인수역마로 인하여 유학하게 된것이여

해천문성 活人之業 亥天文星 — 亥자 천문성을 놓아서 활인 지업에 열중하였으며

을측대운 육십팔당 乙丑六十八大當 — 乙丑대운 육십팔세에

국회의원 一九四八 國會議員 — 일구사팔 국회의원에 당선되었으며

병신세운 副統領位 丙申歲運 — 丙申세운에서는 부통령에 당선되었으며

임인세운 忌神之運 壬寅勢運 — 壬寅년은 기신운이 되니

역마지살 海外留學 — 역마지살을 놓아서 해외에 유학하였으며

외국어학 能通達辯 外國語學 — 외국어학에 능통하여 달변이었으며

구속수원인 囚獄原因 拘束原因之殺 — 구속된 원인은 수옥살을 놓은 것이다

용신합거 不祿之客 用神合去 — 용신內화를 巳丑으로 합거하니 세상을 뜰것이다

김종필(金鍾必)·총재

정관용인격 正官用印格	丙 庚 己 辛 寅 寅 卯 未	命宮 胎元 胎息

乾命 一九一六年 一月 七日 未時 出生

대운(大運)	六 辛 卯	一六 壬 辰	二六 癸 巳	三六 甲 午	四六 乙 未	五六 丙 申	六六 丁 酉	七六 戊 戌		丙 辛 甲 申 巳 戌
己土가 본래 힘이 없는 토인대 寅月 無力之土 己土인월 무력지토 기토인월 무력지토	인수용신하다 일주용신화 연상의 丙火로 年上丙火 印綬用神 인수용신 연상병화 인수용신 년상병화	사십년간이 황금 지운이다 四〇年間 黃金之運 황금지운 사십년간 황금지운	서울대학 교육 학부를 教育學部 교육학부 서울대학 교육학부	서울대학 교육학부 아서 종교 신앙에 심취할 팔자라 時支火蓋 宗教信仰 시지화개 종교신앙 시지에 화개살을 놓	용신보강 태원 태식이 용신 을 보강하니 胎元胎食 用神補強 태원태식 용신보강	사상유사주 사교에 유능하고 思想有四能 상교유능 사상 사주 유능	식신과 상관이 있으니 사교에 유능하고 傷食有四能 社交有能 상식유사 사교유능		甲 辛 丙 戌 巳 申	命宮 胎元 胎息
寅卯木局 로 신약 사주이다 寅卯木局 身弱四柱 인묘목국 신약사주	삼십이후 남방화운 으로 흐르니 南方火運 삼십이후 남방화운	월봉인수를 놓았으니 학업지운이 되어서 月逢印綬 學業之運 월봉인수 학업지운	우수하게 졸업하고 그후육사를 졸업하였다 優秀卒業 陸士卒業 우수졸업 육사졸업	반양반음이 강유구전 牛陽牛陰 强柔俱全 반양반음 강유구전	평생부귀 영화지객 누릴팔자이다 平生富貴 榮華之客 평생부귀 영화지객	팔방미인 화술대단 대단하다 八術大端 話術大端 팔방미인 화술대단				

-274-

길신吉神 卯 문곡귀인 未 암록 巳 협록 丙월덕귀인 未 천희신 흉신凶神 卯 도화살 未 귀문관살 십이신살 寅 지살 卯 연살 未 반안살						
海外遍踏 地殺重逢 殺편중답봉 해외편답 지살편중 해외편답	四方貴人 暗祿夾祿 사록협록 암방귀인 사방귀인	五選議員 國會議員 오선의원 국회의원	議長職位 共和黨內 의장직위 공화당내	業蹟許多 産婆役割 업적허다 산파역할	道路開設 京釜高速 도로개설 경부고속	大運作用 如斯作蹟 대운작용 여사업적
지살이 일중으로 있으니 해외에 편답하였고	암록협록을 놓았으니 사방이 귀인이다	국회의원을 다섯 번이나 지낸인물이다	공화당의장을 지냈으며	산파역할을 하여 업적이 허다하다	경부 고속도로 개설과	이러한 업적을 잘 이룩하게 된 것은 대운의 작용이다
신일경쇠약문 寅未鬼門 神経衰弱 신미귀약문 신경쇠약	殺印之客 國祿之客 國祿相生 살인상생 국록지객	國會議長 情報部長 국정보부장 국회의장	軍事革命 五一六 오일육 군사혁명	成功遂行 韓日會談 한일회담 성공수행	事業展開 새마을 사업전개 새마을	閣王引徵 己亥大運 기해대운 염왕인징
寅未귀문관살이니 신경쇠약이 염려된다	살인상생격이 되어서 국록지객의 팔자이다	중앙정보부장 국회의장	五一六 군사 혁명의	한일회담을 성공 적으로 수행하였고	새마을 사업을 전개 하였고	己亥 대운 寅亥기신 국을 놓으면 세상을 뜰 것으로 본다

김영삼(金泳三)·대통령

胎息 胎元 命宮	甲 己 乙 戊 戌 未 丑 辰	從旺格 종왕격	乾命 一九二八年 十二月 四日 巳時 出生
甲 丙 戊 壬 辰 午	七八 六八 五八 四八 三八 二八 一八 八 癸 壬 辛 庚 己 戊 丁 丙 酉 申 未 午 巳 辰 卯 寅	대운(大運)	
千秋怨恨 천추원한사 母親凶死 모친이 흉사하여 천 추에 원한이 된다	合供僧房 합공승방 火土重濁 화토중탁 중탁으로 독실한 신자이다	振名天下 진명천하 天門地軸 천문지축 천문지축을 놓아서 그 이름이 천하를 떨친다	順勢之運 순세지운 稼穡之格 가색지격 가색격에 순세 운으로서	運程可美 운정가미 旺喜順勢 왕희순세 왕희순세로 대운의 흐름이 아름답다	從旺之格 종왕지격 身旺四柱 신왕사주 신왕사주로서 종왕격을 이룬다	己土丑月 득령지지 旺喜順勢 신왕사주 종왕지격	得令地之 기토축월 득령지지 己土가 丑月에 득령하고

| 二三丁運 이삼정운 印綬之運 인수정운은 인수운이 되어서 三三세 정운은 | 泄氣太甚 설기태심 印綬虛弱 인수허약하고 설기태심하니 | 君王之命 군왕지명 極富極貴 극부극귀 극부극귀로 군왕 의 운명이다 | 戌字天門 술자천문 未子지문축 戌字는 천문인데 | 辰戌丑未 사고지국 四庫之局 사고지국 辰戌丑未 사고 지국을 놓고 | 木火土運 목화토운 平生大運 평생대운이 木火土 운으로 흐르매 | 巳午火局 戊己透出 巳午火局 戊己가 투출하여 | 巳午火局 戊己透出 사오화국 무기투출 평생대운에 戊己土가 |

길신吉神	未 태극귀인 丑 태극귀인 未 巳 협록 未 황은대사						
흉신凶神	丑未 암록 巳 협록 未 황은대사 辰丑 육파 丑未 상충 丑未 삼형살 丑未 급각살 辰 급각살						
십이신살	丑 급각살 巳 락정관살 丑 공망 丑 부벽살 辰 화개살 丑 반안살 未 천살 戌 월살						

異腹兄弟 甲己化土 이복형제	財産公開 公職者等 재산공개 공직자등	大權掌握 當選榮光 대권장악 당선영광	深思熟考 好期失時 심사숙고 호기실시	民主運動 新民党首 민주운동 신민당수	退進運動 獨栽政權 퇴진운동 독재정권	卒業直後 서울大學 졸업직후 서울대학	
이복형제가 있으니 갑기화토를 이루니	공직자등의 재산 공개 제도를 시행하였다	당선의 영관을 얻어 대권을 잡았으며	좋은 기회를 당하여서도 심사숙고 하느라고 때를 놓치는 수가 많다	시민당당수로서 민주화 운동에 앞장섰다	독재정권에 대항하여 자유당정권 퇴진 운동에	서울대학 졸업 직후에	
富貴在天 死生有命 부귀재천 사생유명 부귀유천	恒常口舌 三刑六破 항상구설 삼형육파	授受中斷 政治資金 수수중단 정치자금	大統選擧 一九九二 대통선거 일구구이	中和之道 土全四柱 토전사주 중화지도	其功赫赫 先驅役割 선구역할 기공혁혁	議員當選 最底年少 최저년소 의원당선	
살려주는 것은 운명에 있고 부귀영환은 한하에 있을것이다	삼형과 육파를 놓아 항상 구설수가 있다	정치자금받는 것을 금지 시키는 법을 제정하고	一九九二년 대통령 선거에서	土전사주로서 중화 지도를 이루니	선구자적인 역할로서 그공이 혁혁하였다	최저 연소자로서 국회의원에 당선되었으며	

- 277 -

김대중(金大中)·대통령

胎息 胎元 命宮	乙酉 乙巳 己丑 乙丑	從殺格 종살격
庚巳 庚辰 癸未	八四 七四 六四 五四 四四 三四 二四 一四 四 庚辰 辛巳 壬午 癸未 甲申 乙酉 丙戌 丁亥 戊子	대운(大運)

乾命 一九二五年 十二月 三日 酉時 出生

三政四界金進運出	정계진출 삼십사금운	意正義志一堅到固	의정지견도고	身逆亡勢家之敗運	政別治定係職統種	별정직 정치계통	虛一無送成世事月	허송세월 일무성사	北早方行運亥中子	조행해자 북방운중	사유축전월 乙日丑月 巳酉丑全

삼십사에 금운에 정계에 진출하여 / 의지가 견고하며 정의감을 위주로 불의를 용랍치 않는다 / 의기남아에 의지 / 역세운을 맞이하게 되면 신망가패한다 / 별정직 공무원이나 정치계통이 적격이다 / 하나도 이루어 짐이 없어 허송세월 하였다 / 수운으로 흐르매 일찍 해자북방 / 乙日생인이 巳酉丑 금국을 놓고

國議會員活當動選	국회의원 활동당선	戌五運○起年發吉	오술운 십이년 길발	肅金殺氣之之神神	금기 숙살지신	富順貴勢榮之華運	부귀 순세지운	革從新殺改特革徵	종살 혁신특징	泄用氣神太金甚氣	용신 설기태심	己從土殺透之出格	기토 종살지격

국회의원에 당선되어 국회활동을 하면서 / 戌운부터 기발하기 시작하여 오십년이 길운이다 / 금기의 성질은 숙살지신이니 / 이격 이순세운을 맞이하면 부귀영화를 누리나 / 종살격의 특징은 혁신혁명 개혁이다 / 용신인 금기가 태심하다 / 己土가 투출하였으니 종살격이 분명하다

길신吉神	흉신凶神	십이신살
巳 관귀학관 巳 금여록	壬 급각살 壬 부벽사	십이신살 巳 지살 酉 장성 壬 화개살

| 군사혁명시
自由党時
軍事革命 | 민주화이
운동전개
民主化而
運動戰開 | 계축세운
一九七三
癸丑歲運 | 구금생활
신고막심
狗禁生活
辛苦莫甚 | 팔자소관
입복형제
入腹兄弟
八字所關 | 관살혼잡
외방득자
官殺混雜
外房得子 | 당선영광
정권장악
當選營光
政權掌握 |
| 자유당 정권과 군사혁명 정부의 | 민주화 운동 민권운동을 전개하며 | 一九七三년 癸丑년 되던해 八월 八일 四九세 | 구름되어서 신고막심하다가 구사일생으로 살아났다 | 이복형제가 있으니 팔자소관이다 | 관살혼잡격이 되어서 외방득자하겠다 | 당선의 영관을 않고서 정권을 장악하였다 |

| 독재정권
퇴진운동
獨載政權
退進運動 | 해외순방기
여론환기
海外巡訪
與論喚起 | 일본체재
괴한납치
日本滯在
怪漢拉致 | 정편재성
괘관쌍방
正偏財星
掛冠双房 | 관성귀격
일자귀국
官星貴格
一子貴格 | 십오대대
통령선거
十五代大
統領選舉 | 신사대운
용신보강
辛巳大運
用神補强 |
| 독재정권 퇴진운동에 적극압장섰고 | 해외에 순방하여 여론을 환기시키기에 힘을 다하다가 | 일본그랜드 팔레스 호텔에서 괴한에게 납치되어 팔일동안에 | 정편재가 혼잡하니 괘관쌍방의 팔자라 | 一官성이 자손인데 국을 이루어 귀자가 분명하다 | 십오대 대통령 선거 전에서 | 辛巳대운에 이르러서 용신을 보강한 원인이다 |

- 279 -

전두환(全斗煥)·대통령

乾命 一九三二年 十二月 二二日 戌時 出生

印綬用傷官格 인수용상관격	壬申 癸丑 甲申 甲戌	命宮 甲午	胎元 甲辰	胎息 己巳

대운(大運)

八	一八 乙卯	二八 丙辰	三八 丁巳	四八 戊午	五八 己未	六八 庚申	七八 辛酉		

갑목일주가 축월 금수태왕월 에 출생하여 금수가 태왕하고	술중정화 조후용신화 戌中丁火 調候用神	수기유행 시종득소 秀氣流行 始終得所	살인상생 통관작용 殺印相生 通關作用	평생대운 목화보용 木火補用	명문동축 명동천하 俱全 名門動軸 天下	별정직종 군인경찰 別定職種 軍人警察
천한지동 조후시급 調候時急 시급하여	戌中의 丁火로 조후용신한다	수기가 유행하니 시종득소격이다	살인상생으로 관작용을 이루니	평생대운 木火운에 용신을 보강하고	문축이 구전하니 명동천하할 팔자라	별정직 직업이거나 군인 경찰이 적격이다
천한지동 조후시급	四柱原局 年月日時 사주원국이 연월일시로	祖上蔭德 流傳千秋 조상음덕이 천추만대로 자손에게 흘러가고	財殺太旺 凶化爲吉 재살태왕 흉화위길	戌字天門 申字地軸 술자천문 신자지축	丑戌刑權之職 축술형권지직	陸士卒業 位重權高 육사졸업 위중권고
		고로 조상 음덕이	흉화 위길이다	戌자는 천문이요 申子가 진축이니	丑戌삼형을 놓았으니 형권직이나	육사 졸업후 위중 권고하여

길신吉神	丑 천을귀인 丑 협록 申 천희신					
흉신凶神	丑 급각살 丑 부벽살 壬戌 삼형살					
십이신살	申 지살 丑 반안 戌 월살 戌 공망					

部司令官 保安司令 부보안사 령사령관	貧家出生 父母無德 빈부가모무 출생 덕이없음	頭腦明晳 一覽特記 일두람뇌특명기석	信任大端 朴大統領 신임대통령 박대단통령	박통서거 일십이육	除水補火 己未大運 제기미수대보운화	九死一生 泰國事件 구태사국일사생건
보안 사령부의 사령관에 올랐으며	빈한한 가정에서 출생하여 부모 덕이 없었고	특히두뇌가 명석하여 일람특기하고	박대통령의 신임 이 대단하여	一〇二六 사건으로 박대통령이 서거한 이후에	기미대운에 이르러 수기를 제거하고 용신을 보강한 원인이다	태국 아웅산 사건으로 구사일생하였으며
印綬三刑 偏財三刑 인편수재삼삼형형	印綬太旺 學業優秀 인학수업우수 인수태왕 학업우수	軍事革命 五一六 오일육 군사혁명	日進月增 昇進高速 일진월증 승진고속	大權掌握 政治活動 대정권치장활악동	癸亥當年 一九八三 계일해구기팔삼 년	拘束起訴 乙亥歲運 을해세운 구속기소
편재 삼형과 인수 삼형을 놓아서	인수태왕하니 학업 에 열중하여 그 성적 도 우수하였다	五一六군사 혁명이후	일진월중으로 고 속승진 하였으며	정치활동을 전개하여 대권을 장악하였으며	一九八三년 癸亥년이 중병하니	대통령퇴임후 乙亥년에 구속기소 되었었다

노태우(盧泰愚)・대통령

胎息	胎元	命宮			乙庚戊壬 酉戌申申				建祿用食神格 건록용식신격	
乙卯	乙亥	壬子	六八 乙卯	五八 甲寅	四八 癸丑	三八 壬子	二八 辛亥	一八 庚戌	八 己酉	大運 대운

乾命 一九二二年 七月 一六日 酉時 出生

兄肩 弟劫 數太 多旺	形肩 弟劫 接太 數旺 多	陸陸육 軍軍사 將卒졸 星業업 성	身庚 旺戌 爲日 貴主	神경 旺술 日일 主주	工印 夫綬 無化 運金	秋추 水수 銘명 劍검 취려역귀 醉礪 水亦 貴	身身旺 旺 無日 德依	年연 月월 得득 祿록 경금일주 월금일주
형제가 많으니	견겁이 태왕하니	육사 졸업 승승장구 장성에 올랐고	경술 괴강일주는 신왕하여 귀격이다	인수 금을 이루니 공부 운은 없다		가을물에 명검을 썩썩가니 그빛이 찬란하고나	신왕함을 의심할여 지가없는데 괴강과일 덕격이 되어서	庚金 壬生이 연월에 두십간록을 놓고

海地 外殺 遍重 踏疊	지살 해외편답	赫越 赫南 戰派 功兵	指意 揮氣 統男 率兒	幼偏 泣財 竹父 杖親	編유 財부 富父 丈親	五二 十八 年以 吉後	食年 神上 用壬 神水	乙申 庚酉 化戌 金全	申辛 酉酉 戌金 局
해외편답 이중으로 있으니	지살이 이중으로 있으며	월남파병 혁혁한전공을 세웠다	지휘통솔력이 뛰어나고 의기남아이다	편재가 부친인데 사주 원국에 아버지가 없는 형상이 되어서 어릴때 부친을 여의게된다	이팔 이후 오십년 이 대길운이 되고	연상의 壬水로 식신 용신을 정하니	申酉戌 금국에 乙庚 으로 화하여 금기를 이루니

길신吉神		
申십간록 戌급여록 酉협록 戌천사신	일지여록신토 金與祿神 日支戌土	일진의 戌土가 금여 록신이 되어서
	항상처가재물혜택 恒常妻家 財物惠擇	항상처가의 재물 과 기타의 도움이 많다
	사일좌협귀인록 日坐夾祿 四方貴人	십간록과 협록을 놓았으니 주위가 전부 귀인들이다
흉신凶神		
戌급각살 酉육해살 酉부벽살 酉도화살 酉양인살 庚戌괴강살	내일십이육 內務長官 一二十六	一○二六 이후 내무부 장관을 역임하였고
	신자지천문 申字地軸 亥字天門	申자는 지축이요 해자 가 천문이 되는데
십이신살		
申지살 酉연살 戌월살 戌공망	축운오팔 대통령위 大統領位 丑運五八	丑운 五八에 대통령 에 당선되었고
	을해십일월 구속가소 拘束起訴 乙亥十一月	乙亥년 十一월에 구속 기소되었으니 乙庚으로 화금하여 군접쟁 재된 원인이다

미모유득공처 美貌有得 內助功妻	내조유득공처	아름다운처를 얻게되고 내조의 공이 크다
선현처양모대상 賢妻良母 羨望對象	현처양모로서 망대상	현처양모로서 그처가 선망의 대상이다
록군사혁명고중 祿重權高 軍事革命	군사혁명 록중권고	군사혁명이후 록중 권고하였으며
의정계입문의원활동 政界入門 議員活動	의정계입문 의원활동	정계에 입문하여 국회의원 활동도하였다
명문축구전하 門軸俱全 名動天下	명문동축천하 명동천하	문축을 구전하였으니 그이름이 천하를 떨친다
여소야대공적다 與小野大 功蹟多大	공적다대	여소야대하에서 슬기 롭게 대처하여 공적 이 혁혁하다
천사길신특사출감 天赦吉神 特赦出監	천사특사출감길신	천사신을 놓아서 특사 출감되었다

- 283 -

김일성(金日成)·북한주석

			정재용관격 正財用官格	
胎息 胎元 命宮	庚 丁 乙 壬 子 未 巳 子		대운(大運)	乾命 一九二二年 四月 一五日 酉時 出生
壬 丙 壬 午 申 子	八二 七二 六二 五二 四二 三二 二二 一二 甲 癸 壬 辛 庚 己 戊 丁 丙 寅 丑 子 亥 戌 酉 申 未 午			

澪印학외모謀
運綬인양사事
劣無수내양特
弱根열음出
약
	金문김이오過四사巳사
	台장공이십어十柱원未주
	瑞서파의길칠於원중원
	子자 이후이燥국간국
	 오후 熱 너를
	  십 무공
	  년 조협
	  길 열하
	    하여
	    여서
				巳사
				月월
				丁정
				火화
				日일
				柱주
				가

澪印학외모謀사寒 運綬인양사事 門 劣無수내양特苦出 弱根열음出生長 약하성 못다	문김이二二七세 이후 오십년 이대길운으로	五十年吉 五十年吉 二七以後 오십년 이후 이대길운으로		巳午未火局을 놓고
寒한辛 門고苦 出성成 生장長 신 고 성	父運命奈何 부모덕이 없으니 운명을 어찌하라	強柔兼全 강유겸전 반음반양하니 강유가 겸전한 사주이다	正官用神 정관용신 정관임수로 용신한다	身旺四柱 신왕사주이다
辛한고生 가난한 집안에 출생으로서 고생으로 성장하였다	運命奈何 운명을 어찌하라	半陽半陰 반양반음 전주김씨로	調候用神 조후용신	午火加勢 가세하니

길신吉神 酉 심간록 巳 황은대사	흉신凶神 巳 공망 丑 단교관살 酉 부벽살 丑 효신살 巳 절로공망	십이신살 巳 지살 丑 화개살 酉 장성					
화왕조사 성정조급주 火旺四柱 性情燥急	평생해로 지극난야로 至極難老 平生偕老	일정자귀출 正官透出 一子貴子	정재좌장생금 自坐長生金 正財	심취화간 紅艶沐浴 心醉花間	자신감격충천화 感情激沖天化 自信	갑인대운 갑술년당 甲寅大運 甲戌年當	
화왕사주로서 성질이 조급하고	평생 해로하기는 지극히 어렵다	정관이 투출하여서 아들하나는 귀자이다	정재처되는 글자가 장생지에 앉아 있으니	홍염살과 목욕을 놓아서 항상 꽃밭에 취해있다	감정이 격화하여 자신감이 충만하니	甲寅 대운 甲戌 년에 이르자	
자미육해진 子未元嗔 子未六害	양괘가관지쌍방 掛冠雙房 兩家之婿	외방여식유자 부정 外房不得子 女息不正	내처첩양공인 妻妾兩人 內助有功	왕화가세 경인연당 旺火加勢 庚寅年當	육이오전 골육상전 六二五戰 骨肉相戰	용신설심 등옥경 用神泄甚 身登玉京	
子未원진과 子未육 해를 놓았으니	두방에 사모관대를 자로 두집사위이다	외방득자하겠고 여식이 부정할듯라	처첩 두사람의 내조의 공이 크겠다	庚寅년에 寅자가 왕화에 가세하매	六二五 전쟁을 일으켜 골육이 상쟁하였다	용신설기 대심하여 세상을 떠났다	

김정일(金正日)・북한 국방위원장

胎息	胎元	命宮	丁巳	戊寅	乙卯	癸未	正官用財格 正財用財格	乾命 一九四三年 二月 一六日 巳時 出生
			六二 戊申	五二 己酉	四二 庚戌	三二 辛亥	二二 壬子	一二 癸丑	二 甲寅	대운(大運)	
	癸亥	丙午	辛酉							
妻宮不利	群劫爭財	처궁불리	군겁쟁재	印綬有重母	母外有重母	人外有重母	모인수중모	海外留學 驛馬印綬	해외유학 역마인수	平生金水 大富大貴	평생금수 대부대귀	戊土寅木 自坐長生	자좌장생	戊中丙火 巳未火局 寅中丙火 사미화국 인중병화	戊土日柱 卯月 官殺混雜 출생하여 관살혼 잡이라하나	
			군겁쟁재하니 처궁이 불리하다	모외유모격이다	인수가 중중하니	해외에 유학할수요 역마인수를 놓아서	흐르니 대부대귀하겠고 평생대운이 금수로	장생지에 앉아있으니 또한 戊土가 寅木	중 丙火가 있으니 巳未화국에 寅	잡이라하나 戊土일주가 卯월에	
三刑 日支 沐妻宮浴	日支妻宮 三刑沐浴	일지처궁 삼형목욕	異腹兄弟 肩劫暗藏	肩劫暗藏 異腹兄弟	이복형제 견겁암장	漢楚之爭 三陽一陰	삼양일음 한초지쟁	學識裕足 四重印綬	사중인수 학식유족	癸水調候 弱化爲强	약화위강 계수조후	燥熱之象 四柱原局	사주원국 조열지상	陽氣漸昇 卯月四陽	묘월사양 양기점승	
			목욕살이있으니 일지 처궁에 삼형과	배다른 형제가 있을수며 견겁이 암장에 있으니	격으로서 부모궁이 산란하다 삼양일음하니 한조지쟁	인수가 네개나 있으니 학식이 육족하다	약화위강격이 되어서 계수로 조후 용신한다	사주원국이 조열한 형상이 되어있다	양기가 점승하는 때이고 二月은 四陽지절로서	

-286-

길신吉神						
巳 십간록 寅 문곡귀인 寅 학당귀인 未 금여옥 寅巳 삼형살	양난지해서로 難保偕老 兩家之婿	신남명지사주 男命四柱 身旺之格	의의욕기남충아천 意欲沖天 意氣男兒	일록진중월권증고 祿重權高 日進月增	부국귀방영의화장 國防議長 富貴榮華	양남국북수회뇌담 南北會談 兩國首腦	수이산상가봉 離散家族 數次相逢
	해로하기가 어려우니 두 집 사위이다	남자 사주가 신왕 한 사람은	의욕이 충천하며 의기남아이다	록중권고로 일진월증하고	국방위원장으로 부귀영화를 누리고 있으며	남북회담을 양국수뇌가 개최하기 위하여	이산가족을 수차 걸쳐서 만나게 하는 성과를 올렸다
흉신凶神 寅巳 육해살 巳 부벽살 寅 귀문관살 寅巳 삼형살 십이신살 未 화개살 巳 역마살 寅 망신살 卯 장성	이뇌성봉풍전파별 雷逢電波 異性風波	용임사감즉하결고 勇敢果決 臨事卽決	유학귀정치입국문 留學歸國 政治入門	부정친권사장별악 父親死別 政權掌握	극선부망귀대극상귀 極富極貴 羨望對象	회돌담연개상최봉 突然相逢 會談開催	희경신진연연고운 庚辰年運 喜神緣故
	만났다가 헤어지기를 거듭 하여, 이성풍파가 많으리라	용감하고 과감하고 진취력이 있으니 매사에 임사 즉결한다	유학을 마치고 귀국후에 정계에 입문하여	부친과 사별후에 정권을 장악하고	극부극귀하니 선망의 대상이기도 하다	돌연 상봉하여 회담을 개최하였는데	이와같이 순조롭게 남북관계가 잘풀리게 된것은 庚辰년이 희신의 해이기 때문이다

장개석(蔣介石)・대만 총통

胎息 胎元 命宮	庚 己 庚 丁 午 巳 戌 亥	傷官用印格 상관용인격	乾命 一八八七年 九月 十五日 午時 出生
甲辛癸 申丑丑	七 六 五 四 三 二 一 八 八 八 八 八 八 八 壬 癸 甲 乙 丙 丁 戊 己 寅 卯 辰 巳 午 未 申 酉	대운(大運)	
活人之業 戌亥天文 활인지업문 한다	為他盡佈德 시은포덕 남을 위해서 항상 노력하고 은혜와 덕을 베푼다	戊月己土 庚金透出 경술월기출토 술월의 己土 일주가 庚金이 투출하니	
戌亥天文 활인지업문 놓아서 활인 지업을	強柔俱全 강유구반전양 반음반양하니 강유 가구전이다	丁火印綬 用神可美 정화인수 용신가미수 丁火印綬로 用神이 아름답다	
文章過足 문장과족중 學業熱中 학업에 열중하여 문장이 넉넉하다	半陰半陽 반음반양 二八以後 五十年吉 이십팔년이후 오십년이 대길운이다	戊月己土 庚金透出 丁火用神으로 戌月의 己土가 丁火印綬를 얻었으니	
	強柔俱全 강유구반전양	명문삼기 년월일삼기 를 놓아서 명문대가에서 출생하였다	
財星相沖 巳戌怨嗔 재성상원진 巳戌원진과 귀문관 살을 놓고 재가상 충하였으니	肩劫暗藏 異腹兄弟 이견겁암제장 비견비겁이 안장에 있으니 배다른 형제 가있다	印綬重重 母外有母 모인수중중 모외유모 인수가 이중으로 있으니 모외유모 팔자라	
	話術達辯 食神太旺 식신태왕 화술달변 식신이 태왕하니 화술이 달변이다	名門出生 年月三奇 명문출생 명문삼기 연월에 재관인삼기 를 놓아서 명문 대가에서 출생하였다	
		泄氣太甚 眞傷官格 진상관격 설기태심하여서 진상관격을 이룬다	

-288-

길신吉神 午 십간록 戌 태극귀인 亥 관극학관 亥 천희신 辰 홍란성 亥 황은대사	흉신凶神 午 단교관살 巳戌 원진살 巳亥 상충 십이신살 辰 지살 亥 역마 戌 천성 戌 공망 午 육해					
락단상교골관절살 落斷傷橋骨瘵折	犬中견중원국지정간부 猿國之間	總臺총통피선부 統灣政府被選	將中일전참전쟁 將中日戰爭參戰	外官외관성암방자득장자라 外官房星得暗子藏	紅妻홍란지미신 紅鸞可之美神德	難婦난부보해불화 難婦保偕不老和
단교관살을 놓아서 락상골절상을 당하였다	중국 본토 견원 지간이었다	대만 국민 정부를 창설하여 총통에 피선 하였으며	중일 전쟁 때에 장군으로서 참전하였고	관성이 암장에 있으니 외방득자라	홍란성을 놓아서 처덕이 아름답다	부부 불화하여 해로하기가 어렵다
一壬임임 往運운왕 不壬불임 歸子귀자	偏驛편역 馬踏마지 海답해외 外殺 외살	大統대통치권행장사악 大統治權掌行事握	戰爭대만망종명식 戰爭終亡命息	人政인정계기남종아신 人政氣投界身男兒	內財내조유재물혜공택 內財助有物功惠澤	妻若처약불첩기가지연 妻若可不其知然
임운이 불왕자귀자 일왕 임불귀자 一往不歸	편역마지살 역답해외살 驛踏海外	대권을 장악하고 통치 권을 행사하였다	전쟁이 끝난 다음에 대만으로 망명하여	정계에 투신하여서 인기 남아라	내조의 공이 많으며 재물 혜택이 많을로라	만약 그렇지 않으면 처첩이 있을로라
壬운이 도래하여 세상을 떠났다	역마지살을 놓아서 해외 편답하였다					

- 289 -

모택동(毛澤東)·중국 주석

인수용식신격 印授用食神格	癸 乙 甲 丙 巳 丑 戌 寅	命宮	胎元	胎息
대운(大運)	七 六 五 四 三 二 一 ○ ○ ○ ○ ○ ○ ○ 丁 戊 己 庚 辛 壬 癸 甲 巳 午 未 申 酉 戌 亥 子	甲寅	丙辰	己卯
축월목일주 갑목일주가 축월 에 출생하여	금수한지냉동 천한지동으로서 金水가 한냉하여	시수득갑목 비록 甲木이 시지에 록을 놓고	조후시급 병화용신 조후가 시급하여 丙火로 용신한다	유의미성사취 도무성사 도무성사 뜻은 있으나 도모지 성사되는 일이 없었고	골육상쟁 육친무덕 육친의 덕이 없으며 골육상쟁하였고	골육상쟁 骨六親無德 六親相爭	난보해로 괘관쌍방 부부해로 하기어려 우니 괘관 쌍방하 겠다

乾命 一八九三年 一二月 二六日 寅時 出生
계사축금국 癸水投出 巳丑 金局에 癸水가 투출되었으니
과사원한습 四柱原局 過於寒濕 사주원국이 너무한 습하고
다행연지록 多幸丙火 年支巳祿 다행이 丙火가연지 巳火에 록을 놓아 아름답다
오십금수지운 金水之運 五十年間 초년부터 오십년간이 金水운이 되어서 용신이 무력하여지매
차송피일월 虛送世月 此日彼日 허송피일송 치일피일허송 세월하였다
사일술편재 巳時偏財 日戌怨嗔 일시편재와 巳戌원 진살을 놓았으니
관성입귀림묘 官星入墓 其子歸林 관성이 입묘하였으니 아들이 흉사할것이다

길신吉神			흉신凶神		십이신살	
丑 천을귀인	巳 문창귀인	巳 천주귀인	巳 관귀학관	丑 협록	寅 홍란성	丑戌 삼형살 丑 급각살 丑 부벽살 戌 귀문관살 巳 락정관살	巳 지살 丑 화개살 寅 겁살 戌 반안살

| 관성각만암주장 官星各暗藏柱 | 각각 암장에 관성이 꽉차있다 | 축월병애화 丑月丙愛火 동일가병애 冬日可愛 축월병화 丑月丙火 동일가애 | 丑월의 丙화는 겨울철에 가장 사랑스러운것인데 | 계수병신 癸水病神 토기약신 土氣藥神 | 癸수는 병신이되고 土기는 약신이된다 | 제수보용 除水補用 진명천하 振名天下 | 水기를 제거하고 용삼을 보강하는 운이되니 그이름이 천하에 떨친다 | 중록공수석 中祿重首席 중공수석고 中共首權高 | 승징을 거듭하다가 록중수고터니 중공수석에 올랐다 | 상미국외심 相美國外心 호관외심교 互關外心交 | 美國과의 외교를 거듭 하여 상호간에 관심을 가지게되고 | 공냉전해동 共冷戰解凍 공존주의동 共存主義 냉전해동 冷戰解凍 공존주의 | 미국과 냉전이 해동 되고 공존주의로 진행하다가 |

| 양자방소득관자 兩字方所得管子 팔방득관 八方得管 | 양방득잔는 팔자 소관이다 | 매화발향 梅花發香 천지진동 天地震動 天梅地花發香動 | 매화꽃이 피어서 그향기가 천지를 진동 케하는 형상이라 | 화육토십삼도십달 火六十三到十達 | 六○세 이르러서부터 火土운 三○년에서 | 기미대운 己未大運 기발지운 己發之運 | 己未대운이 양운이 되어서 기발하기 시작하여 | 자행파주의 資本主義 겸행파급 兼行波及 | 자본주의를 겸행 파급하기 시작하여 | 향국가경전제 向國家發展經濟 국상발전제 | 국가경제를 향상 발전시켰으며 | 사운병망진 巳氣死亡 회기사병진 巳運丙辰 | 巳운丙辰년 용신丙화가 꺼지는 대운이 되어서 사망하였다 |

- 291 -

등소평(鄧小平)・중국 실권자

正官用食神格 정관용식신격	乙 乙 甲 甲 巳 酉 子 子	命 胎 胎 宮 元 息
대운(大運)	六 一六 二六 三六 四六 五六 六六 七六 八六 九六 甲 癸 壬 辛 庚 己 戊 丁 丙 乙 申 未 午 巳 辰 卯 寅 丑 子 亥	甲 甲 丙 己 子 子 壬
자요사갑격자 甲子遙巳格 子甲甲요일주에 甲子시면자요사격인데	四한사주원국이 한냉寒冷之象柱原局 부목화귀영화木火得運 부귀영화富貴榮華 편재합거偏財合去 일지합거에 편재가 합거하여 일지효신日支梟神 일지효신에 群劫爭財子酉六破 군접쟁재子酉육파 일파리유학一把里遊學 一九二四 모일구삼사毛澤東四 一九三四	
	지상이되어서 운을 얻으니 부귀 생활을 누릴듯이다	
今日生人 甲水太旺	食神用神 年支丙火	食神用神 食神용신한다	秀氣流行 相生不絕	上秀氣流行 상생부절격인데 수기가 유행하고	運命奈何 父母無德 운명을 어찌하랴 부모 덕이없으니	再娶三婚 二男三女 이남삼녀이다 재혼 삼혼에	公産黨員 二十歲當 공산당원이되고 이십세를 당하여	有力幹部 野戰指揮 야전사령관으로 유력한 간부로

갑일생인이 금수가 태왕하여 연지의 丙화로 식신용신한다 수기가 유행하고 상생부절격인데 운명을 어찌하랴 부모 덕이없으니 이남삼녀이다 재혼 삼혼에 이십세를 당하여 공산당원이되고 공산당의 유력한 간부로 야전사령관으로 지휘하였고

乾命 一九○五年 八月 二四日 子時 出生

- 292 -

길신吉神	巳 문창귀인 巳 천주귀인 巳 관귀학관 子 천희신	工業現代 農業現代	공업현대 농업현대	공업현대화 농업현대와를 표방하였으며	國防科學 技術現代	국방과학 기술현대	국방과학기술의 현대화에 앞장섰으며
		改革開放 黑猫白猫	개혁개방 흑묘백묘	개혁개방을 주도 하였으며 흑묘배 묘도 무방하다	實用主義 指導理念	실용주의 지도이념	실용주의 지도 이 념을 확실히 하였으며
흉신凶神	子酉 육파 巳 단교관살 酉 절로공망	共產大會 一九七八	공산대회 일구칠팔	一九七八년 공산당 대회에서	改放政策 最高指導	개방정책 최고지도	개방정책을 관철하여 중공최고 지도자가 되었고
		韓國修交 一九九二	한국수교 일구구이	一九九二년에 한국과 수교하였으며	黨主導權 七八一二	당주도일권이 칠팔일이	一九七八년 一二월에 당주도권을 쥐게 되고
		華國鋒 對立鬪爭	화국봉 대립투쟁	화국봉과 대립 투쟁하다가	毛澤東 死亡以後	모택동 사망이후	모택동 사망 이후에는
십이신살	巳 지살 酉 장성 子 육해살	趙紫陽 退進成功	조자양 퇴진성공	조자양을 퇴진시키는데 성공하였으며	最高指導 試練克服	최고지도 시련극복	여러가지 시련을 극복하고 최고의 지도자에 올랐다
		落井落橋 骨折斷傷	골락정단교 골절락상	락정단교 관살을 놓았으니 골절락상 을 당하였다	不祿之客 九三歲當	구삼세당 불록지객	九三세에 이르러서 세상을 떠났다

- 293 -

명치천황(明治天皇)·일본

偏財用印格 偏財用印格	壬 己 丁 壬 子 酉 亥 寅	命宮 胎元 胎息
대운(大運)	丑 庚 戌 / 一丑 辛 亥 / 三丑 壬 子 / 三丑 癸 丑 / 四丑 甲 寅 / 六丑 乙 卯 / 七丑 丙 辰 / 八丑 丁 巳	丙 庚 壬 午 子 寅
수재화장유월 丁火酉月 雖財長生 살인목상생관 寅木通官 殺印相生 목수운용희신 木運喜神 수운용신 水運用神 인신수약용신 印綬用神 성공가협기조 後援協助 成功可期 진취성부지력상량 豊富之力象 進就之力量 무신기약소사심주 身弱小四心柱 無氣	丁火일주가 酉월 에 출생하여 비록 장생지지가 되나 寅木으로 통관하여 살인상생격이다 水운은 희신이되고 木운은 용신이 된다 신약사주에 있주 용신인 사람은 남의 후원이나 협조하에 성공하게된다 지취성의 력량이 풍부한 형상으로 추리한다 신약사주는 무기력 하고 소심하다	
금수재살태왕 金水太旺 財殺太甚 평생수목지운 水木之大運 극부귀극영화 富貴榮華 極富極貴 개척불정능신 開拓精神 自立不能 의신왕기사양주 身氣揚揚 意氣揚揚 일도사양즉단결 一刀兩端 臨事卽決 재기삼일숙고실 再三熟考 好期逸失	金水가 태왕하니 재살이 태심하매 평생대운이 수목으로 흐르니 부귀영화에 극부 극귀할 팔자라 개척정신이 부족하고 자립의지가 약하니 신왕사주는 의기가 양양하며 자신만만하고 매사를 임사즉결하고 일도양단이다 좋은기회를 놓치고 두번세번 생각하게 된다	

乾命 一八五二年 十一月 三日 寅時 出生

-294-

길신吉神 亥 天乙貴人 酉 天乙貴人 酉 文昌貴人 酉 太極貴人 酉 學堂貴人 寅 天德貴人 子 天喜神	人德如山 喜神大運	희신대운은 인덕이 산과 같으며	四柱原局 秀氣流行	사주원국이 수기가 유행하고
	周流無滯 通關相生 主類相生 主類無體	주류무체로 통관하여 서로가 상생한다	日貴加人勢 天地貴人	일귀가 인세 천지귀가세 이에 일귀격이 가세 하니 천지가 귀인이다
흉신凶神 亥 六破 酉 孤辰殺 寅 六破 酉 桃花殺 酉 鬼門關殺 子 絶路空亡	天地德合 亥酉天乙合	천지덕합에 亥 酉亥子가 천을 귀인이며	丁壬寅亥 各各相合 正合寅亥 各各相合	丁壬寅亥로 각각 서로 합하니
	各子酉寅亥 各己六破	子酉와 寅亥가 각기 육파가 되고	金沈水低 財星酉金 金星水低	재성酉금이 천지 만수에 침몰된다
십이신살 子 將星 亥 亡神 寅 驛馬 寅 空亡	夫婦偕老 至極難也	지극히 어렵다 고로 부부해로는	蝶舞花間 孤嗔挑花	고진살과 도화살 나비가 꽃밭을 헤맨다
	文武兼全 政界活動 文武兼全	일찍 정계에서 활동하고 문무를 겸전하여	明治維新 政權掌握	명치유신을 단행하여 정권을 쥐게 되여
	日本維持 平和維持	일본을 통치하 여 평화를 유지하게 되었다	日本國民 追仰對象	일본 국민들로부터 추앙의 대상이 된다

- 295 -

이등박문(伊藤博文)·일본 유신창시자

정관용재격 正官用財格	辛 戊 癸 癸 丑 戌 丑 丑	命宮	胎元	胎息	
대운(大運)	六 一六 二六 三六 四六 五六 六六 七六 丁 丙 乙 甲 癸 壬 辛 庚 酉 申 未 午 巳 辰 卯 寅	甲午	己丑	戊子	乾命 一八四一年 九月 二日 丑時 出生
본래약술월 本來弱戌月 癸水戌月 생하여 허약하나	약년화위편인 弱年上偏印 化爲强 연상에 辛金편인 이 있으니 약화위강 격이되나	인술중정화신 戌中丁火 引出用神 戌중의 정화를 끌 어내여 용신한다	부편재무능기 偏財無能氣 편재가 힘이 없으니 부친이 무능하고	부친재무능덕 父親無能 부친재무능덕 부모의 덕이없는 것도 팔자소관인가보다	신성고장다단성 成長過程 辛苦多端 성장과정에 고생이 많다가	이등준보사명용 이등준보 작명사용 그의 이름은 이등 준보라는 성명을 받았고
신사금토장암축장 四土暗藏 辛金畜藏 네토암장에 신금이 장축되어 있고	사주원국한냉심 四柱原局 寒冷極甚 사주원국이 한냉극 심하니 조후가 시급하여	삼구인수발호전운 三九寅運 起發好轉 三九세 寅운이부터 기발하기 시작하여 좋아진다	모인수중유모 印綬重重 母外有母 인수가 여러군데 있으니 모외유모격이다	조행금지불길지운 不早行金地 不吉之運 일찍금운으로 흐르니 불길한운이 되어서	양이등가문양자입적 養子入籍 伊藤家門 이등가문으로 양자로 입적되었다	기후개명사용이팔 其後二八 改名使用 그후 二八세에 이름고쳐 서 부르게 되었는데

길신吉神 丑 암록 丑 협록	흉신凶神 戌 급각살 丑 부벽살 癸丑 백호대살 壬戌 절로공망 십이신살 丑 화개살 戌 반안살		
伊藤博文 文武兼全	群劫爭財 丑戌三刑	軍劫爭災 軸術三刑재	이등박문이라고 하였으며 그는 문무를 겸전 한사람이다
文武兼全 이등박문 겸전문	丑戌三刑	군겁쟁재에 축술 삼형살을 놓아서	
欲知原因 不知其數		부지기수인데 그원인을 알고자하면	
四柱微弱 用神貴奇		사주미약기 용신이 미약한데	이사주가 귀기하나 용신이 미약한데
乙巳保護 條約締結		을사 보호조약 체결과	
高宗退位 伊藤力作		고종퇴위 등의 큰일들은 이등박문이 천벌을 받을 역작이다	
신묘대운 기유육운 己卯 辛酉大六九運		그러니 六九세 己酉 年 辛卯대운에	
戌中丁火 本妻推理		술중의 丁火를 본처로 추리하는데	戌중의 丁火를 본처로 추리하는데
難保偕老 再婚未盡		해로하기가 어려우니 재혼한것도 미진하여서	
日時白虎 丁癸相沖		일시 백호대살과 丁癸로 상충이 된원인이다	
用神補强 戌癸合火		무계합화로 용신보강화 戌癸로 합해서 화를 이루어 용신을 보강한 원인이다	
庚戌國恥 閔妃弑害		경비시해 민비시해 경술년의 국치사건과 민비시해와	
천구백구 일천이육 一九〇九 一〇二六		일천구백구 일천이육 一九〇九년 一〇월 二六일	
安重根義士 義擧被殺 안중근의사 의거피살		만주 하리빈역에서 안중근의사의 의거로 피살되었다	

소화천황(日本. 昭和天皇)·일본

			癸 丁 壬 辛 卯 丑 辰 丑		정관용인격 正官用印格	
胎息	胎元	命宮			대운(大運)	乾命 一九○一年 四月 二九日 卯時 出生
壬子	癸未	戌戌	七六 六六 五六 四六 三六 二六 一六 六 甲 乙 丙 丁 戊 己 庚 辛 甲 酉 戌 亥 子 丑 寅 卯			
春節三月 四柱稀貴	춘절삼월 사주희귀	五行俱全 四柱原局	오사행주 구원 전국	木水東北 平生大運	목수동북 평생대운	流轉千秋 祖上蔭德	조상의 음덕이 천추만대에 흐르는 형상이다	秀氣流行 殺印相生	살인 상생으로 수기가 잘 흐르고	水氣流生 辰月之節 五陽之節	수기 유상생 오양 진월계춘 지절로서 辰월은	晦氣無光 丁火辰月	정화 무광 회기 무광 하니 정화가 무력하다	丁火일주가 辰월에 출생하여 설기태심
湧出之象感 生動之象	생동감이 넘쳐흐르는 형상이니	用出之象 生動地感	생동지감 생출지상	大忌運無 通關作用	통관작용을 잘하게 되니 크게 꺼리는 운은 없다	大運氣作用 통관기운작용	대운의 흐름이 아름답다	富貴可期美 運程可期	부귀가 기미 운이 부귀를 기약하겠다	富用神時 水氣喜神 水木用神	木용신에 水기는 희신이 되는데	年月日時 相生不絶	연월일시로 오행 상생부절격이 되어서	上年生月 上年月日時 상년생월 상년월일시	卯木通關 陽氣漸昇	양기가 점점올라가는 때에 묘목으로 통관하니	卯양기점통관승 묘양기점관승	身弱可知 金水太旺	金水 태왕하여 신약사주가 되는데	辛金水가태왕지 신약수가태왕

길신吉神	흉신凶神	십이신살
卯 문곡귀인 卯 태극귀인	辰 육파 卯 절로공망 丁丑 백호대살 丑 부벽살	丑 화개살 辰 천살 卯 수옥살 辰 공망

백화쟁발 금상첨화발	錦上添花	편재부친 토금생동	偏財父親 土金生動	昭和天皇 大權登位	대권등위 소화천황	外國侵略 大東亞戰	대동아전 외국침략	청군소인충 軍人徵發 青少年層	군인으로 증발 한국의 젊은청소년층

길신吉神
- 卯 문곡귀인
- 卯 태극귀인

흉신凶神
- 辰 육파
- 卯 절로공망
- 丁丑 백호대살
- 丑 부벽살

십이신살
- 丑 화개살
- 辰 천살
- 卯 수옥살
- 辰 공망

錦上添花 / 백화쟁발 금상첨화발
- 백가지 꽃이 다투어 피는 사주로 금상첨화라
- 萬物生育 意慾沖天 / 만물의욕생육 의욕충천
- 만물이 생육되니 그의욕이 충전한다

偏財父親 土金生動 / 편재부친 토금생동
- 편재부친은 토금 생동감이 넘치니
- 其父君王 日本支柱 / 기부지군왕 일본지주
- 일본군왕이요 그부친이 군왕이요 일본의 지주이기 도하다

昭和天皇 大權登位 / 대권등위 소화천황
- 소화천황이 대권에 오르자
- 意慾大端出 世界進出 / 이한일본병 의욕대단출 세계진출
- 한일합병 이후에 일본은 세계 진출의 의욕이 대단하여

外國侵略 大東亞戰 / 대동아전 외국침략
- 대동아 전쟁을 일으켜서 외국을 침략하고
- 以後韓日合幷 日本 / 한일합병 이후일본
- 한일합병 이후에 일본은

軍人徵發 靑少年層 / 청군소인충 군인층 소년충
- 한국의 젊은청소년층을 군인으로 증발
- 楊穀收奪 物資供出 / 양곡자수탈 물자공출
- 양곡 수탈 물자공출등의 만행을 저질렀다

順天者存 逆天者亡 / 순천자존 역천자망
- 순리로 행하는 자는 잘살고 거역하는 자는 망한다는 법칙이 있다
- 一八四五 乙酉歲運 / 일팔사오 乙酉세운
- 乙酉년 一八四五년에 이르러서

聯合軍勝 日本降伏 / 연합군승 일본항복
- 연합군의 승리로 일본천황은 드디어 항복하고 전쟁은 끝났다
- 卯酉相沖 用神被傷 / 묘유상충 용신피상
- 이것은 卯목용신이 酉년에 卯酉로 상충하여 용신이 피상 당한 원인이다

나까소네(中會根康弘)・일본수상

상관용인격 傷官用印格

乾命 一九一八年 五月 二七日 酉時 出生

胎息	胎元	命宮	癸酉 甲戌 丁巳 戊午	대운(大運)	
戊辰	戊申	乙卯	六六 甲子 / 五六 癸亥 / 四六 壬戌 / 三六 辛酉 / 二六 庚申 / 一六 己未 / 六 戊午		

義義氣男兒 의지강강 의기남아	始終得所 稀貴四柱 시종득소 시귀사주 한 사주이다	七年大旱 甘雨大地 칠년대한에 비가 대지를 적시는 형상이니 아름다워서	調候用神 時上癸水 시상의 계수인수로 조후의 용신한다	四柱枯燥 過於 사주원국이 너무 고조하고	年支得祿 丁火傷官 년지정록 정화상관 丁火傷官이 연지에 득록하고	巳午火局 甲木巳月 사오화국 갑목사월 甲木日主가 巳月 화왕당절에 巳午 火局을 놓고
勇敢果決 臨事卽決 용감 과단 임사즉결 용감 과단하여 매사를 임사주결한다	金神之格 强健不屈 금신지격 강건불굴 금신신격을 이루고 있으니 성격이 강건불굴하고	金珠滿匱 富貴榮華 금주만궤 부귀영화 부귀영화에 금주만 갑이라	西北金水 二四歲當 서북금수당 이사세당 二四세부터 서북 금수로 대운이 흐르니	天氣冲天 火地滿天 천지만화 화기충천 천지만화에 회기가 충천하여	月支得祿 戊土財星 월지득록 무토재성 戊土재성이 월지에 득록하였는데	丁火透出 眞傷官格 정화투출 진상관격 丁火가 투출하니 진상관격인데

길신吉神

巳 문창귀인 / 午 태극귀인 / 巳 관귀학관 / 巳 천주귀인 / 戌 황은대사 / 戌 홍란성

흉신凶神

巳戌 원진살 / 酉午 부벽살 / 巳 락정관살 / 酉 공망

십이신살

午 장성 / 巳 망신살 / 酉 육해살

항목	요약	설명 1	설명 2
두상관격국	두뇌명석	상관격국에 두뇌가 명석하며	살장관로하고 장생지에 있으며
편재문장가정	명문재장생	편재가 또한 장생지이니 명문 가정에서 출생하였다	편관살장관장생로/살장관장생로 편관이 편관장생로
형제소고관독	팔자소관	형제는 고독하니 팔자 소관이다	생관인상생이니 생모의 공이 크다
수국회의당선원	국회의원	국회의원을 여러번 당선되었으며	관인상생이니 생모의 공이 크다
부군국주의회	군국주의부활계획	군국주의의 부활을 계획하고 있으며	官印有功/生母有功 일찍 정계에 투신하여 인기가 집중되고
상관성공태왕	관성공망	관성공망에다 상관이 태왕하니	政界投身人氣集中 인기가 집중되고
손궁양압자미	로양불미 鷺養鴨子	자손궁이 불미하여 양압자의 팔자라	대권일본장악상 대일권수장악 일본수상으로서 대권을 장악하고
			大權掌握日本首相
			문창관귀학부귀 학문식창관부귀 문창관귀학관을 놓아서 학식이 풍부하고
			學識豊富文昌官貴
			패망극중지중 관귀극중 패망극지중 관귀가 중중패망극을 당한격이니
			官貴重重敗忘剋之
			일사지술편원재 巳戌원진재 巳戌원진과이니 처궁에 풍파가 있을듯하라
			日支偏財巳戌怨嗔

닉슨(Nixon.Richard)·미국 대통령

상관용관격像官用官格					胎息	命元	胎宮
	壬子	癸丑	庚寅	丙戌			

대운(大運)								
	一〇 乙卯	二〇 丙辰	三〇 丁巳	四〇 戊午	五〇 己未	六〇 庚申	乙亥	甲辰 丙午

乾命 一九一三年 一月 九日 戌時 出生

- 庚金日生이 丑月에 출생한 중에 子丑 水局
- 자축경금수축국 子丑金水丑月
- 설기태심 진상관격으로 설기 태심하여
- 眞傷官格 泄氣太甚
- 조후용신 調候用神 丙火 행우병화 幸遇丙火 다행이 丙火를 얻어서 조후용신한다
- 차중권고 차외하망 祿重權高 此外何望 록중권고하니 이밖에 무엇을 더 발랄까
- 지수기발로 수기의 참뜻은 지혜의 보고이다 智慧發露 水氣發露
- 인사교유화목능 사교에 유능하며 이웃과 화합하고 친족간에 화목하다 社交有能 隣和睦族
- 일지편재 일지에 편재를 놓아서 日支偏財 日支孤嗔

- 임계수기 년월투출 년월에 壬癸水氣가 투출하고 壬癸水氣 年月透出
- 과어한냉 천한지동으로 사주가 너무 한냉한데 過於寒冷 天寒地東
- 평화동남 평생대운이 목화동 남으로 흘러서 平生大運 木火東南
- 화기진발 욕심의 발로요 火氣眞發 慾心發露
- 상관건록 상관이 건록을 놓으면 투수한 지능을가지게 되며 傷官建祿 特殊智能
- 위타진업 위인지업 활인지업으로 노력하고 항상남을 위하여 爲他盡業 活人之業
- 양가지서 난보해로 양가지서로 해로하기가 어려우니 두집사위라 兩家之壻 難保偕老

- 302 -

길신吉神			
丑 천을귀인			
寅 대극귀인			
寅 관귀학관			
戌 금여록			
寅 홍란성			
흉신凶神			
寅 공망			
丑 급각살			
壬戌 삼형			
丑 부벽살			
寅 고진살			
子 락정관살			
丙戌 백호대살			
癸丑 백호대살			
십이신살			
寅 역마			
丑 반안살			
戌 월살			

학월업봉열인중수 學業熱印中綬	월지에 인수를 놓으니 학업에 열중하며	삼정형인백가세호 三刑正印加白勢虎	정인백호에 삼형이 가세하고 있어서
모모외친흉모사 母外親有凶母死	모친이 흉사하였으며 모외유모격이라	정여정식관부암정합 正官不暗正合	정관이 암합하니 여식이 부정하고
기편자관풍암류합 偏官暗合其子風流	편관이 암합하니 그아들이 풍류이다	관관성성백입호묘 官星入墓官星白虎	관성이 입묘하고 관성백호가 되어서
팔일자자흉나하사 一子奈何八字凶死	팔자 흉사하였으니 일자를 어찌하랴	인십덕세성사취십 十德成四人十歲就	십세부터 사십세까지는 인덕으로 일을 성취하고
자사력십개이척후 四○以後自力開拓	사십 이후부터는 자력으로 개척한다	정사계십투도신달 政四界十投到身達	사십세에 이르러서 정계에 투신하였으며
용무신오대강운 用神補強戊午大運	戊午대운이 약운 과 용신운이 되어서	거대당통선령자선 大統領者選舉黨選	대통령에 당선되는 영광을 얻게 되었고
기칠사미사육대운세 己未大七四六運歲	一九七四년 六一세 己未대운에	대갑권인사연임당 甲寅年大權辭任當	세운 甲寅년을 맞이하여 대권을 사임하였다

- 303 -

카터·미국 대통령

胎息 胎元 命宮	戊 癸 癸 甲 午 巳 酉 子	印授用官格	인수용관격
戊 甲 丙 甲 子 寅	七三 六三 五三 四三 三三 二三 一三 三 辛 庚 己 戊 丁 丙 乙 甲 巳 辰 卯 寅 丑 子 亥 戌	대운(大運)	乾命 一九二四年 一〇月 一日 午時 出生
幼泣竹杖 偏財相沖 유읍죽장 편재상충	異性双房 掛冠双房 괘관쌍방 이성쌍방 괘관쌍방	이성풍파 괘관쌍파	임기남결 의기남아결	신왕용단조 과감용명조	무력지화성 화기재성 무력	조후용신화 巳午之火 調候用神	癸酉金局 巳酉 癸日生人 사계일생인 유금국
부선망의 팔자라 편재가 상충하니	괘관쌍방의 팔자라 이성풍차가 많아서	결정하는 의기남아이다 매사에 임하면 즉시	단 한사람이다 신왕사주는 과감용	쓰지 못하고 없는 불이되어 화기재성은 힘이	용신코저 하나 巳午화로 조후	금국을 놓고 癸日생인시 巳酉
紅鸞之星 美貌得妻 洪欄之星 미모지성 一子爲孝 官星無力 一刀兩斷 進取之力 偏官用神 時支己土 午火相沖 巳火合去 午火化合去 身旺四柱 年支得綠 辛年支得綠	홍란지성 미모득처 일자위효 관성무력 재겁쟁재 군재접쟁재 일도양단 진취지력 편관용신 시지기토 오사화상거 巳火合去 午火相沖 신왕사주록		
혼란성을 놓은 연고이다 미모의 처를 얻게된것은	일자위효격이다 관성이 무력하니	격을 이루어서 견겁이 많으니 군재쟁재 재성인 화기가 무력한데	양단의 결단력이 있다 그리고 진취력과 일도	용신을 정하게된다 시지의 기토편관으로	午火는 子午 상충되어서 巳火는 巳酉로 합거하고	신왕사주이다 연지자에 득록하니

-304-

길신吉神 · 흉신凶神 · 십이신살

길신吉神
- 子 십간록
- 巳 천을귀인
- 巳 태극귀인
- 子 천희신
- 巳 홍란성
- 巳 황은대사

흉신凶神
- 巳 단교관살
- 巳 부벽살
- 午 수옥살
- 子 육파
- 酉 귀문관살
- 午 절로공망

십이신살
- 子 공망
- 子 장성
- 酉 연살
- 巳 겁살
- 午 재살

구분	설명(1)	설명(2)	설명(3)
귀인천을귀인 天乙太極 貴人扶身	천을귀인과 태극귀인이 도와주고	황은길신 全部喜神	황은대사등의 길신은 巳火로서 희신이되니 희귀하게 이루어진 사주이다
화정토축무운인 丁丑戊寅 火土之運	丁丑戊寅 화토운 에서	이황금지년운간 二五年間 黃金之運	황금운이 되니 二五년간이 황금운이 되니
중치년운약정 政治活躍程	정중년운약정 중년대운에 정계에 입문하여 활약이 컸고	기일구묘칠대운육 己卯 一九七六 대운	一九七六년 己卯 대운에 이르러
병진세운 丙辰歲運 大統領當選	丙辰세운에서 미국대통령에 당선되었고	절당영광 當選榮光 絶對多數	절대다수의 많은 표를 얻어 당선의 영광을 얻은 것은 용신이 득력한 원인이다
비장지환 심장질환 心臟之疾患 肥胃之疾患	건강관계를 살펴보면 비위 심장질환을 조심하여야 한다	남당방차지시 유효 南方有效	이와같이 몸이 아플때는 남쪽이나 중앙에서 의약 치료를 받아야한다
도화구설파 여난 挑花六破 女難口舌	도화살과 육파를 놓았으니 여난으로 인한 구설수가 있다	신자유귀약문 경쇠 신子酉鬼門 神經衰弱	子酉귀문 관살을 놓았으니 신경쇠약을 염려하여야 한다
락단 단상골절살 斷橋關殺 落傷骨折	단교관살을 놓아서 락상골절을 유의 하여야 한다	신경진대운 庚辰大運 身命可畏	庚辰대운에 이르면 신명 이 위태로울 것으로본다

간디(Gandhi, Mdas Karam chand)·인도 의장

從財格 종재격	壬 乙 癸 己 午 丑 酉 巳	胎息	胎元	命宮
대운(大運) 八 一八 二八 三八 四八 五八 六八 七八 壬 辛 庚 己 戊 丁 丙 乙 申 未 午 巳 辰 卯 寅 丑		庚子	甲子	丙寅
乙酉月失令 日主無氣 從財之格 己土用神 時支得祿 五十年間 黃金之運 金氣太旺 權威主爲 陰凶氣質 陰干地全 音凶氣質 福德格局 性情强直	乙日生人이 酉月에 출생하여 실령한중에 일주가 무기하니 부득이 종재격을 이룬다 시지득록신 놓아서 기토용신이 시지 午화에 록을 놓아서 오십년간 황금지운이다 五○년간이 황금운이다 금기가 태왕하면 사람이 권위주위에 흐른다 연월일이 음간으로 전부구성된 사람은 을흉한기질이 있다 복덕격을 놓은 사주는 성정이 강강한 편이다			
己酉土全 己巳 투출 종사오화국 종살불능 최희화건 용신건토왕 용신화토 선록중위 선망대상 羨望對象高 他人輕視 革命氣質 他人誘導 謀事有能 母事인유도 모사인유능 영국형무소 英國刑務所收監時	기사유축투출 巳酉丑금국에 기토가 투출하여 巳午화국에 금기 무력하니 종살격은 되지 않는다 용신이 건왕하니 화토운이 가장좋다 최희화건토왕 용신건토왕 대운이 길하니 록중 권고로 선망의 대상이다 타인을 가볍게 보고 혁명의 기질이있다 타인을 잘 유도 모사에 능하다 한때는 영국형무소에 수감되어			

乾命 一八六九年 一○月 二日 午時 出生

길신吉神		
巳 천을귀인	단사십일간 食十日間 투쟁 鬪爭	四十日間이나 단식 투쟁을 한바있다	일인대도혁정 印度革新 一大革新	인도의 정치를 일대 혁신하였다
巳 태극귀인	을목단신 乙木單身 형제고독 兄弟孤獨	乙木이 오직하나 뿐이니 형제가 없어 고독하다	부편재득록 偏財得祿 명문가정 明門代家	편재가 득록하였으니 부대에 명문가정이다
丑 암록	재처내조 財妻內助 현처내조 賢妻內助	재성이 록을얻었 으니 현처가 내조한다	화축오상 火丑午傷 충화상 銃火傷	壬午탕화살이 있으니 상이나 총상을 당할듯다
午 홍란성	인공도수 印公度首 상혁혁 相赫赫	인도수상에 올라서 그공적이 혁혁하다	락상관골절살 落傷關節殺 단교 斷矯	단교관살이 있으니 락상하거나 골절 상이 있을것이다
午 황은대사	其印度首相 功赫赫		火傷銃傷	
흉신凶神				
巳 단교관살	상편관야 傷偏官野 도화 挑花	편야 도화살과 상관도화를 놓아서	구이설분파 口舌紛波 이성풍파 異性風波	이성풍파로 구설구 가 분분하였다
巳 부벽살	傷官挑花 偏野挑花			
午 도화살				
午 절로공망	무일자세운 戊一九四八歲運	一九四八년 戊 子년에	팔을축세당운 八乙丑大運	즉 을丑대운 팔십세에 이르러서
십이신살				
巳 지살	일왕불귀격 一往不歸擊	괴한에서 저격당하여 세상을 떠났다	자용신록지 子用神祿地 상충 相沖	용신의 뿌리인 록지를 충발하여 사망 한것으로 추리된다
酉 장성	怪漢沮擊		子午相沖	
五 화개살				
午 연살				

히틀러(Hitler. Adolf)·독일 수상

胎息 胎元 命宮	甲 丙 戊 己 午 寅 辰 丑	식신용인격 食神用印格	乾命 一八八九年 四月 二十日 午時 出生
辛 己 辛 亥 未 未	六六 五六 四六 三六 二六 一六 六 辛 壬 癸 甲 乙 丙 丁 酉 戌 亥 子 丑 寅 卯	대운(大運)	
紅 偏 홍 편 艶 野 염 야 之 挑 도 지 殺 花 화 살	財 일 도 상 위 부 목 평 인 시 삼 병 星 지 기 관 중 귀 수 생 수 상 춘 화 入 고 극 태 권 영 동 대 용 갑 출 일 墓 진 심 왕 고 화 북 운 신 목 생 주	丙 삼 火 춘 日 출 主 생	
살 편 재 을 상 부 평 고 에 을 야 성 놓 관 귀 생 로 출 놓 도 과 으 태 영 대 시 생 아 화 관 니 왕 화 운 상 하 서 와 성 하 와 이 인 여 홍 이 고 위 목 수 염 입 일 중 수 용 묘 지 권 로 신 하 애 고 흐 한 고 고 하 르 다 진 였 니 살 다			
蝶 探 탐 접 처 무 타 삼 한 대 오 일 상 도 무 舞 色 색 무 자 관 인 양 초 길 십 주 관 기 기 花 連 화 관 구 무 력 지 지 년 생 제 막 투 間 日 연 간 무 재 량 음 쟁 간 부 거 삼 출 妻 無 처 三 한 五 戊 盜 子 官 자 陽 초 十 己 氣 俱 無 가 之 일 年 透 莫 無 財 없 陰 음 間 出 甚			
다 나 날 접 처 재 타 인 삼 한 오 대 관 생 도 무 니 비 로 화 자 관 인 수 양 초 십 길 을 부 기 기 는 가 주 연 가 이 의 가 일 지 년 운 제 하 가 가 형 꽃 색 간 없 없 힘 긴 음 쟁 간 으 거 는 막 투 상 을 을 일 는 어 을 요 하 이 이 로 하 동 심 출 이 찾 탐 형 서 얻 하 니 라 서 는 시 하 하 다 아 하 상 처 어 니 에 다 니 니 이 자 야 상 다 가 한 없 다 는 형 상 이 다			

길신吉神 寅 문곡귀인 寅 학당귀인 申 암록 午 협록 寅 황은대사	타상식중첩 傷食重疊 他人蔑視	상관식신이 중첩하니 타인을 멸시하고	천상천하에서 오직 내가 최고라는 자만심이 많다 유아독존 천상천하 唯我獨尊
	위대지출력 과대지출력 爲他盡力 過大支出	남을위하여 노력 하고 과대 지출하는 단점도 있다	인호대상의 재관이 의지할 곳이 없으면 승도의 팔자라 승재관무의 財官無依 僧道之象
흉신凶神 寅 부벽살 丑 고진살 辰 육파 午 도화살 戌辰 귀문관살 辰 절로공망	종정교계유리통 宗教有系統 政治系統	정치계통 보다 종교계통이 더 유리하다	인호거문일 龍虎踞門 寅辰月日	寅辰月日이니 용과 호랑이가 걸쳐 앉 은 집안이다
	독일총활 정일총맹활 政界猛活 獨逸總統	정계에서 맹활동 독일총통이 되었고	이일차병전 독일병합전 獨日聯合 二次大戰	이차세계대전을 일으켜 독일과 일본이 병합하여
	세전쟁기략 전세계야침략 戰爭惹起 世界侵略	세계침략 전쟁을 일으켰고	결과패전 일시승리 結果敗戰 一時勝利	일시 승리하는 듯 하다가 결국 패전하였다
십이신살 丑 화개살 午 연살 寅 겁살 辰 천살	총축화상문 총상오귀상문 銃傷火傷 丑午鬼門	丑午귀문관살과 탕화살을 놓았으니 총상이나 화상이염 려된다	신별경유의약 특별신경쇠약 特別留意 神經衰弱	신경쇠약 질환에 특별 유의하여야 한다
	임축삼대형운 壬戌 丑戌三刑大運	壬戌대운에 丑戌 삼형살과 편인운이 되어서	인진운필사격 眞傷官死格 印運必死	진상관격에 행인 운 이면 필사라고 한말 에 적중하였다

헨리 키신저·미국 국무장관

正官用財格 정관용재격	癸 丁 庚 丁 亥 巳 子 丑	命宮 명원	胎息 태식
대운(大運)	八 一八 二八 三八 四八 五八 六八 丙 乙 甲 癸 壬 辛 庚 辰 卯 寅 丑 子 亥 戌	癸 戊 亥 申	乙 丑
장생월경지금 巳月庚金 長生之庚金	정관용신기 制鍊成器 丁火用神	용정관미용 用官不用 丁神微弱	수통관용신 水火相戰 通關用神	세경금광채수 洗鍊金亥水 庚金光彩	항상구설관직불구 恒常口舌 官識不久	정계사지해신 正官之 丁癸巳亥神
巳월 庚金 일주가 비록 장생지가 되나	사주원국이 金水로 한냉하여 정화로용신하여 제련성기 코자한다	丁官용신이 미약하여	통관용신으로 수화 상전을	庚金을 亥水로 세련하니 광채가 난다	항상 구설수로 관직이 오래 가지 못한다	정관 지신이 丁癸巳亥로
자시축합축토토 時支丑土가 子丑으로 子丑合土	수정화상전충 水火相戰 丁癸相沖	해구중작지용 偏財用神 亥中甲木	中解求之道 和作 解求作用	관살혼잡 官殺混雜 食神制壓	식관신제암 殺 食官見官 傷官	위상화관백견단관 爲禍百端	무각자상팔자충 各相 八字沖
시지丑土가 子丑으로 합하여 土를 이루나	그러나 丁癸 상충으로 水火상전을 이루니	亥중의 甲木으로 편재용신한다	해구작용하는 동시에 중화지도를 구한것이다	관살혼잡이 되어서 식상르로 제압하니	상관이 견관이면 위화 백단이라 고한다	각각 상충충하니 무자팔자라

길신吉神	亥 천을귀인 巳 황은대사	
흉신凶神	午 단교관살 子 락정관살 丁 五 백호대살 巳 亥 상충	
십이신살	丑 화개살 亥 지살 巳 역마 子 육해살 丑 공망	

패관귀 망귀중 官鬼중 剋망 敗忘剋상중 象	관귀가 중중패망 극지상이 되어서	
처재성 궁성불 財星 宮不相 妻不미충 宮美沖	재성을 상충하니 처궁이 불미하다	
불부조 화조각 父祖각거 不各居 和지지 之상 象상	부조가 각거하고 불화지상이라	
인편재상 수재상충 偏財상 印綬合去	편재가 상충하고 인수가 합거하며	
부조실부모 모실부모 父母무덕 早失父母 父母無德	조실부모하였으니 부모덕이 없으며	
좌항상분주 坐恒常분주 不常奔走 安席	항상 분주하고 좌불안석이다	
외특사활동 外使活動 特使有能	외교에 유능하여 대통령특사 활동도 하였다	

필여명무서인출 如無庶人出 必螟蛉人	가령 서출 아니면 남의 자식을 기르는 팔자다	
부연월이상향충 父年月상相향충 母離鄕	연월상충하니 부모가 일찍 고향을 떠나고	
손상자관대왕 傷官태발왕 孫子大發	상관태왕에 손자대에 대발한다	
와삼음선소양 三陰一陽 명일양 蛙鳴蟬噪	삼음일양 사주가 되어서 성장과정이 불우하다	
지살편역마답 海外驛馬 地殺편 海外편踏	지살역마를 놓아서 해외편답 하였고	
정치활약 국무장관 政治活躍 國務長官	정치활약으로 국 무장관이 되었고	
삼팔이후 길운전무 三八以後 吉運全無	三八이후에는 길운이 없는 팔자라	

이광요(李光耀)·싱가포르 수상

상관용관격 傷官用官格				
	癸壬辛丁 亥戌未酉		命胎胎 宮元息	
	六 一六 二六 三六 四六 五六 六六 辛 庚 己 戊 丁 丙 乙 酉 申 未 午 巳 辰 卯		壬 癸 丙 戌 午 午	
자신금좌대술궁 自坐帶宮	辛金일생이 戌월 출생하고 대궁에 앉아 있으며	壬戌월은 수진기인데 壬癸水가 투출하여	임술계해월 투출진 壬戌癸亥月透出進	조정화용미신 調候火用美神	丁火用神 調候可美	丁火로 용신하니 조후가 아름답다	육삼십육세당 六三十六歲當	삼육세길운당 三六歲吉運當	이六세부터 육십년 간이 대길운으로서	팔방미인록 八方美人祿	상관미득록 傷官美得祿	상관이 들록하였으니 팔방미인이요	편재입묘호 偏財入墓號	인수백호 印綬白虎	편재가 임묘하고 인수백호를 놓아서	정재유장생 正財有長生	내조유공 內助有功	정재가 장생지에 있으니 처의 내조 유공이 크다
시지유금록 時支有金祿	녹지가금 時支酉金 시지유금 祿地可知	시지 酉金에 록을 놓았다	사주원국냉 四柱原局冷	금수한냉국 金水寒冷	사주원국이 金水로 한냉하여서	토수기약병신 土水氣藥病神	수기병신 水氣病神 토기약신 土氣藥神	水기는 병신이되고 土기는 약신이 되는데	일부국초군상 一富國超群相	부귀수상군 富貴首相君	부귀영화가 넘쳐흐르니 일국의 수상이다	인화유목능 隣和有睦能	외교유능 外交有能	외교에 유능하고 주위사람들과 화목하다	조실비애성장 早失悲哀成長	조실부모 早失父母	조실부모하니 비애가 넘치는 가운데서 성장하였다	미술해지축문 未戌亥地軸門	술해천문축 戌亥天門丑	戌亥는 천문이요 未자는 지축인데

乾命 一九二三年 九月 一六日 酉時 出生

길신吉神			
亥금여록	명문동축천하전動軸天下	명문축이 구전하니	일편관귀장생기 편관이 장생지에 있으니 일자가 귀기하다
戌협록			
戌천희신		명동 천하라	
흉신凶神			
戌급각살	미권술장악형刑權掌握	未戌 삼형살을	일약불수기술연 만약 그렇지 않으면 한번 수술수가 있겠다
未戌삼형	未戌三刑	놓았으니 형권을	
辛未효신살		장악 하겠으며	
未戌육파	시지유살금時支酉金 紅艶之殺	시지의 酉金이 홍염살이 되니	심이취성화간신 이성이 많이 따르매 異星隨身 상 마음이 꽃밭에
	정신사대강운 用神補強	丁巳대운에서 용신을 보강하여 주니	心醉花間 있다
십이신살	비위질론지 一身論之 脾胃疾患	일신 론지에 비위 질환이요	안시경괘미약 시력이 미약하여서 眼視力微弱 안경을 쓸 팔자다
亥지살	미살형가세 三刑加勢	未戌육파에 삼형이 가세하나	양난보해로 난가보해서로 兩家保偕老 부부해로 하기가 어려難 워서 두 집 사위라
未화개살			
酉수옥살	급각가외살 骨折關殺	급각관살을 놓았으니	신묘운도래 卯運到京 신묘운이 돌아오면 身登玉京 일주의 록지를 충발하니 세상을 뜰것으로 본다
戌천살	急脚關殺	골절될가 두렵다	
戌천살			

카스토르(Casthd Fidel Ruz)·쿠바 수상

상관용인격 傷官用印格	丙 丙 甲 庚 寅 戌 戌 午	命 胎 胎 元 命宮 息 元 宮	
대운(大運)	一 二 三 四 五 六 七 ○ ○ ○ ○ ○ ○ ○ 丁 戊 己 庚 辛 壬 癸 酉 戌 亥 子 丑 寅 卯	丁 丁 己 卯 亥 卯	乾命 一九二六年 八月 一三日 午時 出生
월지갑목일지포궁생 / 갑목일생이 월지 甲木日生 / 포궁이 되어 무기한데 月地胞宮	지지인오화술국전 / 寅午戌을 놓아서 寅午戌 / 지지화국이 되고 地支火局全	극기태교심가 / 도기설교가 / 극설교가 인데 極氣太甚 / 태심하니 / 도기가 태심하니	중화지도상 / 이인제지상 / 중화지 / 인수로서 상관식신 以印制傷 / 화지상 / 을 제거하니 중화지 中和之道 / 중도상 / 도를 얻었으니	금수유동대운 / 평생수유동 / 금수로 金水流動 / 유동대운 / 평생대운이 금수로 平生大運 / 이니 / 흐르매	대부대귀 / 공명혁혁 / 대부대귀에 大富大貴 / 혁혁 / 고로 대부 대귀에 功名赫赫 / / 공명이 혁혁할 팔자라	처일지편재 / 일지 편재를 妻日支偏財 / 놓았으니 처첩이 妻妾可知 / 있을 팔자라
재살경금투출 / 庚金이 투출하니 재살 財殺庚金透出 / 태왕사주로 太旺 /	병화투격출 / 丙火가 투출하니 丙火透出 / 진상관격으로 眞傷官格 /	인수용신 / 申中 壬水로 인수 申中壬水 / 용신하여 印綬用神 /	천지만조상 / 고천지만조 / 天地가 만화 天地滿火 / 지상 / 조지상이 다타버리는 형상인데 枯燥之象 /	용신첨보강 / 금상첨화강 / 용신을 보강하여주니 用神補强 / / 금상첨화격이다 錦上添花 /	편재흥왕 / 명문태생 / 편재가 흥왕하니 偏財興旺 / / 명문가의 출생이요 名門胎生 /	일편관득록 / 편관위효록 / 편관이 록을 놓았 一偏官得祿 / / 으니 아들하나가 偏官爲孝 / 귀자에 효자이다

길신吉神			흉신凶神		십이신살		
寅십간록			寅급각살		寅지살		
寅申상충	寅申삼형살	午탕화살	戌급각살		申역마	午장성	戌화개살	戌공망
손상자관대태왕 傷孫官子太大旺發	주수기류유무체행 周秀氣流無滯行	위군인양강팔직통 爲群人陽剛八直通	이오자성홍풍염파 異午字紅艷風波	대정통계령맹위약	신급경각지관통살 急神脚經關之痛殺	삼지형살가역세마	三地刑殺加逆勢馬
상관이 손자가 대발할것이요	수기가 유행하여서 주루무체격 되어서	군양팔통 사주이니 사람이 강직하여	午자가 홍염살이 니이성 풍파가 염려된다	정계에서 활동력이 크니 대통령이 되고	급각관살을 놓아서 신경통 질환이 염려된다	지살역마에 삼형 살이 가세하니	
순연환월상일생시 順年月日環相生時	유조전상음추덕 流祖上蔭德轉千秋	강아경독일존도 强唯我獨一尊到	목근피통골금상통 木筋皮痛金傷骨	진일명국통천치 振一名國統天下治	수약족불기골절연 手若不其然足骨折	수교통사가외고 手交通事故可畏	
연월일시가 순환 상생을 이루니	조상의 음덕이 천추 만대에 빛날것이다	강경일변도에 유아독존격이다	근육통과 골통은 목일주가 금을 많이 본연고이다	일국을 통치하여 천하에 이름을 떨친다	만약 그러지 않으면 수족골적상이다	교통 사고나 수술주라	

빌리 브란드·서독 수상

乾命 一九一三年 十二月 一八日 巳時 出生

胎息	胎元	命宮	癸丑 甲子 癸酉 丁巳		建錄用印格 건록용인격
戊辰	乙卯	甲子	六○ 丁巳 / 五○ 戊午 / 四○ 己未 / 三○ 庚申 / 二○ 辛酉 / 一○ 壬戌 / ○ 癸亥		대운(大運)

無力之象 偏財父親	無力지부친 편재지부친	損妻敗財 群劫爭財	손처군접 쟁패지상	妻字可知 時上偏財	시자가편지는 글자인데	平生大運 西南金火	서남금화 평생대운이 서남	偏官用神 丑中己土	편축관용기신토	調候用神 時上丁火	조시후상용정신화	水汪當節 癸水日主	수계왕수일당주절

무력한 형상이며 | 군 겁쟁재로 손처 패재지상이 되어서 | 시상편재가 처되 | 금화로 흐르니 | 고로 丑中의 己土로 편관 용신하니 | 시상丁화로 조후 용신하고자 하나 | 癸水일주가 水왕당절에 출생한중 |

| 梟神凶神 | 日支酉金 | 效神 凶神 | 掛冠雙房 | 雷逢電別 | 괘뇌봉관쌍쌍방별 | 水火相剋 | 丁癸相沖 | 富貴雙全 | 運程可美 | 金木藥神 | 木氣病神 | 用神不適 | 丁癸相沖 | 癸水透出 | 巳酉金局 | 계사수유금출금국 |

살이 되고 | 일지酉금이 효신 | 뇌봉전별로 두방에 관을 결딸자이다 | 丁癸상충에 수화 상극이 되었으니 | 운정이 아름다워서 부귀쌍전할 팔자라 | 木기는 병신이되고 金기는 약신이 된다 | 丁癸로 충되였으니 용신으로 부적하다 | 巳酉금국에 계수가 투출하여 한냉하니

길신吉神			흉신凶神		십이신살	
子 십간록 巳 천을귀인 酉 문곡귀인 巳 태극귀인 巳 암록 酉 협덕귀인 酉 천희신		午 백호대살 午酉 육파살 酉 급각살 酉 도화살 酉 귀문관살 酉 육파		巳 오화개 酉 지장성 子 육해살		
金金 盜도氣기 沈침 水수 太태 甚심 低저 인수酉金이 금침수저로 도기가 태심하매	官관星성戊무己기 土토地지子자 息식 무자식이 되는데 글자가 戊己토되는 관성	無무子자不불發발 可가畏외 자손이 없어서 무자할까 두렵다	自자手수成성家가 建건祿록格격局국 자수성가할 팔자이다 건록격을 가진사 주는	青청貴귀大대器기 將장星성貴귀人인 장성큰 인물이 될팔자이다 청귀한 사주로	人인品품高고潔결 西서獨독首수相상 고로 인품이 고결하여 서독수상에 올랐고	比비肩견白백虎호 兄형弟제凶흉死사 비견이 백호를 놓았으니 형제간에 흉사할 것 으로본다
孤고獨독成성長장 早조別별兩양親친 조별 양친하여 고독하게 성장하였다	水수多다漂표流류 土토能능剋극水수 토가능히수를 극한다고는 하나 물이 많으면 흙 이 떠내려가는 형상이니	身신旺왕四사兒아 義의氣기男남兒아 신왕사주는 의기남아라	三삼金금水수木목 金금水수木목氣기 삼기성목상기 金水木세가지로 사주가 구성되어서	知지慧혜寶보庫고 水수性성本본質질 수기의 본질은 지혜의 보고이다	貴귀人인滿만身신 協협助조扶부住주 귀인이 사주에 꽉차 있으니 주위에 협조 하는 자가 많을것이다	神신經경衰쇠弱약 鬼귀門문關관殺살 귀문관살을 놓아서 신경쇠약이 염려된다

미테라아·불란서 수상

식신용겁격 食神用劫格	丙 戊 丙 甲 辰 戌 申 午	命宮 胎元 胎息
대운(大運)	五 一五 二五 三五 四五 五五 六五 己 戊 丁 丙 乙 甲 癸 亥 戌 酉 申 未 午 巳	辛 己 辛 巳 丑 丑
丙火日主가 申戌 금국을 놓은중에	乙未大運부터 삼십년 간이 대길운이다	본약처생별연 만약 그렇지 않으면 본처와 이별할수라
병화모신약용신 丙火로 용신한다	무력지암장상 인수가 암장에 있어서 무력지상이 되어서	인수긴요 학업열심 인수가 필요한 사주는 공부를 열심히하면 살길이 생긴다

乾命 一九一六年 十月 二六日 午時 出生

신화술금일국주
丙火日主 申戌金局을 놓은중에
일락서산조
日落西山
여광반조
餘光反照
해가 서산을 넘는데
다행이 丁火가
비추어주니

乙未三十年大吉
乙未大運 삼십년이 대길이다

삼십대운길
을미대운길

명문대가
수태출생
受胎出生
명문대가의 자손으로
출생생했다

유실자모
비애성장
幼失慈母
悲哀成長
어릴때 모친을 잃고
슬픔속에 성장
하였다

본약불기처생별연
若不其然
本妻生別
만약 그렇지 않으면
본처와 이별할수라

재정재국일련
일연재국
재정직업
되었으니 재정직
업이 적격이다
日連財局
財政職業

연지진토희기실광
年支辰土
晦氣失光
연지 辰土에 설기 막심하니
그 병화가 빛을 잃어버리고

신화모용신약면
병화용모신약
身弱用神
丙火用神
신약은 모면하여서
丙火로 용신한다

편재부친술월득령
편재부친
戌月得令
戌月에 득령하였으니
편재 부친은

무력지암인수장상
印綬暗藏
無力之象
인수가 암장에 있어서
무력지상이 되어서

일지편재처첩가지
日支偏財
妻妾可知
일지편재를 놓아서
처첩이 있을 팔자라

일편관장귀기생
편관장생
一子貴奇
편관이 장생에 있으니
아들하나가 귀자이다

인학수업긴긴요심
印授緊要
學業熱心
인수가 필요한 사주는
공부를 열심히하면
살길이 생긴다

-318-

길신吉神			흉신凶神		십이신살		
申 문창귀인	申 관귀학관	申 암록	辰 협록	午 협록	戌 급각살	午 단교관살	辰 화개살	申 지살	午 수옥살	戌 월살	辰 공망
戌 미술자지문축성	未字는 천문지축성	일주가 신약할 때는 도와주면 정이 있는 것인데	財命有氣 治富之人	심화광토체식장신	급각상골락정	수갑오상도피선	首相被選	甲午到來	落脚傷骨折井	心火廣體食胖	財富命有氣治之人	癸字는 천문성이며 未字는 지축이다

(본 표는 복잡한 구조로 정확한 변환이 어려움)

길신吉神 / 흉신凶神 / 십이신살

- 申 문창귀인
- 申 관귀학관
- 申 암록
- 辰 협록
- 午 협록

흉신凶神
- 戌 급각살
- 午 단교관살
- 辰 상충
- 戌 수옥살
- 午 낙정관살
- 申 양인살
- 辰 절로공망

십이신살
- 辰 화개살
- 申 지살
- 午 수옥살
- 戌 월살
- 辰 공망

戌字는 천문지축성 未字는 지축이다

방신유정 일주유신정약

幇身有情 日主身弱

治命之有氣 財富之人

心火廣體食胖 火土食神

急脚落傷骨折井

落傷骨折

甲午到來 首相被選

必是重昏 男多羊刃

癸字는 천문성이며 未字는 지축이다

일주가 신약할 때는 도와주면 정이 있는 것인데

재명유기 재부지인 있으면 치부할 사주이니

火土식신사주는 마음이 넓고 몸이 살쪄서 뚱뚱하다

심화광체식장신

급각살과 락정관살을 놓았으니 골절할까 두렵다

갑오운에 일러서 프랑스의 수상에 피선되어

남자사주에 양인이 많으면 두세번 결혼단다

명문축동천구 門軸動天下 名動天下

임재중권고관 祿重財任官

록중권고라 祿重權高

능임왕금재 能任旺金財

烏手億金

식신유기 승어재관

勝於財官

수단족교관골절살 斷矯關殺 手足骨節

불란서국 통치전담 佛蘭西國 統治專擔

기성강강 군양팔통 其性强剛 群陽八通

천문지축을 구비하여서 그 이름이 천하에 떨칠것이다

일주를 보강하여 왕한 재와 관을 감당하면 록중권고라

재와 관을 능히 감당하면 억금을 쥐게 된다

일주를 보강하여 왕한 재를 감당하면 빈손으로 억금을 쥐게된다

식신이 기운이 있으면 재관보다 더낫다

단교관살을 놓으면 수족골절상이 있다

불란서국가를 통치하게 되었다

양팔통사주는 그정신 기가 강강하다고 판단한다

커야로 · UN 사무총장

상관용관격 傷官用官格	庚辛丁庚 寅巳亥申	命宮 胎元 胎息	乾命 一九二〇年 十一月 九日 寅時 出生
대운(大運)	七 六 五 四 三 二 一 〇〇〇〇〇〇〇 甲癸壬辛庚己戊 午巳辰卯寅丑子	丙 壬 庚 申 寅 辰	
辛金亥月 眞傷官格	過於寒冷 四柱原局 과사어한주 냉원 하국 여이 서 너무	三十經過 東南木火 삼동용동 십남신남 세 목을 으가 화 보로 지 로 강흘 나 흐하러 서 려니 부터	신금해월 辛金亥月 진상관격 眞傷官格 신금일주가 진상관격인데
難保偕老 財星刑沖 난재보해 성로 형하 충기 가 어렵다	官星不美 난관성형 궁이 충불 하미 니 하다	成長過程 隱路重重 성 로장 중과 중정 에 애로가 많았으며	隱路重重 애로장과정에 많았으며
不和之象 不父母兄弟 불부 화모 할형 제 두며 간에	不和之象 부모형제 간에 불화할듯하며		
金水太旺 天寒地凍 금천수한 태지 왕동 금하물이 늘에서 꽁꽁 얼어있는데 찬바람이 불고	調候用神 月干丁火 월조간후 정용 화신 월상의 丁화로 조후 용신하는데	錦上添花 大吉之運 금대상길 첨지 화운 대길한 운으로서 금상첨화격이다	父母無德 八字奈河 부팔모자 무를 덕 어찌하리요 부모 무덕하니 팔자를
早行金水 大運不吉 대조운행 불금 길수 대운이 흐르매 불길하여서	日月相沖 離鄕客地 일이 월향 상객 충지 일찍 고향을 더나서 객지 생활이다	初運印綬 學業優秀 학초업운 인인 수수 그러나 초운이 인수운 이되어서 학업성적 이 우수하였다	

-320-

길신吉神		
寅 천을귀인 寅 태극귀인 寅 관귀학관 亥 금여록 申 협록		

各 역마지충살 驛馬地沖 各 各 刑 殺	역마지살이 각각 형충하니	수교통가사외고 術可畏 手 交通事故	교통사고나 수술 수가 두렵고나
寅 사인생지국해 申 生 巳 之 亥 局	寅申巳亥 국을 놓아서	극부극귀하니 가문현혁귀 家門顯赫 極富極貴	극부극귀하니 가문에 빛이난다
亥 해자지천축문 申 字 字 地 地 天 軸 文 軸	亥자는 천문성이요 申자는 지축인데	장문축구전 門軸具全 將相公候	문축이 구전하니 장상공후의 팔자라
秀 수연기유행시 氣 月日時 流 行	연월일시로 수기가 유행하니	신청기수 貴公之命 神淸氣秀	신청수기에 귀공 지명이라
名 명중사림유방 重 史 有 有 芳 芳	명중사림에 그 이름이 꽃과같이 아름답구나	총UN사무장 UN 總長職位	유엔 사무총장에 올라서

흉신凶神		
亥 고진살 申 락정관살 巳 절로공망 寅 삼형살 巳 육해살 亥 상충		

		고군겁흉신 孤嗔凶神 群劫爭財	고진살의 흉신과 군겁쟁재격이 되어서

십이신살		
寅 역마살 申 지살 巳 겁살 亥 망신살		

八 이성풍파 異 八字所關 性 風 波	이성풍파가 있으니 팔자소관이다	福 구십장수복록지옹 九 祿 之 翁	구십장수에 복록 지옹이다

- 321 -

로날드 레인건·미국 대통령

印授用官格 인수용관격	戊 丁 庚 辛 申 未 寅 亥	命宮 胎元 胎息

乾命 一九一一年 二月 六日 申時 出生

大運(대운)							癸 辛 壬 未 巳 午
	一 二 己 丑	一二 戊 子	二二 丁 亥	三二 丙 戌	四二 乙 酉	五二 甲 申	六二 癸 未 七二 壬 午

인정화인월 丁火寅月 印綬之月	오미신중 午未申中 午字供夾	정관화위감 弱化爲強 正官能堪	금수운정 平生運程 金水北西	순환상생 循環相生 生意不悖	정재경록 時支得庚金 正財庚祿	내현조모유공 賢母良妻 內祖有功
丁火일주가 寅월에 출생하니 인수월이 되고	未申중간에 午자를 껴앉고 있으니	약화 위강으로 정관을 능히 감당 할수가 있어서	평생대운이 금수 북서로 흐르니	순환 상생에 생의 불패이니	정재庚金 시지에 록을 놓아서	현모양처로서 내조의 공이 크다

살수인목상생 殺印相生 水木印綬	희공귀지국격 稀貴格局 供祿之格	정관용신수 正官用神水 年支壬水	대길지운 六十年間 大吉之運	공명전천추 功名傳千秋 名傳順遂	희신가미할 喜神可美 郁郁可美	명년월삼기 年月三奇 名門出生
수생목 목생화로 살인상생을 이룬다	공록격으로서 희귀한 격국이다	연지의 임수로 정관용신하는데	육십년간이 대길한 운으로서	공명을 제대로 이루어 그일름이 천추만대에 빛날것이다	희신역할을 하니 더욱 아름답다	연월에 삼기를 놓았으니 명문출생이요

-322-

길신吉神		
亥 천을귀인		
申 관귀학관		
申 금여록		
未 암록		
未 협록		
丁 천덕귀인		
未 천희신		

흉신凶神		
亥 급각살		
寅 단교관살		
寅 공망		
寅 고진살		
寅 절로공망		
寅亥 육파		
寅申 삼형살		
寅申 충		

십이신살
亥 지살
寅 망신살
未 화개살
申 겁살

미인신해 寅亥合木 未申坤土	경일구태세십 庚一九八十歲	임일구팔사 대운 壬一九八四大運	임오자지자 壬午之字	구임오자지 仇神之字	원구인신제리거 原因仇神推理除去	이성구설류 異性口舌流	주색풍류 酒色風流	처고액진귀외문 孤辰鬼門	처액가문 妻厄可畏
寅亥가 합하여 목이 되고 未申이 곤토를 이루니	一九八○년 庚申년에 이르자	一九八四년 壬午 대운에	壬午년에 午자가 구신되는 글자인데	구신을 제거하므로서 당선되게 된 원인으로 추리한다	원인추리	이성구설 풍파로 이성 풍파구설이 많다	주색풍류로 놓아서 처액이 두렵다	고진살과 귀문관살을 놓아서 처액이 두렵다	
금탐합상망첨충화 貪合忘沖 錦上添花	칠십세당 대통령위 七十歲當 大統領位	갑재차당선 甲次當選 大統領當選	자갑오자상자충오년자충 甲子年子 子午相沖	미신자목욕 未紅艷殺 申子沐浴	수급각골단각절절 手足骨折 急脚斷稿	오장운수지경명 午運經過 長壽之命			
탐합 망충으로 금상첨화격이다	칠십세가 되는 해에 대통령에 당선되었고	甲子년을 맞이하여 재차당선되었으며	甲子년에 子자가 子午로 상충하여	申子는 목욕이요 未子는 홍염살인데	급각살과 단교관살을 놓아서 수족 골절상을 당하게 될 것이다	午운을 경과하면 장수하게 될 것이다			

포르투갈·대통령

상관용인격 傷官用印格	甲 丙 庚 戊 子 子 申 寅	命宮 胎元 胎息	
대운(大運)	二 一二 二二 三二 四二 五二 六二 丁 戊 己 庚 辛 壬 癸 丑 寅 卯 辰 巳 午 未	丁 丁 乙 卯 卯 巳	
경금일주 자월출생 庚金日主 子月出生	천한지동 金寒地凍 天寒水冷	이일주생부 일주를 생부하며 이인제상하고	일주가애 귀기명조 冬日可愛 貴奇命造	용신보강 危中有求 用神輔求	조후위길화 調候爲吉	가작위곤 高爵厚恩 假殺爲坤
乾命 一九二四年 十一月 七日 寅時 出生	庚金日生生이 子月에 출생한 중에	천한 지동으로 금한수냉한데	일주를 생부하며 이인제상하고 사주이다	겨울에 병화가 가장 사랑스럽고 귀기한 사주이다	용신을 보강하니 위중유구한다	겨울의 병화가 조후하여 길하다	가살이 권세가 되니 높은 벼슬에 은혜가 두터운 사주이다
진상관격 申子水局 眞傷官格	금침수저 戊土用神 金浸水低	벽갑인병 丙火高透 壁甲引丙	동남목화시 大運亦是 東南木火	삼기사인주전 三奇四柱 財官印	시유토미온 始有土微溫	이복력만인덕 能服萬人 以力以德
申子水局을 놓아서 진상관격을 이루고	금이묻어 갈아 앉는 형상이 되어서 戊土로 용신하여	丙火가 높이 떠오른 중에 벽갑인병하니	대운역시동남 木火로 흘러서	재관인을 갖추어서 삼기사주로서	土가있으면 미온지토가 되어서 시생만물 지상이아	실력과 덕으로 만사람이 복종하는 형사이다

길신吉神		흉신凶神	십이신살	
甲子 천사신 寅 황은대사 申 관귀학관 寅 태극귀인 申 십간록	명문재태록 편재득태생 名門胎生祿 偏財得胎生			
	시지화장관 병화편관장생 時支火長生 丙火偏官	申子 삼합 신일자상합 日時相沖 申子三合	寅 삼형살 寅申 상충 子 락정관살 寅 고진살 子 공망	寅 역마 子 장성 申 지살
	명문재가 드록하니 명문태생이요	일시가 상충하나 申子 삼활을 이루니	삼고형가세신 고진흉신과 삼형 이 가세하니	지살과 역마가 놓아서 교통사고 가 있을주라
胎息扶身 命宮胎元	모인수장생 印授長重 母恩莫重	탐합가망충 처덕가망미 妻德可美	난속보해양연 재보해양연 난보개노 難保偕老 재속양연 再續良緣	지통가사고 교통사삼형 地殺事故 交通事故
	잇수가 장생을 얻었으니 어머니의 은혜가 막중하다	탐합망충므로 충을 해구하니 처덕이 아름답다	해로하기가 어려우나 두 번째 처도 어진배필이다	만약 그렇지 않으면 수술수가 두렵다
복록지인 태식이 용신과 명궁태원	인수 가일문자귀기 一門貴赫 家一子顯赫	처덕합가망미 貪合忘美 妻德可美	수약불기외연 手術可畏 若不其然	정계결과동 열중결과
이것은 명궁 태원 태식이 용신과 희신을 도와준 결과이다	아들하나가 귀자로 집안을 빛나게한다		만약 그렇지 않으면 수술수가 두렵다	정계 활동에 열중한결과
福祿之人 錦上添花 복록지첨화 금상첨화			大統領位 포루투위칼 대통령위칼	
금상첨화로 복록지인이다			포루투갈 대통령 에 당선되었고	

- 325 -

무바라크·이집트 대통령

偏財用印 偏財用印格	戊丙甲己 辰辰辰酉	命胎胎 宮元息

| 대운(大運) | 一 二 三 四 五 六 七
二 二 二 二 二 二 二
丁 戊 己 庚 辛 壬 癸 甲
巳 午 未 申 酉 戌 亥 子 | 丙 丁 己
辰 未 酉 |

乾命 一九二八年 五月 四日 酉時 出生

| 甲日生이 辰月에
帶木之土
甲日辰月
대목지토가 되니
대목지토 | 戊己土가 투출하고
세 辰土가 있으니
三辰土星
戊己透出
삼무진토성
무기투출 | 辰中癸水 용신
印綬取用
인수로 용신한다
辰中에 癸수가
있어서 印수로 용신한다 | 各己成合
日時上下
각기성상
일시상하
일시상하가 각기
합을 이루니 | 相扶相助
周流相生
주류상조
상부상조
사주가 주류상생되어서
상부상조가 잘된다 | 萬物生動
貴奇之格
만물생동
귀기지격
만물이 생동하는때
에 출생하였으니
귀기한 격국이다 | 用神補强
旭日昇天
용신보강
욱일승천
용신을 보강하였
으니 욱일승천의
기상이다 |

| 葉茂花開
樹大根深
엽무화개
수대근심
나무가 크고 뿌리가 깊으며
나뭇잎이 무성하고 꽃이
피는 형상이나 | 日主無依
財殺太旺
일주무의
재살태왕
재살태왕으로 일주가
의지할곳이 없는데 | 官祿之客
國祿之客
관인상생
국록지객
관인상생격이되어서
국록지객의 팔자라 | 用神喜合
天地德合
용신희합
천지덕합
천지덕합으로 용신과
희신이있으니 | 火氣回生
三春辰月
화기회생
삼춘진월
삼춘인 삼월은
더운 기운이 회생되니 | 西北金水
三二以後
서북금수
삼이이후
삼십이세 이후에는 대운이
서북금수로 흘러서 | 宗教信仰
華蓋重重
종교신앙
화개중중
화개살을 거듭놓았으니
종교신앙에 심취하여있다 |

길신吉神	辰 금여록					
흉신凶神	酉 수옥살	酉 절로공망	戊辰 백호대살			
십이신살	辰 화개살	酉 도화살	辰辰子 형			
旺財生官堪當格	偏財強旺 父親風流	三戊癸合 無土暗財星	日支偏財 一夫傳子傳 八字奈何 妻妾多數	處妾多하수 팔자나다	小兒財多 他家奇食	大統領當選 舉當選者
재생관격에 왕재를 감당하겠으며	편재가 강왕하니 부친이 풍류라	戊土편재가 세 癸수와 암합을 하고있으니	부전자전으로 일지 편재를 놓고 팔자가 많을주니 처첩이 많으리요 사람사주에 재가많으면		남의집 밥먹고 성장한다	대통령 선거에서 당선되어
一妻妾內助 一品之功	少室出生 印綬藏畜	父親有母 到處色醉	偏野挑花 到處財星	三陽之爭 漢楚一陰	癸亥大運 이집트국	大權掌握 羨望對象 선망대상
처첩의 내조의 공이 일품이다	인수가 암장에 있으니 소실출생이라	부친이 추색에 취해있는 형성이니 도처에 어머니라	도처에 재성이있는 중에 편야 도화를 놓아서	삼양일음에 한조지 쟁이 되어서 궁이 불미하다	癸亥대운에 이르러서 이집트 국가의	대권을 장악하여 선망의 대상이 된다

아라파트·팔레스타인 의장

印授用傷官格 인수용상관격	己 壬 癸 甲 巳 申 巳 寅	命宮 胎元 胎息	

	대운(大運)								戊 癸 辛 巳 亥 未			乾命 一九二九年 八月 一六日 寅時 出生

대운: 四 一四 二四 三四 四四 五四 六四 七四
辛未 庚午 己巳 戊辰 丁卯 丙寅 乙丑 甲子

월계수봉수인월	시상관용갑신목	남평동생지지류류정	사수목유유능관	사상교수가유상능관	시지상지관득갑록목	사신합망수	탐합신탐충	토년금월수일목시
癸水가 甲月에 출생하여 월봉인수하고	시상의 甲木상관 으로 용신하니	평생운정이 남동으로 흐르니	수목상관격은 사교 에 유능하고	상관 甲木이 시지에 록을 놓았으나	巳申합수가 되니 합하는데 탐이 나서 충하지 않아서	연월일시 수목으로서		

일사신합주보강수	화금기보日주강水	다기약복병명신신	다기약복생애	팔방미인인화목족	인일신견상판충단	흉상상화충해위길구	상수기유부절행	상수생기불유절행
巳甲합수로 일주를 보강하니 신왕사주가 되어서	금기는 병신이 되고 화기는 약신이 된다	다복한 생애를 기약할 명조이다	팔방미인에다가 인근과 화합하고 친족과 화목이다	한번보고 판단하기에는 寅申상충과 형이되나	서로충함을 해구하니 흉화위길이다	수기가 잘흐르니 상생이 끊어지지 않는다		

- 328 -

길신吉神 巳 천을귀인 巳 태극귀인 申 태극귀인 申 관귀학관 寅 금여록 巳 교록귀인 癸 천덕귀인 壬 월덕귀인	흉신凶神 巳 음착살 申 삼형살	십이신살 巳 지살 寅 겁살 申 망신살

生化有情 通關作用	日支三刑 妻宮不美	地殺三刑 交通事故	悲泣竹杖 幼哀成長	金與得吉神 美貌處妻	先祖遺德 天德月德	丙寅大運 아라파트
생화유정은 통관작용인데	일지 삼형에 처궁이 불미한데	지살이 삼형을 놓으니 교통사고가 두렵다	어릴때 부선망으로 슬프게 성장하였다	금여록의 길신이 있어 미모의 처를 얻었다	천덕귀인과 월덕귀인 을 놓아서 선조의 유덕을 받게되고	丙寅대운에서 아라파트

大用運多貴情	巳申兩家之婿	官災口舌 手術可畏	地殺奔走 恒常奔走	財物惠澤 內助有功	天佑神助 災殃消滅	팔레스타인 議長當選
대운에서 용신을 다정하게 대해주면 대부대귀라	양사가서파 巳申육파를 놓아서 두집의 사위이다	관재구설이나 수술수가있을 수라	지살을 거듭 놓아서 항상분주하다	처가의 재물혜택을 받아내조의 공이크다	천우신조하니 일체의 재앙이 소멸된다	팔레스타인의 의장에 당선되었다

- 329 -

미하일 고르바초프・소련 서기장

胎息 胎元 命宮	辛 丙 庚 辛 卯 辰 寅 未	인수용재격 印授用財格	
辛 辛 庚 庚 巳 子	七 六 五 四 三 二 一 九 九 九 九 九 九 九 九 壬 癸 甲 乙 丙 丁 戊 己 午 未 申 酉 戌 亥 子 丑	대운(大運)	乾命 一九三九年 三月二日 卯時 出生
偏印 명문인조 학운봉인수 월봉인수에 구신을 대운의 불미지상인데 신왕사주로 병화일주가 名門 편인조부 월운양호 국을 흐름이 다행이 경금 寅月에 胎組 학운태생 서 대학을 놓으니 아름 두신금을 용신한다 장생지지가 生父 생하였다 졸업 학운이 다워서 만나니 되고 평인은 하였다 좋아 금상첨화격이다	...		
子 官 자 偏 偏 便 偏 水 木 水 平 自 庚 寅 孫 星 孫 財 財 印 印 氣 氣 金 生 坐 金 卯 不 無 不 無 無 特 特 仇 藥 北 大 絶 浮 辰 微 力 微 德 氣 徵 徵 神 神 西 運 地 財 俱 力 하 미 는 는 는 는 는 는 는 는 는 는 는 는 全			

길신吉神		흉신凶神	십이신살	
寅 문곡귀인 卯 태극귀인 寅 학당귀인 未 금여록 辰 협록 寅 천희신 卯 황은대사		寅 귀문관살 辰 절로공망	未 화개살 寅 망신살 卯 장성 辰 반안살	
종교연지심화취개 宗敎心醉蓋	연지에 화개를 놓아서 종교에 심취하고	이월지수홍성신염 月支紅艶	월지에 홍염살을 놓아서 이성풍파가 있다
학문식곡태극귀 文曲太極	문곡귀인과 태극귀 인을 놓으니 학식 이 풍부하다	이성미금인여득길처진 金與吉妻	금여록길신을 놓으니 미인의 아내를 얻었다
월지후처소망생신 月支亡神	월지에 망신살을 놓았으니 후처 소생이다	태명식궁금태수원胎息 胎息金水	명궁 태원 태식 金水로 되어있다
욱용일신승생천부 用神生扶	용신을 생부하니 욱일승천 지상이다	소갑련신국대가운 蘇聯國家	甲申대운에 일러 소련국가의
대학당선자령 大統領當選	대통령 선거에서 당선자로서	대극권부극장귀악 大權極貴	대권을 장악하여 극부극귀하였다
실신각미퇴세임운 辛未歲運	辛未세운에 이르러 실각퇴임하였다	신귀경문쇠관약살 鬼門關殺	귀문관살을 놓아서 신경쇠약이 염려된다
일폐장신질론환지 一身論之	일신의 건강을 보면 폐장 질환이 있으며	비위특허별유약의 脾胃虛弱	비위가 허약하니 특별유의 하여야한다
폐肺장臟질疾환患				

페레스·페루 대통령

				己丑	己丑	癸丑	甲寅	偏官用傷官格 편관용상관격	乾命 一九四九年 五月 二二日 寅時 出生
胎息 戊子	胎元 庚辰	命宮 丙寅			一 ○ 戊子	二 ○ 丁亥	三 ○ 丙戌	四 ○ 乙酉	五 ○ 甲申	六 ○ 癸未	七 ○ 壬午	대운(大運)	

天寒地冷 今水寒冷
干支六土 日主剋制
月逢印綬 官印雙全
金氣病神 木火大吉
丙火調候 微溫之土
病火燥土 未溫之土
印綬重疊 母外有母
母外有母 印綬重疊
財星虛弱 空亡加勢

하늘은 차고 땅은얼 어 있는 때 사주로 금수가 많으니 한냉 한중에
간지육 극제토 일주를 극제한다
월지에 인수를 놓은 관인쌍전 으로 신왕하여
목화운이 대길하고 금기는 병신이되고 수기는 회신이된다
丙火가 있어서 조후하여주니 微溫之土가 된다
인수가 중첩하니 모외유모라
재성이 미약하고 공망이 가세하니

暗藏伏神 寅中丙火
退期之神 丑月水氣
時上甲木 傷官用神
三冬濕土 原來丑土
凶化爲吉 旭旭可美
妻財推理 寅中丙火
人財叢理 處財推理
妻宮不美 掛冠雙房

寅中에 丙火가 암장에 있어 따습게 하여주나
丑月은 비록 수기가 퇴신하는 때라하지만
시상의 甲木으로 상관용신하니
원래 丑土는 삼동 에습토와 동토인데
고로 흉화위길이 되어서 더욱 아름답다
인중의 丙火가 재로서 처되는 글자인데
처궁이 불미하여 관을 두방에 걸팔자라

길신吉神		
寅 금여록 丑 암록 丑 협록 寅 홍란신		

흉신凶神
丑 급각살 寅 고진살 癸丑 백호대살 寅 절로공망

십이신살
寅 겁살 五 화개살

모병가신암재합취 丙辛嫁財暗娶合	기조도자모생손모 祖母祈禱生母子孫	축인상탕화화상총상 丑寅火傷銃傷蕩火	계축백호형제흉사 癸丑白虎兄弟凶死	여성풍파특지목욕 特異性風支沐浴破	수삼족토골절각 手三土急骨脚折	을일축년오당 乙一丑八年九當五
丙辛으로 어머니가 재취하였다	조모나 생모가 기도하여 출생하고	丑寅이 탕화살이 되어서 화상이나 총상을 당할수라	癸丑백호대살을 놓아서 형제간에 흉사할수라	이성풍파가 있는 데 이는시지에 목욕 이 가세한 원인이다	세토에 급각살을 놓았으니 수족에 골절상이 있겠다	一八九五년 乙丑년 三五세에
독화실개중중종교 篤華實蓋宗重重教	괘출태생락당지시 出生當時掛胎落地	학월업봉운인길수印綬學業運逢吉	군고군진쟁흉재신 群孤劫嘆爭凶財神	금여처록덕가미신 金與祿妻神德可美	냉과어한병가외습 過於寒濕冷病可畏	당폐선루영대광통령 當廢選樓榮大統光領
화개가 살중으로있으니 독실한 종교인이다	출생당시 태출을 걸고나왔다	월지에 인수를 놓으면 학업운이 길하고	군겁쟁재에 고진 살흉신을 놓아서	금여록길신을 놓 아서 처덕이 좋다	사주원국이 너무 한습 하니 냉병이 두렵다	페루대통령 페레스페루 대통 령으로 당선의 영광 을 차지하였다

낫세르·이집트 대통령

正官用財格 편관용상격	戊 癸 壬 壬 午 丑 戌 寅	胎 命 胎 息 元 宮	
대운(大運) 四 一四 二四 三四 四四 五四 六四 甲 乙 丙 丁 戊 己 庚 寅 卯 辰 巳 午 未 申		丁 甲 甲 卯 辰 寅	

乾命 一九一八年 一月 一五日 寅時 出生

축축월임 丑丑月壬 戌戌土申 兩辛암양 辛 장일 에 인 신이 금	四 柱 原 局 寒 氣 凍 結	壬 戌 日 主 魁 罡 之 格	火 氣 喜 神 木 氣 用 神	목 수 호 水 기 화 걸 火 회 구 지 溝 신 인 인 通 이 통 인데 되 데 는
壬월의 丑일생인이 丑戌토암장에 신금 인수가 장축되고	사주원국이 한기로 동결되어서	壬戌일주는 괴강 격도되고	화기는 용신이고 목기는 희신이 되는데	수화가 잘통관 되면 호걸지인 인데

| 일임주불투약출
壬水 시상에 투출하니
일주가 약하지는 않으나 | 과어한냉
정화조후
丁火調候
너무 지나치게 한냉하여
丁火로 조후용신한다 | 잡기재관격
玄戊當權
雜氣財官
현무당권격
잡기재관격이된다 | 평생육십
목화동남
平生六十
木火東南
평생 육십년이 목화
동남으로 대운이 흐르니
아름답다 | 생애궁색
수화불통
水火不通
生涯窮塞
수화가 불통된 사주
는 생애가 궁색하다 |

| 해즉발근
동즉난영
解則難發
凍則難榮
해동즉 대발하고
동즉 더추운 대운이
오면 영화를 누리
기가 어렵다 | 지거왈모
지향지역
居鄕之域
指日某某
고향에서는 이름있는
지방의 유력인사라 | | | |

| 天難辯解
寒地凍
난변해동
하기가
어려운 법인데 | 偏財成局
父親有力
편재가 국을 이루니
부친이 유력하여 | | | |
| 천한지동 사주는
해동을 분별 | 편재성국
부친유력
부친이 유력하여
부친이 국을 이루니 | | | |

길신吉神			
寅 문창귀인	母偏財有暗母合 모외유암모합		편재가 암합하니 모외유모격이다
寅 천주귀인	丁壬暗合 父傳子傳 정부임자전		부전자전으로서 丁壬으로 암합하니
寅 암록	官殺混雜 兩房得子 양관방득혼자잡		관살 혼잡에 양방득자라
寅 홍란성			
흉신凶神	有情補四柱 用神강 유정사보주		용신을 보강하여 주매유정한 사주라
丑 공망	男命一品 女命貴婦 남명일품 여명귀부		남명측 일품하고 여명측 귀부인격이라
丑 부벽살			
丑 귀문관살			
戌 락전관문			
壬 백호대살			
戌丑 백호대살			
戌寅 절로공망			
五戌 삼형살			
십이신살	平生最吉 丁巳大運 정사대운 최길		丁巳대운이 평생 가장좋은 운으로서
午 장성	大統領位 대통령장악위		대통령에 올라서
寅 지살	大權掌握 대권장악		대권을 장악하였고
戌 화개살			
丑 천살			

兄弟凶死 형제흉사 癸丑白虎 계축백호		癸丑백호대살과 壬戌 백호삼형을 놓아서 형제간에 흉사할두라
妻妾風波 이성첩가파지 異性可知		처첩이 있으며 이성 풍파가 많두라
胎命태식木火 태명식궁태원 胎息宮胎元		명궁 태원 태식이 목화로 되어있으니
三奇得位 삼기고득위 身主高强 신주고강		삼기가 득위하고 일주가 고강하면
經營感覺 경영감각생 丑月出生 축월출생		丑월에 출생한사람은 경영감각이 뛰어나다
낫트국가이 집트이집트 낫세르국가		낫세르 이집트 국가의
一九六七 무일구육칠 戊午死亡 오사망		一九六七년 丁未세운戊午 대운오십세에 사망하였다

- 335 -

네루・인도 수상

印綬用傷官格 인수용상관격	乙 甲 乙 己 亥 午 亥 丑				命宮	胎元	胎息
대운(大運)	三 三 甲 戌	二 三 癸 酉	三 三 壬 申	四三 辛 未	五三 庚 午	六三 己 巳	辛未	丙寅	己未
甲日亥月長生之地	丁火調候	凍木可知	東方火運	南方火運	漂流之象偏財戊土	印綬有母 外母重重	木火通明文明之象	教育之家活人之業
갑일생이 해월에 출생하고 장생지가 된다	甲木이 꽁꽁 얼어 있으니 丁火로 조후용 신한다	남방 화운이후 이삼이 남방화운으로 흐르니 二三 이후부터는		편재戊토가 표류 지상이니	인수가 이중으로 있으니 모의 유모격이다	목화통명사주이니 문명지상이다	교육 활인지업팔자이다
亥丑水局兩乙透出	運程不吉二三以前	大吉之運四十年間	父親無力幼泣竹杖	傷官用神話術達辯	月逢印綬舌端生金	宗教信仰學識裕足
亥丑구국에 두을목이 투출하니	二三 이전에 金水운 으로서 기신운이 되서 운정이 불길하다	사십년간이 대길한 운으로 부귀영화를 누릴팔자라	부친이 무력한 형상이여서 어려서 부친을 여이고	상관용신의 사주는 화술이 달변이다	월지에 인수를 놓았으니 설단생금 팔자라	지살인수가 되어서 해외 유학으로 학식이 풍부 하고 종교신앙이다

-336-

길신吉神	亥문곡귀인 亥학당귀인 亥암록 丑협록 乙천덕귀인 甲월덕귀인				
흉신凶神	丑급각살 亥亥자형 五午귀문관살 丑원진살 午도화살				
십이신살	丑화개살 亥지살 午연살				

손군겁쟁재 처쟁재 群劫爭財 損妻敗財	관성무력 금침수저력 金沈水底 官星無力	삼십이후 정치입문 三十以後 政治入門	부신귀인 사방조아 扶身助我 四方貴人	주학야업 독심서취 學業心醉 晝夜讀書	조편부인유기 偏印有氣 祖父長壽	부축오원진 부불화진 丑午怨嗔 夫婦不和
비견비겁이 많으니 손처패재 할것으로 판단된다	관성이 무력하고 금침수저격이 되어서	삼십 이후 정치계에 입문하였다	사방이귀인으로 나를 도와주는 형상이다	학업에 심취하고 주야로 독서에 열중한다	편인이 득령하였으니 조부가 장수할것이다	壬午원진과 귀문관 살을 놓아서 부부 간에 불화하나
지부극부 부난해로 至極難老 夫婦偕也	팔무자자소 소팔관자 無子八關字 八字所關	월천덕귀귀인인 月天 德德 貴貴 人人	학문당곡귀귀인인 文曲貴人 學堂貴人	위타진덕력 시은포덕 爲他盡德力 施恩布德	손오해녀상부정합 孫午亥相合 女不貞	선인망도수대상상 印度首對象 羨望對相
부부해로하기는 어렵다	무자식팔자이니 팔자소관이다	천덕귀인과 월덕 귀인이 있으니	문곡귀인과 학당 귀인을 놓아서	남을 위해 최선을 다하고 은혜와 덕 을 베푼다	오해로 암합하니 손녀가 부정이라	인도수상에 올라서 선망의 대상이다

아브라함 링컨・미국 대통령

胎息	胎元	命宮	乙亥 己未 丙寅 己巳		인수용상격 正官用財格	乾命 一八〇九年 二月 一二日 亥時 出生
	甲午	丁巳 戊辰	己未 庚申 辛酉 壬戌 癸亥 甲子 乙丑		대운(大運)	
群劫爭財 干與支同	軍劫爭動 干與支同	無不通知 東西文物	丙火透出 月逢印綬	西北大運 平生大運 서북금수	萬物生育 四柱原局 사만주원국	凍土可知 寅月己土 동인월기지토
群劫爭財하니	간여지동에 군겁 쟁재하니	동서문물에 서 모를 것이 없다	월봉인수에 병화가 투출하였으며	평생대운이 서북 금수운으로 흐르며	그 근토는 만물을 생육하는 것인데 사주 원국이 아름답다	설중에 매화꽃이 꽁꽁 얼어 있는데
至極難也 平生佳約 지극난가약	聚財巨金 金水運程 취재거금	海外留學 地殺印綬 해외유학	貴奇之命 用神補强 귀기한 명강	過於燥熱 用財格局 과재국	微溫之土品 己土性品 미기온지토품	年支得祿 月上丙火 연지상병화
평생가약은 지극히 어려운 사주이나	금수대운이 크게길하 니 큰돈을 모았고	지살인수를 놓아서 해외유학을 하겠으며	용신을 보강하여주 니 귀기한 운명이다	너무 조열하여서 시지의 해수로 재용 신을 하게된다	己土의 성품은 미온 지토로 변하였으니	월상의 병화가 연지 에서 巳록을 얻었으니

길신吉神
- 亥 관귀학관
- 未 협록
- 丙 월덕귀인

흉신凶神
- 亥 공망
- 寅巳 삼형살
- 巳 락정관살
- 巳 고진살
- 寅 단교관살
- 亥 급각살

십이신살
- 巳 지살
- 亥 역마
- 寅 겁살
- 未 원진살

異復兄弟 肩劫暗藏 (이복형제 견겁암장)
비견비겁이 암장에 있으니 배다른 형제가 있겠고

其子風流 官星暗合 (기자풍류 관성암합)
관성이 암합하니 그자식이 풍류임을 알수가 있다

交通事故 地殺三刑 (교통사고 지살삼형)
지살삼형을 이루었으니 교통사고를 주의 하여야한다

若不其然 手術可畏 (약불기연 수술가외)
만약 그렇지 않으면 수술할까 두렵고나

財政成功 財星用神 (재정성공 재성용신)
재성용신인 사람은 재정직에 성공하고

妻德我我 財字緊要 (처덕아아 재자긴요)
처덕자긴요 아요 재가 용신이기때문이다

何事不成 貴人不助力 (하사불성 귀인불조력)
귀인조력이 없으니 많은 귀인들이 도우니 어찌일이 이루어지지 않으리오

特別留意 愛情官理 (특별유의 애정관리)
애정관리에 특별 유의하여야한다

手足異常 落井急脚 (수족이상 낙정급각)
수락정관살과 급각 살을 놓으니 수족에 이상이 있다

辛酉大運 美國大統領
신유대운 미국대통령

月德貴人 夾祿之星 (월덕귀인 협록지성)
월덕귀인과 협록을 노았으니

政界入門 領域擴大 (정계입문 영역확대)
정계에 진출하여 영역을 넓이였고

孤辰之殺 財星相沖 (고진지살 재성상충)
고진살과 재성이 상충하니

地殺驛馬 恒時奔走 (지살역마 항시분주)
지살역마가 있으니 항시분주하다

申酉大運에 미국대통령에 올랐다

김병로(金炳魯)·대법원장

		乙丁癸丁 巳酉酉亥	偏財用劫格 편재용겁격	
胎息 胎元 命宮 壬辰 甲辰 辛亥		六八 五八 四八 三八 二八 一八 八 丙午 丁未 戊申 己酉 庚戌 辛亥 壬子	大運 대운	乾命 一八八七年 十二月 一五日 巳時 出生
四書三經 一四三年 사일사당 십사세 되는 해까지 사서 삼경에 통달 하였으며	半凶半吉 相生之誼 반흉반길 상생지의 서로 사이좋게 상생 되니 반흉반길운이다	周流無滯 通關作用 주류무체 통관작용 고로 막힘이 없이 잘 통관 작용을 하고있다	亥中甲木 木火土金 해중 갑목 목화토금 亥中의 甲木이 木火土金으로 상생하여	木火土 木進氣 木火透出 목화토 목진기 목화투출 또한 목진기 시설에 木火가 투출하니	當然從殺 生覺推理 당연종살 생각추리 당연히 종살한다고 생각하여 추리할 것이나	丁火丑月 金水太旺 정화축월 금수태왕 丁火日主가 丑月 출생하여 무력한데 金水가 태왕하니
結婚成禮 一三歲當 결혼성례 일삼세당 십삼세되는 해에 결혼이 성사되었고	全北出生 農家出生 전북순창 농가출생 전북 순창에 농가 에서 출생하여	大運亦是 早行金水 대운역시 조행금수 대운역시 초운이 金水로 흐르매	相生不絶 秀氣流行 상수기유행 상생부절격 상주의 수기가 유행하니 상생부절격이다	比劫用神 擘甲引丁 비겁용신 벽갑인정 庚金 도끼로 甲木을 쪼개서 생화하고 있으니 丁火로 비견용신한다	自坐長生 丁火酉金 자좌장생 정화유금 丁火가 酉金에 장생지가 되고	財殺太旺 身弱四柱 재살태왕 신약사주 재살 태왕하니 신약 사주이다

- 340 -

길신吉神			
亥 천을귀인			
酉 천을귀인			
酉 문창귀인			
酉 태극귀인			
酉 학당귀인			
巳亥 상충			
흉신凶神			
丑 급각살			
丑 부벽살			
癸丑 백호대살			
십이신살			
亥 지살			
巳 역마			
丑 화개살			
酉 장성			

일본유학 一九一〇년 日本留學	고이팔조교당 二八歲助教 高大	욕지원인 기미화토 己未火土	항무일료변사호 抗無日料辯鬪士護	선대출법취원임장 選大出法就院任長	법구부년수지호간 法九部年之守間護	귀사일구향후독서 歸四一九鄕後讀書
일본에 유학하여 一九一〇년	이십팔세되는 해에 보성전문법과 대학조 교수로 강의 를 하였고	이것은 기토가 요화는 용신의 해 이기 때문이다	항일투사의 무료 변호를 전개하였다	대법원장에 선출 되어서 취임하여	구년간에 법무부 장관으로 법을 지키는데 최선을다 하였다	사일구후 아가서 四九이후 고향에 돌 아가서 독서로소 일하다가
명치대학 법학졸업 法學卒業 明治大學	법원판사 일구일구 法院判事 一九一九	기후변호사업 辯護士業 其後辭任	대한민국 一九四八 大韓民國	독재정권 항거불굴 獨裁不掘	소급아마흥신 小急脚凶神 急脚凶神	일칠팔구사육망사 一七九八死六亡四 七八死亡
명치대학 법과 대학을 졸업한 후에	一九一九년에는 서울 지방법원 판사가 되었다	법관직을 사임후에 변호사업을 개업하여	一九사팔년 대 민국의	평생을 통하여 청빈한 법관으로서 자유당정 권과 군사혁명정부 독재정권에 굴하지않고	급각살이있으니 소아마비로 고생을하고	一九六四년 七八세에 많은 업적을 남기시고 세상을 떠났다

이완용(李完用)・한말 문부장관

胎息	胎元	命宮			丁酉	辛亥	己未	戊午		인수용상관격 印授用傷官格
	丙寅	乙丑		七八 丁卯	六八 丙寅	五八 乙丑	四八 甲子	三八 癸亥	二八 壬戌	一八 辛酉	八 庚申	대운(大運)
日帝啊附	高級官吏	일제 아부리	豪華成長	母外有母	호모화성장	重逢印綬	偏財虛弱	편재허약 중봉인수	用神補强	金水西北	용금수서북강	酉金喜神	獨水鰲乾	유독희신건 酉金喜神	時支得祿	幸遇酉金	시지득록 행우유금	午未火局 未月辛金	午未月金	오미월화국
일제에 아부하였고	고급관리로서		호활롭게 성장하였다	모외유모지격이나		중봉하니	허약하고 인수를	편재가 부친인데	용신을 보강하니	서북금수로 흘러		기가 무력하나 酉金	독수오건으로 수	희신있어 용신이된다		있어서 록지가 되고	다행이 酉金시지에		午未火局에	未月의 辛金일주가
交流後光	大院君位	교류후광 대원군위	判中樞府	養父鎬俊	판중추부 양부호준	寒門移出	養子出生	양자출생 한문이출	錦上添花	富貴榮華	금상첨화 부귀영화	平生大運	用神微弱	용신미약 평생대운	調候用神	日支亥水	조후용신 일지해수	財殺太旺	丁火透出	재살태왕 정화투출
교류하니 그덕택으로	편부가 대원국과		중추부사에 올랐으며	양부 호준은 판중		양자로 집안을 옮겼고	한문에서 출생하여		부귀영화를 누릴수라	금상첨화격으로		평생대운이	용신이 미약한데		용신코저하는데	일지의 해수로 조후		재살태왕 사주인데	丁火가 투출하니	

乾命 一八八七年 十二月 一五日 巳時 出生

길신吉神
- 酉 십간록
- 亥 금여록

흉신凶神
- 未 급각살
- 酉 단교관살

십이신살
- 午 장성
- 亥 겁살
- 未 반안살
- 酉 육해살

政界進出 李完用氏 정계진출 이완용씨	風雲韓末時代 李朝韓末 풍운한말 이조한말	組國背反 親日役割 조국배반 친일역할	金與之祿 美貌得妻 금여록 미모득처	原因事由 養子入門 원인사유 양자입문	一九一七 八月十七日 일구일칠 팔월십칠일	民族反逆 上程通過 민족반역 상정통과
양부의 아들이 용이가 정계에 진출하게 되였고	이조한말 풍운시대에	조국을 배반하여 친일역활을 하였다	금여록을 놓아서 미모의처를 얻게되고	양자로 입문한 연고를 찾아보면	一九一○년 八월 一七일에 송병준이가 질새라 이완용이가	상정통과하여 통광시키므로서 민족반역 자로 락인이 찍혔다
現實主義 出世主義 현실주의 출세주의	先鷗修業的 眼目修業 선구수자업적 안목수자업	一偏官得祿 偏目貴奇 일편관득기록 일편자귀득기	賢母良妻 內助有功 현모양처 내조유공	正偏財星 日支相連 정편재성 일지상련	內閣會議 乙巳條約 내각회의 을사조약	外壓自願 千秋遺恨 외압자원 천추유한
현실주의의 출세주의 의 철저하였다	선구자적인 안목을 수업하였고	편관이 득록하니 아들하나는 귀자이다	현모양처로서 내조의 공이클 팔자라	정편재가 일지와 서로 연결한 원인이다	어전내각회의를 개최하여 乙巳 보호조약을	일제식민지와 외압을 자원하여 천추만대에 민족반역자가 되었다

— 343 —

최시형(崔時亨)・천도교주

乾命 一八二六年 三月二一日 午時 出生

편관용겁격 偏官用劫格	丙戌 壬辰 壬寅 丙午	命宮 乙未 胎元 癸未 胎息 丁亥
대운(大運)	五 癸巳 / 一五 甲午 / 二五 乙未 / 三五 丙申 / 四五 丁酉 / 五五 戊戌 / 六五 己亥	

임일진월 입묘신약 壬日辰月 入墓身弱	사십이전 목화불길 四十以前 木火不吉	재다신약 조년극친 財多身弱 早年剋親	진월오양 만물소생 辰月五陽 萬物蘇生	관성입묘 상충무기 官星入墓 相沖無氣	필명령야 동서무의 必螟蛉也 東西無依	동학열중 교리포교 東學熱中 敎理布敎
壬日생인이 辰월에 출생하여 입묘로 신약사주이다	사십이전은 木火로 대운이 불리하고	재다신약 사주로 일찍부모를 여이고	辰월은 오양지절로 만물이 소생하는 때인데	관성이 입묘하니 상충되어 무기하니	남의 자식을 두어야 하니 동서간에 의지 할곳이 없는 형사이다	동학에 열중하여 교리포교에 일생을 바쳤다
양일부종 임수용신 陽日不從 壬水用神	사십이후 금수길운 四十以後 金水吉運	타가기식 비애성장 他家寄食 悲哀成長	천지만화 공처지상 天地滿火 恐妻之象	무자팔자 여무서출 無子八字 如無庶出	동학교주 상봉직후 東學敎主 相逢直後	용호거문 명문태생 龍虎踞門 名門胎生
양일주는 종하지 않는다는 원칙에 의하여 임수로 용신한다	사십이후 金水운에서 그의 명성이 떨친다	태가기식으로 슬픔속에서 성장하였다	천지가 재성인 화기로 충천하니 공처가로 추리된다	무자팔자로 서출 자식이거나	최제우동학교주를 상봉한 후에	용과 호랑이가 걸쳐 앉은 명문태생이다

길신吉神					
寅 문창귀인 寅 천주귀인 寅 암록 寅 황은대사					
흉신凶神					
戌 락정관살 寅 절로공망 辰 공망 辰戌 상충					
십이신살					
寅 지살 午 장성 戌 화개살 辰 월살					

財天殺太旺地網	재천라지망	戊一八九八戌年當	무일술팔년구당팔	落落傷井骨關殺折	非民衆運動力的	民衆運動	丁用神酉大補運강	情華華蓋通信重仰重	정통신앙중	偏財長生強旺無比	강편왕재무장비생
재살 태왕사주로	이것은 천라지망에	이르러	一八九八년 戊戌년에	염려된다	락상골절이	락정관살을 놓았으니	폭력이 않인	민중 운동으로	이는 丁酉대운에서 용신을 보강한 원인이다	정통신앙이다	화개를 거듭 놓아서	있으니 강왕하매	편재가 장생지에

原用因神推剋理制	원용인신극제추리	死戊刑午執月行令	사무형오집월령행	文學昌識豊貴富人	文昌貴人	先高驅尙人人格物	高尙人格	全教國主波名及聲	教主任命	東學二代教主任命	其尊父敬人對物象	尊敬對象
제한 원인으로 추리하다	설상가상으로 용신을 국	행으로 순교하였는데	戊午월에 사형집	학식이 풍부하다	문창귀인을 놓아서	인격이 고상하였다	선구자적인 인물로	파급되었다	교주의 명성이 전국에	입명되었는데	동학이 이대교주로	존경의 대상이다	그 부친이 인물로서

- 345 -

양일동(梁一東)·국회의원

胎息 胎元 命宮	己 丁 甲 癸 酉 酉 寅 丑		인수용재격 印授用財格
壬 己 戊 巳 巳 午	七二 六二 五二 四二 三二 二二 一二 丙 丁 戊 己 庚 辛 壬 癸 午 未 申 酉 戌 亥 子 丑		대운(大運)

乾命 一九二一年 一二月 三○日 酉時 出生

舌月逢生印綬	설월봉인수 설단생금수	용신처덕재성 처덕이 아름답다	印綬父母得長祿 인수가 록을 놓아서 부모가 장수한다	偏財父親頑强 편재금국을 놓아 부친이 완강하다	多福之人 평생 金水로 다복한 사람이다	時支酉金偏財用神 금으로 시지의 酉 금으로 편재용신한다	丁火日主 삼양지질에 丁火 일주가
月端生印綬	월봉인수하니	처덕이 아름답다	아서 부모가 장수한다		평생 金水로	고로 시지의 酉	삼양지질에
玉骨仙風	학식유족 옥골선풍	明官貴馬 一子貴子	父母之功 如山如海	女夫山如海공	男命一品 年月삼기 남명즉 일품한다	勤勉誠實 丑寅年月 근면성실한 사람이다	身旺四柱 甲木透出 신왕사주이다
學識仙風	학식이 유족하니 옥골선풍이라	명관과마하니 일자귀자라	부모지공은여 산여해라		연월에 삼기를 놓으니 남명즉 일품한다	丑寅이 년월에 있으니 근면성실한 사람이다	신왕목사투출 신왕사주이다

-346-

분류	신살	한자 설명	한글 설명	한자 해설	한글 해설
길신吉神	酉 천을귀인	四柱俱全 文昌太極	사주에 문창태극귀인을 놓았으니	東西不通 無文知物	동서문물에 모르는 것이없다
	酉 문창귀인	官祿之客 國印相生	관인상생 하니 공무원 팔자라	財局日蓮 財政之職	재국이 일주와 연결 되어서 재정직이 좋다
	酉 태극귀인	始終同流 天地得所	처음 시작한 곳이 종점이니 천지가 동류이다	其格異凡 大富大貴	그격이 이범하여 대부대귀할주라
	酉 학당귀인	孤嗔之殺 正偏財合	고진살을 놓아서 정편재가 합하고	本妻難偕 至極老也	본처와 해로하기가 지극히 어렵다
	丁 천덕귀인	八字奈何 異性風波	이성풍파가 있으니 팔자를 어찌하랴	庚戌大運 用神之運	경술대운이 용신운이 되어서
	丑 홍란성	萬人信望 政界進出	정계에 진출하여 만인이 신망한다	國會議員 議政活動	국회의원이 되어서 의정활동을 하였다
흉신凶神	酉 부벽살				
	丑 공망	名聲到處 五代國會	다섯번이나 국회에 진출하여 명성이 도처에 떨친다	一午往不歸 午運忌神	오운이 기신운이 되어서 세상을 뜰것으로본다
십이신살	丑 화개살				
	酉 장성				
	巳 지살				
	寅 겁살				

(원 표기: 癸丑 백호대살, 寅 절로공망, 寅 고진살)

- 347 -

윤치영(尹致瑛)·내무부장관

건록용식신격建祿用食神格	戊 甲 甲 丙 戌 寅 子 寅	命宮	胎元	胎息
대운(大運)	七 六 五 四 三 二 一 一 一 一 一 一 一 壬 辛 庚 己 戊 丁 丙 乙 戌 酉 申 未 午 巳 辰 卯	乙丑	乙巳	己丑
월갑일인시록 甲日寅月 月時得祿	태강누기운 순리지운 太强漏氣 順理之運	시지인목 귀록지격 時支寅木 歸祿之格	삼기구전 남명일품 三奇俱全 男命一品	군정팔통 성양조급 群陽燥急 性情燥急	편재고투 명문대가 偏財高透 名門大家
갑일생이 寅月에 출생하여 월시에 록을놓고	행우병화 조후용신 幸遇丙火 調候用神 다행이 시상에 丙火를 얻으니 조후용신 한다	태강지기 순리지운 太强之氣 順理之運 사주가 태강한즉 누기하여야하는 원리 대로 순세운이 된다	시지인목 귀록지격 時支寅木 歸祿之格 시지에 인목을 놓아서 귀록격도된다	삼기구전 남명일품 三奇俱全 男命一品 재관인 삼기를 갖추 웠으니 일품에 오를 사주이다	군정팔통 성정조급 群陽八通 性情燥急 균양팔통 사주는 성정이 조급하다	편재고투 명문대가 偏財高透 名門大家 편재가 높이더있으니 명문대가에서
신왕무의 甲木透出 身旺無依 두 甲木이 투출하니 신왕한 사주인데	평생목화 토지길운 平生木火 土地吉運 평생대운이 목화토로 흐르니 대길한운이다	한양조사 태양조심 寒氣餘深 太陽照射 寅月은 아직도 한기가 깊은데 태양이 따스한 기운을 바추어주니 더욱좋다	인목암장 갑병무득 寅木暗藏 甲丙戊得 寅木暗藏에 甲丙戊 가 투출하고	속성속패 양간특성 速成速敗 陽干特性 양간의 특성은 속성 속패하고	승어재관 식신유기 食神有氣 勝於財官 식신이 기운이 있으면 재관보다났다	괘태출생 호화성장 掛胎出生 豪華成長 출생하여 호화롭게 성장하였다

길신吉神		흉신凶神		십이신살		
寅 지살	戌 황은대사	寅 단교관살	戌 공망	寅 지살	子 재살	
子 태극귀인		子 수옥살		戌 화개살		
명궁태원태식 火土	胎息火胎 命宮火土 太元土 명식	出生以後五十年間 출생이후 오십년간의 대운이	사이후 정재작명 四二以後 正財作合	내서무울장시관관 內務長官 서울市長	축토공협 丑土拱夾 자인중간 子寅中間	신연지화개 年支華蓋 信仰之人
	이 火土가 되니	오십년이후 출생이후 오십년간의 대운이	四二세부터 십년간 정재와 합이되는 운이되어서	서울시 장내무부장관 등을 역임하였다	子寅 중간에 오토를 껴안고있어	연지에 화개살을 놓아서 신앙생활을 한다
왕록희풍순만세 財祿豊滿勢 旺喜順勢	욱용신보가미강 用神補可美 郁郁可美強	振名黃金之運 황금지운 진명천하	의공화당직 議共和黨職 共和党活動	부가귀문영현화혁華 富貴榮華 家門顯赫	공재지격 금상첨화 供財之格 錦上添花	임신등옥경 壬戌大運 身登玉京
사주가 왕희순세하면 재와 록이 풍만하고 복록이 물러간다	용신을 보강하여주니 더욱 아름답다	황금운이 되어서 이 천하를 떨치었다 그이름	공화당의 의장직을 맡아 활동하였고 가문을 빛내었다	부귀영화를 누리어 가문을 빛내었다	공재격을 이루니 금상첨화라	壬戌대운에서 세상을 뜰것으로 본다

— 349 —

손병희(孫秉熙)·천도교 초대교주

胎息 胎元 命宮	己亥 丙寅 癸巳 辛酉	建祿用官格 록용식격	
辛甲辛 亥甲丑	七四 六四 五四 四四 三四 二四 一四 丙 丁 戊 己 庚 辛 壬 戌 亥 子 丑 寅 卯 辰	대운(大運)	乾命 一八六一年 四月 八日 亥時 出生
十火十화一임用會偏후편有秀유수癸太태계丙祿병화 恒日항일刀사神中印처인斐氣기비水陽양수用火地火사 九透구투兩즉加喜生소생君子流류成神熟숙巳月月지 富金부금斷결喜神火生子行행 出生출생 부열십일화임용덕용후편빛수계태사록병에 자리앉 자사화로일주단도회신중희처인나기양주용을은 에인 寅 라람월태 도즉신합덕는생가원신놓 목寅 중태어결양결과 역오소군이국하고 에木 아어난단 희욱할 생子잘즐흐이고 목 아 홉난사 이을 기한 르로는 은사 며 며뻐 하니 성다 부 니더숙 가중 자 욱우되 데 라 기니어		
東驛동역進勇진용義身의신金命금명貴官귀관始年시연自長자장 奔馬분마取敢취감氣旺기왕水胎수지官爲위관終月종월坐生지장 西殺서주果性과감男四남사之地지지相印상인得日소월坐木생 走 살 敢 感 兒柱 宮 生 所時 寅 地 동동진용의신금명귀관시연앉장 분역취감氣旺기왕水胎수지官相位관終月종생 서마지하아기남이수지명식印印상생일월은 주자성며주이명숙태가가생시일자 하있과가당식이귀격종 寅리 하고 되한될이점있 에 다 과며되어어팔니 되어서 오래		

-350-

길신吉神 巳 십간록 亥 천을귀인 酉 천을귀인 寅 문곡귀인 寅 전당귀인 巳 학당귀인 辛 천덕귀인 巳 황은대사						
흉신凶神 酉 부벽살 亥 고진살 巳 삼형살 酉 원진살 巳 절로공망 亥 공망						
십이신살 巳 지살 酉 장성 亥 역마살 寅 겁살						
獨立運動 一九九年 독립운동연 일구구 독립운동	東德女大 一九一四 동덕여대 일구일사	人心開闢 後天開闢 인후심천개개벽벽	斥倭斥洋 伏閣上訴 척복외합척상양소	東學入道 二二歲當 동이이세당 학입도	優越秀才 師儒文章 우사월유수문재장	智慧總明 亥酉天乙 해유지혜총명 을천
하였다	를 설립하고 지방에 도중고등학교를 설립하여	벽운동을 벌리다가 후천개벽과 인심개	멀리하는 운동을 벌렸다 부합상소를 올렸고 일본과 서양을	동학에 입도하였고 二二세에 이르러서	문장이 대단하여 선비 로서 우월한 재조가있다	해유천을귀인을 놓아서 지혜와 총명하고
建國勳章 一九六二 건국훈장 일구육이	經營引受 文化事業 문경화영사인업수	天道敎主 日本亡命 천도교주 일본망명	東學之道 天道改層 동천학도지개도층	伸寃運動 一八九二 신원운동 일팔구이	高宗一九 一八八二 고종일구 일팔팔이	文曲學堂 文藝才質 문문곡학예재당질
장을 추서받었다 一九七二년 건국훈	경영권을 인수하여 문화사업에 매진하였다	일본으로 망명하였다가 천도교교주 손병회는	동학지도를 천도 교로 고쳐부 르도록하였으며	一八九二년 최재우를 신원운동 명의 회복하여 달라는	一九년	문예방 문곡귀인과 학당귀 면에 재질이있다

신익희(申翼熙)・국회의장

胎息 胎元 命宮	甲 辛 甲 乙 午 未 寅 亥	상관용인격 傷官用印格
己亥 壬戌 乙亥	七 六 五 四 三 二 一 ○ ○ ○ ○ ○ ○ ○ 戊 丁 丙 乙 甲 癸 壬 寅 丑 子 亥 戌 酉 申	대운(大運)
外務部長 臨時政府 外務部長官	獨立運動 一九一八 獨立運動	日本大卒 一九一三 日本大卒	大發金水 不致熬水乾	平生大運之地 金水之地	金水用神 平生大運 金水之地	壬水用神 時支亥水 壬水用神	임수용신 시지해수 임수용신	甲木日主 午未火局 甲木日主	오미화국 갑목일주 오미화국

乾命 一八九四年 六月九日 亥時 出生

장관을 역임하였고	임시정부 외무부	운동전개	一九一八년 독립	졸업후에	와세다 대학을	一九一三년 일본	대운에서 금수로 흐르니 대발할 운명이다	흐르니	평생대운이 금수로	인수용신하니	시지의 해수로	화국을 놓아서	갑목일생인이 午未

| 無子八字 傷官太旺 | 無子八字
傷官太旺 | 上海亡命
一九一九 | 上海망명
一九一九 | 法科教授
普成專門 | 法科教授
普成專門 | 其父判書 偏財長生 | 偏財長生
其父判書 | 難為用
滴水熬乾 | 以印制傷 調候可美 | 眞傷官象 枯燥之象 | 高조之상관격 |

| 팔자이다 | 상관태왕이니 무자 | 망명하여 | 一九一九 己未年 상해로 | 보성전문학교 법과대학교 역임하였고 | 그부친이 이조판서였다 | 편재가 장생지로서 | 용신하기가 어려운데 | 한방울의 물로서는 | 이인제상한다 | 조후가 아름답고 | 진상관격을 이루워 | 고조지상이다 |

길신 吉神	寅 십간록 未 천을귀인 亥 문곡귀인 亥 학당귀인 亥 암록 寅 천희신
흉신 凶神	未 급각살 寅 귀문관살
십이신살	午 장성 寅 지살 未 반안살 亥 겁살

丁申 丑大 歲運	정신세운 병축대운	삼당선 의수역 원임	三堂首歷任 選議員	天下秀才 學文裕足	國民會主議運長動	歸國以後 一九四五	異性妾可知 妻隨身	이처첩이 성수가신지	內傷官有生財助功	내상관생재 조유공재
	丁丑대운 丙申에 운에 이르러	당수를 역임하고 삼선의원이 되었다	학문이 유족하여 천하수재였다	국회의장에 올라서 민주화운동 전개 하였고	一九四五년 귀국후에	처첩이 있겠고 여성이 많이 따른다	상관생재격이니 내조의 공이 있다
汽行 車傷 逝官 去運	기행 차상 서관 거운	일구 대권 大五 權候 候補 補	民一 主九 國四 民七	일구 민사 주칠 국 民	文曲學堂 四書三經	사문 서곡 삼학 학경 堂	制憲國會 國會議員	제헌국회 국회의원회	欲知原因 紅艶之殺	홍욕지원 염지살인	亥與寅六破 干支同	해간여지파동 亥寅六破
	이리로 유세를 가다가 기차 안에서 심장마비로 서거하였다	一九五六년 대통령 후보에 올라서	一九四七년 민주국민당 을 창설하여	문곡학당귀인을 놓아서 어릴때 사서 삼경을 독파하였다	제헌국회의원 활동하였으며	그원인을 알고 홍염살을 놓은 연고이다	간여지동에 寅亥 육파를 일지에 놓으니

- 353 -

김좌진(金佐鎭)·독립군 장군

胎息 胎元 命宮	丁 庚 丙 己 亥 午 寅 丑	偏財用印格 편재용인격	乾命 一八八九年 一月 二四日 亥時 出生
乙 丁 戊 未 巳 辰	七八 六八 五八 四八 三八 二八 一八 八 戊 己 庚 辛 壬 癸 甲 乙 午 未 申 酉 戌 亥 子 丑	대운(大運)	
孤星無力 財星無力 재고진흉살 재성무력 悲哀成長 偏母膝下 비애성장 木焚飛灰 父星偏財 목분비회 부성편재 錦上添花 운정첨가 금상첨화 運程可美 운상첨가 土氣用神 水氣藥神 토기용신신 수기기용약신 滋養金土 年支丑土 자연지 축토 자양금토 寅月絶地 庚日生人 경일절지 인월생인			庚日生人이 寅月에 절지가 되고 연지의 丑土가 자양지금토가 되어서 수기는 약신이며 토기는 용신이다 운세 흐름이 아름 다워서 재가 되는 금상첨화다 부친편재 甲목이 다타서 재가 되는 형상이다 편모슬하에서 슬프게 성장하였고 고진흉신을 놓아서 재성이 무력하니
夫婦偕老 至極難也 부부해로 지극난야 夫極難也 一偏官貴奇 子官祿地 일편관록지 辛泣竹杖 幼三歲 신묘죽장 유읍삼세 成長政治 子金斗漢 성장정치 자김두한 北西水金 平生大運 북서수금 평생대운 火氣病神 印綬用神 화기병신 인수용신 寅午火局 財殺太旺 인오태왕 재살화국			寅午火局을 놓으니 재살태왕인데 인수용신하니 화기는 병신이 되고 평생대운이 북서수금 으로 흐르니 北西水金 아들 길두환은 성장 하여 정계에 드러가서 국회의원이 되었다 辛卯년 세살때에 부친이 세상을 떠나고 편관해수가 록지가되니 아들하나가 귀자이다 부부해로 하기는 지극히 어렵다

-354-

분류	신살	내용1	내용2
길신吉神	丑 천을귀인	일천구백오십사년 당시 一九○四 一五歲當	一九六四년 열다섯살때
길신吉神	亥 문창귀인	삼십노비 文書返還	삼십명의 노비문서 다 내어주고
길신吉神	寅 태극귀인	군사학교 一九○五 軍士學校	一九○五년 군사 사관학교를 입학하여
길신吉神	亥 천주귀인	先進思想 田畓分配	전답을 골고루 나누어 주었으니 선진사상이 앞섰다
길신吉神	寅 관귀인	고졸업귀가 卒業以後 故鄉歸家	졸업 이후에 고향에 돌아서
길신吉神	丑 홍란성	학교개조 호명학교 學校改造 湖明學校	학교로 개조하여 호명학교를 설립하고
흉신凶神	亥 공망	임시정부 一九一九 臨時政府	一九一九년 임시정부에 몸담고
흉신凶神	午 절로공망	애국계몽 운동전개 愛國啓蒙 運動展開	애국계몽 운동을 전개하여
흉신凶神	寅 천관관살	자기가옥 구십여간 自己家屋 九十餘間	자기가옥 구십여칸을 공년칸을
흉신凶神	亥 급각살	독립군인 양성전력 獨立軍人 養成全力	독립군인 양성하는데 전력을 다하였다
십이신살	寅 겁살	청산이십전투 一九二十 靑山戰鬪	一九二○년 청산리 전투에서
십이신살	午 장성	일본군인 삼천여명 日本軍人 三千餘名	일본 군인을 삼천여명
십이신살	丑 화개살	살상세계경탄 殺傷快擧 世界驚嘆	살상하는 쾌거를 이루어 세계를 놀라게 하였다
십이신살	亥 역살	일구삼십오피살 一九三○ 庚午被殺	一九三십년 庚午년에 부행상관으로 피한 에게 피살되었다

여운형(呂運亨)·독립운동자

乾命 一八八五年 四月 二二日 申時 出生

胎息	胎元	命宮	甲申	庚寅	辛巳	乙酉	偏官用食神格
乙亥	壬申	庚辰	七六 癸酉 · 六六 甲戌 · 五六 乙亥 · 四六 丙子 · 三六 丁丑 · 二六 戊寅 · 一六 己卯 · 六 庚辰				대운(大運)

奴僕解散 一九〇八	노천복구 해산팔	寅酉怨嗔 日時相沖	印綬傷 日時有上 충하고 寅酉怨	結婚成禮 十四歲當	접혼성례 십사세당	早失父母 印綬深藏	大吉 用神補强	용신보강	弱化爲强 食神用神	식신화위강 식신으로 용신한다	長生之地 庚金巳月	경금사월 장생지지
전부내 보냈다	一九〇八년에 집에 서부리던 노복을	진살살을 놓고	이것은 일시가 상 충하고 寅酉원	결혼하였다	一四세되는 해에	인수가 깊이 간직 되어서 조실부모 하였고	된다	용신을 보강하여 주매 대길운이	식신으로 용신한다	약화위강격이 되어	장생지가 되고	庚金이 사월에

中國留學 一九一四	중국유학	是亦八字 寅巳三刑	시역팔자 寅巳三刑	其後財婚 一八喪妻	기후재혼 일팔상처	運命奈何 父母無德	운부나덕 운명을 어찌하랴	自坐絶地 偏財甲木	편재갑목 자좌절지	四十以後 北西水金	사십이후북서 수금으로	辛金透出 時支得祿	신시지득록 시금투출
유학을 하였는네	一九一四년 중국에	자소관이다	寅巳삼형살을 놓은 원인이니 이것 역시 팔	재혼하였는데 그후	一八세에 상처하고	부모덕이 없으니 운명을 어찌하랴	편재갑목이 자죄절지가 되고		대운이 흐르니	四십이후북서 수금으로	辛金이 투출하여서	시지에 록을 놓은 중에

길신吉神					
申 십간록 巳 문곡귀인 巳 학당귀인 寅 관귀학관 巳 암록 巳 황은대사					
흉신凶神					
酉 부벽살 寅 삼형살 寅 상충 巳 락정관살 酉 절로공망					
십이신살					
巳 지살 酉 장성 寅 겁살 甲 망신살					

영문학과	민청단년조동포	임시의의정	역지형충 교통사고	공소련국가 공산당원가	좌정치활발	丁乙 亥亥 之 大 運 年
금릉대학 영문 학과에서 공부하고	청년동포를 모아서 민단을 조직하였고	임시의 정원의 의원을 력임하였다	역마지살이 형충하면 교통사고를 당하거나 수술수가 있으며	소련국가의 공산 당원이 되었으며	좌우 합작하여 정치에 활발하였으며	을해대운 정해지년에 乙亥 대운정해 년에
중일 국구 상일 해팔 一 中九 國一 上八 海년 戊 午 년 중 국 상 해 에 서	임일 시구 정일 부구 一 九 一 九 臨 時 政 府 一九一九년 己未년 상해 에 임시정부에 들어가서	편역 驛 馬 地 殺 編 踏 異 域 역마지살을 놓았으니 외국에 드나들었고	일 구 경신 신년 당 庚 申 年 當 一九二○년 庚申년에 이르러서	일구사육 신민공산 新 民 共 産 一九四六년 丙戌 신민당과 공산당을	육일 일구 삼사 세칠 당 一 九 四 七 六 三 歲 當 一九四七년 六三 세때	장생상충 피습사망 長被 生襲 相死 沖亡 巳장생을 상충하여서 피습사망하였다

민영환(閔泳煥)·충신

		甲 辛 丙 辛 午 亥 申 酉	시상일위귀격 時上一位貴格	
胎息	胎元	命宮		乾命 一八六一年 七月二五日 午時 出生

		七九 戊子	六九 己丑	五九 庚寅	四九 辛卯	三九 壬辰	二九 癸巳	一九 甲午	九 乙未	대운(大運)	
	丙寅	辛亥	辛卯								

| 吏曹參議 一八八四 | 이조참의 일팔팔사 | 心醉紅艷 沐浴花間 | 심취홍염 목욕화간 | 群劫爭財 孤嗔凶神 | 군겁쟁재 고진흉신 | 印綬滋暗 幼失慈母 | 유실자모 인수암장 | 父親被殺 壬午軍亂 | 부친피살 임오군란 | 時上一貴 木火運吉 | 시상일위귀격으로 목화운이 길하다 | 辛金申月 申酉金局 | 신금신월 신유금국 |
| 에 올랐고 | 一八八四년에 이조참의 | 에 취해있다 | 목욕과 홍염살을 놓아서 항상 꽃밭 | 살이 있으니 | 군겁쟁재에 고진 | 어릴때 어머니를 여의었다 | 일주가 암장에 있으니 | 부친이 피살되었다 | 壬午군란때 | | 시상일위귀격으로 목화운이 길하다 | | 辛금일생이 申월에 申酉금국을 놓고 |

| 兵曹判書 一八九〇 | 병조판서 일조판구서○ | 用神補強 胎息丙寅 | 태식병인 용신보강 | 不知其數 三娶未盡 | 삼취미진에 부지 수라 | 肩劫亂立 兄弟數多 | 견겁난립 형제수다 | 幼泣竹杖 肩劫太旺 | 견겁태왕 유읍죽장 | 其父判李朝 戶曹判書 | 호조판서 기부이조 | 身旺四柱 辛金透出 | 신왕사주 辛금투출 |
| 를 역임하였으며 | 一八九〇년 병조판서 | 태식병인이 용신을 보강하여주니 더욱 좋다 | | 삼취미진에 부지 수라 | | 형제가 여럿이 있는 것은 견겁이 많아서이다 | | 어릴때 부친을 잃었고 | 견겁이 태왕하니 | 그부친은 이조때 호조판서를 역임하였고 | | 亥금이 투출하니 신왕 사주가 되어서 | |

-358-

길신吉神	酉 십간록	午 천을귀인	午 문곡귀인	寅 관귀학관		
흉신凶神	酉 부별살	亥 고진살	午 수옥살			
십이신살	酉 장성	亥 역마살	申 망신살	午 연살		

을미사변 1895 乙未事變	내무대신 1898 內務大臣	황국협회 지탄퇴직 皇國夾會 指彈退職	살기 강폭위협천 殺氣 强暴威脅	두뇌타산 일지상관 日支傷官 頭腦打算	을사보호대신 乙巳 保護大臣	임진세운 乙巳四四 壬辰歲運
1895년 乙未 사변이 일어나서	1898년 내무대신과	황국협회의 진탄을 받아서 퇴직하였다	살기가 충천하며 강폭위협적이다	일지에 상관을 놓으면 두뇌가 타산적이다	외무대신으로서 乙巳 보호조약을	乙巳년 四四세 壬辰년에 책임감을 느끼고 고민하든 차에
명성황후 시해사건 明成皇后 殺害事件	역군임부대신 군부대신 歷任活動 軍部大臣	칠살정잔혹 무정 七殺性殘酷 無情	감수성예민 의심경향 感受銳敏 疑心傾向	천구백오을사연당 一九○五 乙巳年當	조약체결 외교박탈 외교권탈 외교권박탈 條約締結 外交剝奪	사살흉변 자살상충 巳亥相沖 自殺凶變
명성황후시해 사건이 있었다	군부 대신을 역임 활동하였다	칠살의 성정은 무정 잔혹하고	감수성이 예민하고 의심이 많은 경향이다	一九○五년 乙巳년을 당해서	체결하여 외교권을 박탈당했다	巳亥 상충이 되니 자살의 흉변으로 세상을 떠났다

조만식(曺晩植)·독립운동가

乾命 一八八九年 二月 一日 子時 出生

식신용신관격 食神用像官格	甲 癸 乙 癸 子 亥 卯 未	命 胎 宮 元	胎 息
대운(大運)	七 六 五 四 三 二 一 二 二 二 二 二 二 二 丁 戊 己 庚 辛 壬 癸 甲 未 申 酉 戌 亥 子 丑 寅	甲 丙 戊 寅 午 寅	
계수일주 해묘미 전 癸水日主 亥卯未 全 癸水 일주가 亥卯 未 목국을 놓고	전부목기운 癸水木氣運 癸水 기운이 전부 목기로 화하니	대길지운 四十年之運間 四○년간이 크게 길한 운으로 아름 답다	수목양기성 성상목지격 水木兩氣 成象之格 사주가 水木양기성 사역을 이루니 귀격이다	삼음일양 와명선소양 三音蟬一陽 蛙鳴桌 삼음일양로서 부모궁이 불미하니	편재암장 처궁불미 偏財暗藏 妻宮不美 편재가 암장에 있 으니 처궁이 불미하다	무부자왕 부쇠자왕 無夫子旺 父衰子旺 부쇠자왕으로 무자 팔자이다
갑목투출 진상관격 甲木透出 眞傷官格 甲木이 투출하니 진상관격이 되어서	종아격분명 이치분명 從兒格分明 理致分明 종아격국이 이치가 분명하다	만약금운 통관가미 萬若金運 通關可美 만약 금운이로온 다고하더라도 통관 하여서 무방하다	전무사인수 편재사주 全無四柱印綬 偏財四柱 편재와 인수가 전부없으며	고조성부장모 조실성장 早失不母 孤獨成長 조실부모하여 외롭게 성장하였다	관성무력 상관태왕 官星無力 傷官太旺 상관이 태왕하여서 관성이 무력하고	일기귀아인 권재일인 權在一人 一氣歸我 사주의 정기가 전부 목으로 모여서 종아격이 되는데

길신吉神							
子 십간록	卯 천을귀인	卯 문창귀인	卯 천주귀인	卯 학당귀인	亥 협록	子 홍란성	子 공망

흉신凶神				
卯 급각살	未 급각살	子 도화살	子 락정관살	卯 절로공망

십이신살		
亥 지살	未 화개살	卯 도화살

| 子卯 형 | | |

부순기 순귀수세 富貴順遂 順其氣 하고	삼일경오달서 一五經四書 달통하고 三經達通	일본유학 明治大學 명치대학	을일구오년 一九一五 을묘세운 乙卯歲運	삼일구일구 一九一九 三一運動	사장역임 民族運動 민족운동	당창설자 朝鮮民主 조선민주 党創設者
대운이 순기기세 하면 부귀가 순주 하고	열다섯 나이에 사서 삼경에 달통하고	일본으로 유학하여 명치대학	일구일오년 을묘세운 에 용신을 보강하니	一九一九년 己未년 亥卯未목국을 이루 三一운동때 활동이 컸으며	이사장을 역임하여서 민족운동을 전개하였다	조선민주당을 창설 하여 민족운동을 전개하였다

지문창학당 智慧聰明 문창학당 文昌學堂 총명하고	무신구백년팔 一九〇八 戊申當年	법과대학중 學業熱中 학업열중 法科大學	교오장산학학교교 五山學敎 校長就任	신미지년 朝鮮日報 조선일보 辛未之年	광복이후 건국위장 健國委長 光復以後	총육살이서오거후 六二五 銃殺逝去
문창귀인과 학당귀 인을 놓으니 지혜가 총명하고	一九〇八년 戊申년을 당하여	법과대하가에 들어가 서 학업에 열중하였고	오산학교 교장으로 취임하였고	亥未년에는 조선일보사의	광복인후에 북한에서 건국 준비이 위창에 추대되었다	六二五 수복후에 북 한에서 숙청되어 총살 을 당하여 서거하였다

- 361 -

이갑성(李甲成)·독립운동가

印授用食神格 인수용식신격	己乙乙乙 丑亥未酉	命元	胎元	胎息
대운(大運)	四 一四 二四 三四 四四 五四 六四 七四 甲 癸 壬 辛 庚 己 戊 丁 戌 酉 申 未 午 巳 辰 卯	癸酉	丙寅	庚午

乾命 一八八九年 十月 二二日 酉時 出生

해월축수국 해일 亥月 乙日생인이 亥丑수국을 놓으니	조후용신화 未中 丁火 용신한다	남방화운 사십이후 운에서	내성성격 군음 팔통하니 내성적인 성격이다	편재한량 편재가 무력하니 분친이 한량이다	학문열중 월봉 인수하니 학문에 열중한다	견겁태왕 견겁이 태왕하니 형제가 많음준다
사주원국냉 過於寒冷 四柱原局 너무 한냉하니 사주 원국이	귀기투출 三朋透出 貴奇可知 삼붕이 투출하였으니 귀기한 사주이다	가용지재강 用神補之財 용신을 보강하니 과연 인재이다	사교인유화능 謀事有能 社交人和 모사에 유능하니 인화로 사교한다	무관자성무력 官星無可畏 無子可畏 관성이 무력하니 무자할까 두렵다	난일보지편재 日支偏財 難保偕老 일지에 편재를 놓았으니 부부해로 하기가 어렵다	속성속패재물무연 速成速敗 財物無緣 속성속패하니 재물과 인연이 없다

길신吉神	卯 천을귀인	
흉신凶神	壬 급각살 未 단교관살 酉 부벽살 未 절로공망 未 공망	
십이신살	壬 화개살 亥 역마살 未 월살 酉 장성	

官運稀薄 舌端生金	설관단운희박 설단생금	관운이 희박하니 설단생금 교육가이다
天寒地凍 難辯解凍	난천변해지동동 난변해동	천한지동사주가 해동을 분별하기가 어려운데
富貴之本 四柱有病	부사귀지본병 사주유병	사주에 병이있으면 부귀할것이고
平常之人 四柱無病	평상지인병 사주무병	사주에 병이없으면 보통사람이요
手足骨折 急脚斷矯	수급족각골단절교	급각살 단교관살을 놓으니 수족골절 상이 있으리라
三三人屬動 三一運動	삼삼일인운속동	三一동 三三인중에 한분이다
國會議員 議長職位	국회의의원 의장장직위	국회의원과 국화의장을 염두하였다

年月日三奇 男命一品	연명월일삼품기 남명일품	연월삼기에 남명 즉 일품한다
解凍則發貴 凍則難榮	해즉동발귀영 동즉난영	대운에서 조후되면 귀 하고 한냉한 운이면영 화를 누리기가 어렵다
除去爲貴 無救爲貧	제거위귀빈 무구위빈	병을 제거하면 귀하게되고 구하는 운이없으면 빈하다
運行加病 藥石無效	운석행가무가병효	운에서 병운이오면 약이없다
辛未大運 三十吉運	신미대운 삼십길운	辛未 대운부터 삼십 년이 대길한 운이니
獨立運動 先導役割	선독도립운역동활 선도독역립운역할	독립운동의 선도 역할을 하였고
平生所願 祖國統一	조평생소원 조국통일	평생 소원은 조국 통일이다

조소앙(趙素昂)·독립운동가

胎息 胎元 命宮	乙酉 乙未 乙巳 丁亥	인수용식격 傷官用印格	
庚午 丙申 癸卯	七九 六九 五九 四九 三九 二九 一九 九 丁酉 戊戌 己亥 庚子 辛丑 壬寅 癸卯 甲辰	대운(大運)	乾命 一八八七年 四月 八日 酉時 出生
上海亡命當二七歲	이해망명당 이칠세	明治大學當 一八歲	趙旅後孫 生六臣中	名門動天下 軸俱備	平生大運 東北水木	泄氣太甚 壬水用神	임수용신 설기태심	사미화일주 을목일주가 巳未火局에	
상해로 망명하여	스물일곱살때	십팔세때 일본 명치대학	생육신중한 사람인 조여의 후손이다	문축이 구비하니 그이름이 천하를 떨칠것이다	평생대운이 동북수목으로 흐르니 아름답다	고로 설기가 태심하니 壬水로 용신하여	乙木 巳木 화국에	
國務院內 臨時政府	임시정부국 무원의	秀才修學 法科大學	二男出生 六兄弟中	名門出生 京機波州	明京畿出生	未字地軸 亥字天文	調候用神 以印制傷	眞傷官格 丁火透出	正化官透出
임시정부국 무원의	법과대학을 수재로 공부하였고	육형제중의 두째로 출생하였고	경기도 파주명문에서 출생하였는데	亥자는 천문이요 未자는 지축인데	이인제상하는 동시에 조후용신이 된다	丁화가 투출하니 진상관격이다		

길신 吉神
- 巳 관귀학관
- 巳 금여록
- 巳 황은대사

흉신 凶神
- 未 급각살
- 酉 부벽관
- 酉 수옥살
- 未 공망

십이신살
- 亥 지살
- 未 화개살
- 巳 역마살
- 酉 재살

秘書室長 歷任活躍	新幹會創 設役割活	白虎大殺 日支偏財	信託統治 一九四五 乙酉	國會議員 一九五○	六二五中 拉北悲劇	拉北凶神 囚獄理由 수옥흉신 납북이유
비서 실장을 역임 활약하였으며	신간회를 상설자 역할을 하였으며	일지편재에 백호 대살을 놓아서	一九四五년 乙酉 신탁통치	一九五○년 庚寅 국회의원 선거에서	六二五때 납북 비극을 당했다	납북 이유는 수옥 살과 부행상관운이 되어서이다
일구이칠 사일세당 一九二七 四一歲當 해운만리 지살역마 海運萬里 地殺驛馬	父親夭折 掛冠雙房	反對聲明 運動展開	當選榮光 最高得點	未字華蓋 宗教信仰	急脚凶神 神經疾患	
사일세당 일구이칠 신유년 사십일세때 해운만리를 다니었고 지살역마를 놓아서	부친이 요절하였고 사모 관대를 두방에 걸었다	반대 성명운동을 전개하였다	최고득점자로 당선의 영광을 안게되었고	미자가 화개인데 종교 신앙생활에 전념하였다	급각살을 놓아서 신경계 질환이 있었을것이다	

- 365 -

이범석(李範奭)·독립군 장군

胎息 胎元 命宮	戊午 戊午 戊子 庚子	正財用印格 正財用印格	
癸未 己卯 丁亥	七○乙未 六○甲午 五○癸巳 四○壬辰 三○辛卯 二○庚寅 一○己丑	대운(大運)	乾命 一九○○年 十月二十日 午時 出生
始得光明 忠南天安 시득광명 충남천안	軍人警察 羊刃四柱 군인경찰 양인사주	水火既濟 火水未濟 화수미제 수화기제	必是重婚 男多羊刃 필시중혼 남다양인	抱負達成 黃金之運 포부달성 황금지운	印綬用神 羊刃午火 인수용신 양인오화	戊土日主 子月出生 무토일주 자월출생
충남 천안에서 출생하였고	양인 사주는 군인경찰	화수미제 사주가 수화기제 사주로 변하였다	남자가 양인이 많은 면 반드시 중혼 하게된다	황금운이 되어서 포부를 달성하게된다	양인오화에 인수용신하다	戊土일주가 子月에 출생하여
父親 韓末李朝 武官 부친한말이조 무관	別定之職 醫藥之業 별정지직 의약지업	醫藥정직 별정직	群陽八通 義氣男兒 군양팔통 의기남아	相冲解救 兩子兩午 상충해구 양자양오	各各不沖 二子二午 각각불충 이자이오	六十年間 二五以後 육십년간 이오이후	天寒地凍 凍土可知 천한지동 동토가지
父親은 한말이조때 무관이였다	의약 지업과 집업이 길하다	군양팔통이 되어서 의기 남아이다	두자두오는 상충이 해구된다	二子二午는 각각 충하지 않는다	二五에 이후 육십년간이	천한지동에 동토임을 가이 알겠다

	길신길신						
		흉신凶神 午 양인살 午 수옥살 子 절로공망 午 자형 子 공망					
	십이신살 子 장성 午 재살						
부인사망 일구육오 婦人死亡	국방장관 내무장관 國防長官 內務長官	민족청년 일구사육	청산대전 일구이십 青山大戰	모교교관 일구일구 母教教官	강무학교 일구일육 講武學校	경기고보 일구일삼 京機高普	일구일삼
일구육오년 乙巳 자사부인이 사망하였으며	국방내무부 장관을 역임하였다	일구사육년 丙戌 민족청년당을 창당하였다	일구이○년 庚申 청산리 대전에서	일구일구년 己未 모교에 교관이 되었다	일구일육년 병진 광무군관학교에 들어가서	일구○삼년 癸卯 경기고보에 입학하여	
신등옥격 일구칠이 신등玉京 身登玉京	일구육○ 참의원직 참의원職 參議員職	일구사팔 국무총리 國務總理	적군삼천 사살전과 敵軍三千 死殺戰果	일구삼사 중국소장 中國小將	왈호철기 수석졸업 日號鐵驥 首席卒業	삼년재학 중국유학 三年財學 中國留學	중국재학 삼학년 中國留學 三學年
일구칠이년 壬子 조국 통일로 보지 못한채 떠났다	일구육○년 庚子 참의원에 당선되었다	일구사팔년 戊子 국무총리와	적군 삼천명을 사살하여 전과를 올렸다	일구삼사년 甲戌 중국군 소장에 올랐으며	수석 졸업하고 철기라고 호를 지었다	삼년재 중국으로 유학하였고	삼학년 재학중에

안중근(安重根)·의사(義士)

			偏財用印格 편재용인격
胎息 胎元 命宮 태식 태원 명궁	丙 戊 壬 己 辰 子 申 卯		乾命 一八七九年 七月 一六日 辰時 出生
癸丑 癸亥 癸酉	七〇 六〇 五〇 四〇 三〇 二〇 一〇 乙丑 丙寅 丁卯 戊辰 己巳 庚午 辛未	대운(大運)	
忌神水氣 用神丙火 기신수기 용신병화	용신병화기 일육결혼 부부불화혼 부부불화	漂流之象 官星無力 표류지상 관성무력	父母無德 早年剋親 부모무덕 조년극친	三陽一陰 漢楚之爭 삼양일음 한초지쟁	財多身弱 印綬用神 재다신약 인수용신	戊日生人 申月出生 무일생인 신월출생
기신은 수기가 된다	용신은 병화이고	십육세결혼 하였으나 부부불 화격이다	관성이 무력하여 표류지상이 되어서	조년극친에 부모 무덕이다	삼양 일음 한초지생으로 성장과 정이 불미하다	재다신약으로 인수 용신하는데	戊일 생인이 申월에 출생하여
胎息全部 命宮胎元 태식 전부 명궁 태원	太命式胎宮元 명식 전부가	子卯之刑 財星入墓 재성입묘 자묘지형	螟蛉之象 無子可畏 명령지상 무자가외	韓國末期 義兵之將 한국말기 의병지장	他家奇食 小兒財多 타가기식 소아재다	南方火運 日主補强 남방화운 일주보강	申子辰全 壬水透出 신자진전 임수투출
전부가	명궁 태원 태식	재성이 입묘하고 일지에 자묘형을 놓은 원인이다	무자할까 두려우며 양자할 팔자다	한국말기 의병 활동도 하였다	소아재다는 타가기식이니	남방화운에서 일주를 보강하여주니 아름답다	申子辰 수국을 놓고 壬수가 투출하니

-368-

길신吉神
申 문창귀인
申 천주귀인
申 암록
子 황은대사
子卯 형

흉신凶神
辰 단교관살
子 절로공망

십이신살
卯 장성
申 망살
子 도화살
辰 반안살

중금수지주세 重病四柱勢 金水之勢	금수세력이 되어서 중병 사주이다
신묘경신귀환문 卯申鬼門 神經疾患	卯申 귀문관살을 놓아서 신경질환이 염려된다
난절관로봉착망 截路空亡 難關逢着	절로공망을 놓아서 모든일들이 난관 에 봉착한다
단구국지신회념의 救國信念 斷指會議	구국신념으로 단지회의를
기사구백대운구 一九〇九 己巳大運	一九〇九년 己酉 己巳대운에
세이할등빈박역문내 伊藤博文 할빈驛內	할빈역에서 대한의 원수이등박문을
세애계국경충탄심 愛國忠心 世界驚嘆	이 애국하는 충성 스러움이 세계를 놀라게 하였으니

한문문학창장귀인 文昌貴人 漢學文章	문창귀인을 놓아서 한학이 문장이다
부묘조신원진각거 卯申怨嗔 父祖各居	연월에 卯申원진을 놓아 서 부조각거하였다
천조신국만광고복 祖國光復 千辛萬苦	천신만고로 조국 광복운동에 임하고
창일설군활습동격 創設活動 日軍襲擊	창설하여 활동하면서 일군에게 많은 피해를 주었고 일군을 습격하여
일삼삼일이십세육당 三一三一 十歲當一일	一〇월 二六일 삼십일세때
삼암발살총의탄거 三發銃彈 暗殺義擧	세발의 총탄으로 암살하는 의거를 올렸다
천기공추혁만혁대 其功赫赫 千秋萬代	그 공적이 혁혁하여 천추만대에 빛나리다

윤봉길(尹奉吉)・의사(義士)

건록용재격 建祿用財格	戊戊 申午	丁 未	乙 巳	命元	胎宮	胎息
대운(大運)	六 一六 己 庚 未 申	二六 三六 壬 癸 酉 戌	四六 五六 六六 甲 乙 亥 子 丑	戊 午	己 酉	壬 午
丁日生人이 오월에 午月得祿 오월생인 정록 록지가 되고	四柱原局 枯燥한形象 고조한형상이 되어 사주원국에 너무 고조한형상이	用神微弱 生扶用神 용신이 미약할때는 생부용신 그용신을 돕는 자가용신이라는 법 칙에 의하여	金水大運 平生大地 금수지 평생대운이 금수지 지로 흐르니	始得光明 忠南禮山 충남예산에서 처음 출생하여	辛酉年當 一九二一 신유년 이 당 일유구이일 1921년 신유년에 이르러서	中國古典 讀破體得 독파체득 중국고전을 다읽고 이치를 체득 하였으며 그후 중국고전을 읽었다
乙木透出 巳午未全 을목투전 사오미전 목이 투출하니	適水熬乾 水氣緊要 적수오건 수기긴요 수기가 필요하나 방울 물이 되어서 용신을 정할수가 없으며	正財用神 年支申金 정재용신 연지의 신금으로 정재용신 하는데	富貴榮華 振名天下 진명천하 부귀영화에 그이름이 천하에 떨칠사주이다	印授滋母 幼失無力 인수자무모력 유실무모력 일주가 무력하매 어릴때 모친을 여의고	烏崎書塾 四書三經 사서삼경 오치서숙 오치서숙에서 사서삼경을	獨書運動 一九二六 독서운동 일구이육 1926년 농촌에서 독서 운동을 전개하였으며

-370-

길신吉神	午 십간록 申 관귀학관 申 금여록 未 암록 未 협록	농촌부흥 農民啓蒙 農村復興	농민계몽 운동과 부흥 운동을 전개하고
흉신凶神	未 급각살 巳 부벽살 午 수옥살 丁 음착살 丁 삼형살	감리유상지 坎中有持 塞中有通	수화의 기운이 막혔 을때 막힘을 통관 하게되고
		순환상생 생의불패생 循環相生 生意不悖	사주가 순환상생 으로 생의 불패한면
		정재용신 처덕가미 妻德可美	정재용신 일때는 처덕이 아름다우며
		기미년삼일 일구삼일 己未年當	一九三一 己未年에
		경신세운 일구삼이 庚申歲運	一九三二년 庚申 세운에
십이신살	申 지살 午 재살 未 천살 巳 겁살	축하식장 폭탄투척장 祝賀式場 爆彈投擲	축하식장에 폭탄 을 던져서
		저술배포 農民讀本 著述配布	그후 농민독본을 저술 배포하였으며
		공명순수 명전천추 功名順遂 名傳千秋	공명이 순수하게 이루저 그이름이 천추 만대에 흐를것이다
		길운첨신 부귀자연 吉運添身 富貴自然	길운이 오게되면 부귀가 자연따를 것이다
		일정자생 정관귀장기 正官長貴奇 一子貴生	정관이 장생지에 있으니 귀자가 있을것이며
		상해임시정부 上海所在 臨時政府	상해에있는 임시정 부로가서 활동하였으며
		사월이구 천장절일 四月二九 天長節日	사월이십구일 천장절날
		사명사상 총살순국 四名死傷 銃殺殉國	일본고관 四명을 살상시키고 십여월 팔일 오자가 형무소에 수감되었다가 십여월 십구일 五세에 총살하여 순국하였다

장택상(張澤相)・국무총리

傷官用印格 상관용인격	癸癸庚辛 巳亥午巳	命宮 胎元 胎息	
大運 대운	八 一八 二八 三八 四八 五八 六八 七八 壬 申 庚 酉 己 未 戊 午 丁 巳 丙 辰 乙 卯	乙 丑	甲 寅	乙 未
설기태심 泄氣太甚 庚金亥月 금기태심 경해월 설기금 설기	귀기지격 貴奇之格 金白水淸 금백수청 귀기한 격이다 금백수청으로	此外何望 此外何望 大吉之運 대길지운 무엇을 더 바라리오 이밖에 흐르니 크게 길한운으로	年月三奇 명문출생 名門出生 연월에 삼기를 놓았으니 명문가의 출생이요	日本留學 일본유학시 一五歲時 열닷살에 일본으로 유학하였으며	英國留學 영국유학일 一九一一 一九一一년(신亥) 영국으로 유학하였으며	渡美直後運 도미직후운 己未歲後 기미세후운 己未년에 미국을 건너간후에
庚金일 생인이 亥月에 설기태심하니	금백수청으로 귀기한 격이다	三八以後 三八以後 四十年間 삼팔년간이 사십년간이	日主補强 일주보강 四方金運 사주금운 서방금운에서 일주를 보강하니 아름답다	偏財長生 편재장생 父親巨富 부친거부 편재가 장생에 있으니 부친이 거부라	와세다大學工夫 와세다대학공부 熱心修學 열심수학 와세다 대학에서 열심히 공부하였고	에딘바라大學工夫 에딘바라대학공부 대학공부하였다 에딘바라 대학에서 공부를 하였다	海外亡命 해외망명 志士相逢 지사상봉 해외망명 하신 분들 중에서 이숭만 김성수 씨등을 만나서
眞傷官格 진상관격 印綬用神 인수용신 진상관격이 되어서 인수로 용신한다							

乾命 一八九三年 十月 二二日 巳時 出生

길신吉神 亥 문간귀인 巳 문곡귀인 亥 천주귀인 巳 학당귀인 巳 암록	구국운동 진상파악 救國運動 眞相把握	일구사육 시경국장 一九四六 市警局長	경인오당십 일구년오당십 庚寅年 一九五○ 當十	임진세운 국무총리 壬辰歲運 國務總理	과문창문곡 문유문장 過文昌文曲 文裕文章	외관성장축 관방득자 外官星藏畜 外房得子	금일화국 폐질가외 金日火局 肺疾可畏
	구국 운동의 진상을 파악하여 애국 애족의 의지가 더 커졌다	一九四六년(丙戌) 시경 국장을 역임하면서 혼란한 치안학보에 최선을 다했다	一九五○년 庚寅 되든 해에	壬辰년에 국무총리에 올랐다	문창 문곡귀인을 놓아서 과유문장이다	관성이 장축되어 있으니 외방득자 하였다	금일주가 지지에 화국을 놓았으니 폐질환이 두렵다
흉신凶神 午 절로공망 午 공망	해방이후 정치활동 解放以後 政治活動	외무부장 재임이후 外務部長 在任以後	국회의원 당선영광 當選榮光 國會議員	반경자연당 반공연맹 反共聯盟 庚子年當	사유귀문인 학당귀인 學堂貴人 師儒文章	일지도화 소실동거 小室挑花 日支挑花 同居	진운왕불래 일왕불귀 辰運王不來 一往不歸
	해방이후에 정치활동을 전개하다가	외무부장을 역임후에	국회의원당선의 영광을 찾이하였고	庚子년에 반공연맹을 지휘했으며	학당귀인을 놓았으니 사유문장이다	일지에 도화를 놓아서 소실동거한다	辰운이 오면 세상을 뜰 것으로 본다
십이신살 巳 지살 亥 역망살 午 도화살							

- 373 -

안창호(安昌浩)・독립운동가

상관용관격 傷官用官格				命宮	胎元	胎息
	戊寅 癸亥 癸亥 癸丑			戊寅	甲寅	丁巳

乾命 一八七八年 十月六日 丑時 出生

대운(大運)

	一五 乙丑	二五 丙寅	三五 丁卯	四五 戊辰	五五 己巳	六五 庚午	七五 辛未

癸日生人 水旺當節	過於寒冷 水聚汪洋	水取旺陽 과어한냉	丙火無力 무토용신력	戊土用神 화수기욕변	火氣慾心 水氣達辯	金氣殺氣 추리살기	推理法則 금기살기	金沈水底 모친산망저	救世學堂 일칠상경

癸日生人 수왕당절인 수왕 / 癸亥水局 해수축수출국 / 癸水透出 계수가 투출하니 / 亥丑水局 해축수국을 놓고 / 癸水透出 계수가 투출하니

당연이 丙火가 있어 조후용신을 하고자하나

調候用神 當然丙火 조후용신 당연병화

용신 戊土가 寅長生지 에있어 기쁜중에 더욱 기쁘다

용신 희중가희 용중장생 喜中加喜 用神長生

목토기생중 동화 토기는 중화요 목기는 생동이며

木氣生動 土氣中和 목토기생중화

재성극무친력 재성이 힘이없으니 일직부친을 여의고

財星剋無親 早年剋無親 재성극무친

정재몰광 생별사별 正財沒光 生別死別 정재인 丙화가 많은 물에 꺼지는 형상이 되어서 생별 사별을 거듭하였다

獨立協會 일팔구육 독립협회 一八九六 독립협회에 一八九六년

길신吉神	壬 암록					
흉신凶神	丑 절로공망	癸丑 백호대살	亥亥 자형	寅亥 육파		
십이신살	寅 지살	亥 겁살	壬 천살			

가입활동 악정설파	惡政說破 加入活動	가입하여 활동하면서 일제의 악정을 설파 하였으며	상지혜설종명 상대설명복지혜총명상대설복	知慧聰明 相對說伏	사람이 지혜가 있고 총명하니 상대를 설복하는 수완이었다
무관자성가무외력	無子可畏 官星無力	관성의 힘이 없으니 무자할까 두렵다	이일오구세당년	一九○二 二五歲當	一九○二년 스물다섯살때 壬寅
재혼미생부활인	再婚婦人 漢美生活	재혼하여 부인과 같이 미국에 건너가서 생활하였고	병천구백오세운	丙午 一九○六歲運	一九○六년에 이르러 丙午년
애국운동민중계몽	愛國啓蒙 民衆啓蒙	애국운동을 전개 하면서 민중계몽 운동에 열중하였고	자산업진흥자본육성산업진흥자본육성	産業振興 資本育成	산업진흥과 자본육성을 강렬하게 계몽하였으며
미경국술망명당	庚戌年當 美國亡命	庚戌년에 또다시 미국으로 망명하여	신한민보발행	新韓民報 發行	미국에서 신한민보 신문을 발행하였으며
간임신사오 壬申五五 亡	壬申五五 肝疾死亡	壬申년 오십오세에 간질환으로 사망 하였다	할동신한사건우민사보건발행	新聞發行 신한민보 신문발행 동우회사건	신문을 발행하였으며 할빈역에서 이등박문 암 살사건도 동우회사건으로
복검역거이수회감 服役二回 檢擧收監	服役二回 檢擧收監	검거 수감되어 복역한 것이 두번이나 되고	인삼사형신연전고 寅巳申 三刑緣故	寅巳申 三刑緣故	이것은 寅巳申 삼형살을 놓은 연고이다

- 375 -

3. 주부(主婦)의 사주(四柱)

조병화 趙丙花

坤命 一九六一年 二月 二日 辰時 出生

從強格		辛丑 辛卯 庚戌 庚辰		命宮 胎元 胎息
	大運	六 壬辰 / 一六 癸巳 / 二六 甲午 / 三六 乙未 / 四六 丙申 / 五六 丁酉 / 六六 戊戌 / 七六 己亥		戊戌 壬午 乙卯
경금일생 묘월실령 庚金日生 卯月失令	종강격국 왕희순세 從强格局 旺喜順勢	목화지운 역세지운 逆勢之運	불봉웅고 不奉翁姑 불존부명 不尊夫命	남편무책 納致監禁 拉致監禁	갑오대운 정관작합 正官作合	운정불길 신고다단 辛苦多端
경금일생이 묘월에 실령하여 무력하나	종강격을 이루니 왕희세순을 기뻐하는데	목화운은 종강격에 상극운이니 역세운이라고 한다	시부모를 받들지 않으려 하고 남편의 말을 존경하지 않는다	남편이 무책임하거나 납치감금 당하기도 한다	갑오대운에 정관이 오시 술로 작합하니	대운의 흐름이 이십세부터 삼십년간이 화운이 되어서 신고막심하였다
삼토사금 일주고강 日主高強 三土四金	토금수지 순세지운 順勢之運	여명괴강 최기지명 最忌之命	극부극자 탈부부절 剋夫剋子 奪夫不絶	신와관쇠 일지과숙 日支寡宿	결혼성사 문방구업 結婚成事 文房具業	일시진술 생별사별 日時辰戌 生別死別
삼토사금이 일주를 보강하니 신왕 사주가 되어서	토금수운이 순세운이 되어 대길하고	여자 사주에 괴강격은 가장 꺼리는 것이며	극자 탈부 당하고	신왕관부족 사주에 일지에 과숙살을 놓아서 불길함을 예고해준다	결혼성사 후에 문방구점을 하였다	일시가 진술로 상충하니 살아서 헤어지거나 죽어서 헤어질 것이다

- 378 -

길신吉神	丑 천을귀인 戌 금여록 卯戌 합 丑 황은대사	흉신공망 손궁공망 凶神加勢	천을귀인 天乙貴人 知慧聰明	자손궁에 공망 상충이 되어서 흉신이 가세하니	무자팔자 여식이명 無子八字 女息二名	무자팔자가 되어서 딸만 둘이다
흉신凶神	辰 공망 庚戌 괴강살 庚辰 괴강살 辰戌 상충 卯戌 단교관살 戌 과숙살 庚戌 효신살	효신흉신 유실자모 梟神凶神 幼失慈母	천을귀인과 금여록을 놓아서 사람이 총명하고 지혜가 많다	효신살을 놓아서 어릴 때 모친을 여의거나	인수상충 삼형가세 印綬相冲 三刑加勢	인수는 어머니되는 글자인데 상충되고 삼형살이 가세하고
십이신살	丑 화개살 辰 천살 卯 재살 戌 반안살	효신흉신 재성무기 부친무덕 財星無氣 父親無德	재성이 무기하니 부친이 덕이 없다	약불기연 생모불화 若不其然 生母不和	만약 그렇지 않으면 생모와 불화할 것이다
		화개공망 승도유정 華蓋空亡 僧道有情	화개살이 공망을 맞아서 승도에 정이 가고	단교관살 락상골절 斷橋關殺 落傷骨折	단교관살을 놓아서 락상이 되거나 골절상을 당할 것이다
		정통신앙 종교심취 情通信仰 宗教心醉	조상대대로 종교를 믿어오는 집안으로 종교에 심취하였다	조모생모 기도자손 祖母生母 祈禱子孫	조모나 생모가 기도하여 출생한 자손이다
		재관무의 록록종신 財官無依 碌碌終身	재관이 의지할 곳이 없으니 평생 자갈밭을 헤매이는 형상이다
		토성위장 축술삼형 土星胃臟 丑戌三刑	토기는 위장과 비장으로 보는데 축술로 삼형살을 놓고 상충이 되어서	경진계미 위암사망 庚辰癸未 胃癌死亡	경진년 계미월에 축술미 삼형살이 가세하니 위암으로 사망하였다

- 379 -

이 경 애   李 慶 愛

命宮 胎元 胎息	辛卯 丙辰 庚申 癸巳	偏財用印格 편재용인격	坤命 一九五三年 七月 二四日 卯時 出生
辛酉 辛亥 辛酉	七二 戊辰 / 六二 丁卯 / 五二 丙寅 / 四二 乙丑 / 三二 甲子 / 二二 癸亥 / 一二 壬戌 / 二 辛酉 大運 대운	병화일생 신월병사 丙火日生 申月病死 출생하여 병사궁이 되고	금수투출 재살태왕 金水透出 財殺太旺 금수가 투출하니 재살태왕 사주라
서북대운 금수지지 西北大運 金水地之 불길한 운이 되어서 뜻은 있으나 이루어짐이 없어서 고생이 많았다 유의미취 신고다단 有意未就 辛苦多端	결혼실패 이십세당 結婚失敗 二十歲當 이십세에 이르러서 결혼에 실패하였다 인수무력 학운전무 印綬無力 學運全無 인수가 힘이 없으니 공부운은 전혀 없다 편재삼형 부친무덕 偏財三刑 父親無德 편재가 삼형을 놓아서 부친의 덕이 없고	행우묘목 인수용신 幸遇卯木 印綬用神 다행이 묘목을 만나서 인수용신한다	
오이이후 목화당도 오십이후 목화운에 이르면 오십이후 목화당도 오이이후 목화운에 이르면 五二以後 木火當到	일주무력 매사무성 日主無力 每事無成 일주가 힘이 없으니 매사에 성사되는 일이 없었고 부성입묘 괘상쌍방 父星入墓 掛裳雙房 부성이 입묘하였으니 치마를 두방세방에 걸 팔자라	조행관성 연소출가 早行官星 年少出嫁 일찍 관성운이 와서 어릴 때 출가하여 모애지극 인수용신 母愛至極 印綬用神 어머니의 사랑이 지극하다	금기병신 화기약운 金氣病神 火氣藥運 고로 금기는 병신이 되고 화운은 약운이 된다 인수용신 印綬用神

- 380 -

길신吉神		
巳 천을귀인	旺財能堪 財聚如山 재취능감 재취여산	왕한재를 능히 감당하게 되면 많은 돈을 벌 것으로 본다
申 문창귀인	재가미진 부지기수	재가하여도 모자라서 남자를 몇번이나 더 만날지 알 수가 없다
卯 태극귀인	재가미진 부지기수	
巳 천주귀인	再嫁未盡 不知其數	
申 관귀학관		
申 암록	별무소득 이성수신 別無所得 異星隨身	남자들이 따라와도 별 소득이 없고나
흉신凶神		
辰 단파관살	사신삼형 시지수옥 巳申三刑 時支囚獄	사신으로 삼형살을 놓았으며 수옥살까지 가세하니
卯 과숙살		
卯 수옥살	약불기연 수술지수 若不其然 手術之數	만약 그렇지 않으면 수술할 것이다
申 락정관살		
辰 절로공망	후처소생 팔자소관 後妻所生 八字所關	후처소생이 있으니 팔자소관이다 그렇지 않으면 모외유모라
십이신살		
巳 지살		평생 꺼리는 것은 동남지향이다
卯 재살	평생기지 동남지향 平生忌地 東南之向	
申 망신살	단교골절 락상골절 斷橋關殺 落傷骨折	단교관살이 있으니 락상 골절수라
辰 천살	포진항천 불가길지 浦津港川 不可吉地	포진항천 지역과 물가에 사는 것은 좋지 않다

- 381 -

류아진　柳娥珍

坤命　一九四九年　一月　一四日　戌時 出生

胎息	命元	胎宮			甲戌	甲寅	辛丑	丙戌	正財用劫格 정재용겁격
己亥	壬辰	辛卯	八○癸巳	七○甲午	六○乙未	五○丙申	四○丁酉	三○戊戌	二○己亥	一○庚子	大運 대운

凶神加勢	흉신이 가세	일지탕화	夫星入墓	干與支同	부성입묘	간여지동	幼失慈母	印綬養弱	三十以後	西方金運	用神補强	甲木用神	日主虛弱	甲木旺弱	일주허약	축월무기	갑일생인	丑月無氣	甲日生人	축월무기
日支蕩火	흉신이 가세한 원인이 된다	일지에 탕화살	간여지동에 부성입묘하니	유실자모	인수쇠약	어머니를 여의었으며 만약 그렇지 않으면 모외유모라	삼십이후 서방금운	조행해자 용신보강	早行亥子 용신을 보강하여	고로 일주가 허약하여 갑목으로 용신한다	出生하여 무기한데
一子爲孝	食神長生	일자위효	식신장생	夫君燒死	戌大運當	夫軍小事	술대운당	甲寅日主	孤鸞凶神	고란흉신	辛苦莫甚	出嫁以後	신고막심	豪華成長	父母恩德	旺土除去	財多身弱	왕토제거	財殺太旺	三土一金	재살태왕
얻었으니 자식하나는 효자이다	자손되는 글자 식신이 장생을	일자위효 식신장효	술대운에 이르러 큰불로 인하여 남편이 소사하였다	부군소사	갑인일주 고란흉신 甲寅日主가 고란살 흉신이 되고	출가이후 신고막심 신고막심하였다	出嫁以後 출가한 이후부터	부모은덕 호화성장 부모은덕으로 호화롭게 성장하였으며	왕토제거 재다신약 왕토를 제거코저하나 재다신약으로서 역부족이다	삼토일금 재살태왕 삼토일금으로 재살이 태왕한 사주다

-382-

길신吉神		
寅 십간록	암장관성 뇌봉전별 暗藏官星 雷逢電別	암장에 관성이 장축되어 있으니 남자와 만나면 헤어진다	축술삼형 일도수술 丑戌三刑 一度手術	축술로 삼형살을 이루니 한번 수술하였고
丑 천을귀인	화개중복 신앙지인 華蓋重複 信仰之人	화개살을 거듭 놓아서 신앙생활에 심취하여 있다	출생당시 괘태락지 出生當時 掛胎落地	출생당시에 목에다 탯줄을 목에 걸고서 출생하였다
寅 홍란성	조모모친 기도자손 祖母母親 祈禱子孫	조모와 모친께서 기도하여 출생한 자손이다	시상상관 예능소질 時上傷官 藝能素質	시상에 상관을 놓아서 예능계통에 소질이 있다
흉신凶神				
丑戌 삼형살	일지탕화 자살기도 日支蕩火 自殺企圖	일지에 탕화살을 놓아서 자살기도 하여 보았다	술천문성 활인지업 戌天文星 活人之業	술천문성을 놓아서 활인지업에 열중한다
丑 부벽살	급각살 하늘아직 의약역술	하늘에서 준 직업은 의약 역술계통이다	십년지간 한약취급 십년지간에 걸쳐서 한약방에서 일하였다	
丑 급각살	천수아직 의약역술 天授我職 醫藥易術		십년지간 한약취급 십년지간 漢藥取扱	십년지간에 걸쳐서 한약방에서 일하였다
십이신살				
戌 화개살	역술공부 개운선도 易術工夫 開運善導	역술공부를 하여 많은 사람들에게 개운 선도에 열중한다	침술전공 의료시술 鍼術專攻 醫療施術	침술공부를 열심이하여 또한 침술공부를 열심이하여 많은 사람의 병을 고치고 있다
丑 천살	남방화운 제병위길 南方火運 除病爲吉	남방화운에 이르면 제거병하여 대길한 운이 된다	사운도래 신등옥경 巳運到來 身登玉京	사운에 당도하면 신등옥경 세상을 뜰 것으로 본다
寅 지살				

김희순　金希順

坤命 一九四七年 八月 一七日 寅時 出生

인수용재격 印綬用財格					
胎息	命宮	胎元	甲寅 癸丑 己酉 丁亥		대운 大運

戊子	庚子	丙午	七三 丁巳	六三 丙辰	五三 乙卯	四三 甲寅	三三 癸丑	二三 壬子	一三 辛亥	三 庚戌	

月逢印綬 金水太旺
월지에 인수가 해축
수국을 놓아서 금수가 태왕하니

調候用神 丁火用神
조후가 시급하여 연상의
정화 편재가 용신한다

木氣喜神 木火運吉
목기는 희신이 되니
목화운이 크게 좋다

烏手億金 能任旺財
능히 감당하면 빈손으로
큰돈을 쥐게 된다

印綬入墓 早歸生母
인수가 입묘하여서 그의
어머니가 일찍 세상을 떠났다

時上傷官 藝能素質
시상에 상관을 놓아서 예능에
소질이 있어 젊은 나이에
가수 생활도 하였다

金水傷官 桃洞之仙
금수 상관 사주가 되어서
그의 미모가 특출하여

(상세 원문은 도표 내 세로쓰기로 기재됨)

- 384 -

분류	지지	신살	한자구절	풀이	한자구절	풀이
길신吉神	寅	금여록	日見色醉 一見色望 衆人善望	많은 사람들로부터 부러움의 대상이 된다	雖日然而 官星白虎	비록 그러나 관성백호 대살과
	丑	암록	身旺官衰 時上傷食	신왕관쇠 시상상식 부족하고 시상에 상식을 놓았으니	一九八五 乙丑當年	일천구백팔십오년 을축년에 이르러
	丑	협록	夫星入墓 歲運傷官	부성입묘 세운상관 사주원국에서 부성입묘 되었는데 세운에서도 상관이 되는 해가 되어	夫君凶事 交通事故	교통사고로 부군이 횡사하였으니
	寅	천덕귀인	歲運傷官 夫宮不美	천추원한 부궁불미 남편궁이 아름답지 못함이다	生涯行路 枳荊千里	생애행로가 가시밭길 천리라
흉신凶神	寅	급각살	千秋怨恨 夫宮不美	천추의 원한은 남편궁이 아름답지 못함이다	素食慈心 施恩布德	본인은 소식을 하면서 자비를 베풀고 은혜와 덕을 널리 베푼다
	癸丑	백호대살	亥字天門 活人之業	해자가 천문성이 되어서 활인지업을 많이 한다		
	寅	탕화살	活人之業 亥字天門	활인지업 해자천문		
	丑	탕화살				
	丑	절로공방				
십이신살	酉	수옥살	易學專攻 學院經營	역학에 전공하여서 학원을 경영하면서 많은 역술일을 배출한다	女流易術 國內名聲	여류 역술인으로서 국내 명성이 자자하다
	亥	지살				
	丑	월살	平生吉地 東南之向	평생길지 동남지향 평생길지는 동남지향이요	日支夾祿 財物惠澤	일지협록 재물혜택 일지에 협록을 놓아서 친지로부터 재물 혜택을 받는다
	寅	망신살				

- 385 -

김미순 金美順

정재용인격	大運 대운	戊己己丙 辰亥亥午	命宮 胎元 胎息	
		一○ 戊戌 二○ 丁酉 三○ 丙申 四○ 乙未 五○ 甲午 六○ 癸巳 七○ 壬辰 八○ 辛卯	庚寅 庚寅 甲寅	

坤命 一九六六年 十月 二五日 辰時 出生

기일생인 해월출생 己日生人 亥月出生	사주원국 과어한냉 四柱原局 過於寒冷	인수용신 조후가미 印綬用神 調候可美	인수득력 다복지인 多福之人	해해자형 시지과숙 亥亥自刑 時支寡宿	재성득세 시가고심 財星得勢 媤家苦心	편재백호 부사흉액 偏財白虎 父死凶厄

| 기일생인이 해월에 출생하여 | 사주 원국이 너무나 한냉한데 | 고로 병화로 인수용신하니 조후가 아름답다 | 인수가 힘을 얻으면 다복한 사람이 될 것이다 | 해해자형에다가 시지에 과숙살을 놓아서 | 재성이 득세하였으니 시가로 인해서 고심이 끝일 날이 없다 | 편재백호대살을 놓았으니 그의 부친이 흉사하였을 것이다 |

| 해해수국
시지진토
亥亥水局
時支辰土 | 행우병화
동일가애
冬日可愛 | 사오이후
남방화운
四五以後
南方火運 | 정관갑목
암장지목
正官甲木
暗藏之木 | 부궁불미
천추원한
千秋怨恨 | 재다신약
부모무덕
財多身弱
父母無德 | 약불기연
부친상신
若不其然
父親傷身 |

| 시지에 진토를 놓았으니 | 다행이 연상의 병화를 만나니 겨울 사주에 가장 사랑스럽다 | 사십오세 이후 남방 화운에서 | 정관 갑목이 남편되는 글자인데 암장에 장축된 목이 되고 | 부궁불미 남편궁이 아름답지 못하니 부부에 한이 된다 | 재다신약 사주가 되어서 부모덕이 없으며 | 만약 그렇지 않으면 부친이 크게 다칠 수라 |

- 386 -

吉神 · 凶神 · 十二神殺

길신吉神
- 午　십간록
- 辰　태극귀인
- 辰　홍란성
- 辰　황은대사

흉신凶神
- 辰　급각살
- 亥　자형
- 戊辰　백호대살
- 辰　공망

십이신살
- 午　장성
- 亥　겁살
- 辰　월살

兄弟白虎 傷身可畏
형제 백호대살에 공망을 놓았으니 형제간에 몸을 크게 다칠 수라

日時辰亥 怨嗔鬼門
일시에 진해로 귀문관살을 놓았으니

夫婦之間 神經衰弱
부부지간에 신경쇠약이 염려되며

線上之鳥 偕老難也
해로난야 타고 있는 형상이니 해로하기가 어렵다

空亡加勢 兩家之婦
시지에 공망과 백호이니 두 집에 며느리가 될 팔자라

官星暗合 不正之合
해중의 갑목관성과 각각 암합을 놓아서 부정지합이 있을 것이다

其夫疑妻 心思不安
남편이 의처증이 있으니 심사가 불안하다

印綬用神 學業熱中
인수용신인 사주는 배움에 열중하면

困中有吉 萬事如意
곤한 중에도 길함이 생기며 만사가 뜻과 같이 해결된다

亥字天門 活人之業
두 해자 천문성을 놓아서 활인지업을 할 팔자라

平生吉地 南方中央
평생 길지는 남쪽과 중앙이 되고

平生吉色 黃赤之色
평생 좋은 색은 적색이나 황색이 된다

急脚凶神 落傷骨折
급각살 흉신을 놓았으니 낙상이나 골절상을 조심하여야 한다

乙未亥未 生不如死
을미대운에 해묘목국이 형성되니 재살 태왕이 되고 일주지병이 되어서 생불여사 하였따

김연자 金蓮子

坤命 一九五七年 九月 六日 未時 出生

印綬用偏財格 인수용편재격	大運 대운	丁酉 庚戌 癸酉 己未				命宮 胎元 胎息	
		四 辛亥	一四 壬子	二四 癸丑	三四 甲寅	五四 乙卯	六四 丙辰	七四 丁巳	八四 戊午	癸丑	辛丑	戊辰

| 癸日生人
戌月失令 | 官印相生
身旺四柱 | 三四以後
東南木火 | 三十四세 이후 동남
목화운에 이르면 | 印綬太旺
편재무력 | 인수는 태왕하나
편재가 무력하니 | 身旺官衰
성교불만 | 신왕사주에 남편되는 관성이
쇠약하니 성교시에
불만을 느낀다 | 偏財無力
性交不滿 | 女性丈夫
羨望對象 | 여성 장부로서
선망의 대상이 되기도 한다 | 正官空亡
未戌三刑 | 정관이 공망을 맞은 중에
삼형살을 놓고 |

| 계일생이 술월에
출생하였으니 실령하였으나 | 계일생인
술월실령 | 관인상생
신왕사주이다 | 관인상생격이 되어서
신왕사주이다 | 삼사이후
동남목화 | | | | | | | | |

| 酉戌金局
庚金透出 | 年上丁火
偏財用神 | 用神得力
治富之人 | 부귀를 누릴 사주이다 | 父親無德
母情至極 | 부친 덕은 없고
어머니의 정이 지극하다 | 社會活動
男性凌駕 | 사회 활동
남성능가 | 賢母良妻
隣和睦族 | 현모양처로서 주위와 화목하고
친족간에도 화합한다 | 興神加勢
未字寡宿 | 미자가 과숙살이 되는 데
흉신이 가세하니 |

| 유술금국에 경금이 투출하니 | 酉戌金局
庚金透出 | 偏財用神
年上丁火 | 편재용신을 정하니 | 用神得力
治富之人 | 용신 정화가 힘을 얻으면
부귀를 누릴 사주이다 | 父親無德
母情至極 | 부친 덕은 없고
어머니의 정이 지극하다 | 社會活動
男性凌駕 | 사회 능가
남성을 능가한다 | 賢母良妻
隣和睦族 | 현모양처로서 주위와 화목하고
친족간에도 화합한다 | 興神加勢
未字寡宿 | 미자가 과숙살이 되는 데
흉신이 가세하니 | 凶神加勢 | 흉신이 가세하니 |

-388-

길신吉神		흉신凶神			십이신살		
酉 문곡귀인	戌 급각살	未 과숙살	未戌 삼형살	戌 공망	酉 정상	未 월살	戌 반안살
부부지간 화합위주 夫婦之間 和合爲主	약불기연 괘상상방 若不其然 掛裳雙房	여명사주 인수태왕 印綬太旺	화개중첩 종교신앙 華蓋重疊 宗敎信仰	약불기사 역학연구 若不其事 易學硏究	위타진력 시은포덕 爲他盡力 施恩布德	급각관살 락상골절 急脚關殺 落傷骨折	
부부지간에 화합을 위주로 생활하라	만약 그렇지 않으면 치마를 걸까 두렵다	여자 사주에 인수가 태왕하면	화개를 거듭놓아서 종교신앙에 심취할 것이며	만약 이일을 하지 않으면 역학을 연구하는 것이 좋다	남을 위하여서 노력하고 은혜와 덕을 널리 베풀어라	급각 관살을 놓아서 낙상 골절될까 염려된다	
부군건강 특별유의 夫君健康 特別留意	일시격각 손궁불미 日時隔角 孫宮不美	무자아직 명산기도 無子可畏 名山祈禱	천수아직 의약지업 天授我職 醫藥之業	술자천문 활인지업 戌字天門 活人之業	시력심장 질환유념 視力心臟 疾患留念	미술삼형 수술가외 未戌三刑 手術可畏	
부군건강에 특별 유념하여야 하고	일시에 격각살을 놓으니 자손궁이 불미하다	무자할까 두려우니 명산대찰에 찾아가서 기도하라	하늘에서 나에게 주신 직업은 의약지업인데	술자가 천문성이니 활인지업에 열중하라	시력과 심장의 질환을 특별히 유념하라	미술삼형살을 놓았으니 수술수가 있을 것이다	

김현자　金賢子

식신용겁격 食神用劫格							胎息	胎元	命宮
	辛 未	己 未	癸 酉	己 亥					
大運 대운	二 甲戌	一二 乙亥	二二 丙子	三二 丁丑	四二 戊寅	五二 乙卯	六二 庚辰	七二 辛巳	甲午 甲子 丁丑

식신용겁격					
기일생인 유월출생 己日生人 酉月出生	신약사주 비견용신 신약사주가 비견으로 용신한다	편재부친 인수모친 인수는 모친이 되는데	편재는 부친이 되고	인수무기 학운전무 인수가 기운이 없으니 공부운이 없으며	印綬無氣 學運全無

기일생인이 팔월에 출생하여 설기 태심인데

신금투출
진상관격
辛金透出
眞傷官格

신금까지 투출하니 진상관격이 되니

목기병신
금기약신
木氣病神
金氣藥神

목기는 병신이 되고 금기는 약신이 된다

각각무력
부모무덕
各各無力
父母無德

각각 무력하니 부모덕이 없다

간여지동
부성입묘
干與支同
夫星入墓

부성입묘까지 놓았고

일월격각
형제불화
日月隔角
兄弟不和

일월에 격각살을 놓아서 형제간에 불화하고

조혼불미
만혼위길
早婚不美
晚婚爲吉

일찍 결혼하면 불미하고 늦게 결혼하면 길하다

신약사주
질병다단
身弱四柱
疾病多端

신약사주가 되어서 지병으로 신경을 쓰게 되나

부궁불미
夫宮不美

관성이 무력하니 부궁이 불미하다

군음팔통
청등자수
群陰八通
青燈自守

군음팔통 사주가 되어서 청등을 켜놓고 밤을 지새우는 팔자라

노랑유랑
제액소멸
老郎幼郎
諸厄消滅

그러나 노랑이나 어린 남편을 만나면 모든 액이 소멸된다

坤命 一九五九年 九月 三日 未時 出生

길신 吉神			
酉 문창귀인	戊運到來 四二以後 無運到來 사이이후	사십이세이후 무운에 이르면	일주보강 기질쾌차 日主補強 其疾快差	일주를 보강하니 기병이 쾌차할 것이다
未 태극귀인	평생길지 남방중앙 平生吉地 南方中央	평생길지는 남쪽과 중앙이 좋다	평생길색 적색황색 平生吉色 赤色黃色	평생 길색은 적색이나 황색이 좋다
酉 천주귀인	평생기지 서북지향 平生忌地 西北之向	평생 꺼리는 곳은 서북지향이다	평생기색 백흑지색 平生忌色 白黑之色	평생 꺼리는 색은 백흑지색이다
亥 학당뒤인	연지지살 이향객지 年支地殺 離鄕客地	연지에 지살을 놓았으니 일찍 고향을 떠나는 것이 좋다	화개중중 기도자손 華蓋重重 祈禱子孫	화개살을 거듭 놓아서 기도하여 출생한 자손이다
酉 관귀학관	정통신앙 심신안정 情通信仰 心身安定	정통신앙생활을 하면 심신이 안정될 것으로 본다	패태출생 팔자소관 掛胎出生 八字所關	화개를 놓았으니 목에 탯줄을 걸고서 출생을 하였으니 팔자 소관이다
未 암록				
未 협록				

흉신 凶神			
酉 절로공망	정통신앙 심신안정	정통신앙사주가 되어서 심신이 안정될 것으로 본다	천상천하 유아독존 天上天下 唯我獨尊	천상천하에서 오직 내가 최고라는 생각을 하여 교만한 점이 있다

십이신살			
亥 지살	팔통사주 고집완강 八通四柱 固執頑強	음팔통사주가 되어서 고집이 완강하다	식신득록 일자귀기 食神得祿 一子貴奇	식신이 록을 놓았으니 귀자가 있을 것으로 판단된다
未 화개	유년유월 관재가외 酉年酉月 官災可畏	유년 유월에는 관재구설이 두렵다		
酉 재살				

김영자　金英子

胎息	胎元	命宮	庚申	癸巳	己卯	乙酉	大運	食神用印格
			七四 丁亥	六四 丙戌	五四 乙酉	四四 甲申	三四 癸未	二四 壬午	一四 辛巳	四 庚辰		

坤命 一九四五年 二月 一二日 申時 出生

戊申	庚午	壬午	浦津港川 水邊第一	吉凶相半 平吉之運	金衣夜行 外華內困	巳午未運 忌神之運	시상경금 인수용신 時上庚金 印綬用神	계일생인 묘월출생 癸日生人 卯月出生
부모무덕 인덕전무 父母無德 人德全無			포진항천 수변제일 지역이고 물 가까이 사는 곳	길흉상반 평길지운 이제일이다	곤고하고 비단옷 입고 밤길 걷기다	사오미 화운은 기신운이 되고	시상의 경금으로 정인 용신한다	계일생인이 묘월에 출생하여
일시삼형 부부불화 日時三刑 夫婦不和	부모덕 인덕전무	화기기신 수기약신 火氣忌神 水氣藥神	서북길지 평생길지 西北之向	평생길지 서북지향 平生吉地 西北之向	행우개두 금수지운 幸遇蓋頭 金水之運	탐재피인 인수피상 貪財壞印 印綬被傷	평생금수 대길지운 平生金水 大吉之運	설기태심 일주허약 泄氣太甚 日主虛弱
부부간에 불화한다	부모덕도 없고 또한 인덕도 없다	화기는 기신이 되고 수기는 약신이 된다	평생 길한 곳은 서향과 북향이 되고	다행이 천간대운이 금수로 흐르니	이 화운에 인수용신이 피상되는 형이니	평생 금수운이 크게 길한 운이다	설기 태심으로 일주가 너무나 허약하여서

-392-

구분	간지	신살명	해설 1	해설 2	해설 3
길신吉神	巳	천을귀인	지살삼형 교통사고 地殺三刑 交通事故	지살 삼형살을 놓았으니 교통사고가 염려된다	약불기연 수술가외 若不其然 手術可畏	만약 그렇지 않으면 수술할 수라
	卯	천을귀인	식신상충 수옥지살 食神相沖	식신 자손되는 글자가 서로 상충하고 수옥살까지 놓았으니	자손지성 관재구설 子孫之星 官災口舌	자손지성 관재구설을 당하거나 형무소에 한번 갈 수라
	酉	문창귀인	식신상서 囚獄之殺	식신 자손궁에 삼형살이 서로 상충하고 수옥살까지 놓았으니		
	卯	문곡귀인	囚獄之殺	囚獄之殺 놓았으니		
	卯	태극귀인	손궁상형 동거불가 孫宮相刑 同居不可	자손궁에 삼형살이 있으니 한집에 같이 살면 불길하고	별거위길 특별유념 別居爲吉 特別留念	부모와 각각 따로 사는 것이 길하다 특별 유념하라
	巳	태극귀인	묘유이자 의약역술 卯酉二字 醫藥易術	묘유 두자를 놓았으니 의약업이나 예술계통이 좋다	천을귀인 지혜총명 天乙貴人 智慧聰明	천을귀인 지혜가 있고 총명하다
	申	태극귀인	인수삼형 기모상신 其母傷身	인수는 모친이 되는 것인데 삼형살이 되었으니 그 모친이 몸을 다치거나	수술지수 팔자소관 手術之數 八字所關	수술할 수니 팔자소관이다
	卯	천주귀인				
	卯	학당귀인	계사일주 본래노랑 癸巳日主 本來老郎	계사일생은 본래 노랑과 결혼함이 좋다	자손생후 부군의처 子孫生後 夫君疑妻	자손 출생 후부터 부부간에 불화하고 남편이 의처증이 있다
	申	관귀학관				
	申	천덕귀인	락상골절 항시명심 落傷骨折 恒時銘心	락상하거나 골절상이 있을 것임을 항상 명심하라	시력심장 질환유의 視力心臟 疾患留意	시력이 약하고 심장질환이 있을 수니 특별 유의하라
흉신凶神	卯	락정관살				
	巳	부벽살				
십이신살	酉	장성				
	卯	재살				
	巳	지살				
	申	망신살				

이미광   李美光

坤命 一九五〇年 六月 九日 寅時 出生

인수용관격 印綬用官格				
		丙寅 癸未 己未 庚寅		
	대운 大運	一 壬午 二一 辛巳 三一 庚辰 四一 己卯 五一 戊寅 六一 丁丑 七一 丙子 乙亥	명궁 命宮 甲申	태원 胎元 甲戌	태식 胎息 甲午
기토일생 미월득령 己土日生 未月得令	동북수목 용신보강 화기병신 금기약운	월봉인수 병화투출 용신을 보강하여주니	丙火透出 月逢印綬 偏財無力 幼泣竹杖	官星入墓 日支鬼門	夫婦不和 神經衰弱
기토일생인 미월에 출생하여 득령하고	금기는 병신이고 화기는 약운이 된다	동북 수목운에서 용신을 보강하여주니	월봉인수에 병화가 투출하였으니 편재가 힘이 없으니 어려서 부친을 여의게 된다	일지귀문 관성입묘 일지에 귀문관살을 놓고 관성이 입묘한 중에	부부불화 신경쇠약 부부간에 불화하고 신경쇠약 증세가 있을 것이다
병화투출 정관용신 丙火透出 正官用神	수기희신 이육이후 水氣喜神 二六以後	정연부귀 가문현혁 定然富貴 家門顯赫	천수아직 교육지가 天授我職 教育之家	모외유모 팔자나하 八字奈何	월지공망 인미귀문 寅未鬼門
병화가 투출하여 신왕사주가 되어서 갑목으로 정관용신한다	그리고 수기는 희신인데 이십육세이후부터	점점 부귀를 누리게 될 것이고 가문이 빛날 것이다	하늘에서 내린 직업은 교육가라	어머니밖에 어머니가 또 있는 형상이니 팔자를 어찌하랴	일지에 공망에다가 월지에 공망을 놓았으며 인미 귀문관살이 있어서

길신吉神 未 태극귀인	부모무덕 형제불화 父母無德 兄弟不和	부모덕이 없고 형제간에 불화하다	화토중탁 합공승방 火土重逢 合供僧房	화토중탁 합공승방 사주가 되어서 팔자라
未 암록				
寅 천희신	화개중봉 종교신앙 華蓋重逢 宗教信仰	화개를 거듭 놓았으니 종교신앙에 심취하고 있다	학구의욕 설단생금 學究意慾 舌端生金	배움에 의욕이 강하고 강의하는 것이 사주팔자라
	여명장부 의지고강 女命丈夫 意志高强	일주가 고강하니 여명장부로서 그의 의지가 고강하다	사회활동 선망대상 社會活動 羨望對象	사회활동에 열중하니 많은 사람으로부터 선망의 대상이 된다
흉신凶神 未 급각살	손궁귀문 인자신경 孫宮鬼門 因子神經	손궁에 귀문관살을 놓았으니 자손으로 인하요 신경을 많이 쓴다	자손동거 불가지사 子孫同居 不可之事	자손과 한집안에 같이 사는 것은 불길하다
寅 귀문관살	급각지살 수족골절 急脚之殺 手足骨折	급각관살을 놓았으니 수족 골절상이 염려된다	약불기연 신경질환 若不其然 神經疾患	만약 그렇지 않으면 신경계통의 질환이 있을 것이다
未 공망살				
십이신살 寅 지살	신장방광 특별유념 腎臟膀胱 特別留念	신장 방광 질환을 특별히 유념하라	평생길지 동북지향 平生吉地 東北之向	평생길지는 동북지향이요
未 반안살	평생불길 서방중앙 平生不吉 西方中央	평생불길은 서방 중앙이다	지살중봉 해운만리 地殺重逢 海運萬里	지살을 거듭 놓았으니 해운 만리를 다닐 수라

김혜경　金惠京

	胎息	胎元	命宮	壬子 癸巳 壬午 庚子					귀록용재격 歸祿用財格	
	戊申	癸酉	丁亥	七六 甲戌	六六 乙亥	五六 丙子	四六 丁丑	三六 戊寅	二六 己卯	一六 庚辰	六 辛巳	大運 대운	

坤命 一九六○年 六月 一日 子時 出生

家資裕餘	結婚以後 가자유여	결혼이후	父祖不和 년월상충 부조불화	年月相沖	業種大吉 목재화학 업종대길	木材化學	偏財父星 자오상충 편재부성	子午相沖	寅卯丙丁 대길지운	大吉之運	寅卯丙丁 운이 대길하다	午火用神 약화위강 오화용신 약함이 화하여 변하니 오화가 용신이 된다	癸日生人 계일생인이 오월무력 오월에 출생하여 원래 신약사주인데	계일생인

(전체 내용을 표로 정리)

坤命 一九六○年 六月 一日 子時 出生
계일생인 오월무력 癸日生人 午月無力 계일생인이 오월에 출생하여 원래 신약사주인데
午火用神 弱化爲强 약화위강 오화용신 약함이 화하여 변하니 오화가 용신이 된다
寅卯丙丁 大吉之運 인묘병정 대길지운 인묘병정 운이 대길하다
子午相沖 偏財父星 자오상충 편재부성 편재부친이 자오로 상충이 되고
木材化學 業種大吉 목재화학 업종대길 직업으로는 목재 화학 등의 직업이 좋으나
年月相沖 父祖不和 연월상충 부조불화 연월이 상충하였으니 부조간에 불화하였다
結婚以後 家資裕餘 결혼이후 가자유여 결혼 이후에 집안의 살림이 늘어났다

| **金水透出 日主補强**
금수투출 일주보강
금수가 투철하여 일주를 보강하니 |
| **水氣病神 木氣藥運**
수기병신 목기약운
수기는 병신이 되고 목기는 약운이 되다 |
| **三奇年月 名門出生**
삼기연월 명문출생
연월에 재관인 삼기를 놓았으니 명문출생이라 |
| **父母無德 印綬無力**
부모무덕 인수무력
인수가 무력하니 부모의 덕이 없다 |
| **飮食沐浴 水氣不吉**
음식목욕 수기불길
물을 취급하는 직업은 불길하다 |
| **群劫爭財 兄弟不和**
군겁쟁재 형제불화
군겁쟁재격이니 형제간에 불화하다 |
| **年時得祿 福祿加臨**
연시득록 복록가림
연시에 록을 놓았으니 복록이 점점 더해진다 |

길신吉神			흉신凶神			십이신살		
子 십간록	巳 천을귀인	巳 천을귀인	巳 부벽살	午 수옥살	子 절로공망	巳 공망	子 장성	午 재살	巳 겁살

천을귀인 지혜총명 天乙貴人 知慧聰明	천을귀인을 놓아서 지혜와 총명한 사람이다	봉흉화길 금상첨화 逢凶化吉 錦上添花	흉함이 화하여서 길해지는 격이니 금상첨화라
신왕관쇄 일지공망 身旺官衰 日支空亡	신왕관부족 사주에 일지공망을 놓아서	부궁심려 사전주의 夫宮心慮 事前注意	부군으로 인하여 마음을 쓰는 일이 생길 것이니 사전주의하라
부군건강 특별유의 夫君健康 特別留意	부군 건강에 특별히 유의하라	노랑유랑 제액소멸 老郎幼郎 諸厄消滅	그러나 노랑이나 어린 남편과 결혼하면 모든 액이 소멸된다
임계일생 백두노랑 壬癸日生 白頭老郎	임계일에 출생한 사람은 백두노랑에게 결혼할 팔자이다	관성무력 성욕불만 官星無力 性慾不滿	관성인 남편되는 글자가 무력하니 성욕의 불만이 많다
신왕재왕 재복가미 財福可美	신왕 재왕 사주가 되니 재복이 아름답다		평생길지 동남지향	평생 길지는 동남지향이요
평생길색 청적지색	평생 길색은 청적색이다		평생기지 서북지향	평생 꺼리는 곳은 서북지향이다
평생기색 백흑지색 白生忌色 白黑之色	평생 꺼리는 색은 백흑색이다		자운도래 건강주의	자운이 도래하면 건강에 주의하라

▷ 저 자 ◁

은실(恩實) 이영례(李英禮)

약　력 : 충남 청양출생
　　　　숙대 졸업
　　　　1970년 역학계 입문
현 : 월간 엘셀라트 이달의 운세 연재중
　　　월간 한국의회 이달의 운세 연재중
　　　월간 르네상스 별자리 운세 연재중
　　　부록방송국 문화센타 강사
　　　LG마트 문화센타 일산고양점 강사
　　　뉴코아백화점 부천점 문화센타 강사
　　　애경백화점 문화센타 강사
　　　연화사 포교원 강사
　　　양지학원 동양철학 강사
　　　청운역리학원 인상학 강사
저　서 : 격국용신 신수대전
연락처 : 2213-5012
팩　스 : 433-6490
휴대폰 : 017-202-5004

이것이 역학통변술이다 (上)

|판 권|
|본 사|

2001년 6월 5일 인쇄
2001년 6월 10일 발행

   편　자　이 영 례
   발행인　안 영 동
   발행처　출판사 동양서적
           서울시 은평구 응암 1동 87-31
           전화　357-4722~3
           팩스　357-4721
   등록일자　1976년 9월 6일
   등록번호　제 6-11호

값 28,000원

ISBN　89-7262-078-5　13180